高野茂義校閲

松田吉一著

剣道神髄と指導法詳説

東京 秋文堂發行

劍道詳說序

門人谷田生著劍道詳說。寄余乞序。昔者淺見絅齋先生作擊劍說。謂吾國武術。其類不一。而急務之最。莫踰腰劍。余蚤嗜劍術。深探遍求。日累歲稔。久而始得其要焉。今谷田生之於劍術。其積年用力。亦如此矣。先生又謂。至剛無懼者。其劍學之本歟。若不達於此。則縱使竭其技之精。不可得而施焉。善用劍者。先令我向死之志。

無進無退。平日即對敵。對敵即平日。生死如一。此乃吾學之根本。至剛無懼之極功。而技術之精。於是乎可施。谷田生之於劍術。其體驗心得。亦如此矣。先生又謂。清心寡欲。謹身厲精。每以忠孝節義爲念。則夫向死之志。剛決之氣。表裏內外。通徹確固。孰得而間之。谷田生之於劍術。其涵養純熟。亦殆有如此者焉。此皆讀其著書而可知也。生嘗學邦文於國學院。受劍術於高野氏。而問儒學於余。其書分篇為二。曰神髓。曰指導法。更分為六十八章。合題曰劍道詳說。洵不負其名矣。余自蚤歲讀書講學。於劍道則未達也。而平生篤信絅齋先生之說。故及生請序。對擧先生之言與生之所得。以塞責云。

昭和九年八月下澣　遠湖內田周平撰

序

國運發展の伸張は、國民體力の强弱と國民精神の健不健とに在り。昭和の今日に至るも、尙徒らに外國文明を謳歌し、之に心醉し、動もすれば浮華放縱に流れ、輕佻詭激を事とし、體育の如きも亦或は舞踏化し或は興行化せんとす。而して現代は實に外交國難、政治國難、經濟國難、思想國難に直面し、現代の人生と國家とは混沌摸稜の裏に彷徨し、士氣の頽廢其の極に達し、青年の意氣も亦銷沈せり。此の時に當り國家をして隆盛ならしむるには、質實剛健の氣象の養成と國民體力の增進とに最も適したる體育運動を全國民に厲行するに越ゆるはなし。

剣道は忠君愛國を本旨とし、日本精神を光揚し、而して自己の意志を鍛錬し、死生を明かにする我が國固有の道にして、實に神儒佛書道合一の大道なり。而して又身體鍛錬の最良法なり。これ他の遊戯運動と其の根本に於て撰を異にする所以なり。古人曰く、剣道は事理一致の修行なりと。斯道に志す者は先づ剣理を考究して、然る後に其の業を實地に錬るにあらざれば、到底上達の域に至ること能はざるなり。然るに世の修行者を見るに、其の多くは唯技術のみに走り、理論の如きは殆ど之を等閑視する傾向あり。これ學習者の爲め將又斯道發展の上嘆ずべきなり。

余剣を學ぶこと僅かに二十有餘年、未熟にして經驗に淺く且つ賦性顓蒙にして識學に乏し。然れども思をこゝに致すこと多年、遂に譾劣をも顧みず、大正十五年、奮然稿を起し、爾來九ヶ年間、勤務修行の餘暇、諸書を渉獵して之を經となし、自已の經驗を緯となして、集大成の目的を以て執筆したる苦心の結晶なり。また前人未踏の地無きにあらず。本書は特に劍道神髓發揮に渾身の精力を傾注し且つ之が指導方法も亦懇切周密を極む。而して英信流居合並に靜流薙刀には、許多の寫眞を挿入して詳細なる說明を附せり。凡そ斯道の初學者と專門家と門外漢とに論なく、苟も日本精神鍛錬の道を知らんと欲する者も、亦劍に志して心身を修錬し、更に進んでは其の奧義を究めんと欲する者も、共に本書の一讀を希ふ。圖らざりき、適〻秋文堂主人の厚志に依り、敢て本書を公にして、天下の先覺者に質すを得んとは。幸に江湖の士示敎を賜はらば幸甚、幸甚。」

本書出版に際しては、故杉浦重剛先生の題字を載するを得て、其の英靈に深厚の感謝を捧げ且つ恩師内田遠湖先生は特に序文を賜はり又恩師高野茂義先生に嚴密周到なる校閲を仰ぐを得たるは、共に最も光榮とする所にして、こゝに併記して滿腔の謝意を表はす。

昭和九年九月下浣

谷　田　左　一　識

劍道 神髓と指導法 詳說 目次

―了―

劍道
神髓と指導法
詳說

高野茂義校閲
谷田左一著

第一章　國家と體育

輓近人口は益々增加して遂に過剩を來し、文化文明は日進月步の發達をしたが、之が爲めに吾人はこゝに不自然なる生活を營み、遂に吾人の身體を虛弱にした。此の健康破壞に對抗して身體を强健にする方法は、個人としても國家としても、深く攻究せねばならぬ重大にして且緊切な問題である。

健康尊重は最近世界の大勢であつて、各國民は其の文化に比例して衞生保健に對する施設を改善して行き、個人衞生、公衆衞生更に民族衞生の立場から、有らん限りの力を盡して國民の健康を維持し、出來る限り健康の程度を向上せしめようと努めてゐる。而して衞生の基礎はどうしても心身の十分なる發達と保存とにある。薄弱なる體質を保護しても其の效果は容易に顯はれない。健康の爲めには身心發育の達成と其の適當なる鍛鍊とが最も必要である。近時體育運動が盛んになつた其の根本の理由は、全く健康の保存と向上に必要にして缺くことの出來ないことが、一般に理解せられて來たからである。運動の眞の目的は、單に娛樂ではなくて心身の强健の爲めである。文化國民の生活と運動とは離れることの出來ないものとなつてゐる。其の運動の方法には多々あらうが、其の中最も當行し易くして且效果の最も多い體育運動を選ばねばならぬ。翻つて國民精神方面を見るに、無批評無自覺なる外國思想の輸入は浮華放縱となつて時代精神を風靡しようとしてゐる。此の時に當つて國家をして隆盛ならしめるには國民の意氣を旺盛にすることが肝要である。卽ち

如何ならむ事に遇ひても撓まぬは
我がしきしまのやまと魂（明治天皇　御製）

此の剛健なる日本魂こそ實に我が國家興隆の根本である。然らば國民精神の振作に最も有效なる方案は何か。是れ質實剛健の氣象を養成するに適した運動を全國民に實行奬勵することである。

歐洲大戰亂以後、世界各國は鋭意經濟上の復興を圖ると共に、體育に關する諸般の設備を增整して、運動の奬勵に努め、鍊體の術を擧げるに汲々としてゐる。之を獨逸に視るに、國民は獨逸の復興は體育勵行の外に策はないとして、財政窮乏の裡から、多額の費用を國民體育の爲めに割いてゐる。我が國に於ても現代は體育問題は社會問題ともなり、國家重要問題の一つともなつた。此の問題は單に男子に於てばかりでなく、婦人の體育に就いても多數の人々から眞面目に叫ばれるやうになつたことは、獨り婦人の爲めに幸福なばかりでなく、世界文化の爲めにも祝福すべき現象である。青年心理學の泰斗スタンレーホールも彼の著書中に、婦人の健康は種族の安寧福祉に關することが重大であるから、婦人の健康問題は男子の健康問題よりももつと緊要であるといつてゐる。

抑々體育とは知育、德育、美育、體育と稱せられて人間教育の四大要件の一つであつて、身體の健康增進及びその均齊的向上を計る爲めに行ふ人爲的、具案的で且秩序と型式とを有してゐる教育的動作を稱するものである。苟も吾人の生存する限り、體育は永久に人間生活に必須な要件である。今體育運動の主なるものを擧げれば、體操、教鍊、武道の三つである。而して武道の主なるものは劍道と柔道とであつて、體育の重要なる地位を占めてゐる。此の三つは各々長處があり、短處があるから、其の所長を以て其の所短を補ひ、相依り相助けて體育の目的を完全に達することが出來るのである。併し此の三つを完全に實行することは困難であるから、各人は己の境遇、心身のの能力及び趣味等をも併せ考へて、其の人に最も適當なる運動を選擇すべきである。而して劍道は體育運動に於て如何なる特色と效果とを有し、我が國武藝中に於て如何なる地位を占めて居るかは、次に述べる所に依つて明白に理解せられるであらう。

體育の必要なことは既に古代から之を認めてゐる。古代ギリシヤに於ては美に大なる價値を置き、美しい立派な身體を作り上げる事がその國民の努力の一つであつた。ギリシヤは、建築、彫刻の美術が著しく發達して後世に多くの模範を遺した。其の彫刻の主なるものは人體で、當時のギリシヤ人がモデルであつた。之に依つて如何に身體が完全に發達して居たかゞ窺はれる。これは強大なる敵國ペルシヤ、マセドニヤ等に對する防備の爲めの錬武でもあつたが又人民の身體の美と力とを鑑賞する爲めでもあつた。ギリシヤから降つてローマに於ても身體は鍛へられたが、それは主として強い武人を作る爲めの實用的のものであつた。中世に於ては肉體は肉慾府であつて、人を墮落せしめる源であるとして之を輕んじた。禁慾生活と身體を發達せしめる事とは兩立し難いから、中世では一般に體育は顧みられなかつた。文藝復興期に於ても精神の自由解放はあつたが、身體の重要視及び發達はなかつた。十七八世紀に於ても、ロツクやルーソーの如きは體育の必要を力說したが、それは唯言說に止まつて實際は之に伴はなかつた。體育の盛になり出したのは十九世紀の後半である。それにはナポレオン戰爭の影響もあり、特に一八七〇年獨佛戰爭の結果が、各國の國民に體育を奬勵する強い動機となつた。國民の隆昌の爲めには道德的にも知的にも優者であると共に、國民が身體的に優者でなければならぬとの意識が強盛となり、その結果各國は競つて國民の體育に鋭意熱中するに至つた

併し前に述べた如く一面に於ては身體を輕視する思想もある。例せば哲學者宗教家の如きは、精神と身體とを二

元的に見て精神を以て超絶界の高尙のものとし、身體を以て現實界のもの動物的のものとした。蓋し此の思想は身體の價値を十分に了解しないものと云はねばならぬ。凡そ人間の價値は、勿論其の精神的方面にあることは誰も異論のない所であるが、此精神活動は身體によつて生ずる所であるが、身體が虛弱な時又は不具な時には精神的活動も自由に行ふことは出來ぬ。されば身體は必ずしも精神の敵ではない。ローマのユーフイーナの「健全なる精神は健全なる身體に宿る」と言つてゐるのに徵しても明かである。のみならず輓近の心理學は精神と身體とは密接な關係のあることを吾人に敎へ、身體の健康が如何に情意活動に影響する所が甚大であるかを示してゐる。世には往々にして身體的慾望が精神を墮落せしめ、身體は强健でも意志の薄弱な者もあるが、併し之を以つて直ちに身體は精神の敵であるとするは誤であらう。

心身の關係に就いて古來幾多の學說があつて今日に至つても一定してゐない。今參考の爲めに森岡常藏氏の論文によつて、心身相關の問題を略說すると次のやうである。

1、身體は精神を宿してゐるもの、卽ち精神の容器と見ることが出來る。かく見れば身體が健全であれば隨つて精神も壯健である。

2、身體は精神の用を達する機關と見ることが出來る。體力が完全に練習せられてゐなければ、十分に精神の用を達することは出來ぬ。

3、身體は精神の有樣を寫して出すものと見ることが出來る。內に喜怒哀樂があれば、それが自然身體の外部に現はれ、それに依つて內部の有樣が窺ひ得られる。

4、身體は精神に勢力を添へるものと見ることが出來る。精神が實際に現はれて活動する時には、其の勢力を身體に要求するものであつて、身體が强壯なものほど、立派な行をなし得る機會を有してゐる。

以上の四ケ條を約言すると、精神が健全に保持せられるが爲めには、常に身體の健康を有すべきこと、又精神の働きを遺憾なく發揮する爲めには、體力を十分に發揚練習して置くべきことの二ケ條に歸するのである。

これに由つて觀ても、身體を健康にすることは個人としても又延いては國家世界としても如何に必要であるか、隨つて運動が如何に肝要なものであるかは明かである。されば我が國民は國家に對し、大和民族に對して、體育の普及發達に務めることは當然の義務である。

第二章　武藝上に於ける劍道の地位

個人に各々の性格があるやうに、國民にも亦それ〳〵の性格がある。我が國は古來尙武の風が盛である。これ我が國民固有の性情に基くもので、上は之を以て治敎の道とし、下は之を以て修身の要とした。我が國の武藝は此の尙武的精神と兩々相俟つて日本特有の發達をした。就中劍道は、我が國武藝中に於てその代表的のものと云ふことが出來る。

從來我が國に行はれた武術の種類は甚だ多く、殊に戰國以來盛々多きを加へた。武藝小傳には兵法、諸禮、射術馬術、刀術、(拔刀を含む)、槍術、小具足(捕縛含む)、柔術の九種を擧げ和漢名數續編には日本武藝十四を擧げ、和漢三才圖繪には武藝十八般として十八を擧げてゐる。武藝十八般は吾人が屢々耳にする所であるが此の語は支那から來てゐる。十八般に就いては人々が其說を異にして一定してゐないが其の一例を擧げると、弓、馬、刀、槍、薙刀、砲、鎖鎌、銑鋧、騎射、柔術、隱形、鈒、含針、棒、十手、索、水泳、水馬である或は本邦武藝二十八般と稱したものもある。

多數の武藝中、弓馬刀槍は最も永く且廣く用ゐられ、鐵砲傳來後は弓銃劍馬を武藝四門と稱して、武士の最も緊要なる嗜とした。四門中弓術は最も古く且重要視せられ、朝廷幕府に於ても盛に之を奬勵したが、砲術渡來以後は漸次衰へて、幕府の武術中から廢除せられる運命となり、今日にては精神修養及び體育或は娛樂として行はれ、實戰には全く使用せられないやうになつた。槍術も一時は頗る隆盛を極めたが、今日は殆んど其の跡を絕つて弓術と運命を同じうするに至つた。馬術も弓馬の道と稱せられて相當に重んぜられたが、今日のものは舊來のものと異り精神修養を最大目的とせず且乘馬する戰士は一小部分に過ぎない。又砲術は戰術上に一大變革を與へたもので、重要な地位を占めるものであるが、古今其の術を異し精神修養を主目的とせず又獨特の武藝としての價値に至つては極めて少い。又今日武道の代表的のものである劍道と並び稱せられてゐる柔道即ち捕手やわらの術は、德川以前には竹內流の外一つの名あるものなく、皆劍道の內に鎧組、組打等の名で附屬してゐた。又之を學ぶ者も時に德川賴宣が關口流、鷹司關白が竹內流を學んだ一二の例はあるが、多くはこれ德川時代の初期前後で、時代が降るに從つて漸次下級武士の武藝のやうな傾向を生じ、罪人を捕搏する者が多く學び、輕輩階級の者に專ら修行せられた。其の師範の如きも其の祿は最下級にあつた。

劍道に至つては如何であるかといふに、當時將軍を初め武士は之を必須の科目として學んだのみでなく、將軍は勿論各藩の諸侯は爭うて高祿を以て劍客を招聘した。而して斯道の大家は、單に技術を傳へるのみでなく或は修身の要を說き或は處世の大道を說き、更に政治の顧問とさへなつて、天下後世に裨益する所甚大なるものがある。又劍道は鐵砲の發達傳來の結果、弓術槍術のやうな悲運に陷る事もなく、兵器の進步した今日に於ても頗る重要視せられてゐる。彼の日露戰役の結果改良せられた步兵操典の綱領にも白兵戰鬪主義を採用し、其の後歐洲大戰爭に鑑みて改正せられた大正十二年一月及び昭和三年一月の步兵操典にも同じく白兵戰鬪主義を採り、最後の決は必ず銃劍突擊を以てする事を明示してある。又劍道は心身鍛錬の外に、格鬪の形式と武器の取扱とを敎へるものである。人は固より國家に於ても、白兵戰卽ち格鬪の形式に自信のない者は之を恐れて避ける故に、到底捷は望まれない。英米國が體育を奬勵して、團體的格鬪形式の運動に相當力を注ぎ、殊に獨逸に於ては戰後此の點に主力を傾注してゐる。而して外國人にして劍道を硏究する者も少くない。我が陸軍にては盛に劍道を奬勵し又每年戶山學校に修業の爲め將校下士を拔擢分遣してゐる。

現今軍事上最も大切なものは武器であることは論を待たないが、併し之を運用する者は人である。死生の境に立つて沈着且つ機敏に戰ひ得るには、心膽を鍛錬する事が最も必要である。劍道で養はれた氣力と體力と技術とは其のまゝ軍刀術、銃劍術に應用する事が出來る。國民皆兵の今日、劍道が如何に重大なる地位を占めてゐるかは明かである。尙其の效果に就いては、乃木將軍の武士道問答を一讀すれば、思半ばに過ぎるものがあらう、其の言に。「擊劍を修習したる者は膽力氣力に富むが故に、銃劍術を學ぶ時に於て其の進步の速かなるは何人も認むる所のみならず、自信力を生じ、敵に乘ずるの機會を發見する等其の效益甚だ大なるものあり。今回（日露）の戰役に於ても、擊劍柔術等の嗜みある者は、多くは膽力、勇氣、衆に秀で、戰場に於ける働きの大いに他を奬勵奮起せしむるものありたるのみならず、其の獨立任務に就きたるとき、卽ち斥候等を命ぜられたる時の如きは、常に多くは豫期以上の好成績を得たり」と今更予の喋々を要しないのである。

又我が國に於ては太古から維新に至るまで、武士は皆日常大小を佩びて行住坐臥之を離すことなく、或時代に於ては武士以外の庶民僧侶に至るまで帯刀した。されば一面其の使用法ともいふべき劍道が、武藝中最も廣く且つ盛んに行はれた事は當然である。淺見絅齋も「吾が國武術は其の法一ならず、而も急務の最は腰劍に踰ゆるはなし」といひ、其の他先哲が之と同じく皆其の必要を稱してゐる。卽ち一つは身を護り敵を伐り、一つは身體を鍛へ、一つは精神を錬り以て精妙の域に達した者も少くはない。殊に其の武器である日本刀は三種の神器の一とせられ、古來我が國民が最も尊重し、大小は勿論傳家の寶刀を備へて、身を守り家を護る威德あるものとし、實に我が國獨特の宗教的神祕的の靈物となつて、之に依つて精神を修養した。此の刀劍の運用を講ずる劍道が、之を學ぶ人に如何なる感化を與へ又如何に之が重んぜられたかは推して知る事が出來るであらう。

更に劍道の稽古の壽命といふ點に至つては、幾多の武藝運動中に其の比を見ないのである。七八十の高齢に達しても、其の精神の妙韻と技術の妙用とは、太刀を執つて壯年の子弟を自由に指南する事が出來るのである。他の運動が三十歳前後を其の花とする者とは大いに異つてゐる。劍道は固より人々に依つて相違するが、四十歳以後が漸く其の精妙に入らうとするのである。左に示す大正十五年及び昭和八年の京都に於て開催せられた五月の全國武道家の出場人員を見れば、現今劍道が如何に盛大になりつゝあるかを知る事が出來よう。固より全國武道家の全部ではない。

大正十五年			昭和八年		
劍道階級	年齢	人員	劍道階級	年齢	人員

一級、初、二、三段	二十五歳以上六十九歳迄	七二五
四、五段	同上	三四〇
精錬證	同上	三九〇
範士、敎士	同上	八八
範士以下	七十歳以上八十四歳迄	六二
合計		一六〇五人

初、二、三段	二十五歳以上六十九歳迄	一五一四
四、五段	同上	八二四
精錬證	同上	七八四
範士、敎士	同上	一九四
範士以下	七十歳以上九十一歳迄	五六
合計		三三七二人

他の種類の武道の出場人員の如きは、僅かに指を屈するに過ぎない。劍道の出場人員は以上の如く逐年增加してゐるのを見ると、劍道の發達の堅實なる事は明かで、誠に斯道の爲めに祝福すべきである。尚以上の試合は大抵毎年五月初旬で、四日の午前中は武神祭である。午後から五日に亘つて柔道の試合が行はれ、劍道は六七八日の三日間に行はれて居たのであるが、其の後數年の今日に至つては、益々多きを加へ、四日間に亘つて試合が行はれてゐる有様である。

第三章　劍道發達の概略

我が國は太古から今日に至るまで一貫して、尙武武勇の精神の旺盛なことは到底他國に其の比を見ない所である。

之を刀劍に視ると、神代に於ては御劍御太刀と稱し、多數の武器中最も尊重せられ神聖視せられたものであることは、伊弉諾尊、素盞嗚尊の十握劍又は天照大神が寶劍を以て三種の神器に加へられ或は後世天皇は刀劍を神社に獻ぜられ又征討將軍に授けられては節刀となるによつても明かで、所謂細戈千足の國である。劍道も此の刀劍の創製に伴つて、其の使用法が發明せられたと推斷するは寧ろ當然の事である。

劍道の起源に就いては、伊弉諾尊が帶びられた十握劍を以て、軻遇突智を斬つて三段としたのに初まるといひ或は武甕槌、經津主命が十握劍を拔き、倒に地に植ゑ其の鋒端に踞した神術に始つて、日本武尊は其の神術を傳へて三段の位とし、源義家は之を學んで五段の位としたと說いてゐる。併し劍道は刀劍の製作と共に創つて、幾多の年月を經て發達したもので、其の發明起源を一人に定める事は蓋し當を得たものでなからう。

後、崇神天皇の頃は既に皇族の方も、平素擊刀（刀の使用法一說に今日の素振）の教習をせられた事は崇神紀四十八年の條にある。かうして劍道は上古實戰の經驗によつて益々技術を研究し、先人は之を後輩に傳へ、後輩は更に研究を重ねて順次幾多の年を經て發達したものである。

降つて天武天皇は、諸王諸臣に兵馬を蓄へ武事を練習せしめられた。又た持統天皇の朝には諸國の壯丁に武事を習はしめられ、奈良朝に至つては、衞士及び地方兵士は休日每に弓馬の練習と共に刀の使用法を練磨した、併し其の發達の程度は固より明かでないが、我が國の戰鬪は平安朝末期は勿論、足利期以後鐵砲の使用が漸く盛んになつても、弓箭を用ゐ、最後は白兵接戰であつた。故に當時の戰が劍道の發達を促した事は明かである。平治物語には、源義經が幼時鬼一法眼に從つて、夜ゝ鞍馬山で兵法を學び其の妙を得た事を記してゐる。其の他平家物語には行家信連忠度等が劍技に秀で名手を以て呼ばれた記事がある。

かうして鎌倉時代に入ると、源頼朝の勤倹尙武主義は、やがて歴代の根本方針となつて愈々之を奬勵した爲に武人は弓馬の道に心を潜め、劍道の如きも益々盛運に赴いて特色を發揮した。而して劍道に諸種の流派名を生ずるに至つたのは足利中期以後の事である。當時下總香取郡飯篠村の人、飯篠山城守家直は天眞正傳新當流を創始して、我が國劍道中興の祖と仰がれ、之が三傳して卜傳流の塚原卜傳があり、上野上泉には愛州惟孝の門に新影流の上泉伊勢守が居る。これから德川初期に至るまでは、一流一家を立てた著名の劍客は枚擧に遑がないが、最も著名な人には柳生父子、伊藤一刀齋、小野忠明、宮本武藏の名人達人が續出した。當時に於ては、武道は今日のやうに分科專門的の教習ではなかつた。而して此の時代は一切の技術に祕事が盛んな時代で劍道にも亦之が行はれた。

德川時代に至つては階級制度が嚴然として立ち、所謂士農工商の四階級があつて、苟も分を越えた事は許されなかつた。四階級中最も武藝に關する所の多いのは武士で、公家町人等の武士階級以外の者は、劍道の修業を禁ぜられた形であつた。「花は櫻木人は武士」と謠はれた武士には、此の劍道が表藝の隨一として發達した。こんな有樣であるから劍道の優秀な者は、諸大名から高祿を以て召抱へられ指南役として重用せられ或は政治顧問にもなつた。又幕府は講武所を設け、諸侯は武學校を建設した。或は町道場も至る所に在につて、浪人自活の道として大いに發達したばかりでなく、德川時代は儒教の最も盛んな時で、其の影響を受けて文理的道德的主義が加味せられ、武士道と渾然融和し劍技を錬ると同時に、武士の實踐道德の道を致へ、禮儀作法も秩序立つた形式を備へるに至つた。かうして從來の劍道が技術の上達ばかりを念として殺伐粗野の傾向に陷り易い缺點を補つた。

然るに隆盛を極めた劍道も幕末から明治の初年にかけては、山岡鐵舟、千葉、桃井、齋藤。榊原の名人達人が輩出したが、社會の一大變革に遭遇し、明治四年廢刀の令以後、古來武士の魂として劍道史を飾つて來た名刀も二束三文で露店に晒され、劍道も一時は殆ど廢滅の悲運に向はうとした。併し古來幾多の名人達人が心血を注いで築き上げた斯道の確乎たる基礎と我が國民の尙武の氣象とは、絶滅することなく全國到る處に斯道を嗜む者があつた。愈々明治十年西南戰役に於て、會津の拔刀隊が非常の功を奏した爲、時の警視總監三島通庸氏は大いに劍道の復興奬勵に務め、斯道の達人逸見宗助、上田馬之允、梶川義正、得能關四郎、眞貝忠篤等の諸氏を一堂に會して、各自の長短を取捨綜合してこゝに警視廳流を編制し又地方警察にも漸く奬勵せられて勃興を促すに至つた。

其の後明治二十八年には武德會の創立となり、京都に本部を置き、各府縣には支部を設け、大學、高等學校、專門學校及中等學校にも劍道部を設け、尋で小澤一郎、柴田克己を先驅として代議士星野仙藏、小澤愛次郎等の盡力によつて、明治四十四年七月には中等學校の正科として劍道柔道が課せられ、其の教師としては東京高等師範學校體育科、京都武道專門學校或は文部省の檢定講習に依つて養成せられて社會の需要を充すに至つた。かうして軍隊警察は勿論、在鄉軍人會及び地方青年會にも年を追うて盛んになつてゐる。又畏くも皇室に於かせられては京都武德祭大會（五月）又は宮中濟寧館武道大會には行幸行啓遊ばされて、親しく臣子に文武御奬勵の厚い思召しを垂れさせられるやうになつた。

我が國劍道界の發達の跡を顧みるに、太古から現代まで時に盛衰消長はあつたが、連綿として漸次發達して今日に及んだ。此の連綿たる歷史と靈妙神祕的の技とを有する劍道が、尙將來益々發展隆盛に赴く事は熘を見るよりも明かである。

第四章　劍道の意義名稱

抑々劍道は刀劍を使用して戰鬪の技術を鍊磨する爲めに起つたもので、其の本來の目的は技術を巧妙にし、身體を鍛へ、精神を錬り、大事に臨んでは自己を護り、敵を攻擊して必ず勝利を得ようとするにあつた。源平以後、德川末期に至る凡そ七百年間、政權を左右し得るものは一つに武力にあつた。故に當時の武士の勉める所は日夜武道である。就中劍道は、居常缺く事の出來ぬ密接な關係を有して居たので最も多く修鍊せられた。故に源平から足利季世に至る間に於ては、著しく發達して技術の精妙。膽力の鍊磨は實に驚く程度に達した。それが德川時代に至つては、禮儀慣習等は整然として備はつて、實に武士的人格修養の道としては極めて優秀適切なものとなつた。我が國の武士道は劍道に依つて、その精華を發揮したといつても過言ではあるまい。次で明治維新以後、社會の情勢の一變と武器兵制の進步變革とに由つて、從來武士の表藝であつた劍道も一時衰頽して、劍道家以外の人は劍道は單に攻擊防禦の術を講ずる一つの技術のみであると心得、或は往々之を遊戲的運動と見做し、其の甚だしきに至つては、現代には何等の價値のない舊時代の遺物と唱へられて、殆ど劍道は本來の意義を失ふに至つた。併し劍道は前述の如きもので、是等の說の誤つてゐることは言を待たない。西南役以來、日淸、日露の兩役を經て、次第に有識者の間に其の必要を唱へられて復興し來り、現代に於ては社會の情況に鑑み、我が國將來の隆運に顧みて、逐日に劍道は隆盛に趣き、技術の鍊磨巧妙を期すると同時に、精神身體の修養鍛鍊法として重大なる意義を認められるに至つた。即ち我が國の青年學生に之を課する所以のものは、之を以て國民的觀念を更に鞏固にし、我が國古來の武士道を發揚し、健全なる國力の增進を企圖せしめる資となさうとするのにある。

凡そ吾人が社會に活動するに當つて、最も必要なるものは健全なる精神と健全なる身體とであることは言を俟たない。殊に內外多事思想混亂の今日に於て、國運發展の伸張は、國民體力の强弱と國民精神の健不健如何とに關係する事が極めて重大である。而して劍道の目的は心身の鍛錬である。こゝに於てか劍道は益々重大なる意義を有して來るのである。

劍道が旣に此の如き重大なる意義を有してゐる以上、之が稱呼も亦此の目的に適合するものを選ばねばならぬ。古人にも名を正すといふ訓がある。劍道といふ名稱は最近に於て始めて使用せられたものではない。其の起源は實に遠く支那古代の漢書藝文志に在る。我が國に於ては其の使用の起源は詳かでないが、德川三代家光將軍の頃から往々書物に見えてゐる。併し德川時代に一般に劍術の語が多く用ゐられて、劍道の文字を使用した事は甚だ稀である。古來劍に就いては種々なる稱呼があつた。即ち擊刀、擊劍、太刀打、刀術、刺擊の術、刀法、兵法、劍法、劍道等は其の主なるものであつて、時代に依り數種の名稱を用ゐたが、今各時代の代表的稱呼を擧げると、始めて歷史に其の名稱の表はれたのは、日本書紀崇神天皇四十八年の條のタチガキである。奈良朝時代には擊劍、平安時代にはタチウチ、其の後足利末期から德川初期にかけては、一般に兵法の語が用ゐられた。兵法の文字は或は武藝の總稱とし或は兵學軍學等の義に解せられた。德川慶長以後は主として劍術の語が使用せられたが、幕末明治維新以後は、擊劍の語が劍術の語以上に流行するに至つた。當時夙に劍道の語を用ゐた人は、明治二十一年歿せられた無刀流開祖山岡鐵舟である。而して其の道場春風館に出入する門弟の間に多く用ゐられた。現今に於ては此の劍道なる語が次第に廣く使用せられつゝあることは甚だ喜ぶべきことである。名は實の賓なりで、名實相適ふは理の當然である。劍術等の語を用ゐないでこゝに特に劍道といふのは、唯劍を使ふだけの業ではなくして一種の道德であり、悟道であるといふ意味で、之を劍道といふのである。劍術といへば別に人格の修養といふことを主とせず、劍を使ふ技術といふ意味になる。そこに意義の深淺があり、厚薄の別が生ずるのである。同じく道といつても人道、天道、佛道などの道と劍道の道とは其の意義に於てかなりの逕庭がある事を知らねばならぬ。卽ち前者は全然精神的のものであるが、後者には之に技術的意味を含んで居る。歐米人或は之にかぶれてゐる者に類別さすなら、劍道も遊戲に屬するかも知れない。然るに今わざ〳〵劍道と稱するのは、前述のやうに技術の基本をなす精神を之に認めたからである。それは單に技術のみの修錬によつて極め得べき世界ではない。精神の鍛錬と相伴つて始めて奧義に到達し得る道である。劍道は先づ體を錬ることが肝腎である。體を錬るとはその體驗を得ることに外ならん。そこは佛道の三昧悟入の世界である。道を物心一如の界と觀るとき、精神道は始めて眞義を發揮してくるのである。劍道と呼んで劍術、擊劍などと呼ばない理由は、以上に基くのである。然るに若し我が國の思慮ある人々が、劍道でも劍術でも同じ事であると平然として言ふやうになつて了へば、其の時は武士道は遂に滅亡し、日本が頹廢した時である。

第五章　劍道の目的

劍道は攻擊防禦の術を得る事から始まつたが、其の目的に就いては人々其の見解を異にしてゐる。或は殺人說を立てゝ其の目的は人を殺すに在るとし、或は護身說を立てゝ其の目的は自己を護るに在るとした。昔封建戰國時代に於ては劍道の目的は單に人を斬り殺す點にのみあると信ぜられたのも一理あるが、今日に於ては其の說の正鵠を得たものでないことは言ふまでもない。護身說或は防禦說に於ては、往々斯道に志す者の信ずる所で、且世人も之を口にしてゐるが、劍道の目的は單に之のみに止まつて、他にないとするのは、これ亦皮相の見解で、肯綮に中つたものといふ事は出來ない。然らば劍道の目的は何か、卽ち精神の鍛錬と身體の錬磨と技術の熟達との三つである。此の三項の目的の中に於ても輕重があつて、精神の修錬と身體の錬磨とは其の主なるものであるが、就中精神の鍛錬はその最も重要なる地位を占めるものである。而して技術の達成は他の二つの目的を達する手段である。

古から今日に至るまでの劍道家の理想とする所を見るに、各流祖と仰がれる人は、各々其の流に己が理想とする文字を以て名づけて而して人格の陶冶に努めた。或は活動無限の精神と其の修養方面とを以てしては無眼流、克己流、心形刀流、無刀流、等があり、或は廣大無邊の天を以てしたものには天流、二天流、北辰一刀流等があり、或は全知全能の神を以てしたものには神陰流、神道流、神道無念流等幾多あつて、其の技術の上達するに從つて漸次己の理想を高め、心身を鍛錬して安心立命の域に達しようと勉めてゐる。これに由つて見ても昔人が劍道に於て何を目的とし、何者も得ようとしたかは察知するに困難ではない。

大正二年一月二十八日文部省訓令第一號學校體操教授要目中の劍柔道に就いて

擊劍及柔術ハ、其ノ主眼トスル所身心ノ鍛錬ニ在リト雖モ、特ニ精神的訓練ニ重キヲ置クベシ。技術ノ末ニ奔リ勝負ヲ爭フヲ目的トスルガ如キ弊ヲ避クルヲ要ス。

とあるが能く劍道修業の精神を言ひ表してゐる。

武徳會及び高等師範學校方面を見るに、高野佐三郎先生の撰ばれた劍道教習綱領に依つて、劍道教學者の方針を示されてゐる。之が綱領は左の通りである。

第一條

忠君愛國の大義は武道の本領なり。武道を講習する者は平素心身を鍛錬し、義勇奉公の修養を怠るべからず。

第二條

禮儀を重んじ、決して驕慢卑劣の行あるべからず。

第三條

名譽と廉恥とは武士の生命なり。斯道に志す者は苟も表裏背信の行爲あるべからず。

第四條

恭敬慈愛を重んじ、決して長を凌ぎ少を侮り劍を知らざる人を蔑にし、名を爭ひ譽を競ふべからず。

第五條

平和を旨として務めて爭心を去り、口論私鬪の行あるべからず。

第六條

質素は剛健の源にして浮華は懦弱の本なり。務めて輕佻淫靡の行を戒むべし。

第七條

兵は凶器なり。之を義に用ふれば武の德となり、之を不義に用ふれば武の暴となる。

第八條

師長に對しては尤も當に敬意を盡すべし。其の教を奉じ其の命に遵ひ、以て規律節制の習を養ふべし。」

第九條

忠孝は皇國の精華にして、治に居て亂を忘れざるは古人の訓なり。劍道を講究する者は右の條々を遵奉し、以て國華を發揮すべし。

以上僅かに九箇條ではあるが、劍道敎習者の理想とする所を述べて實に遺漏がなく、修行上多大の效果がある。更に軍隊方面に就いて觀るに、其の劍術敎範に總則として次の如く述べてある。

第一　劍術の目的は白兵の使用に習熟せしめ、特に剛健なる氣力を養成するに在り。
第二　劍術は啻に前項の目的を達成するのみならず、併せて膽力を錬り體の養成に著大の效果あるものなり。
第三　劍術は常に實戰に鑑み勇壯果敢敵を壓伏するの氣力を以て之を行ふべし。然れども嚴に規律を守り、禮讓を重んずるを要す。

此の他警察方面及び古來劍道家が己の道場に揭げた壁書を見るに、皆技術の達成と心身の鍛錬とを以て、其の理想としないものはないのである。

之を要するに劍道は武士的人格修養の道である。此の武士的人格とは、忠君愛國の至誠に富み、武勇を尙び、信義禮節廉恥の德を重んずる所の我が國民が古來傳承して來た大和魂、卽ち武士道の道義の精神を體し、如何なる活動にも堪へ得て、一朝事に臨んでは身命を顧みない所の人格をいふのである。此の點が現今行はれてゐる諸多の遊戲法、運動法、修養法に比して劍道が卓絕し且特長ある所以である。

又昭和二年五月四日大日本武德會總裁大勳位邦彥王殿下が、第三十一回武德祭大演武會に於て賜つた令旨を一讀するなら、武道の目的は益々明かにならう左に謹んで之を載せると。

本日第三十一回武徳祭ヲ修スルニ當リ、會員諸子ガ各種ノ武技ヲ演シ、以テ國民ノ元氣ヲ鼓舞シ、國體ノ精華ヲ發揮セントス。惟フニ尙武ハ我ガ建國ノ精神ニシテ、其ノ一張一弛ハ、國運ノ消長ニ關ス。曩ニ歐洲ノ大戰ヲ閲シテ以來、列國ノ國勢ニ劇變ヲ來シ、將來ノ推移亦測ルベカラザルモノアリ。此際光輝アル我ガ固有ノ武道ニ依リテ國民ノ心身ヲ鍛錬シ、其ノ德操ヲ砥礪シ、以テ益々國家ノ根柢ヲ培養スベシ。諸子宜シク斯道ノ神髓ニ接觸シテ、健全ナル人格ヲ完成センコトヲ望ム。

第六章　劍道と身體の鍛錬

劍道に於ての身體活動は之を運動といふ立場から見ると、他の運動に比較して强い方で、全身運動であり、巧緻運動であつて、機敏運動として甚だ適當であるばかりでなく、肺、心臟其の他一般骨格筋の練習として比類稀であつて、全身を圓滿に發達させる運動であるとは吉田章信博士の言である。今其の著、運動衞生學に就いて其の概略を述べることにした。

1、呼吸力の增大

劍道に於ての脚の動作は、駈走及び片足踏切の跳躍が多い上に、相當の重量のある防具を身に附け、竹刀を手にして縱橫自在に使ひ、軀幹筋の努力が甚大であるから、呼吸作用は甚だしく高上する。一面に於ては斬擊動作は胸廓の縮脹を促進するもので、呼吸を自由にし其の過勞を豫防するものである。卽ち胸廓を擴張し從つて肺臟は强健になる。世の劍客の胸廓の發育を見ると思ひ半ばに過ぎるものがあらう。殊に我國民のやうに跪坐する習慣のある國民は、努めて胸を張る運動の劍道の如きものを選ぶが至當である。一般的力運動は無意識的深呼吸を行はしめることは急速運動に異ならないと言つても、努責作用を伴ふこと多きが故に、合理的に之を實施する事が必要である。

2、心臟の發育促進

劍道の運動は、心臟の動作を最高度に高めて、脈搏增加をするものであるから、本運動に依つて心臟は十分發育を促進せられ、其の作業力を增大にする事が出來る。多くの劍道家が長時間に亘つて試合を行つても、毫も心悸亢進を起さないのに依つて察知することが出來る。

3、筋肉の發育と鍛錬

竹刀を持つてゐる臂の運動は、適當な局所的力練習で、上肢の筋は悉く善く勞し善く發達する。劍道に於ては屈筋伸筋が鍛錬せられるが、吾人日常の生活は主として屈筋が使はれる故に、二者相俟つて始めて圓滿に發達する。

4、皮膚の鍊固

短時間に發汗することの著しさは、劍道の運動に及ぶものは甚だ稀である。須臾に稽古着は一面汗に濡ふのである。此の場合皮膚の機能が向上してゐる事は勿論である。運動後は單に布を以て汗を拭ふに止らないで、進んで冷水摩擦を行ふのは合理的で、之が爲めに皮膚の受ける效益は甚大である。

5、神經系統の機能の發達

左の效果がある。

（イ）注意力の聚中。劍道は二人對抗して精神技術を戰はすもので、全身の注意力を敵に集中し、寸毫も注意を他に轉じたり又は程度を弛める事を許さないのであるから、注意集中の練習としては劍道に及ぶものは殆どないのである。

（ロ）視覺の銳敏。稽古中最も精神を籠めて探索する所は、敵の心の動きと攻擊を加へるべき處及び電光的に來る敵の攻擊であるから非常に注意作用が銳敏になる。熟達の劍士が面金の狹い格子內に輝く爛々たる眼光は、如何に視覺の銳敏なるかを察知せしめる。

（ハ）意志發動の容易。劍道に於ての攻防動作は、銳敏なる視覺と迅速なる決心とに基く意志發動の最も速に起ることである。

（ニ）動作の敏速。動作の敏速は筋の興奮性高上の結果である。技の熟達した者の刺擊動作は實に電光石火の早業で之を防がうとする時既に攻者の竹刀は早くも己が面上に來て、如何ともする事の出來ぬは吾人のよく知つてゐる所である。

其の他身體的方面に於ては、消化吸收作用は高上し、新陳代謝作用は活潑となり、體重は其の增加を見るものである。

第七章　劍道と精神の鍛錬

劍道は精神の發達鍛錬を以て其の最大の目的とするものである。劍道の根本精神である武士道の精神と嚴格なる其の修業法とは能く快活、剛毅、果斷、忍耐、廉恥、寛仁、勤勉、質素、沈着等の徳を養ふことが出來るのである。

劍道に於ての撃突には姿勢の堅確、使術の正確、氣勢の充實の三要素の一致具備を必要とする。氣勢充實を具體的に述べると、果敢斷行して自己を捨てる決心と成功を自信する確乎不動の信念及び其の他一般氣力の活動である。亂暴を意味するのではなく、心氣豁達にして至闘なるものである。禮儀を正しくするのは我が國武道の特色で、劍道の道場及び其の他に在つて、師長同輩に對する應對起居動作は、禮儀作法を重んずる情操を養ひ又稽古には驚懼疑惑の四つを四戒として戒しめて、こゝに膽力を養ひ忍び難きを克く忍び、堪へ難きを克く堪へて其の中に興味を覺えるから大なる忍耐力が養はれ又修業には不正卑劣の行爲を憎み、正々堂々と戰ふものであるから、自然に正義を重んじ、廉恥を尙び、公明正大の氣象が養はれる。又修業の結果實力を養ひ自信を生ずるから、血氣の勇に逸ることはなく自ら仁愛寛容の徳が生ずるに至る。又武勇剛健の氣象が養はれるから自然華美輕薄の風がなくなつて質素になる。

以上は決して牽强附會の言ではなく、其の堂奧に達するに及んでは、其の心は天地の大眞理に合致し、安心立命の域に至り、到底筆舌の盡し得る所ではない。山岡鐵舟の如きは其の一人である。爰に至るには固より多年の修行を要するものであるが、併し劍道は一年の修業に一年の效があり、三年の修行に三年の效があり、單に教へるのみでなく又學ぶのみでなく、日夜鍛錬して止まない處に劍道の眞價があるのである。現今我が國に行はれてゐる遊戯運動の多くは、聊か精神の修養上其の效があるとは言つても、其の主とする所は興味或は體育に在つて、十分なる精神鍛錬の效果を伴ふものが少い。

之を更に古人の言に徴するに、佐藤一齋は其の著言志錄中に次のやうに言つてゐる。「人君、當に士人をして常に射騎刀矟の技に遊ばしむべし。蓋し其の進退、驅逐、坐作、擊刺人の心身をして大いに發揚する所あらしむ。是れ但に治に居て亂を忘れざるのみならず、而も又政理に於ても補有り」と。又曰く「今の儒者は徒らに書蠹となりて氣力振はず、宜しく時に武技を試み以て英氣を養ふべし。文學に於ても亦益あり」と。

右は說明の便宜によつて、精神及び身體の鍛錬を別々に說明したが、固より心身の鍛錬は二途あるものでなく、身體の鍛錬は卽ち精神の鍛錬であつて、互に相待つて決して一を缺く事の出來ぬのは、恰も車の兩輪鳥の兩翼と同じである。心氣快活に體力强健でない時は、事の成功を見る事は出來ないのである。體力强健の時は心氣快活となり、之に反して心氣病鬱の時は體力の强健を減じ、姿勢端正であつて始めて禮儀整々、動作の機敏を致すのである。身體强健であつて始めて克已、忍耐、勤勉、質素なる事が出來るのである。而して一たび劍を執つて立てば、用意周到、兩々相對し勝負を瞬間に決し、進退を一たび誤ると我が身をば敵に投け、刺擊が一たび中ると敵體は我に歸するのである。其の機間髮を容れず、恰も石を擊つて火を發するに似てゐる。兩刄相逼り、熱汗は潮の如く湧き、一呼一吸死生の間を出入するに當つては、病鬱の氣も忽ち渙散して快活淸爽となり又前後左右に進退開闔し、千變萬化の術を盡す時に及んでは、羸弱の身體も自ら强健となる。隨つて眞率恬澹の氣質を養成し、意も亦豁達豁如となる。其の例は乏しくないが渡邊昇が若年の時齋藤彌九郎の門下に在つた。或夜事を以て同塾生の御堀耕助と爭ひ議論激甚であつた。翌朝二人が道場に在つて相鬪ふ時に、一人が「君は前夜の議論を刀鋒に露はすか」と叫ぶと、一人は對へて「雙方其の覺悟を以て決戰するがよい」と怒號し奮鬪する事數時間で、各々竹刀を摧破すること六本に及んだ。此の時他の一人に休戰しては如何と呼ばれると、兩人は竹刀を收めて退場した。後は互に胸襟を開いて洒落、光風霽月の如く舊時の交誼にも倍して一層友情を厚うしたとの事である。

第八章　劍道と技術の錬達

劍道の主なる目的は、前述の通り精神の鍛錬で、之に次ぐに身體の鍛錬を以つてする。技術の熟達は此の二つの目的を達する爲めの手段であるとは言つても、斯道修業上缺く事の出來ぬものである。

世の劍道家が、劍道の目的は心身の鍛錬にあることのみを說いて、輕重の差はあるが技術も亦其の目的の一部であることを大にして說かないのは、蓋し其の陷り易い弊害を恐れての爲めか或は劍道を餘りに高遠のものとして、自己の價値を誇大に吹聽せんが爲めか、これ等は斯道の普及發達に影響する所が少くない。現今の所謂自稱劍道家を觀るに口に說く所とは異なつて、實際には劍道と云へば直ちに技術のみを以て本位としてゐる。

實戰の時には萬卷の書物を讀んでも、事に當つては實功を擧げ得ぬものがあり、數十年間武技を修鍊しても、實戰の時は忽ち敗れて生命を失ふものがある。これ等は活術を修めずに、死んだ技術を修めて得意然とした例外である。劍道は一年の修業に一年の進歩があり、三年の修業に三年の效果がある。技術が上達するにつれて、興味津々として湧いて禁じ難く、劍道の神髓をも味ひ、精神身體をもよく鍛錬することが出來る。又技術に長ずれば長ずるだけ確固不動の自信を生じ、事に臨み變に應じては護身の用ともなる。

吾人が此の世に生存するに當つては、自衛上必ず男女の區別なく攻擊防禦の術をば習得して置かねばならぬ。世人は動もすれば文化の發達と攻防の術とは相反し、文明の利器に於ては劍道の如きは不必要のものと考へる者が甚だ多いが、これは淺見で文化文明の進めば進む程、攻擊防禦の術も發達し、且つ其の必要を生ずるのである。米國の或大學の體育教授は次のやうに云つた。「たとひ智は古今を貫き、學は東西を兼ねてゐても、一寸暴漢に襲はれて其の一擊にへこむやうでは教育ある人とは云へない。苟も教育ある人ならば、攻擊防禦法の一通り位は心得て居るべき筈である」と。武道の素養のない者に對しては、往々暴壓を以つて脅かし、非理を以て逼ることのあるのは、恰も國に軍備の整然たる者のない時は、外敵の禍を受ける事があると同樣である。吾々は蠻行を惡むが故に、一通りの護身法を學ばねばならぬ。戰爭を惡むが故に、國防を嚴にしようと希ふのである。要するに一通りの護身術を心得てゐることは、人間の修養としても大切なことである。

又之を攻擊方面から見るに、今日戰爭は武器の戰である。併し其の武器を使用する者は人間で、最後の勝負は白兵戰で決するのである。其の白兵戰に於ける勝負は勿論、精神體力にも因るが、技術も亦大いに與つて力あるものである。固より今日の精銳なる武器に對して空拳を振つて向ふのは、恰も蟷螂が龍車に向ふと同じであるが、雙方利刀を提げて戰ふ時は、技術の僅かな相違に因つて勝負の運命を決するのである。それ故に精巧なる武器を利用して戰ふ現今に於ても、忽にする事の出來ぬのは明かである。されば我が陸軍に於ても、白兵戰鬪主義を採り、盛に之を奬勵してゐる。劍道に於て修得した技術は、直ちに軍刀術銃劍術に應用して效益は甚だ大である。而して劍道は銃劍術に優ること遙に大である。今範士高野先生の說を次に示さう。

1、銃劍術に用ゐる木銃は重量が大であるから、其の操作に力を費すことが多く、從つて疲勞が甚だ大で且速かである。

2、技術の種類が少く變化に乏しい故に、全身に均等の運動を與へることが困難である。

3、技術が單調であるから、巧妙複雜な技術を演じ微なる精神の虛實を鍊磨するに適しない。

4、以上の理由によつて劍道に比べると、銃劍術は甚だ興味に乏しい憾がある。

尙ほ劍道の實用的效果に就いては第二章の武藝上に於ける劍道の地位の章を參照せられたい。」

第九章　劍道の神髓は那邊に在るか

第一節　劍道と現代生活

吾人現代の生活を視るに、何等の生命力もなく靈魂の力もなく、唯同一の活動を次から次へと絕え間もなく續けて行くやうな無意識な機械的生活であつて、之が爲めには精神も荒み、人格も日々に傷けられて行くのである。此の近代文明の弊を單に日本に就いてのみ視ても、明治初年以來、物質的文明の進步發展は實に驚く程であるが、所謂物質文明に伴ふ惡弊として浮華放縱、輕佻詭激の流弊を生じた。此の事は明治維新以來、識者の間に痛論せられた所であるが、最近の歐洲大戰當時から此の風習は益々甚だしくなり、今日に至つても尙終熄しないばかりでなく、現代は實に世界は思想上の一大混亂期であつて、我が國も亦其の驚波駭浪の中に立つてゐるのである。物質的の鎖國が不可能であるやうに、思想上の鎖國は猶更不可能である。此の一大波瀾洶涌の思想國難に際する吾人の覺悟としては徒らに外來の惡思想惡傾向を防止するのではなくして、我自ら我が國固有の本領を發揮せねばならない。所謂彼の惡を禁ずるのではなくして、我の善を奬めるのである。而して其の善思想善傾向の泉源は、主として我が國民の中樞をなしてゐる大和魂卽ち日本精神の鍛錬に求めなければならない。此の精神こそ、千古に亙つて國民の思想を涵養し育化し、其の性情を感發し興起して忠良ならしめたもので、吾人は此の一義は須臾も忘れてはならない要件である。然るに今や我が國古來の誇としてゐた此の精神的方面のものさへ次第に失ひつゝあるのである。

我が國民が自ら創造した文化文明でもなく、我が國民生活の眞の進展でもなく唯他の文化文明の皮相を模倣するを以て新と心得、進歩發展とするは大いなる誤りである。固より吾人は、永久に其の儘の狀態に在ることを冀ふものではない。物質方面の進化と共に精神方面も亦何等か其の形は變つて行くのが當然である。駸々として進んで已まないのが人生の常態である。吾等個人も社會も刻々に動いてゐる。個人的にも國體的にも理想を目標として、向上發展の道を辿ることはその最大の目的である。吾人は絶えず眼を前方に注ぎ、將來に希望を繋いで活躍しなければならないが、併し將來の向上發展も過去から現在、現在から將來への延長でなければならぬ。現在は過去、卽ち歷史の成果であると同樣に、將來も亦現在の成果である。過去と現在とを離れた將來には何等根據のないものである。されば國家の向上發展も、吾人の將來も、皆吾等祖先の事業意志を尊重繼述して、それを完成するといふことを根本義として進まねばならぬ。

日本民族の特有として誇る所は、あらゆる方面に於て固より少くはないが、就中武士に依つて大成せられた我が劍道ほど、莊嚴無比なる道は他にあるまいと思ふ。昔の武士の魂の表徴である日本刀を以て、大和魂を錬り上げる法は此の劍道であつた。此の劍道の敎は人を生死の岸頭に置いて、生死の外に超越せしめ、泰然自若たるを得しめる悟道を傳へるものである。古來武士は、此の劍道に依つて聖人孔子が集大成せられた儒敎といはず、釋尊が說かれた佛敎といはず、天祖天照大神を尊奉して其の靈を齋き祀る神道といはず、それ〴〵の敎理に含まれてゐる宇宙の根本精神、萬有の原理原則の一切の哲理を明かに悟り得て、更にそれを身體の活動の上に現はしたものである。此の悟道を得た者は殺活自在の力を得、百萬の敵をも一氣に摧く力を得る。卽ち有を挫く無の力である。日本が淸國を破つたのも又露國を破つたのも又靑島の獨軍を一擧に壓倒したのも皆此の力である。吾人は兩刀を腰から解いた今日に於ても、猶此の劍道に依つて此の力を得ようとするものである。

第二節　劍道と競技運動

我が國の現代の體育を視るに、外國輸入の競技運動が盛に採入れられて日々に隆盛に赴いてゐる。是は誠に國民體育上、結構なことであるが、併し其の爲めに若し嚴肅味に滿ちた劍道が知らず識らずの間に衰退して行くなら、眞に憂ふべき至りである。

人生は必ずしも常に春ばかりではなく、困苦缺乏は人生にあり勝ちである。此の困苦缺乏に耐へることの出來ぬ人間は底力がない。隨つて人生に於ての劣敗者となる。此の意味に於ての鍛錬は、人の年齡と伴つて年齡相當に行はねばならぬが、殊に靑年期に於て最も有效に行はれるべきである。古のギリシヤのスパルタに於ては、靑年の敎育上秋冬の間、青年をして山林の間に起臥して困苦缺乏に耐へしめた。或は山川を跋渉し或は長距離の競走等諸種の運動は固より吾人の日常生活に於て、一日も缺くことの出來ぬものであるが、併し唯體育の目的のみを以て、吾人は滿足することは出來ない。之に伴ふに精神の鍛錬を主要なる條件とするのである。

ギリシヤの有名なオリンピアの競技に參加する職業的競技者は、精神の鍛錬の本義に副はない者が多かつたのでプラトンは之を罵つて「彼等はその生涯の大部分を眠つて過す者である」。と云つて居る。抑々體育として競技運動が善いか又軍事的訓練が善いかといふことは、ギリシヤ時代から爭論の問題である。プラトンは單に競技のみに依る體育を排斥してゐる。「人が單に競技運動に於てのみ優れ、大食をして單に體力に於て優れて居る場合には、其の人は自己の體力を誇り、自ら傲慢に陷つてミユーズの神(文學技藝の主宰)に參せず、哲學の世界に入らず、思想上の研究の興味等は全く涸渇し、彼の精神は遂に目覺めるときなく、精神的榮養を採らず、かくして彼の精神は微弱となり、遲鈍となり、盲となり、彼の感覺の前に立ち罩めてゐる雲霧は遂に晴れることがない」。之を稱してプラトンは無敎育なる野獸といつてゐる。然らば何故に軍事的訓練を選んだか、それは軍事的訓練は鍛錬の精神が之を支配して居るからである。身體を鍛錬する主宰者が、嚴かなる精神であるからである。

競技運動の主として發動する精神は競爭心であり、名譽心であつて、眞の困苦缺乏に耐へて、自己を主宰しようとする精神ではない。故に鍛錬としての意味は薄弱である。隨つて底力ある人間を作ることは出來ない。而して體育が此の鍛錬の精神に支配せられない時に於ては、單に上品なる輕業師を作る意味に陷るのである。運動競技に於ては、固より共同心や團體心などは養成せられて或意味の鍛錬は行はれよう。併し其の根本精神を東洋の深き精神に置く劍道の眞諦をば、相對的となり勝な運動競技の到底夢想だもすることは出來ぬものである。我が國の劍道はプラトンの論ずる所よりも、更に百尺竿頭一歩を進めてゐるのである。劍道に於ては、一口の太刀に自己の全生命を沒入して生死の岸頭に立ち、自己の心操の根本問題に觸れて行くのである。かゝる境地は西洋の競技運動に於て求め得られるであらうか。然るに現今に至つても尙識者の間に、劍道を遊戲、運動、競技と同列として相對立せしめ單なる技術視する謬見がある。これは旣に其の根本精神に於て誤謬があるのである。苟も斯道に志す者は此の精神を體得し、自ら毅然たる態度を持して、此の悪風潮を打破し、劍道は眞に尊嚴なる修養の道であることを知らしめるのが吾人の責任ではなからうか。人必ず自ら侮つて然る後に人之を侮るとは古人の言である。徒らに技巧の末に走り、勝負の數に囚はれ、名譽に走り、享樂の氣分に溺れ、遂には職業的觀せ物的運動のとなつて眞の目的を離れて邦國の爲めでもなく、眞善美の追求でもなく、人格の陶冶の爲めでもない體育は斷乎として排斥せねばならぬ。

第三節　劍道と鍛錬道

鍛錬とは身體の鍛錬と意志の鍛錬とである。鍛錬道上から視ると、劍道も儒敎も佛敎も亦東洋の文化も皆鍛錬道であつて、此の鍛錬の至極から純一道に入り得られるのである。鍛錬とは次ぎの如くに言ふことが出來る。自己の生活力を統率して一方に集中させることとである。鍛錬の原理は意志を中心とする精神にあるのである。集中がなく統率がないときは、渾一の力となり得ないのである。こゝに鍛錬の工夫の必要が生じて來る。それが一方に集中すると、孔子の言はれた「一簞の食、一瓢の飮、陋巷に在り。人其の憂に堪へず。回や其の樂しみを改めず。賢なるかな回や」といふ境地に至ることが出來るのである。生活力が最も重要なる一點に集中する時には、一簞の食、一瓢の飮をば顧みる遑がないのである。故にこれ等に依つて其の樂しみを改めないのである。其の樂しみとは勿論一簞の食一瓢ではない。蓋し學を好み道を樂しむ意である。身體の鍛錬に於ては、古來多くの偏見に支配せられてゐる。榮養上偏した粗食に甘んずることは、嚴格主義に依つて强い人を作ると云ふが如きは、余の採らざる所である。固より贅澤は排すべきであるが、食品化學の教へてゐるやうに、人體が健全なる生理作用を營む上に於て、是非必要な養分をば攝取しない時には、却つて脆い人物を作るのである。寧ろ食物に就いての自己好惡の情に克ち、食物に就いての正しい習慣を養ふ點に鍛錬の本義がある。鍛錬の工夫は儒教全體に亘つて看取することが出來る。由來東洋の思想に於ては自然の力と人との關係が深く、其の意志的鍛錬は人が深い意味に於て、自然と冥合しようと云ふ道に於て行はれるものである。孔子の七十にして心の欲する所に從つて矩を踰えずとあるは、心理一致、天人合體であつて理想的道德の極致である。又佛教に於ての悟の工夫は鍛錬道である。人生の根本の相は無情である。此の無常と云ふ人生の現實相に徹しないで、人生の進步とか建設とかのみに努力しても、そこには決して底力ある生活は現はれて來ない。人生の根本を支へて行く人間の意志力は、人生の無常を徹見して、その無常流轉そのものの中に永却の相を見て行く力である。それは人生生活そのものによる鍛錬の間にあらはれ來り味はれるものである。これは耐忍の力の鍛錬である。その究極は大自然に對する一種の徹底したあきらめである。大自然とは自然と人生とを一貫した內在的本質をいふのである。そのあきらめは歸依の心に於けるあきらめである。その奧には永遠の統一がある。單に儒教佛教のみではない、東洋の繪畫及び書に於ても、亦此の鍛錬道を會得することが必要である。支那宋代の畫家芥子園畫傳に「必ず須らく目無くして視る若く、耳なくして聽くが如くすべし、一筆兩筆の間に旁見側出す。繁を删りて簡に就き、而して至簡に就けば、天趣宛然として實に數十百筆の寫し出す能はざる所の者有るに至る。而して此の一兩筆忽然として方に爲め微に入るを得」と。

顧つて我が國の劍道を見るに、あの有名な柳生但馬守が嘗て山中で老人から劍道を習つてゐた時、老人は容易に但馬守に竹刀を持たせなかつたので、但馬守はつまらなく思つて水を汲んでゐると、老人は近寄つて來てぽかんと擊つた。そして今お前に隙があつたと敎へた。これ精神に集中がなく、統率がないことを敎へたもので。又鍛錬の極致に至ると敵の虛實を洞察することは容易である。又護持院ヶ原の敵討を見るに、妙齡の娘おりよが御邸奉公をしてゐる時、或夜突然母の急病を告げて來た男があつた。おりよは此の知らせを耳にした時直ちに懷に匿してゐた懷劍を握つた。これは其の男が仇であることが心に感ぜられたからである。鍛錬道は集中道である。一心が集中すればおりよのやうに、瞬間に懷劍に手を掛けることが出來る。鍛錬の極致はこのやうな心境に到達することである。精神を絕對に一方に集中する心が犧牲の心で、これが武士道となり男伊達となつたので、そこに日本の國民性が現はれてゐる。

劍道の根本問題は、技術の問題ではなく又他國を侵略し或は他人と爭ふことのみを主眼とするものでもなく、實に精神の鍛錬を以て其の中心としてゐる。卽ち劍道の中心問題は自己の問題である。劍道は自己の精神を純一にして、自己を空しうし、敵を空しうし、爭を空しうし、無念無想の境に在つて、自己生命の全活動を大自在三昧にしようとするのである。此の境に達するを以て理想とする。此の故に戰へば必ず勝を制するのである。無敵の世界は劍道の理想である。無敵の世界とは自己の武力を誇る世界ではなくして、自己が道に達してゐるが故に、定めて敵とすべき者がないと云ふ世界である。宮本武藏は平素脇差を離さなかつたが、一旦豁然として大悟するに至つてからは、常に丸腰でゐたとのことである。又鍛錬の結果として現はれ來る人生觀は、實に悠々自適の趣がある。其の修養の究極は功もなく、名もなく、無爲無妙の地、客觀の境地にあるので。山岡鐵舟の如きは其の人である。以上述べた所は其の根本を東洋の深き精神に置くものであるから、こゝに到達するには、東洋の精神に於ける聖人の學の工夫と劍道の鍛錬とに俟たねばならぬ。これ劍道が他の體育運動と其の根本に於て異なる所以である。

第四節　劍道と神佛

我が大和民族は、國家建設の當初から極めて堅實なる信念を有し、神を日常崇拜の對象としてゐる。神は先人の說に廣く超人間の威力ある者を指して云ふ。其の最も優越した地位に居るものは天神地祇である、儒敎佛敎の傳來に因つて二者が我が國固有の敬神觀念と折衝し、延いては一個の神道說を樹立した。これが我が國民の精神生活の源泉となり、あらゆる方面に力强い感化を來した。幕末に湧然として勃興した國民の自覺心は、内外本末の分を識別すると共に、尊王愛國の爲めにしよとする至情の發露で、此の精神はやがて敬神崇祖の念と吻合し、古來神道家に依つて養はれた敎訓は、敬神と同時に尊王を奬めたから、當時の勤王志士の意氣は敬神の思想と一致した。想ふに王政復古の大業も、神祇を尊重する風の作興したことも與つて力あるものである。

今や朝廷躬ら敬神の範を垂れさせられ、臣民も亦敬虔の誠を致してゐる。劍道に於ては古來此の精神を體して敬神崇祖の念を重んじ、天祖天照大神を初めとして建御雷神、經津主神を齋き祭り、更に祭祀するに流祖等を以てしてゐる。一つには報本反始の禮を示して其の向ふ所を明かにしてゐる。所謂報本反始とは祖先の事業を重んじ、其の意志を紹述し、其の事業を完成することを以て念とするのである。日本國民の特有道德ともいふべき敬神崇祖の誠も、要するにこれが其の根本義である。又一つには祭祀は國家の大典、爲政の大本、政敎の基礎であつて、國家的禮儀の意義がある。此の敬神崇祖の風習による敬心の養成と尙武の道とは、共に國民性陶冶の上に與つて大なる力があつた。藤田東湖は其の弘道館述義に於て敬神、愛民、尙武を以て上古史の三大事實としてゐる。

かく我々の信仰が人格上に對して向けられる場合は、人格は超人間的のものにまで理想化せられ、その人格が直ちに神佛となり、信者はそれに自我を捧げて其の敎義を守り、その儀式に從ふことによつて安心を得るのである。

我々は、中秋天空の無窮にして宏大なるを眺めた時、人生の餘りに微弱なるを感じて云ひ知れぬ寂しさを覺え又自己最善の努力を盡して理想に近づかうとした事が、或は水泡に歸し或は現實に束縛せられたりするとき、我等は人生の苦しみを痛感し又突然人生の四苦である死を目撃した時には生の痛々しさをしみ〴〵と感ずるのである。こゝに宗敎の要求が起つて來る。宗敎の要求とは自己のはかなさを思つて、永遠に亡びないものに憧れ、自己の不完全を考へて絕對に完全なものを求める心であつて、この要求は未開人から文化人に至るまで、皆一樣に持つてゐるのである。この絕對に完全であつて、滅びることのないものが卽ち神であり佛である。

幼兒や原始民族は肉體を唯一の生命と思つてゐるが、人類の發達につれて肉體の外に精神あるを知り、物質的價値ばかりでは滿足することが出來ず。精神的方面の價値を求めるやうになり、更に進んでは有限な生命に對して無限の生命を求め、不完全な世界に對して完全な世界を望むやうになる。これは小さな生命を宏大な宇宙と合致せしめようとする要求であつて、小我と大我との融合である。宇宙には其の根本の主體となる神があると信じ、神人の合一を希ふのである。卽ち相對的、有限的生命に滿足しないで絕對的無限的生命の境地を得ようと願つてゐる。我々は之に依つて現在の不安から脫して安心立命を得て、自己の生命を新たにしようとするのである。これは人間として已むに已まれぬ生命の要求である。我々は肉體上精神上に於て、種々の要求を持つてゐるが、それは總て自己の一部分の要求に過ぎない。然るに宗敎の要求はこれ等を超越した最も高い全自我の要求である。

人が此の世に處するに當つては幾多の苦悶がある。或は過去の出來事を追懷して悔恨懊惱の涙を流し、將來の出來事を夢想して憧憬欽羨の笑を漏し、理性の缺乏を來して專ら感情の奴隷となるのが常である。これ人生の眞相を看破しない迷執から起るのである。天地間の萬物は悉く無常であるから、時々刻々、新陳代謝して其の生命を全うし、其の活動を現はすのである。此の空理に悟入すれば事物の假相に執着する惑を除くことが出來る。

蓋し宗教とは萬物一體の自覺であつて、此の一體を神と名づけたなら見神信神、道と名づけたなら悟道。無限者と名づけたなら無限者に對する有限的精神の絕對的歸依を宗教とする。既に萬境一體に居る故に千變萬化、順境逆境、榮辱存亡其のまゝ家鄉で、所謂安心常樂であり、所謂救である。

古來我が國には、神佛に祈誓して心願の成就を冀ふ風が遍く行はれ、夢想に依つて其の目的を達した者は尠くない。劍道家に於ても亦神佛に祈つて、夢想を得、奧旨を悟つた者其の例は甚だ多い、天神地祇、祖先の神靈、前賢の精魂は、長へに宇宙の間に留つて吾人の精神に通ひ、吾人をして奮勵自進せしめるのである。而して天祐神助の信仰は、勇氣鼓舞の最良法で、而も信仰とは權道でなく、方便でなく、直ちに神に接し、靈に感ずる唯一の法である。今其の例を擧げると、愛州移香は日向國鵜戶權現に參籠して夢に妙奧を受け、飯篠長威齋家直は香取の神に祈つて奧祕を授けられ、齋藤傳鬼は鶴岡八幡宮に參籠して妙旨を悟り、伊藤一刀齋も亦た鶴岡八幡宮に祈つて無想を得、川崎鑰之助は上州白雲山の神に祈り、何れも皆斯道の妙奧を悟つて或は一流の祖となつた、居合に於ては林崎甚助重信は林崎明神に祈つて奧義を悟り、片山伯耆守久安は阿太古の神に祈つて居合の神妙を悟り、槍術には大內無邊は羽州眞弓山神に祈つて靈夢を蒙り、其の神妙を悟つた。かく數へ來ると枚擧に遑がない。

一擊の下に死生を決する劍道家に於て、敬神崇佛の念に厚く、從つて其の奧祕の成就徹底を神佛に祈願して、其の目的を達した者の多いのは怪しむに足らないのである。是れ劍道家が熱誠純潔なる精神を以て、一意專心、神佛に祈誓を籠めた結果、遂に靈妙なる心境に到達して精神技術の奥妙を得たものであつて、宗教的經驗と其の趣を一つにするものであらう。

第五節　劍道と儒教

儒教とは聖人孔子を祖とする教で、倫理道德の規矩準繩を說いて、現在に處する所以を教へる大道である。劍道は此の儒教に依つて益々鞏固なる根柢ある發達を遂げてゐるのである。左に古人の言に依つて、其の平明にして且重要なるものに就いて說明しよう。

古人の言に「劍道は他なし思ひ邪なしの三字に歸す」と訓へてゐる、而して思ひ邪無しとは誠の謂である。天命を目がけて進み、さうして私心を去つた高朗な心境に到達する誠の極致、特に劍道に依つて到達し得る誠の境涯、此の思想は我々の先達の劍道に達した人々が、其の究極の心境として仰いで來たものである。又其の言に「劍道居合の修行心法の工夫は智仁勇の三者で、之が根本となるものは仁義禮智信である」と、智仁勇の三者は誠の三方面であつて、知は之に依つて物の道理を分別し、仁は之に依つて其の道を體得實現し、勇は之に依つて道を斷行するものである。

此の三者は是れ儒教の所謂三達德で、天下古今皆同じく持つべき德である。東西古今、上は天子より下は萬民に至るまで、誰も皆行はねばならぬ君臣、父子、夫婦、昆弟、朋友の道、所謂五達道を實行するには種々の手段方法もあるが、智仁勇の三德に由らねばならぬ。而して之を行ふ所以の根本は唯一つの誠である。中庸に「誠は天の道なり。之を誠にするは人の道なり」とある。天命の發動の姿である道を體驗するといふことは、卽ち誠といふことを人間生活の上に實證することに外ならない。誠は公平無私、純一無妄の意味であつて、道と云ふも丶の原動となるのである天命は誠を以つて萬物を生育させ統制する。誠を人間生活の上に實證するこが、人の進むべき當然の道である。誠を人のものとしたのが大學の所謂明德である。其の明德が發動して仁となる。孔子が仁を以て人道の中樞觀念とせられたのは、天の道たる誠が意識せられてゐるのである。

智仁勇を、我が傳國の寶器にして、日本民族の德性涵養上重大なる三種の神器に宿つてゐる理想に對比することは、遠き昔から先輩に既にその說がある。鏡の德は智であり、明であり、純であり、淸である。璽の德は仁であり、寬であり、和であり、溫であり、快である。劍の德は勇であり、武であり、健であり、剛であり、斷であり、敏である。先哲は此の說が劍道と符節を合すやうであることを說いてゐる。今之れを眞善美に配當して見ると鏡は眞、劍は善、玉は美を現はすものである。鏡が其の物を有りの儘に映して、少しの間違を許さぬは眞を意味する。劍が或は殺人劍といひ或は活人劍といつて、惡人を除き善人を救ふは善を意味する。玉が何等の必要もない樣で、見て飽くことのないのは美を意味する。更に劍道に配して見よう。眞は劍道居合に於て格を守り、法則を守り、遂に其の究極に到達しようとするのはこれ眞を求めるのである。單にこれのみではない其の劍を如何に使用するか殺人劍、活人劍といつて惡人を除き善人を救ふものとならねばならぬ、是れ善である。更に之に加へるに所謂威風堂々の美、崇高なる人格がなくてはならない。是れ美である。此の眞善美が相寄り相助けて始めて、完全なる域に到達するのである。吾人の長い間の劍道修行には進步があり停滯があり時に退步もあるが、此の眞善美、智仁勇を指し進んで行く間は瞬間でも完全に近づきつ丶あると稱し得られるのである。そして益々充實し發展して、完全の域に達しよると絶えず進む所に人生の實相が現はれる。眞善美の追求は人間の尊い本性である。

先哲は又劍道居合は居敬、窮理を以て本となすと云つて居る。居敬、窮理は朱子の學問の目で、敬とは主一無適の謂で、主一とは心を專一にして他念を以て之に雜へないこと、無適とは走作しないことである。敬の工夫は聖門の第一義である。朱子は敬を存主懈らざることゝと酬酢亂れざることゝの兩方面から說いてゐる。窮理は程伊川、朱子の最も重要視した所である。朱子が思ふに天下に理外のものなしと、されば事々物々の理を窮めるは、これやがて本體たる太極の天理を究める所以で、またやがて我が本性の何物であらうかを知る所以である。而して之は大學の所謂格物致知に外ならない。格物致知とは廣く天下の事物の理を推究めて、以て己が知識を磨き致すことである、其の研究の結果は、豁然として貫通し、宇宙を貫穿する大理法を發見するのである。是に於て知行は合一し、それはやがて天人合一であつて、是れ學問の終局である。又曰く「劍道は己を修め人を修める道である」と。鐵舟も「一劍天下を平にする」と云つてゐる。格物致知は學問であつて、誠意正心修身は德行であつて、兩者は大學の明德で己を修める大道である。卽ち儒教の倫理說。齊家治國平天下は功業であつて、大學の新民で人を修める大道である。卽ち儒教の政治說。此の明德を明にすると民を新にするとの二者をして至善の處に至らしめるのである。これ大學に於ての朱子の所謂三綱領八條目で儒教の大目的である。孔子も亦己を修め人を修める大道を說き、其の修養法としては「博く學び之を約するに禮を以てす」といはれ、中庸には其の趣意により「德性を尊び問學に道る」と說いてある。

更に孟子の養氣說を採つて曰く「直養集義は勇の生ずる所なり」と。氣とは孟子の言に「志は氣の帥なり。氣は體の充てるなり」と。此の定義に據ると氣は吾人身體に充滿してゐる活力のことで其の意志との關係は兵卒の將校に於けるやうなもので、意志は氣の將校で氣は意志の兵卒である。將校の向ふ所に兵卒が從ふやうに、意志の趣く所に氣が附き隨ふのである。氣には血氣があり客氣がある。これ等は一時のはやり氣である。眞正の氣は道義化せられた活力、氣魄である。孟子の浩然の氣はそれである。此の氣は質の上からいへば天地間に充塞する底の至大なものである。孟子の「富貴も淫する能はず、貧賤も移す能はず、威武も屈する能はず」といふ態度は、全く此の浩然の氣の實現に外ならないのである、扨養氣の方法としては孟子は「直を以て養つて害ふこと無し」と云ひ又「其の志を持して其の氣を暴すること無し」と云ひ又「義と道とに配す」と云ひ又「是集義して生ずる所の者なり」と云つてゐる。卽ち道義的修養をして心に疚しい所、愧ぢる所のないやうにするのが氣の修養で、若しさうでないと氣が引ける。是れ孟子の「是れ無ければ餒うるなり」である。併しながら一朝一夕では得られない。多年修養を積んで始めて浩然の氣は得られるのである。それ故に孟子は特に四個の心得を示してゐる。第一は必ず事とすること有り。第二は正すること勿れ。第三は忘るゝこと勿れ。第四は助け長ぜしむること勿れである。これが修養の細條目である。因に此の養氣說の影響する所を述べると實に大なるものである。支那では前後漢の頃から董仲舒、班固を始め宋の司馬光等が之を說いた。之を精神的に大いに實現したものには宋の文天祥がある。我が國では旣に室町幕府の末から文天祥の詩は忠誠の精神を奮起し、德川時代に至つては孰れの學派でも養氣說を鼓吹し、特に幕末の藤田東湖、吉田松陰、橋本左內等の諸名士は、文天祥に共鳴して其の精神を以て維新の大業を翼贊したもので、これこそは孟子の所謂大丈夫である。「劍道居合に於ても亦此の精神を體して奉公の誠を致す」と先師の說かれたのは、至言と云つても溢美ではあるまい。

以上短簡ながら述べ來つた此の敎訓と意義とに於て、一つには先人の尊い自覺と道心とが輝き、一つには劍道が如何に鞏固なる根柢があり、深遠なる意義があるかを窺ふことが出來よう。苟も一流を開き或は斯道に名ある者は皆此の儒教に造詣が深かつたことは、其の傳へてゐる所の傳書等を一讀すれば明かである。是れ劍道が凶器を持して之を義に用ゐ、武の德となつて殺伐に流れることもなく、常に自己を鍊磨するものとなり、やがて武士道唯一の修行法となり、人格修養の道として最も優秀適切のものとなつた所以である。然るに科學萬能主義の教育が行はれた最近の世相はの此の思想が或は薄ぎ、劍道の目覺しい發展を見ることが出來ないやうに感ずるのである。これは一面吾人の責任ではあるまいか。

第六節　劍道の神髓

劍道の特色とする所は決して劍を弄する術のみではない。又必ずしも自己を守り、敵を制する爲の手段のみではない。然らば那邊に在るかといへば、實に一劍に依つて一面には吾人の精神及び身體を至堅至剛石の如き、所謂金剛不壞に打成する點に在る。又一面には我が靈魂全部の活動をして一切の束縛を脫して、何等の障礙をも受けない大自在三昧の奧義妙境に到達せしめる點にある。

吾人平生の生活に於ては眞劍味を缺ぎ、動もすると妄想の裡に動き易く、諸種の煩惱は拂つても拂つても魔の影のやうに絕えず附き纏つて來る。余は讀書に倦怠を覺え或は此の境地に在る時には、突然竹刀を執つて百振りを試み、白刀鞘を拂つて素振りを練習し或は居合の稽古を初める。刀を執つて息を凝した境地、機が熟すると共に斬込む瞬時の呼吸、拔き附け、納めの精神の統一ある緊張、實に不盡の妙味を覺える。固より眞に命の取り遣りをする眞劍勝負ではなく、唯敵を假想して白刄を執つた時でさへ、忽ち總身が引き緊り覺えず呼吸が凝つて來て、何等の飾りもなく詐もない我が魂の動きである生命の直流を眼前に見ることが出來るのである。是れ斯道修行者が齊しく經驗するところであらう。

況んや眞劍を持つて敵と相對して形を稽古する時には、たとへそれが一定の順路のある形とはいつても、一つ間違へば體は斬られる。此の時我が心は潛在意識で騷ぐ。其の始めは氣劍體の一致を缺ぎ、氣が後れ體は進まず、唯劍のみがふら〳〵と動く。併し精神は常に緊張してゐる。此の時に於てはまだ精神内部に於ての知情意の三體が十分に統一せられず、其の働きが離れ〳〵で、固くなつて變通の自由を失つてゐるのである。いはゞ人格の内的統一がまだ深められてゐないで散漫硬直の狀態に在るのである。併し眼前に閃く白刄は、このまゝの狀態をいつまでも持續させることをば許さない。次の瞬間にはもう人格の内的統一が出來て、一切の煩惱を脫却し、生死を超越したる大自在の道を悟らしめるのである。心は明鏡止水の如くにして、氣劍體の三位が一致して、懸待一致の妙用をなす時は、唯一者の唯一活動であつて、知情意及び行動の四者が自我の爲めに完全に統一せられて、各個の分立もなければ、對立もなく、主從もなく、渾然たる一體となり、其の如何なる部分も、皆全我の現れである人格の純粹統一が現前するのである。所謂禪の極致の無も、儒道の誠といふのも皆此の境地に外ならぬのである。程度の差こそあるが竹刀でも同じ道理である。平生の竹刀稽古に於ても。只の一刹那も遊戲的氣分では居られない。敵は間斷なく我に打込むべき隙を狙つてゐるのである。一度我が精神が弛み、構が崩れる時には、敵は忽ち骨に徹する痛みを與へる所の武器を持つて、我に擊突を加へるのである。されば互に自ら精神を集中せざるを得ないのである。

既に述べたやうに現代生活に在つては、なか〳〵この經驗を體認することは出來ない。この危期に於ては特に深く此の精神の集中、人格の統一の意識を考へることが必要である。古人は常に此の劍道に依つて、心身を統一して總ての行動思惟をなし又之に依つて創造發展をなして來たのである。

先哲も「劍道の極意は人を斬るものではなく己の魂を磨くものである」と云つてゐる。古來の武士は太刀に手を掛けることを最も愼んだ。昔武士の家で新刀を調進した時には、豆腐の渣の味噌汁を祝つた。これは雪花菜（斬らず）の意味である。そればかりでなく古來、刀劍それ自身にも五常の德が備つてゐると云はれてゐる。卽ち地鐵は仁、燒刄は義、飾は禮と信、箱は智である。此の平素の敎訓に先人の尊い自覺と道心とが輝いてゐる。山岡鐵舟は劍道の妙諦を得るに至つて、彼の佛光禪師の偈の電光影裏に春風を斬ると云ふ句に倣つて、自己の心境を詠んだ。

其の句に

論レ心總是惑二心中一（心を論ずるは總べて是れ心中を惑はす）
凝二滯輸贏一還失レ工（輸贏に凝滯すれば還て工を失ふ）
要レ識劍家精妙處（識らんことを要す劍家精妙の處）
電光影裏斬二春風一（電光影裏に春風を斬る）

と、而して之が結句の解釋を試みて云ふには、

「夫レ吾が劍術は人我劍擊の勝負を爭はず、只錬心鍛術、自然の勝を得るを要するのみ。而してその妙術に至るときは、刀を振りて心外に刀なく、敵に對して目前に敵なし。縱横無盡心を以て心を擊つ、是れ之を電光影裏に春風を斬ると云ふなり」

と、此の一句は實に形而下の劍を去つて、靈玄なる哲學的の境地に入つた劍道の風光を象徵して、無限の妙味があるではないか。余が劍道の發展を高唱し山岡鐵舟を崇敬する所以はこゝにある。（尙山岡鐵舟に就いては拙著英

第七節　電光影裏に春風を斬る

支那宋代の僧に祖元と云ふ人が居つた。無學と號し、幼少の時から群兒に絕し、十三歲で薙髮して、三十六歲の時に無礙の機用を得た。大傅の賈似道は祖元の道譽を聞いて臺の眞如寺に招じた。こゝに居ること七年、當時たま〳〵元兵の亂入があつた。祖元が溫州の鴈湯に過ぎる時に、元兵は既に溫州の境を壓した爲めに衆人は皆逃竄したが、祖元は獨堂裏に兀坐して動かなかつた。虜酋は將に刄を祖元の頭に加へようとした。此の時祖元は從容として一偈を賦して曰く、

乾坤無㆔地卓㆓孤筇㆒（乾坤地の孤筇を卓つる無し）
喜得人空法亦空（喜び得たり人も空法も亦空）
珍重大元三尺劍（珍重す大元三尺の劍）
電光影裏斬㆓春風㆒（電光影裏に春風を斬る）

と、群虜は感悔し禮をなして去つたと云ふことである。弘安二年北條時宗は幣を厚うして之を鎌倉建長寺に請じ、五年冬、圓覺寺が成るに及んで開山第一の祖となつた。時宗は之に師事して遂に元寇の大功を立てた。祖元は九年九月三日年六十一で寂し佛光禪師と諡せられた。今左に詩の大意を解くと、

此の天地間には一本の筇を立てる餘地もない。悟つて見れば人もなければまた法（萬象）もない。ましてや人の命や劍などと左樣なものは微塵もない。只これ眞空我また何を恐れようか。やれ有難や其の長いお刀、切れる

ものなら紫電一閃、一刀兩斷にお斬り召されよ。劍光が頭上に閃々とするは恰も電光が飛んで春風を斬ると同じく、其の太刀風は恰もそよ吹く春風のやうな感じがする。斬る者も亦何物もない。たゞ春風のそよ吹くばかりである。

是れ晏如として無念無想の境地にある人劍皆空の妙義で、實に空理に安住した悟りである。

澤庵禪師が禪の心要を以て兵法を論じ、之を柳生宗矩に與へた不動智神妙錄と云ふ書に金剛經の應無所住而生其心（應に住する所なくして而して其の心を生ずべし）の句を引來つて、劍道の極意を示してゐる條に、無學禪師の末句に就いて述べてゐる。卽ち

無學の心は、太刀をひらりと振上げたるはいなびかりの如くよ。電光のぴかりとする間何の心も何の念もないぞ。打つ太刀にも心はなし。切る人も心はなし。切らるゝ我も心はなし。切る人も空、太刀も空、打たるゝ我もなければ、打つ人も人にあらず。打つ太刀も太刀にあらず。打たるゝ我も稻妻のぴかりとする內に春の空を吹く風を切る如くなり。一切止らぬなり。風を切つたのは太刀に覺えもあるまいぞ。かやうに心を忘れ切つて萬のことをするが上手の位なり。

明治五六年の頃、排佛毀釋の說が盛んに起つた時。獨園和尙は麻布の天眞寺に居た。此の和尙には鐵舟も嘗て師事したことがある。或日門を出ようとした際、五六人の壯士に取圍まれた。其の壯士は佛敎撲滅の徒で、和尙の一命を貰ひに來たのである。其の時獨園は「事甚だ容易である直ちに斬れよ」と一喝した。處が壯士等は愕然として逡巡し、手を下すことが出來なかつた。

德川幕末罪人の首を斬ることを以つて職とし、首斬り淺右衛門として聞えた山田淺右衛門の述懷はたま〳〵此の

間の消息を語るものである。嘗て淺右衞門が山岡鐵舟と語つた時、鐵舟が彼に問ふには「子は在職中首を斬つた數は誠に多いであらうが、其の間に膽を奪はれて斬ることの出來なかつたと云ふ者はないか」と。淺右衞門は答へて云ふには幕末に際しては雲井龍雄を始め、幾多の豪傑の首を斬つたが、斬ることの出來なかつたと云ふ者には出會はなかつたが、唯彼の義賊鼠小僧及び娼妓花鳥を斬首する時には、三度まで刀を振り翳したがどうしても斬ることが出來ず、更に勇氣を振ひ滿身に力を籠め、瞑目一番、四度目に漸く斬り落すことが出來たが、今に至つても何故か怪訝に堪へられない」と。鐵舟は更に進んで其の當時の二人の態度を尋ねると、淺右衞門は「鼠小僧が座に就くと小搖ぎもせず、やがて從容として顧みて云ふには「お願ひ申す」と唯一言云つたのみで、恰も木偶に化し去つたやうで、我も亦其の鼠小僧であることを思はなかつた。又花鳥の如きは豫め官署に「妾は大樓のお職で名を知られた者であるから、見苦しい樣子では首を刎ねられたくはない故に、盛裝で刑に處せられ且つ首斬り淺右衞門の手に依つて往生が遂げたい」と請願した。官署では其の言を容れたので、花鳥は花魁當時の盛裝で壇上に登り淺右衞門も刀を提げて彼の側に進んだ。すると花鳥は顧みて「貴郎が首斬り淺右衞門と云ふお仁か」と尋ねたので其の旨を答へると花鳥は笑を含んで「それで妾の本望が達せられた」と云つて首を差し差伸べ悠然として少しも動かなかつた。かうして漸く四度目に斬ることが出來たが、何故か何卒先生の說明を煩はしたい」と答へた。鐵舟は歎じて誠に善い話を聞いた。劍道の如きも其の兩人の意に到らなくては未だ盡したとはいへない。彼等は胸中一片の雲影なく、全く無念無想の空と化し去つたものである。其の空に向つては有欲の刀身も斬ることは出來ないのである。劍法も此の境に達すると刀なくして足るのである」と。淺右衞門は胸中の雲影を散じて、其の說に感服したとのことである。

其の他彼の日蓮上人が龍の口に斬られようとした時、斬ることの出來なかつたなども、これ皆實に孟子の所謂富貴も淫すること能はず、貧賤も移すこと能はず、威武も屈すること能はさる底の心操で、心身不二の法門に安住するものである。劍道の極意も亦こゝに在る。

第十章　劍道と書道

第一節　劍道と書道とに就いて

余は書道と劍道とは相關聯して、其の歸を一つにするものであることを確信するのである。余は生來書に拙く、餘暇之に精力を傾注すること玆に年あるも、未だ書を語る域に至らず、今之を述べるに當つて、衷心忸怩たるを覺える。

凡そ百般の技藝學術の道に原づかないものはない。莊子も「道は技より進む」と云ひ、淸人の蔣光越も「百技道に原づく」と云つてゐる。書道と劍道とは特に然りとするのである。劍道は事理一致の修行を大綱とするのである。事とは有形上の手段方法である。理とは其の然る所以の原理、卽ち無形の心得を言ふのである。獨り劍道のみ然るのではない。書道も亦然りで、技と理と相並び相稱はなければならない。

劍を執りて之を用ゐることは猶筆を運らすが如く、筆に順逆の法があり、劍に順逆の作用がある。書を學ぶ者は先づ楷書の運筆を習ひ、一畫毎に筆を改めるに、多畫なる時も其の氣は放れないで、心は次畫に通じ或は引き捨て、引き留める様を習ひ、次には行書の運筆を習ひ、而して草書の運筆に及ぶのである。劍道に於ても習得に順序があり、運劍に方法がある。

書道に紙、筆、墨、硯、の設備を要し、紙には硬軟があり、筆には筆品、選毫、開筆の法があり、墨には選墨、磨墨、忌用の法があり、硯には安硯、洗硯等の法がある、劍道に面、籠手、胴、垂、竹刀。太刀の設備を要するは、これ二者が其の用具の點に於て相似た所である。又書道に於て光線を準定するには必ず書卓前方の偏左角上から封入するやうにするのを最も佳とし、次は前方の正中面も亦妨げない。併し右方、後方等の光線は皆宜しくない。劍道にも亦光線を選擇するを必要とする。孫子の所謂「日に向ひて戰ふこと勿れ」とは此の類で、天の時の肝腎なる所以である。又書道に於て姿勢を正しくすることが大切である。先づ坐するには端正穩安に、其の體は正しく其の肩は平かにし、苟も任意欹斜、側坐を許さない。案に據る時には、宜しく胸を張り、背は直く、左手で紙を按へ、右手で筆を把り、左右相合して直角をなし、頭は稍々前に傴し、胸と案との距離は約二寸許りにすべきなどこれである。劍道に於ても亦姿勢を最も重んじ、直立不動、俯かず、仰がず、倚せず、偏せず、足尖を踏み、足後を少しく擧げ、左右足前後の開きは各人に依つて異なるが、其の距離は約七八寸とするが如きは、是れ姿勢上亦兩者が相似てゐる所である。

古人或は「草書は酒に醉ふ者の如く、諸事滯らぬ心もて習へ」と云つてゐる。姿勢を正しくし寛容に構へ、先づ氣を雄大にして一部分に凝定してはならぬ。又古人の言に「心正しからざる時は書も亦正しからず」と邪念を放棄せねばならぬ。又文字を書くには呼吸の調節が必要である。劍道に於ても思ひ邪なきことの必要なのは勿論、呼吸の調節の重大なることも本書に述べてゐる通りである。古人また「眞は方を貴び、草は圓を貴ぶ」と云つてゐる通り、眞書は角を立てて書き、草書は圓く書くので、行書は恰も其の中間である。太刀を運ぶにも亦此の意を用ゐて學ばねばならぬ。これ卽ち運劍の傳である。入木道の祕書には、空海以下代々の書博士が精根を盡して編書した多くの研究材料がある。入木道の家に傳はる七字筆法を一讀すれば、劍を學ぶ者に參考となる點が多からう。

書道の執筆法に於て虛掌實指といふことがある。執筆の法には澤山あるけれども、虛掌實指、卽ち撥鐙法を以て善となし通法とする。卽ち五指の使用法である。大指は壓し、食指は壓し、中指は鉤し、名指は貼し、小指は輔す。其の指法には或は雙鉤執筆或は單鉤執筆等の法はあるが、虛掌實指、五指を疏布し、形を鷄卵を握るが如くするは卽ち一である。虛掌とは掌を空になし、指先の運用其の調節を助け、且つ指先の働きに餘裕あらしめるをいふのである。實指とは指の接合を充實せしめ、文字を思ふまゝに書き得る樣に又指頭の運用を思ふがまゝに適宜ならしめるをいふのである。支那の王獻之が幼時書を習つて居た時に、王羲之は後から俄に其の筆を奪ひ取つたが、獻之は之を知らないで倘字を書き續けて居たので、王羲之は是は後世名を成すといつたと云ふことである。劍道に於ての執刀法も亦大要此の通りである。務めて手掌を虛にし、和かに持つものとす。十指の力は、左手は大指と名指と小指との三指に在る。其の食指中指と、右手の五指とは僅かに添へ指として、極めて輕く把握するのである。此の事は後章の刀の握り方の節に述べてゐる通りである。書劍に論なく下手なる者は、兎角手掌五指に力を籠める。是れ其の未熟なる所以である。又執刀の法に掌中聲有り。掌中聲無しといふ敎がある。掌中聲有りといふは太刀が活きてゐるので、掌中聲無しといふのは太刀が死んでゐることである。掌中聲有りといふのは太刀が手の中を離れて居ることで、掌中聲無しといふは太刀が手の裏に附着して居るのをいふのである。

又點畫法には平畫法がある。卽ち（一）是である。直畫法がある。卽ち（丨）である。點法がある。卽ち（丶）

是れであつて、撇（ノ）鉤（丁）の諸法がある。永字八法を始めとして、唐人の撥鐙指法、七字指法、平腕、懸腕等の書論は枚擧に勝へない。皆其の點畫の法を敎示したものである。劍道を敎習するにも亦之に似たものがある。劍道を學ぶには先づ正面擊の法、籠手擊の法、其の他の擊突法等は亦是に類するのである。

又結體には間架、結構の二法がある。二法と言つても其の實は一であるが、稍々異なる點を言ふと、間架とは梁、柱、軒等の並べ方で、結構とは之を組立て一家を構築するを言ふのである。卽ち點畫を集合して、丸い一字を完成する方法である。點畫が正しくても間架、結構が宜しきを得ない時には、猶家は傾斜し、顚倒するやうに字體を成さないのである。明の高子演の七十二筆勢、李湛庵の八十四法の如きは、皆此の法を傳へたものである。劍道に於ても各部位の擊刺の法を知つても、敵に對して攻防する場合、面を拒ぐには之を拒ぐ方法を以てし、更に直ちに胴を斬るとか、又敵が籠手に斬込んで來れば、拒ぐと共に敵の咽喉を突く等、其の應接々戰に各々程序がある。これ亦書道の結體と同じものである。

書法畫法に於て能、妙、神の三者がある。能とは王羲之等の書を學んで能く其の風を得て少しも違ふことなく書くを云ひ、妙とは王羲之等の種々の書法を研究し、何れの風を書くも自由自在に之を表現し得るを云ひ、神とは種々の書法を學び盡して遂に一派を出すのをいふのである。劍道に於ても第十八章修行進步の道程に述べてゐるやうに、七角形に至るまでは能であつて、其の流を學んで其の流に達するものである。而して八角形に於ては各流を學んで各流の妙處を盡く會得する妙境に至るのである。九角形に至つては到底人事を以て解する事は出來ず、其の道に入らなくては悟ることの出來ない神の境地である。

第二節　劍道書道の極致は心靈にあり

唐の張旭は人が習字上達の祕訣を問うた時、唯練習するばかりであると答へた。實に古今其の道に達してゐる者は、皆苦心の逸話を殘して居る。王羲之の七世の孫、隋の智永は四十年間、樓を下らずに手習をし、其の間使用した筆は一石入りの大笊に五杯あつて、之れを地に埋めて筆塚を築いたといはれ、魏の鍾繇は書を學ぶこと三十年、人と談ずる時には指頭で地に畫すること座右數尺の間、臥する時は蒲團に畫して遂に穴を穿つに至つた。張旭は池に臨んで書を習ひ池の水が悉く黑くなつた。其の他懷素は喜怒哀樂、統べて草書に現はしたといはれてゐる。我が國の弘法大師、小野道風も亦書に苦心し、貫名菘翁が近世の大家と稱せられるに至つたのも努力の賜である。明治時代に入つては梧竹が支那の柘本數十種の外、刀劍の銘、汽車中の土瓶の字に至るまで硏究し、鳴鶴は中年の頃一旦立派に出來上つた書を捨てゝ、新らしい書風に精進したいといはれるが如き、書道に於ける古人の苦心努力は、今人の想像も及ばぬ程である。劍道も一日の練習に一日の效果があり、一年の修養に一年の進歩があつて、決して天稟にのみ依るものではない。

凡そ物事は事法と理法との二法を出ないから、此の二法の調和を缺かぬ樣に工夫することが大切である。書道も亦常に筆硯に接し、手本に依つて練習の功を積まねばならぬことは勿論で、これ卽ち筆法である。それと同時に筆意を心に會得し、心手相應ずる理法の工夫を忘れてはならぬ。之を忘れては適意の書は出來ない。學書者の胸底には、常に如何にすれば上達することが出來るか、或は如何にすれば眞善美を具備した崇高なる書を自由に書き得られるかの疑問と苦心とは念々離れ難いものである。之を離れては向上進歩するものではない。畢竟書の上達は精神の涵養如何にあるのである。大いに迷ひ、疑問を抱き、さうして之が氷解せられるまで、氣長く倦怠せずに、努力を繼續して行かねばならぬ。不幸に逢はない者程不幸な者はないとはダニールの言で、苦は樂の種、佛教に迷悟不二と云つてゐる。迷も悟りも其の根本は心の一つに歸著する。心の一つで鬼とも佛ともなる。古歌に

よそにあるものと思ふぞ迷なる
佛も鬼も心なりけり

苦を離れて別に樂があるのではなく、苦を感じ樂と思ふのは洗錬せられない自己の執著で、其の根本は別なものではない。全く精神の養ひに因るから、疑問の多いだけ其の解決に努力すれば、それだけ却つて悟道の域に進むのである。先づ其の根本である精神の本體を知つて、之を美化することが大切である。人格が向上すれば其の書も亦一段の進境を見るのである。人格者の文字は一種言ふことの出來ぬ神韻を備へてゐる。書は心靈の問題である。書法を習ひ得ては更に進んで關を破るのである。蘇東坡は把筆無定法と云つてゐる。鐵舟の所謂無法である。心法である。劍道も亦同一で事理の一致と格に入つて更に格を出るとは、別に本書に述べてゐる通りである。

漢の揚子雲曰く「言は心聲なり。書は心畫なり」と。明の郝京山曰く「書法は即ち心法なり」と。東坡曰く「退筆山の如きも未だ珍とするに足らず。讀書萬卷始めて神に通ず」と。魏の鍾繇曰く「筆を乘るごとに、必ず氣力を圓正にするに在り」と。王羲之曰く「運筆の法、意は筆先に在り」と。柳公權曰く「筆を用ゐるは心に在り。心正しき時は筆正し」と。宋の太宗曰く「筆は手に隨ひ、手は心に隨ふ」と。宋の姜堯章曰く「須らく品高くすべし。字は神の大化なり」と。郝京山曰く「右將軍王羲之は正直にして識鑒あり。風度高遠、江左の高人勝士能く之に及ぶ者鮮し。故に書法は韻勝遒婉にして其の高風を失はず。古今の第一となす。顏魯公(眞卿)は忠義大節を以て古今

の正を極む。東坡は雄文大筆を以て古今の變を極む。是を以て備極して餘蘊なし。皆人品を以て本となすこと。以上皆書は人品精錬の發露なることを明言したものである。劍道も亦然りで達人名人の達人名人たる所以は、技ではなくして實に其の精神に在り、氣魄に在り、心膽の錬磨にあるのである。劍を執つて敵と相對した時、敵が進むことが出來ぬのは、精神が之を壓迫するからである。宮本武藏曰く「手に熟し、心に得て一毫の私なくんば、萬敵と雖も我之を領せん」と。所謂手に熟すとは技に錬達する謂である。心に得とは理に達する謂である。一毫の私なしとは公平無私を言ふのである。公平無私は仁く近く、心に得るは智に近く、手に熟するとは勇に近い。實に武藏は智仁勇の三達德に通じてゐたのである。武藏の武藏たる所以は玆に在るのである。宮本武藏の書又山岡鐵舟の書は本邦書家に於ても多く見ることの出來ぬ所のものである。書道劍道が精神に待つもの斯くの如きものがある。

書道に於ての品格は、書道上幾多の問題の中で最も重要視せらるべき點である。書は固より形體を具備して法に叶ひ、舊來の習慣に據つてゐなくてはならないが、併し筆法に囚はれ傳統的の形體にのみ拘泥してゐては、何等の生氣もなく、氣韻もなく殆んど書としての品格は認め得られない。人間にも其の人の風格が必要なと同樣である。宛ら天地間の風光に皎月を認めるやうに、書其のものに何とも云はれぬ韻趣を漾はせることが必要である。古語にも煙雲筆墨に連るとか、墨花沼沚に浮き、筆彩虹霓を飲むとか又落處風雨を驚かし揮ひ來れば、鬼神を泣かしむなどと唱へられてゐる。翰墨の妙技は卽ち天地自然の氣が磅礴充滿してゐるもので、天地の精華を聚めて其の結晶物たらしめたので、吾人に於ては書といつたのである。書品の背景的力としては、文學其の他の學問の素養、書才篆刻に就いての鐵刀の嗜、書畫に對する鑑賞眼を有すること等は重要なる項目であらうが、尙ほ根本的の特色としては、

1、書其のものが法に適つて而も其の法を破つてゐること、卽ち法から入つて法を脫してゐること。

2、書其のものに飄逸味の十分にあること。

3、書其のものに落着の氣分の漲つてゐること。

4、書其のものが筆者の風格のすべてを表現してゐること。

こゝに至ると書道と劍道とは、同じく人格の閃きなのである。然らば技と理と何れが後になるか。卽ち技から入るべきである。技が達する時には理は自ら至るのである。精神は之に隨つて進むのである。錬達の境に達しようと思ふなら、更に加へるに讀書修養を以てすべきである。今の劍道、書道を論ずる者は動々もすると、口を技術に藉りて學問を輕んずるのである。かくして名書家となり名劍士とならうとするのは猶ほ木に緣つて魚を求めると一般である。技を離れて理はなく、理を離れて技はなく、技と理とは二にして一、一にして二である。而して理は技から進むのである。古人の言決して我を欺かないのである。

第三節　劍道書道は深遠なる藝術なり

書は數千年の歷史を持つて、眞善美を具備してゐる精錬せられた藝術である。劍道も亦數千年の歷史を有し、眞善美を兼有して、其の間幾多の精錬を經た我が國有の藝術である。凡そ長い歷史を持つてゐる者程、其の力は偉大となり、其の法は深遠となるのである。二者は確かに至高至上の人智を表現し得るもので、之を最高の藝術と呼び之れを一つの宗教と見るも敢へて異議を稱へる人もないであらう。三寸不律を執つて文字を書く時、其の一點一畫が少くも三千年來、精錬せられたものであることを考へるならば、何でそれが輕卒に書かれようか。劍を執つて立つた時、一刺一擊はこれ皆我が國固有のもので、先哲が死生の間を往來して得た尊い經驗の賜であつて、それが生死を決するものであることを悟つた時、どうして苟しくもすることが出來ようか。先人苦心の精神血潮が、滾々として其の間に漲り流れて、自ら眼前に往來するのを覺えるのである。吾人の書く文字には王羲之の血が流れ、歐陽詢の骨も存し又何人とも知れない三代や漢將又我が國の先輩の流風餘韻も認められるのである。如何なる名人の書如何なる達人の劍道でも、決して其の人一人の功のみではない。必ずや數千年來の歷史がかくせしめたもので、言はゞ一面には先人の功績が與つて力あるものである。こゝに藝術としての兩者の價値が頗る高いことを覺えるのである。殊に書に於ては、其の背景として漢學の發達、南畫の進步、其の他支那日本に於ける工藝美術の向上は、愈々書の精妙を發揮せしめ、書を論ずることも益々深遠を加へて來た。劍道が其の背景として儒敎、佛敎、神道、書畫道及び現代の體育諸方面の研究の發達進步に依つて、益々深遠に且精妙になり、古祕傳を開放して之を論ずる者愈々多きを加へて、其の發達著しきを見、其の崇高の度を高めるに至つた。

一般藝術の多くの者は巧を競ひ、美を求めるに過ぎないが、書の進んだものになると是等の境を脫して、拙を養ひ樸に歸しようとしてゐる。日本では明治の梧竹、支那では楊守敬などはそれである。楊は四十から五十迄は非常に美事な字を書いたが、其の晩年に至つては子供の書いたやうなものに歸著し徹底した。これ卽ち技巧の極致である。一般人が此の古拙樸茂の書に對しては、殆ど感興を起さないのは、要するに通俗眼で理會し得る程度を超えた藝術であることを證するのである。劍道も亦其の鍊達精妙の域に達した人になると、擊つに我なく擊たれるに人なく、無念無想、自然の理法に隨つて從容として敵を制するのである。俗眼者流には其の感興を增さないのである。一度劍を執つて此の境に到達すると、宇宙の大理法と暗合默會するを覺えるのである。又一管の筆に我が心情を託する時には、心自ら自然の大と神契默會するを覺える。翰墨はこれ安住の地、劍道も亦無念無想安心立命の地位、豁然大悟の處、雲烟もこれ神仙の境、これこゝに書道教、劍道教が立派に確立するのである。書も劍も或程度までは何人も其の努力によつて進んで行くことが出來る。手腕そのものに大差はないが、百尺竿頭一歩を進めるに至つては、精神の修養であり悟である。書道劍道が藝術であり、宗教であることはこゝに存するのである。

今次に學劍者の參考にもと思つて、狩野芳崖に就いて述べることにした。

狩野芳崖は文政十一年長州に生れ、年十九にして江戶に至り、狩野畫所に入り、爾來十有餘年、螢雪の功を積み巍然として畫所屈指の名手となつた人である。當時畫風漸く衰微に瀕するを觀て、翁は洞然大觀、橋本雅邦と共に自ら破格を企てた。一日童子が戲に虎を畫いてゐた。其の眼は兩々の丸子、耳は雙々の遠山、足は四竿の老竹、それに斑文五六點と鬚毛兩三絲、附け加へるに長大の尾を以てした。翁は之を觀て大いに喜び起舞して歎じて曰ふには「是なるかな、是なるかな。雪舟の骨、雪村(室町末期の畫僧)の氣亦之に外ならない。畫の要は一意直到、唯心裏の影を以て紙上の形とするに在るのだ。意の盡きる所は卽ち筆の盡きる所である。氣力滿盈の間、どうして一點の間筆を着けられようか」と。これから後は筆墨を童子に與へて、白紙を以て其の畫いた所のものと換へて之を祕笈に藏し、夜靜かに人の定つた後、孤燈を揭げて之を展覽し、畫の神髓を悟る最上の心境である畫中の上乘禪に悟入する所があつた。翁がまた平生の言葉に「人生は各自獨立の宗敎がなければならぬ。美術家の宗敎は美術宗である」と、蓋し翁は畫理を以て天地萬物の眞理を發明しようと試み、佛家禪僧の妙悟、漢儒西哲の深旨、總べて丹靑鏡裏、卽ち美術眼に照映して其の意義を判じ、得失を論じ、仁義道德の大道、坐臥進退の庸行に至るまで、盡く取つて以て畫訣としたのであつた。

第四節　山岡鐵舟と書道

古今劍道の精妙なる域に達した人の書は、氣韻の犯すことの出來ぬものがある。宮本武藏、山岡鐵舟の如きは卽ちそれである。今拙著山岡鐵舟の生涯の中から、鐵舟の書道に關するものを鈔することにした。

鐵舟の父朝右衞門が、幕命を受けて飛彈の郡代として高山の代官所に赴任した弘化二年は鐵舟の十歳で、父に從つて其の地に行き、始めて書法を岩佐市右衞門一亭に學び、嘗て一亭から書いて與へられた千字文を淨書して師を驚かしたことがある。熱誠書に勵んだ結果、一亭から弘法大師入木道五十三世の傳統を受け繼ぎ一樂齋と號した。其の後鐵舟の書は人格と共に益々諸方に重んぜられ、四方から書幅を需めに來る者は、其の數が幾千人なるか知れないと云ふ有樣で、中晩年には支那の墨摺鉢で三四人の書生が墨摺　に掛つてゐた。一日に書く額面、掛幅を合せて二百枚を下ることは稀で、毎日平均五百枚を揮毫した。人が書を需めるに對しては「予は唯々人の囑望を空しうするのを遺憾とするもので、書を售る考は毛頭ない。看板でも出産届でも手紙でも證文でも何でも書いて遣る。それを何に使はうがそれは我不關焉である」と常に言つてゐた。かういふ調子であるから其の揮毫した數は實に多く當時日本人口三千五百萬人に殆ど一枚づゝ行き渡る位であつた。揮毫に對する謝儀は之を快く受けて、貧困の者に惠與するのが常であつた。鐵舟は書を以て專ら濟世の方便と思ひ、揮毫の際には一枚毎に必ず四句の誓願文である衆生無邊誓願度の句を唱へて居た。而して終生の揮毫は皆社會公益、教育事業、慈善事業の爲であつた。

明治十八年十二月三十日の鐵舟の記に、次のやうに言つてゐる。

「余は明治十三年三月三十日劍禪二道に感ずる所があつてから諸法皆其の揆一なるを以て、書も亦其の筆意を變ずるに至つた。併し是等の端的の呼吸に至つては、余自ら省悟するのみで言ひ表はすことは出來ない。世人も亦恐らく此の理を判明する人は甚だ稀であらう。世人　或は『鐵舟の書は書として何流にも契はぬもので書か畫か判然しない』と云つてゐる。これは頗る明言で一點抗辯を用ゐる餘地がない。此の如きは總て其の人の心の鏡に任せ寫すからである。余の今日の書は鐵舟流である。余は本年五月以降此の日に至るまで約一ヶ年間、樂書したものは、額面、掛幅合せて總數十八萬一千餘である。嗚呼熟々既往を回想すると眞に夢中の大夢、人力も亦不可思議なるものかな。」

鐵舟の誓願は一切經を淨寫するにあつた。故に如何なる日も怠ることはなかつた。是れ五種功德の一で、書寫功德である。菩提心の實現である。其の書寫の卽時は何物もないのである。卽ちこれ劍道の無刀流の根源は書寫の卽時にあるので一字一字が大光明である。嘗て書家土肥樵石が鐵舟を訪ひ、書法に就いて一畫三折の法を以て書く事を論じた時、鐵舟は無法を以て書く事を述べたので、樵石は倉皇として歸つた。鐵舟は何事にも規矩繩墨に拘泥しないで、常に心法を以てした。此の一切經の淨書の校合をば南天棒老師に託してゐた。老師は「一々點檢して見たが妙に書き誤りがなく字畫も誠に正しい」とは後年に至つての老師の言である。寫し得たものは九十四卷半であつた。これは明治十九年十月から發願して、東京增上寺の朝鮮版藏經を借用して、夜分點燈後若しくは人定後に從事したものである。又明治二十　年からはとかく健康が勝れないので絕筆と稱して一切揮毫を謝絕し、唯全生庵からの依賴をば例外として、八ケ月間に十萬千三百八十枚を書いた。又薨去の年卽ち二十一年二月から七月、卽ち薨去の月まで蓐上で劍道道場鴛信館建設の爲めに、扇子十萬本の内約四萬本を揮毫した。

第十一章　劍道と人格

劍道の主目的は精神の修養であり、人格の完成である。吾人の修める所は劍術ではなくして劍道である。單に技術の達成のみで之に道德が伴はない時は、劍道と稱することは出來ない。これ等は單に道場に於ての稽古が上手、即ち竹刀術を會得したのみで、何等の意義も有しないのである。斯くの如きものは反つて國家社會に害毒を流すに至るものである。

井澤蟠龍軒は、其の著武士訓に武士の心得を說くこと丁寧懇切で中に武道家を戒めて、

「世俗武藝少し覺えぬれば、常に目かどをたて、假初の出合にも他の言を咎むるは、血氣の爲めに犯されて忠孝の理を忘れたるなり。ねがはくは裏に勇猛を含みて、表に和愛をあらはすべし。死すべきところに臨みて、人に先だちて一足も退かざるべし。但し死すべき場と死すまじき場あり。死すべき場に死ぬるを義死と稱し、死すまじき場に死することを犬死とそしれり。」

といひ、又義の爲に命を惜しんではならないことを說いて、

「たとへば人ありて命を千貫萬貫にかへんといふとも、代ふるものあるべからず。さほど大切なる命なれども義によつて拋つこと塵よりも輕し。しかるときは義ほど重きものあるべからず。源致雅の歌に

命をばかろきになして武士の

と。此の道念あつて始めて武士たる人格を養ふことが出來るのである。

世に處し事に當つては、至誠を以て一貫する事が必要である。心が誠であるなら懼れるものはない。劍道も亦此の根柢に立つて始めて不動の精神、精妙の技術に達する事が出來るのである。中條流の一派山崎流、山崎左近將監は其の秘傳聞書に

「平法とは我が一心を治め國天下をも平治する意にて、中條流に於て誠に第一の心得にて、一り通の兵法にてはなく、平法にて人を治むるわけ故、人を害し人をなやます劍術はあらざるなり。」

と云つてゐる。兵は平である。武は戈を止める意がある。干戈を動かさないで、平を致すは其の要義である。劍を拔いて立ち、兵を提げて爭ふは、これ已むを得ない場合に至つての事である。世間今尚ほ往々にして武術を恃んで非道を行ふ者がある。誠に慨歎に堪へない。劍道は利を擁護する武器ではなく義を樹てる堅城である。强烈な道德的信念があつて始めて劍道にも其の人にも絕大の價値があるのである。更に武道に於て古人も如何に人格を重んじたかを示す爲め一二の例を引くと。

寛政の三博士の一人として有名な古賀精里は佐賀藩の人で、槍術を同藩の大坪某に學び、技術が大いに熟し同門中に精里と技を比するもの他に僅に一人あつた。しかも其の師匠が、免許皆傳の印可を與へるに當つて、精里には與へないで他の一人に與へた。精里は憤然として其の師に迫つて云ふには「自分の技術は敢て彼には劣らない。然るに彼にばかり皆傳を許されたのは何故か」と其の師は嚴然として之に答へて「足下の技は敢て彼には劣らない。

しかし足下の品行は下劣で人の師となるに適しない。これ印可を與へない所以である。足下が眞に印可を得ようと思つたなら、先づ素行を謹んで人の師表となるに恥ぢないやうにせられよ。技術が如何に上達しても行が人の師表となるに適しないならば、幾年を經ても印可し難い」と。精里は此の言を聞いて從來の行を改め、更に心を聖賢の道に入れて終に曠世の大儒者となることが出來たとの事である。心は本で技は末である。大坪某はよく其の本を語つてゐる。

幕末勤王の大儒者藤田東湖は、嘗て無念流の達人岡田十松の性行を敍して、

先生人と爲り軀幹長大、狀貌雄偉、其の勇武は天性に根ざし、而も物に接する溫醇、喜んで人の美を稱す。其の少き時甚だ煙草を嗜む。其の師戶賀崎氏嘗て從容として先生に謂うて曰く「汝の藝精妙にして神に入る。眞に吾輩を繼ぐべし。但々無用の物を喫するを憾むのみ」と。先生感激して復た煙草を喫せず。戶賀崎氏又嘗て戒むるに麴糵の禍を以てす。これより先生酒三杯を過さず。以て身を終ふ。謹愼此の如し。方今試合なるもの盛んに世に行はれ、名人高手其の人に乏しからず。しかも其の弊に至つては驕慢無禮、力を以て人に誇り、彼を毀り我を譽め、以て其の門戶を誇張し、無賴の子弟習つて以て風をなす、妄人だらずんば則ち博徒に陷る。慨くべきかな。

と、人格此の岡田十松の如くにして始めて達人と稱する事が出來るのである。世の厚顏者流も聊か恥ぢる所があらう。

第十二章　劍道は神聖なり

凡そ武道を稽古する者は、武道は神聖にして犯すことの出來ぬものである事を、寸時も忘却してはならない。然るに世の修行者の中には、稽古中或は笑つたり或は嘲つたり或は異樣な態度をする者がある。これでは傍觀の者にも同じ感を與へることになる。其最も甚だしい者に至つては、全く村芝居か宮相撲かの樣に考へて居る者さへある。今尙地方によつては、神社の祭典などに集合者を慰藉し、興味を添へる一つの餘興として武道の試合を行ふ處がある。かく餘興視する處から此の弊風が除去せられないのである。其の起源は劍道の興行から起つてゐるのである。

明治四年廢藩置縣以後は武藝の狀態は急變した。當時は西洋文明の輸入に忙しく、正邪善惡の別もなく、利害得失の取捨もせず、皆取込んで、世は西洋文明崇拜時代となり、舊物破壞時代の傾向を示し、武道の如きは無用の長物と嘲けられるに至つた。此の時勢急變に際して、衣食に窮した武士で多少武道の心得ある者は、擊劍會と稱する一種の興行を創めた。それは明治六年の事で、當時劍道を以つて一方の重鎭と見られた榊原健吉の發案で、彼がその元祖である。根據地は東京淺草公園奧山で、各地を巡業して餬口の資としたのである。千葉擊劍會は明治六年六月一日から深川元船藏前觀音境內で催された。劍士の記名せられてゐる者は、千葉之胤、松廼家花山、千葉東一郎千葉貞女、青柳正好、磯貝忠友、大師堂正義、齋藤匡輔等である。同年六月一日の雜誌に「脫刀隨意の令下りしより劍道頓に衰へ、府下有名の劍客も自然沈淪したりしが。四月中旬より神田川上大泉邸跡にて、榊原健吉、田澤俊明等一道場を開くなどとあれども、撃劍は終りに猿芝居などと同じく一種の見せ物となれり。六年四月二十六日淺草門外撃劍會見物人初めより大入、深川八幡境内にも撃劍會を催したる」などの記事がある。興行は二週間を一興行として、毎日午後一時から始めて夕刻に終つた。それが明治十五年頃から漸く復活した。同年十二月二十六日の繪自に「時今追々撃劍流行の世となり、府の巡査中有志の人々申合せ、一刀流の劍客桃井春造氏を招聘して其の太刀筋を學ばんと盡力中」などの記事がある。

之に對しては有識者間に、神聖なる劍道を以て興行物視したといふ非常な非難攻撃があつた。之に對する一言の辯解も出來ぬのは當然の事である。併し榊原健吉自身の心事を深く考へるとまた宥恕すべき點がある。卽ち彼は當時の趨勢を以つてすると、武道は遠からず根絶するから、この方法を講じても後世に遺したいとふのが其の精神であつたらう。併し從令劍道の頽廢を變へる精神であつたとはいつても、事志と違ひ、今日に至るまで其の弊害を殘したといふ罪は免れない。

興行的の撃劍會を催す者の中にも、尙、武道は神聖にして犯すことの出來ないものであるといふ良心の呵責からして、其の名義ばかりを變じて、鞍馬踊と稱し、或は只稽古と稱して木戶錢を取つて興行をしてゐた。又一名撃劍芝居と稱して法螺貝を吹き、陣太鼓を打ち鳴らし、町廻りをし飛入り勝手次第とした。其の他種々の方法を講じて、世人の注意を惹くに務め、其の演技者の如きも異樣なる姿態をし、審判の如きも滑稽な宮相撲行司のやうに、一方が面、相手が胴を撃つと、今の審判は面と胴で審判は面倒であるから預りとするなどいつて、專ら觀客の拍手喝采を博することに重きを置いた。九州熊本邊には明治二十七八年頃まで撃劍芝居の巡業興行が盛に行はれた。某地に於ける武道有段者對縣試合の如き、幾多貴顯紳士の來臨を仰ぎ、入場料は一人一圓より遂に十圓に値上げをなし、試合中は全く興行同様の騒擾を極め、而して送迎には驛頭に夥多の紅裙連を見るが如き狀態、延いては之が對郡試合にまで影響を及ぼして、益々惡化し其の餘弊の底止する所を知らない有樣であつた。或は武道奬勵發展の一手段であるかも知れないが、抑々忠君愛國と自己人格の完成とを本領目的とする武道に於て、かゝる事が果して許されるであらうか。武道はそれ自身が目的でなく、全く他の手段になり終つては、本來の價値は失はれるものである。

第十三章　劍道と禪

劍と禪とは脣齒輔車の關係あるもので、兩刄鋒を交へて勝負を刹那に決するのは劍、利劍一揮心頭を滅却するは禪、劍と禪とは密接し來つて、殺すことを要せば則ち之を殺し、活することを要せば則ち之を活するのである。劍と禪とは其の道は異なるやうで其の揆は一つである。眞に劍と禪との堂奧に達すると、心は鏡明止水、生死もなく靈活自在、天下に敵なきに至るであらう。玆に至つて劍道も亦其の道甚だ大で、其の主眼は精神の修養に在ることは明白である。苟も單に技術勝負の末に囚はれてはならぬ。予は劍に於て今尙ほ淺く、禪に於て知る所がない。併し之を劍客の逸話に見、之を古德の敎示に聞くに、一段の興趣を覺えるのである。左に實例數篇を示して說明に代へようと思ふ。

山岡鐵舟は、實に我が國古今を通じての劍禪一味の大家である。其の祖先高寬は劍を小野治郎左衞門、小太刀半七に學び且禪要に於ても大いに透徹する所があつた。德川家康に仕へて數度の戰場に臨み、其の旗には吹毛不曾動の五大字を書してゐた。鐵舟は幼にしては久須美閑適齋に就いて眞影流を受け、後、井上淸虎に北辰一刀流を學び、或は千葉、齋藤、桃井の門に遊び、最後に淺利義明の門に入つて一刀流の奧妙を極めた。又禪に於ては武州長德寺の願翁、豆州龍澤寺の星定、京都相國寺の獨園、同嵯峨天龍寺の滴水、相州鎌倉圓覺寺の洪川此の五和尙に參して研鑽した。滴水は嘗て洞山大師五位頌の中の一句である。

兩刄交レ鋒不レ須レ避　好手還同二火裏蓮一　宛然自有二衝天氣一

の公案を擧げて示した。鐵舟は日夜拈提すること三年、一旦豁然として省悟する所あつて、馳せて淺利義明に見え直ちに共に技を角した。旣に奧妙に達してまた前日の比ではなかつた。義明は忽ち木刀を抛つて容を正して言ふには「足下の技は旣に堂奧に達して居る。到底我の及ぶ所ではない。我が祕を傳へよう」と。かうして一刀流の所謂夢想劍の極致を得た。其の學劍の詩に

學レ劍勞レ心數十年。臨機應變守愈堅。
一朝壘壁皆摧破。露影湛如還覺レ全。

と云つてゐる實に此の心要を實現し得たのである。

又明治維新の當時鐵舟が幕府を代表して駿府に西鄕隆盛を訪ふ時、官軍は旣に川崎に到つて守備を嚴重にし、各々銃を擁して通行を誰何してゐた。此の時鐵舟は大呼して「身は是れ朝敵德川慶喜の臣、山岡鐵太郞、幕命によつて罷り通る」と衆人は驚き且恐れて敢へて拒まなかつた。これ實に兩刄鋒を交へて避けるを須ゐざる底の膽力から來るのである。是に至つて吾人の思ひ起すは、漢の高祖と當代に名を齊うしうして互に覇を爭うた英雄項羽の言である。彼は「書は以て姓名を記するに足るのみ。劍は一人の敵學ぶに足らず。萬人の敵を學ばん」と言つた。劍は果

して一人の敵であらうか。世の似非豪傑は口を此の言に藉つて大言壯語するが、項羽の此の語は彼自ら書を學び劍を學んで共に成らなかつた結果に出たもので、劍道を單に技術上からのみ觀察した妄斷に過ぎない。況んや天下に敵なき鐵舟の如き昭々たる實例がある以上喋々は蛇足である。

明治の三舟として奇傑を以て稱せられた勝海舟は劍道の家筋に生れた。父の勸めによつて十六歳の時。天保弘化の際劍豪と呼ばれた島田虎之助見山の門に入つて修行を初めた。自ら薪水の勞を取り、寒中になると見山の指圖で毎日夕方から稽古着一枚で王子權現に行き、先づ拜殿の礎石に腰を掛け瞑目沈思、心膽を錬り、更に起つて木劍を以て素振りを初め遂に天明に至り、それから直ちに歸つて朝稽古をして一日も怠らなかつた。當時を追懷して曰く「始めは深更に只一人森々として樹木の茂つてゐる社内に立つて居ると、何となく心氣が臆し、寒風の枝を拂ふ聲までも凄じく聞え、覺えず毛髮が立つた。併し修業が積むにつれて、四面寂寥の中に在つて其の風を聞くことに一種の趣を添へて來た」と。島田見山は海舟に劍道の奧義を窮めるには先づ禪學を修めるやうにと勸めたので、海舟は十九歳の時牛島の廣德寺に行つて多くの禪僧と坐禪を始めた。此の時和尚が棒を以つて坐禪してゐる者の肩を叩くと皆仰向に仆れる。それは坐禪しながら他の事を考へてゐるからである。海舟も其の一人であつたが、修行が積むに伴つて叩かれた時唯だ目を開く位になり、かうして眞面目に四ケ年修行した。後年に至つて劍禪修行の效果を述べて曰く「劍道と坐禪とが余の土臺となつて人間精神上の作用を悟了し、何時も先づ勝負の念を度外に置き、虚心坦懷、能く事變に處した。小にしては多くの刺客亂暴人の厄を免かれ、大にしては幕府瓦解前後の難局に處し綽々として餘裕があり、萬死の境に出入して遂に一生を全うしたのは、是れ畢竟劍道と禪學の二道から得來つた賜である」と。

澤庵は但馬の人で德川初期に於ての傑出した僧である。柳生宗矩は德川將軍家光の劍道師範で當時に於ての達人である。宗矩が嘗て將軍家光に告げて言ふには「凡そ術は惟々調練思慮して自得の處に至らねばならぬ。臣は初め技を錬ることに專心であつたが、一たび澤庵禪師に就いて禪要を問ひ、之に參じて頗る感ずる所があり、業が稍々進むにつれて言ふべからざる妙を覺えた。將軍若し劍道に就いて其の奧義を究めようとせられるには、宜しく禪に依つて悟道せられよ」と。之に澤庵を勸めた。爾來澤庵は江戶に住まつて家光の爲めに心要を說いた。

宗矩澤庵を中心としての傳說は眞僞が判然しないものが多いが、しかし劍禪一致を知らうとする者は眞僞は先づ措いて之を聞くも一興があらう。宗矩が一日雨の降る中をひらりと庭の飛石に下り、復たひらりと緣に歸り、電光石火、衣袂は少しも潤はさず、澤庵に誇つて「和尙之が出來るか」と。澤庵は悠々と庭に下り來りて衣袂は悉く潤うた。さうして宗矩を顧みて「此の如くして始めて正しきに適ふのである。貴殿の爲す所は輕業師の行ふ道である。」と。又或日幅五寸許りの細長い板を緣と緣とに渡して「柳生殿之が渡れる」か、と宗矩は「これは嬰兒でも渡れる」と言つたので今度は其の板を屋上に架けて「柳生殿これで渡れるか」と宗矩の顏色が少し動いたのを見て、和尙は大笑しながら「猫でも渡れるぞ」其の心の先づ動くのを戒めた。

不動智神妙錄、大阿記、五輪書、天狗藝術論、猫の妙術、劍道辨知錄、劍法擊刺論、一刀流口傳書等は皆劍禪相關を述べること頗る懇切を極めてゐる。鹿島神宮に吉岡鬼一法眼が奉納したと傳へてゐる書に、

來れば卽ち迎へ、去れば則ち送り、對すれば則ち和す。五五十なり、一九十なり。是れを以て和すべし。虛實を察し、陰伏を識る、大は方所を絕し、細は微塵に入る。殺活機にあり、變化時に隨ふ、事に臨んで心を動かすなかれ。

實に應用無礙の活手段で處世の妙、社交の訣も亦劍禪の要諦である。聖人の心法から藝術の末に至るまで、自得の處は皆以心傳心であり、教外別傳であり、不立文字である。師は其の事を傳へ其の理を曉すばかりで、其の眞を得るは實に我にあるのである。

第十四章　劍道と武士道

劍道は我が國體及び國民性の特産で、我が國民道德の特色である武士道とは密接な關係を有してゐる。之を證するには以下述べる所の武士道と比較すれば自ら明かである。

武士道は武士の間に發達した道德で、其の名稱には士道、武道、武教等があるが、武士道の名稱は既に足利末葉の頃から用ゐられたやうであるが、其の精神は古今一貫して、我が國民の間に存在したものである。故に武士道は我が國民精神の顯現である。武士道の根本は武勇を尊ぶ精神であつて、主義方針は忠君愛國で、之が爲めには己の身命をも惜しまずに武勇を現はさうとするもので、これが武士道の本領、即ち其の實質は所謂大和魂である。血氣の勇は武士の忌む所である。武士道の本領はかく忠君愛國であるが、武家時代に於ては社會組織の變動と共に君國に對して捧げる念は、變じて其の主君を思ふ至誠の情となり、主君の爲めに殉ずるを武士道の本道と心得るに至つた。併しこれは武士道の變形である。

武士道は我が民族の發生と其の起源を同じくして、數千年間一貫して國民精神の根本となつたものである。神代に於て經津主、武甕槌の二武神が天祖の命を畏みて、大國主命に勸めて其の本領を天孫に獻ぜしめたのは、明かに武士道の精神を發揮したものである。神武天皇東征以來、文臣に中臣、忌部の兩氏があつて天皇を補佐し、武臣に大伴、物部の兩氏があつて皇室を警固した。武士道は此の武臣の間に一大發展を遂げるに至つた。大伴家持の歌に

海ゆかば水づく屍、山ゆかば草むす屍、大君の邊にこそ死なめかへりみはせじ。

といつてゐるのは、當時の武臣の壯烈な精神を現はしたものである。併し武士道は武臣の專有物ではない。皇族中にも武士道の精神を以て國土を經營せられた。卽ち神武帝の東征、神功皇后の三韓征伐、日本武尊の東夷征討等である。然るに大伴氏衰へて物部氏が興つたが、佛敎の傳來と共に滅亡して蘇我氏之に代り、武臣の滅亡と共に武士道は一大頓挫を來した。加之、佛敎の厭世的、出世間的思想の敎義の影響を受けて益々衰退し、殊に藤原氏時代は上下華美に傾いて文弱に流れ、尙武の氣象は地を拂ふに至つた。併し固有の精神は存して、平安末期の武門の興起と共に再び冲天の勢となつて現はれた。

源賴朝幕府を鎌倉に開くに當つては、平家が文弱に流れ槿花一朝の夢と消えたのに鑑み、驕奢柔弱の風を排け、勤儉尙武の氣風を維持する爲めに、大いに武道を奬勵したから、武士道勃然として再び振興するに至つた。北條氏が源氏に代つて政權を執るやうになつても、其の事業を繼續したから武士道は益々强固な地位を占めた。又當時は禪宗が宋から輸入せられた。其の主とする所は直指人心、見性成佛であるから、鍊心養氣の上には與つて力があつた。武士は競うて之に歸依し、武士道の上にも裨益する所が多かつた。北條氏亡んで足利時代となり、南北兩朝の對立となつた。此の間、人心全く萎靡して道義に反する事もあつたが。併し多くの忠臣が國事の爲めに斃れた。又蒙古の來襲には國內一致して之を殲滅した。是等は武士道史に最も光彩を添へるものである。足利氏滅んで織田、

豐臣の二氏起り、遂に德川時代に至つて、武士道は燦然たる光輝を發するやうになつた。前期に於ては戰鬪攻伐に依つて、實際的に發達して來た武士道は、次第に教育的となり、遂に武士道に關する學派も生じた。山鹿素行の武士道論があり、吉田松陰の士道論があり、更に武士道に大影響を及ぼした水戶學派がある。水戶學派とは德川光圀の大日本史編纂事業を中心として、集つた一團の學者をいふのである。又從來の武士が專ら武にのみ傾いたのに引換へて、此の時代は文と武とが善く調和せられた。德川時代は儒教が最も隆盛を極めた。儒教は其の根本思想に於て武士道とは異なる所がないから、其の傳來に依つて形式をを整へ、內容を豐富にし或は文武兼備と稱して、二者相修めて品格を高からしめるに至つた。

明治維新に至つて、封建制度の瓦解と共に武士の階級が亡んで、四民平等となつたが、武士道は日本の國民精神で、武士の階級のなかつた古代から、日本民族の血潮に流れてゐた者であるから、王政維新に至つても其の性質を失はず、唯封建時代殆ど武士の專有物のやうに思はれた武士道の精神は、全國民の間に傳播するに至つた。卽ち日清、日露の戰勝は武士道の發現である。畏くも明治大帝が帝國軍人に賜つた勅諭は、實に武士道の神髓である。

卽ち

一、軍人は忠節を盡すを本分とすべし。

一、軍人は禮儀を正しくすべし。

一、軍人は武勇を尙ぶべし。

一、軍人は信義を重んずべし。

一、軍人は質素を旨とすべし。

と仰せられた。又教育勅語中に「一旦緩急あれば義勇公に奉じ、以て天壤無窮の皇運を扶翼すべし」と宣うた。これは國民に對して、武士道の精神の大切な事を明に遊ばされたものである。

武士道は、我が國民道德の特殊な形式をして現はれたものであるから、武士道と國民道德とは本質に於て異なるものでない。神髓骨子は勇武であつて、忠君愛國の念は武士道の本領である。其の主なる德目は忠孝、節義、武勇、廉恥、質素、禮義、慈愛で、これ等は何れも武士道の內容をなすものである。

武士道の發達と其の精神の大略は以上の通りであるが飜つて劍道の精神を顧みるに、既に劍道の目的の節に於て述べたやうに、武士道の精神とは符節を合すやうに一致してゐる。こゝに於て武士道と劍道とが密接な關係のある事は明白とならう。

第十五章　現代劍道界に於ける缺陷

現今世界各國は歐洲の大戰以來益々體育の必要を悟り、着々として種々之が施設の道を講じてゐる。我が國も亦漸次自覺して體育が普及發達するやうになつた事は誠に喜ぶべき現象である。然るに武藝中の代表たる劍道に至つては一大發展を見ないばかりでなく、一般民衆からさまで重要視せられて居らぬのは何故であらうか。これは素より國民が劍道に對しての自覺が不十分なのは言を待たないが、一面劍道界に於ても、其の責を負うて幾多の改善を要すべき點があらう。今余は此の缺點を列擧して得々たる者では素よりない。唯將來劍道界の發展を冀うて已まぬのみである。

第一節　劍道家の人格向上

劍道の本旨とする所は何であるか、それは精神の修養である。卽ち崇高なる人格を養成する點にある。さうして身體の鍛錬が之に次ぎ、技術の錬磨は其の最下位を占めるべきものである。然るに世の劍道家を見るに如何、世人は其の價値を判定するに當つては、唯單に外見の技術上の優劣のみに依つて之を評定して、其の人物の如何をば少しも考慮する所がない。而して劍道家も亦形式方面にのみ拘泥して、竹刀の運用方法に滿足して劍道の精神である武士的人格修養の道をば顧みない。其の甚だしいものに至つては、英雄酒色を好むの語を金科玉條とし、酒色に溺れて得々然として之を吹聽大言壯語してゐる。或は妄りに他人を毀譽褒貶し、自らは驕慢不遜、實に惡むべき者がある。凡そ武道は自己の趣味及び修養、延いては他人善導の爲めであつて、勝利や賞品、報酬若しくは觀覽者の稱讚は其の目的ではない。然るに世の武道家の或る者の如きは不當の收入、貨殖の爲めに、武道の名譽階級を得るに汲々としてゐる。これ全く武道の興行に於て收入を得ると其の精神に於ては何等の異なる所はない。道德的人格に所有せられた財貨であつてこそ、始めてそれが利用厚生の益をなすのである。さうでなければ財貨は必ず惡用浪費せられて、人生社會に害毒を流さなければ已まないのである。吾人は素より完全なる人物たる聖人ではないから、多少の缺點は免れぬが、唯致知力行、身を修めて、人に惡手本を示さぬ程度まではありたいものである。

第二節　劍道家の學力養成

劍道に於ては、擊突方法の研究が必要であることは勿論、稽古、試合等も一日も之を缺ぐことは出來ないが、苟も將來劍道家として世に立つには單に之のみでは不十分で、到底完全に目的を達する事は出來ない。必ずや劍道に關係深い諸學科の一般をも併せ研究して、始めて完全に劍道の價値を發揮することが出來るのである。

解剖學、生理學、衛生學を講究しては、人體の構造を知ると共に機能の發達を考へ、之に基いて劍道實施の各方面を適當に施し、心理學を研究しては精神現象を知り、之に依つて自己の精神を鍛鍊し、敵の精神狀態を觀察して適當なる指導をなし、體操柔道等によつては、其の各々の長處と劍道との關係とを知つて之を劍道に應用し、歷史を讀んでは我が國體を知り、劍道發達の跡を尋ね、國語漢文を修めては、其の知識によつて古人研讃の跡を研究し自家のものとなし、其の他或は倫理學社會學、宗教學等必要の學科は之に依つて自己修養の資、教授の料となさねばならぬ。

中等學校に於ての劍道教授は、三時間の中一時間位は劍道の理論及び劍道史等に就いて講話し、生徒に理解と興味とを持たせて、始めて劍道の實績が擧るのである。中等學校以上の劍道教師たるものは、少くとも一つの學科方面に於ても又劍道の方面に於ても生徒に數倍する實力を持ち、生徒に對しては寛嚴宜しきを以てし、生徒から侮蔑の眼を以て見られることとなく又生徒に阿諛迎合するやうな行動があつてはならぬ。兵は義を樹てる干城であるが、之を教へ之を進めしめるに技術のみを以てして、學問の力に依つて理を悟らしめない時には、却つて凶器となる恐れがある。然るに惜しいかな武道教師で中學校一年の學力さへない者がある。故に至るところに非常識が行はれ、甚だしきに至つては學校騷動の因をなす者さへある。道德的人格に所有せられた知識であつて、始めてそれが健全なる文化を創造する所の力となるのである。さうでないなら其の知識は訓練のない低級な動機と結び附いて、劣惡な欲望を滿足する所の用に供せられ、それが賤しむべき利己主義に轉向しなければ已まないのである。劍道の階級試驗を施行するに於ても、必ず劍道と關係の深い學科をも併せ課すべきである。三段以上の有資格者には中等學校卒業者の學力位は少くとも要求せねばならぬ。何となれば三段以上は、中等學校の劍道敎師たるの實力ありと認められるからである。如何に斯道の奬勵發展とはいつても、有段者の粗製濫造は深く愼まねばならぬ。余は流浪の生活で多くの縣に職を奉じたが、地方に依つては劍道の黨派的觀念が濃厚で曰く誰の門人、曰く誰の門人と、陽には相親しむかのやうで、排斥の甚だしい所もあつた。これ一つには劍道が不統一の然らしめる所である。又地方に於ては劍道有段者會を設けて、劍道上に於ける硏究を熱心にしてゐる處もあるが、或は會の硏究は名のみで飮酒會に終つてゐる地方もあつた。

第三節　敎授法の改善

敎育の目的は時代によつて左右せられることはないが、其の目的を實現する方法に至つては、時代と國民とを考へねばならぬ。劍道も其の精神は古今を一貫して寸毫も變化のあるべきものではないが、其の形式及び方法に至つては時勢、境遇又は習技者の狀態によつて變化して行くものである。劍道は元來師弟相對して、個々に行ふ個人敎育が其の本旨であつて、現今敎育界に唱へられてゐる個性の發達に最も重きを置いたものである。然るに明治四十四年七月三十一日、劍道が中等學校の正科となつてからは、從來の個人敎授では一時に數十人の生徒を敎授することが出來ない。そこで敎授の不便を補ふ爲めに、範士高野佐三郎先生が、始めて一學級數十人を一齊に指導する團體敎授の基本練習を工夫せられた。こゝに於て劍道敎授に一大變革が行はれた。基本練習の目的は、之に依つて多人數同時に劍道の基本的動作に習熟せしめるのにある。即ち正確なる姿勢を作り、作法を知り、身體の運動を自由敏活にし或は確實なる刺撃の法、適當なる間合等を會得せしめるのである。

劍道教師として世に立ちながら、教授の方法等も知らないで生徒を指導するのは餘りに無謀である。凡そ一齊教授は平等の中に差別を認め、個性の發揚を無視してはならぬ。然るに團體教授に於て往々にして個性を無視し或は刀劍の運用法をも顧みず、一種の遊戯的舞踊の如きものがある。或は一齊教授の方法を以て迂遠で餘りに效果のないものとして、今尙全然之を行つて居らぬところもある。かゝる學校では一時間中に數人の稽古をして能事終るとして得意になつてゐる。又或者の如きは習技者を丁寧に指導することなく、缺點を指導矯正することもなく、唯生徒をして教師には到底及ばぬといふ觀念を持たせる所の壓迫的な方法を執つてゐるものである。劍道は事理一致を修行する道である。事とは業で理とは眞理である。今技術の要領を離れ或は規律のない教授は唯打ち合ひに流れて、斯道の妙味及び精神を修得することは出來ぬ。

第十六章　劍道の階級

附　武道家表彰例並同施行規程

凡そ武道に段位階級を設けて、或程度迄達した者には愼重なる審議を經て、相當の階級を與へることは、斯道の進步發展の上にも又奬勵法としても又教授の上に於ても其の他便宜が少くない。されば各學校、道場等に於ても、此の制度を設けて居るところが多い。今其の階級の由來を原ねて、現代の階級を述べようと思ふ。

我が足利後期は文學に於ても古今傳授を初め、音樂にも又殆んどあらゆる技術に傳授祕事があつた。劍道も亦此の時代の情勢に從つて傳授祕事が盛んに行はれた。其の起源の正確なる事は明かでないが、上泉伊勢守の永祿年間前後であらう(今から約四百年前)。古今傳授に傳統系圖を重んじたやうに、劍道傳授にも亦共の傳授師系を尙んだ。又幾多の傳授を作爲して傳授料を取つてゐた。さうして目錄相傳も亦此の頃から盛んになつたやうである。

劍道の傳授は(一)業の傳授、(二)口傳、(三)書傳の三つに大別することが出來る。業の傳授は德川時代は目錄相傳或は免許皆傳等。其の技術の進步發達の程度に應じて、業を幾階段にも分類配列したものを相傳したものである。其の相傳の式には師弟共に齋戒沐浴し、式場には流祖以下先師の畫像を安置して神酒を供へ、之を拜して然る後に木太刀又は撓を執つて何々の太刀の相傳をなし、最後に祝盃を擧げるなど最も嚴肅に行はれた。弟子は之に對して起請文を差出し或は神文帳に記名血判した。又相傳せられた者は之に對して神酒料或は謝禮として金品を贈るが例である。此の風は現今なほ行はれてゐる處がある。口傳は文字の通り直ちに口づから傳授する所の奧祕であつて、業の相傳に伴うて之を授けた。之を文字に書するに至つたのは德川時代で、傳書中最も重んぜられて、既に其の堂奧に入つた者でなければ傳へなかつた。傳書には切紙、目錄類及び口傳書がある。之は各流派によつて形式内容を異にしてゐるが、一種の修業證書の如きものである。併し史的研究には缺く事の出來ぬものである。口傳書は其の流派の奧義又は學習上緊要事項を記してある。

これ等は皆階級的修業證書であつて、本人の斯道上の素養並に技術上達の程度に應じて授けたものであるが、中には一子相傳、一國一人印可の制も設けられて他見、他語を嚴禁してゐた。これ劍道階級の起源であつて、之が德川時代に至つては、階級の制度が最も嚴しかつた爲め、武藝の稽古修行上にも、傳授の上にも次第に階級が整然確

立するに至つた。其の階級名稱は必ずしも同一ではなく、各流派により師範家に依つて異なつてゐる。今二三の例を示すと、

示現流に於ては

(一)初學(初度誓詞の輩)、(二)學士(再度誓詞の類)、(三)賢(初段二段傳授)、(四)聖(三段四段惣傳)、(五)君子(一流の高弟)

一刀流に於ては伊藤一刀齋時代の傳書は、本目錄と皆傳との二つであつたが、小野派一刀流に至つては遂に次の八段となつた。

(一)小太刀、(二)刄引、(三)佛捨刀、(四)目錄、(五)假名字、(六)取立免狀、(七)本目錄皆傳、(八)指南免狀、

北辰一刀流に於ては三段となつた。即ち

(一)初目錄、(二)中目錄(免許)(三)大目錄皆傳

の三段となつた。

現今に於ける劍道の階級は眞の統一がない。其の階級に段を創稱したのは範士高野先生で、武德會にも段を稱するに至つた。併し警視廳は依然として級を用ゐてゐる。高野先生は高等師範及び其の他に於て、警視廳の五級下中を以て初段とせられ、武德會では從來の級を段に改正する際、一級づゝ上せて五級中を以て初段とした。畢竟するに同じである。今舊時及び現今の段階を比較すると、

警視廳	舊時	高野範士
五級	切紙	初段　二段

四級　　目録　　三段　四段
三級　　免許　　五段　六段
二級　　名人　　七段　八段

尙段外の級に就いては、高野範士は初心から初段に至るまでを五級から一級までに分ち、一級を以て初段候補者とせられた。

武德會に於ては段外を七級から一級までに分ち、武德會本部の名に依つて允許せられ、初段から五段までは武德會長から允許せられる。又四段及び五段の者で、毎年五月京都武德殿で催される大會に出演して、其の技術が優秀と認められた者には人物精査の上、總裁宮殿下から精錬證を授與せられる。昭和九年三月一日の改正に依つて錬士と稱するやうになつた。而してこれ以上は實力人格共に備はつた者には、總裁宮殿下から敎士の稱號を授與せられ、更に進んでは敎士の特に優秀な者には範士の稱號を授與せられる。階級は或は試驗に依り或は推薦に依る。試驗は武德會本部を始めとして各地の支部に於て行はれる。併し支部に於ては普通四段迄を允許す。推薦は武德會支部長及び範士敎士精錬證受有者に依つて行はれる。其他段級は各地の道場或は學校に於て其の師範が之を授けてゐる。或は之を何段といひ何段相當といつて區別してゐる。かくの如く劍道の階級は思ひ思ひに交付せられて、其の間何等の聯絡統一がないのである。

武道家表彰例（昭和九年三月一日改正）

第一條　大日本武德會員ニシテ武道ヲ鍛錬スル者ノ地位ハ稱號及階級ニ依リ之ヲ表示ス

第二條　稱號ハ範士、敎士、鍊士トス
　階級ハ初心者ヨリ十段ニ至ル
　會長ハ初心者ノ爲段外ニ若干ノ階級ヲ設クルコトヲ得
第三條　稱號及階級ニハ當該武道ノ名稱ヲ冠セシム
第四條　稱號ハ會長ノ具申ニ依リ總裁之ヲ授與ス
第五條　階級ハ會長之ヲ允許ス
第六條　稱號ヲ受クヘキ者ハ左ノ條件ヲ具備スルコトヲ要ス

範士

一、敎士ノ稱號ヲ受ケ且爾後七年以上ヲ經過シ又ハ年齡六十歲以上ニ達シタル事
二、德操高潔技能圓熟特ニ斯道ノ模範タル事
三、武道ニ關シ功勞アル事

敎士

一、鍊士ノ稱號ヲ受有スル事
二、五段以上タル事
三、操行堅實武道ニ關シ相當ノ識見ヲ有スル事

鍊士

一、武德祭大演武會ニ出演シ審判員會議ノ選拔ニ依リテ試驗ヲ受ケ合格シタル事

第七條　會長ハ特殊ノ事情ニ依リ適當ト認ムルトキハ前條範士ニ關スル第一號又ハ教士ニ關スル第一號第二號ノ事項ニ該當セサル者及錬士試驗ヲ經サル者ニ對シ當該稱號ノ授與ヲ總裁ニ具申スルコトヲ得

第八條　會長ハ範士又ハ教士ノ稱號ヲ授與スヘキ資格アリト認ムル者生前其ノ榮ニ與ラサリシ場合當該稱號ノ追授ヲ總裁ニ具申スルコトヲ得

第九條　會長ハ稱號又ハ階級ヲ有スル者等ノ體面ヲ汚辱スル行爲アリト認ムルトキハ常議員會ノ議決ヲ經總裁ニ具申シ其ノ稱號又ハ階級ヲ取消ス

第十條　本例施行ノ爲必要ナル規程ハ會長之ヲ定ム

附　則

第十一條　本例ハ昭和九年三月一日ヨリ之ヲ施行ス

第十二條　本例施行前授與セラレタル稱號又ハ允許セラレタル階級ハ本例ニ依リ之ヲ授與又ハ允許セラレタルモノト看做ス

第十三條　本例施行前精錬證ヲ受ケタル者ニハ其ノ請求ニ依リ錬士ノ稱號ヲ授與セラルルモノトス

武道家表彰例施行規程（昭和九年三月一日制定 同十一年三月十九日改正）

沿革　昭和十一年三月一部改正、錬士試驗階級試驗ハ受驗者ノ經歴ニ依リ學科試驗ノ一部ヲ省略、無試驗檢定ニ付テハ一、從來二通提出セシメタル請求書ヲ一通ニ、二、同意書ニ連署スヘキ五名ノ有資格者ハ順位ニ依ルヲ要セサルコトニ改ム、第五十一條銃劍術審査委員ニ關シ但書ヲ加フ、地方部審査ノ範圍ヲ劍柔道ハ五段以下弓道ハ臺灣、朝鮮、滿洲ハ四段以下其ノ他ハ三段以下ニ改ム

第一章　稱號ニ關スル事項

第一項　範士、敎士

第一條　武道家表彰例ニ依リ範士、敎士ノ候補者ヲ銓衡スル爲銓衡委員會ヲ設ク

第二條　銓衡委員會ハ副會長ヲ以テ委員長トス

委員長ハ銓衡ニ關スル事項ヲ總理ス

第三條　銓衡委員會ハ之ヲ劍道部、柔道部、弓道部、銃劍術部、游泳術部、各種武道部ニ分ツ

劍道、柔道、弓道、銃劍術、游泳術以外ノ武道ハ各種武道部ニ屬ス

第四條　各部ニ部長ヲ置ク

部長ハ其ノ部ノ銓衡ニ關スル事項ヲ掌理ス

第五條　各部ノ銓衡委員ハ五名乃至十五名トシ當該武道ノ範士又ハ敎士及本會役員中ニ就キ之ヲ囑託ス

前項委員ハ範士敎士四名ニ對シ本會役員一名ノ割合トス

銃劍術部ノ委員中ニハ銃劍術範敎士三名ニ付一名ノ割合ヲ以テ劍道範敎士ヲ加フ

第六條　部長及委員ハ會長之ヲ囑託ス其ノ任期ハ囑託ノ日ヨリ其ノ年ノ十二月末日迄トス

第七條　銓衡委員會ハ會長之ヲ召集ス

第八條　委員長ハ各部共通ノ事項ニ關シ議決ヲ要スト認ムルトキハ委員總會ヲ開ク

委員總會ノ議事ハ全委員過半數ノ出席ヲ要ス其ノ議決ハ出席員過半數ノ同意ニ依ル

第九條　各部會ハ會長ノ附議ニ係ル範士、敎士候補者ニ關シ銓衡ヲ爲ス外委員ヨリ候補者ノ發議アルトキハ部長ハ二名以上ノ贊成者アル場合ニ限リ議題ニ供スルコトヲ得但表彰例第七條ニ揭クルモノハ發議ノ限ニアラス

緊急ヲ要シ銓衡委員會ニ附議スル遑ナキトキハ會長ハ銓衡ヲ經スシテ候補者ヲ選定ス此ノ場合ハ事後ニ於テ銓衡委員會ニ通告ス

第十條　部會ノ議事ハ所屬委員全部ノ出席ヲ要シ其ノ議決ハ四分ノ三以上ノ同意ニ依ル若シ缺席者アルトキハ會長ハ補缺トシテ臨時委員ヲ囑託ス

部長ハ任意表決ニ加ハルコトヲ得

第十一條　人事ニ關スル議題カ委員自身又ハ其ノ親族ニ關スル場合該委員ハ自ラ回避スヘシ此ノ場合ハ補缺ヲ要スル限ニアラス

第十二條　部長ハ部會ノ議決ヲ委員長ニ報告シ委員長ハ各部長ノ報告ヲ點檢シテ之ヲ會長ニ報告ス

第十三條　會長ハ銓衡委員會ノ議決適當ナラスト認ムルトキハ再議ニ附シ又ハ之ヲ保留スルコトアルヘシ

第二項　鍊士

第十四條　武道家表彰例ニ依リ鍊士候補者ヲ選定スル爲鍊士試驗委員會ヲ設ク

第十五條　鍊士試驗委員會ハ副會長ヲ以テ委員長トス

委員長ハ鍊士試驗ニ關スル事項ヲ總理ス

第十六條　第三條ノ規定ハ鍊士試驗委員會ニ之ヲ準用ス

第十七條　各部ニ部長ヲ置キ試驗ノ都度會長之ヲ囑託ス

部長ハ其ノ部ノ試驗ニ關スル事項ヲ掌理ス

第十八條　各部ノ試驗委員ハ七名以上トシ內一名ハ大演武會ノ武道部委員タル本會役員又ハ職員中ニ就キ其ノ他ハ審判員中ニ就キ試驗ノ都度會長之ヲ囑託ス但受驗者少數ナルトキハ人員ヲ減スルヲ妨ケス又受驗者多數ナルトキハ各七名以上ノ委員ヲ以テ數組ニ分ツコトヲ得

第十條ノ規定ハ鍊士試驗委員會ノ議事ニ之ヲ準用ス

第五條第三項ノ規定ハ銃劍術部鍊士試驗ニ之ヲ準用ス

第十九條　大演武會審判員會議ニ於テ演武者中四段以上（階級ヲ實施セサル武道ニ付テハ階級ニ拘ラス）ニシテ鍊士試驗ヲ受クル技倆アリト認メタル者ニハ受驗票ヲ交付ス但劍道柔道及銃劍術ニ關シテハ當分ノ內會長ノ指定シタル團體ヨリ受ケタル段モ本文ニ揭クル段ニ準スルコトヲ得

前項ノ審判員會議ハ其ノ過半數ノ決議ヲ以テ受驗資格ヲ定ム

第二十條　前條ノ受驗票ヲ受ケタル者鍊士試驗ヲ受ケントスルトキハ指定ノ期日內ニ履歷書及所定ノ受驗料ヲ添ヘ本部ニ請求スヘシ

受驗票ヲ受ケタル者事故ニ依リ受驗シ難キトキハ次回ノ鍊士試驗ニ於テ該受驗票ヲ提出シ受驗ヲ請求スルコトヲ得

第二十一條　第三十八條及第三十九條ノ規定ハ鍊士試驗ニ之ヲ準用ス但本會四段ノ階級ヲ允許セラレタル者及年齡滿五十歲以上ノ者ニハ第三十八條學科ノ「ロ」ヲ省略スルコトヲ得

第二十二條　部長ハ試驗ノ成績ヲ委員長ニ報告シ委員長ハ各部長ノ報告ヲ點檢シテ之ヲ會長ニ報告ス

第二十三條　會長ハ試驗合格者ニシテ人物性行等ニ關シ考查ノ上不適當ト認ムルトキハ之ヲ保留スルコトアルヘシ

第二章　階級ニ關スル事項

第二十四條　階級ハ試驗檢定又ハ無試驗檢定ニ依リ之ヲ允許ス但無試驗檢定ハ劍道、柔道及銃劍術ニ限リ之ヲ行フ

第二十五條　檢定ヲ行フカ爲檢定委員會ヲ設ク

第二十六條　地方部長ハ其ノ地方在住會員ノ爲本章第三項ノ規定ニ依リ試驗ニ代ハルヘキ審査ヲ行フコトヲ得

第二十七條　階級允許ノ效力ハ允許狀ノ交付ニ由リテ發生ス

第二十八條　階級允許ヲ受ケタル日ヨリ滿五ケ月ヲ經ルニアラサレハ進級ノ爲檢定ヲ請求スルコトヲ得ス　但初段以下ハ此ノ限ニアラス

第二十九條　檢定委員會ハ副會長ヲ以テ委員長トス

委員長ハ檢定ニ關スル事項ヲ總理ス

第三十條　檢定委員會ハ之ヲ劍道部、柔道部、弓道部、銃劍術部、游泳術部ニ分ツ

第三十一條　各部ニ部長ヲ置キ會長之ヲ囑託ス

部長ハ其ノ部ノ檢定ニ關スル事項ヲ掌理ス

第三十二條　各部ノ檢定委員ハ三名乃至十名トシ當該武道ノ範士又ハ敎士及本會役員又ハ職員中ニ就キ會長之ヲ囑託ス但銃劍術ニ限リ範士敎士中一名ハ劍道ノ範士又ハ敎士ヲ以テ之ニ代フルコトヲ得

第三十三條　部長及委員ノ任期ハ三年トス

第三十四條　檢定委員會ハ會長之ヲ召集ス

第三十五條　檢定ヲ行フニハ委員三分ノ二以上ノ出席ヲ要ス其ノ議決ハ出席員過半數ノ同意ニ依ル

出席員定數ニ充タサルトキハ會長ハ補缺トシテ臨時委員ヲ囑託ス

第三十六條　部長ハ檢定ノ結果ヲ委員長ニ報告シ委員長ハ各部長ノ報告ヲ點檢シテ之ヲ會長ニ具申ス

第一項　試驗檢定

第三十七條　試驗檢定ハ毎年五月、七月、十一月本部ニ於テ之ヲ行フ其ノ日時ハ隨時之ヲ公示ス

試驗檢定ハ前項ノ外地方ニ於テ臨時之ヲ行フコトアルヘシ其ノ日時及場所ハ隨時之ヲ定ム

第三十八條　試驗ハ左ノ二科ニ就キ之ヲ行フ但當該武道科ノ中等敎員免許狀受有者ニハ術科中ノ「形」及學科ヲ、又判任官若クハ判任待遇以上ノ經歷ヲ有スル者及中學校卒業又ハ之ト同等以上ノ學歷ヲ有スル者ニハ學科中ノ「ロ」ヲ省略スルコトヲ得

一、術　科（試合、形等）

二、學　科

（イ）技ニ關スル問題

（ロ）修身若ハ武道ノ歴史等ニ關スル問題

學科「ロ」ノ試驗ハ初段ニアリテハ義務教育修了、二段ニアリテハ高等小學校卒業又ハ中學校第二學年修了。三段ニアリテハ中學校第四學年修了。四段以上ニアリテハ中學校卒業程度ヲ標準トシテ之ヲ行フ

第三十九條　試驗ノ成績ハ合格、不合格トス

第四十條　試驗檢定ヲ受ケントスル者ハ請求書（別ニ定ムル樣式ニ依ル）ニ手數料金貳圓ヲ添ヘ期日二日前迄ニ本部ニ提出スヘシ

第三十七條第二項ノ場合ハ手數料ヲ増額スルコトアルヘシ

試驗檢定請求ノ後自己ノ都合ニ由リ受驗セサルモ既納ノ手數料ハ之ヲ還付セス

第四十一條　試驗檢定請求者合格ノ通知ヲ受ケタルトキハ證書作成料金壹圓ヲ納メテ允許狀ヲ受領スヘシ

第二項　無試驗檢定

第四十二條　檢定委員會ハ委員ノ發議又ハ本人ノ請求ニ依リ試驗ヲ須キス適當ノ資料ニ依リ階級ヲ允許スヘキ資格アリト認ムル者アルトキハ其ノ允許ヲ會長ニ具申スルコトヲ得

第四十三條　前條ノ規定ニ依リ本人ヨリ無試驗檢定ヲ請求スルハ四段以下ニ限ル

第四十四條　無試驗檢定ニ依リ階級ヲ允許スル者ハ左ノ各號ノ一ニ該當スルコトヲ要ス

一、判任官又ハ判任待遇以上ノ經歴ヲ有スル者

二、中學校又ハ之ト同等以上ノ私立學校教員ニシテ其ノ所屬學校長ニ於テ公立學校ノ判任待遇教員ト同格以上ト認メタル者

三、初段ハ義務教育ヲ修了シタル者

四、二段ハ高等小學校卒業、中學校第二學年修了又ハ之ト同等以上ノ學歴ヲ有スル者

五、三段ハ中學校第四學年修了又ハ之ト同等以上ノ學歴ヲ有スル者

六、四段以上ハ中學校卒業又ハ之ト同等以上ノ學歴ヲ有スル者

第四十五條　無試驗檢定請求書（別ニ定ムル樣式ニ依ル）ニ手數料

第四十條ニ依ル試驗檢定請求書樣式「　」內ハ記載例ヲ示ス（用紙美濃）

受驗請求書（雛形）

氏名	
生年月日	年　月　日生
本籍地	
現住所	
會員資格	
武道種類	
現在階級	段　允許年月日　年　月　日　允許セラレタル團體名「武德會、講道館」
稱號	拜受年月　年　月

右受驗料相添此段請求候也

昭和　年　月　日

右　「何　某　印」

大日本武德會長　殿

履歷

學業經歷	
武道經歷	
職業經歷	
賞罰	

右之通リ相違無キコトヲ證ス

昭和　年　月　日

「地方部長、官衙、學校長、指導教師記名印」

第四十五條ニ依ル無試驗檢定請求書樣式「 」内ハ記載例ヲ示ス（用紙美濃）

無試驗檢定請求書（雛形）

現住所		會員別	「正」會員
		氏名 生年月	年　月　生
武道種類	「劍道」	現在階級	段　年　月　日
		允許セラレタル團體名	「武德會、講道館」
檢定ヲ受ケントスル階級	段		

右檢定料相添此段請求候也

昭和　年　月　日　右　「何　某　印」

大日本武德會長　殿

履歴

學業經歴	
武道經歴	
職業經歴	
試合成績	試合ニ對スル批判

右ノ通リニ付請求ヲ相當ト認メ同意候也

昭和　年　月　日

「何道範士　何某印
同　何某印
同　何某印
何道教士　何某印
同　何某印」

右之通リ相違ナキコトヲ證ス

昭和　年　月　日

「地方部長、官衙、學校長、指導教師記名印」

金貳圓ヲ添ヘ地方部ニ提出スヘシ但本部所在地又ハ地方部ノ設置ナキ地方ニ居住スル者及軍衙、軍隊、軍艦ニ屬スル者ハ所屬廳ヲ經テ直接本部ニ提出スルコトヲ得

請求書ヲ受ケタル地方部ハ所屬武道家ノ意見ヲ徵シ二週間以内ニ之ヲ本部ニ送付スヘシ

檢定委員ノ發議ニ依リ階級ヲ允許スル場合ハ請求書及手數料金二圓ヲ直接本部ニ提出スヘシ

第四十六條　無試驗檢定請求書ニハ請求者ト同郡市内ニ居住スル當該武道ノ範士、敎士、練士委員ノ同意連署シタル意見書ヲ添付スヘシ但同地方ニ有資格者五名以上居住スルトキハ五名ノ同意ヲ以テ足レリトス若シ同地方ニ有資格者居住セサルトキハ現ニ指導ヲ受クル敎師ノ意見書ヲ以テ之ニ代フルコトヲ得又連署ヲ要スル者ノ內連署ヲ承諾セサル場合ニ於テハ其ノ旨ヲ記シテ差出スコトヲ得

軍衙、軍隊、軍艦、學校ニ屬スル者又ハ海外ニ於ケル邦人在留地ニ居住スル者ニシテ前項意見書ヲ得難キ場合ハ現ニ指導ヲ受クル敎師ノ意見書ヲ以テ之ニ代フルコトヲ得

意見書ニハ請求者カ公ノ場所ニ於テ試合ヲ爲シタルモノヽ內最近ニ於ケル二、三ノ實例ヲ批判シテ其ノ請求スル階級ノ相當ナルコトヲ證明スルヲ要ス

第四十七條　無試驗檢定請求者合格ノ通知ヲ受ケタルトキハ證書作成料金壹圓ヲ納メテ允許狀ヲ受領スヘシ

第四十八條　第四十五條ノ手數料及第四十七條ノ證書作成料ニ關スル規定ハ第四十二條ノ場合ニ之ヲ準用ス

第四十九條　請求書不備ノ爲本部ヨリ照會ヲ發シ後六ケ月ヲ經テ應答ナキトキハ該請求ハ之ヲ無效トシ既納ノ手數料ハ還付セス

第三項　地方審査

第五十條　地方部長ハ第二十六條ニ基キ階級ヲ審査スル爲メ地方審査會ヲ設置スルコトヲ得

審査細則ヲ設ケタルトキハ之ヲ會長ニ報告スヘシ

第五十一條　地方審査會ハ地方部長ノ監督ニ屬ス其ノ組織左ノ如シ

一、委員長　一名　地方部副長ヲ以テ之ニ充ツ

二、委員　四名以上　地方部主事一名及當該武道家三名以上但銃劍術ニ限リ内一名ハ劍道ノ範士又ハ敎士ヲ以テ之ニ代フルコトヲ得

前項ノ武道家ハ範士又ハ敎士タルコトヲ要ス但範士又ハ敎士ヲ

以テ定員ヲ充タスコト能ハサル地方ニ於テハ左ノ例ニ依ルコトヲ得

（イ）弓道三段以下其ノ他ノ武道四段以下ノ審査ニ付テハ定員ノ内一名ヲ除ク外錬士ヲ以テ之ニ充ツルコトヲ得

（ロ）範士教士ヲ得難キ地方ニ於テハ劍道、柔道、銃劍術各三段以下、弓道二段以下ノ審査ニ限リ錬士ノミヲ以テ定員ヲ充タスコトヲ得

第五十二條　地方審査會ヲ設ケタルトキハ審査委員ノ資格及氏名ヲ會長ニ報告スヘシ委員ヲ變更シタル場合亦同シ

第五十三條　審査委員會ニ於テ審査ヲ行フ階級ノ範圍ハ左ノ如シ

一、劍道、柔道及銃劍術　五段以下

二、弓　道　三段以下但臺灣、朝鮮、滿洲ニ在リテハ四段以下

地方本部ニ屬スル支部ニ於テ審査ヲ行フ場合ハ各武道三段以下トス但東京本部ニ屬スル支部ハ弓道ニ付テハ二段以下トス

第五十四條　第三十八條及第三十九條ノ規定ハ審査會ノ審査ニ之ヲ準用ス

第五十五條　地方部長ハ審査成績ヲ具シテ階級ノ允許ヲ會長ニ推薦ス此ノ場合ニ於テハ當事者ヨリ手數料金貳圓ヲ徴シ其ノ半額ヲ地方部ノ收入トシ半額ヲ本部ニ送付スヘシ

地方本部ニ屬スル支部ノ推薦ハ地方本部ヲ經由スルヲ要ス

第五十六條　段外ノ階級ハ本會ノ名ニ於テ地方部長之ヲ允許スルコトヲ得

前項ニ依リ允許シタル階級及氏名ハ之ヲ會長ニ報告スヘシ

第五十七條　推薦書ニ具スヘキ事項左ノ如シ

一、氏名、年齡、現住所、職業、會員ノ資格、認定ヲ受ケントスル武道ノ種類、其階級、現ニ有スル階級及其ノ允許セラレタル年月

二、第三十九條ニ揭クル點數

四段以上ニ關シテハ前項ノ外左ノ事項ヲ具スルヲ要ス

一、試合ノ相手方ノ氏名階級並ニ勝負成績

二、學科ノ答案（答案ニハ之ニ要シタル時間ヲ明記スヘシ宿題ト爲シタルモノハ之ヲ認メス）

三、履歴書（學業、武道、職業ノ各經歴）

第五十八條　地方部カ允許狀ノ送付ヲ受ケタルトキハ當事者ヨリ證書作成料金壹圓ヲ徴シテ之ヲ交付シ該金額ハ直ニ本部ニ送付スヘシ

第四項　段外階級

第五十九條　武道家表彰例第二條第三項ニ掲クル段外階級ハ五級ヲ初歩トシ進ミテ一級ニ至ル

第六十條　段外階級檢定ニ付テハ段ニ關スル規定ニ準シ適宜ノ方法ニ依リ之ヲ施行ス
但證書作成料ハ金五十錢トス

第十七章　劍道修行上の心得

第一節　目的の自覺

劍道修行に於て心得ねばならぬ事は多々あるが、其の中最も必要なることは、其の修行の目的と且之を學ぶ必要のあることを明かに自覺せねばならぬ。單に好きであるからとか、面白いからとか或は人に勸められ强ひられたからとか或は防禦の役に立つからとか或は生活の衣食を得る爲めとかでは眞の修行は出來ない。劍道の何物であるかを解しないで、其の目的を誤るやうであつては、其の效果が得られないばかりでなく、却つて身に害を招くことになる。

劍道の修行は男女老少を問はず必要であるが、特に青少年の時代に於ては必要にして缺く事の出來ないものである事は、世間一般に認めてゐる所の事實である、此の時期は未だ人格も定らず惡思想、惡習慣も出來て居らぬ。言はゞ恰も飴細工の様なもので、教育の如何によつて將來が定まるのであるのみならず、元氣活潑は青少年の生命であり、競爭心の强い事は青少年の天性である。此の時代に於て之を善用して劍道に勵むなら、崇高なる精神を鍛へ、賢實なる思想を養ひ、健全なる體格を造り、立派なる人格の持主となることが出來るのである。

昔から生兵法は大怪我の本といつてゐる。余が大正七年頃廣島縣甲山町の皎世館長(今の縣立世羅中學校の前身)として職を奉じて居た時、其の校醫は柔道初段であつた。其の人の話に「自分が學生時代の或る夏、東京不忍池の畔を數人散歩しながら、今日こそ柔道を應用する機會もあれよと希つてゐた時、前方から一人の小男が來たので、其の者にわざと肩を突き當てゝ置きながら、却つて先方を咎めいきなり得意の業で投げようとした、其の刹那に自分は池の中に坐つてゐた。其の場は友人の詫で濟んだが、後から考へて見るとあの瞬間跳腰でやられたと思つた。此の時よく〳〵生法兵は大怪我の本といふことを悟つた」と言つて當時血氣盛りの余を戒め、且後進の者を戒めて居られた。

昔徳川三代將軍家光の時、其の指南役某が鈴ケ森を通つてゐた時、後から三人の賊が追ひ馳けて來た。達人の先生であるから一刀の下に斬り斃すかと思ひの外さつ〳〵と逃げてしまつた。之を聞いた將軍は「苟も指南役たる者の振舞とも思はれぬ、怪しからぬ」といふので非常に怒つて、早速御前に呼んで詰問に及んだ。すると指南役某は「御立腹は御尤で御座いますが、苟も指南役の榮職を拜してゐる私が、二人や三人の賊を怖れて逃げる理は御座いません。然らば何故に逃げたかと申しますと、一旦御奉公申上げた以上は、已に君に捧げた體でありますから、事ある場合に潔く君の馬前に討死に致さねばならぬと考へたからであります」と臆する所もなく應へた。將軍は其の用意の周到で、着眼の非凡なのに感じて、事は無事に濟んだとの話である。要するに生兵法は身を亡ぼす本であるから、輕擧妄動は深く愼しまねばならぬ。

論語に子曰く、「學んで而して時に之を習ふ。亦悅ばしからずや。朋有り遠方より來る。亦樂からずや。人知らざれども而も慍らず。亦君子ならずや。」と此の章は孔子一生涯の履歷ともいつてよい。孔子が自己の意中を述べて、學者に進路を敎へられたものである。卽ち人は先づ古聖賢の道を會得して居る先覺者に就いて、自分がまだ知らない事又能くしない事を學び（學は傚ふ意、博學審問愼思明辨篤行は皆學傚の事）、已に知り已に能くしては又時々間斷なく之を復習して益々精熟すると、事理が心に融解して心中學問の興味が津々として湧き出て、已めようとしても已めることが出來ぬやうになつて來る。なんと喜悅のことではなからうか。さて我が學問が精熟すると、世間の人も自然自分に信從して來て同志同類の者が、近い處は勿論のこと遠方の者までわざ〳〵來て敎誨を求めるやうになる。かうして自分の學德が一般の者にまで及ぶ。此境に至つては中心和適してなんと樂しいことではないか。朋は自分を知つて居るが、世間には自分を知つて吳れない者がある。併し凡そ學問は自己の德性を成す爲めで、自分を知ると知らないとは、他人にあることで自分には關係しない。それなのに世人は動もすれば、他人が自己を知つて吳れないことを患へるものであるが、たとへ世人が自分を知つて吳れない場合でも、聊かも不平の念を懷いて慍ることをしない。かゝる人はなんと成德の君子ではなからうか、實に立派な君子人である。凡そ何事によらず初步は學ぶことが第一である。次は悅ぶ境に入り、次ぎに樂しむ境に入り、最後に慍らずして君子たるの境に至るのである。

第二節　意氣の旺盛と熱心なる努力

日常の微小の事も、總て吾人を鍊磨する好資料である。朝夕箸の上げ下しにも、天下を治める活機を寓してゐるとか。されば書を讀み、道を講じ、術を學び、藝を修めるにも座上の水練とならぬやうに心掛けねばならぬ。

劍道修行上必要な一事項としては、旺盛な意氣でどこまでも不撓不屈の精神を以てすることである。卽ち滿腔の精神を集注し、渾身の全力を以て一心不亂に體力の續く限り、獅子奮迅の勇を鼓して勇往邁進し、其の精神を得なければ、斃れても止まぬといふの氣概を失つてはならぬ。對敵の行動に於て、自己の意氣が沮喪するやうであつては萬事は窮するのである。實際の修行に當つては或は種々の辛酸苦痛に出遇ひ或は擊突の爲めに疼痛を覺え或は疲勞倦怠を催すこともあらうが、此の時屈せず益々勇奮して萬難に當る覺悟でなければならぬ。かく奮勇久しきを積み、剛毅にして撓まず、忍耐にして屈せず、窮苦に勝ち、艱難に克つて始めてこゝに除き難い宿痾が退いて痕跡を留めず、猛氣の前には敵なく、剛氣に對しては魔なく、鬼神も之を避けるに至るのである。

凡そ事の大小に依らず、其の成功は熱心なる努力に待つのである。成功は必ずしも尊くはない。熱心なる不斷の努力に眞價がある。此の努力こそ萬事成功の要訣である。劍道の如きは唯理論に通じ、方法を了解したのみでは、何の價値もなく、之れに加へるに實地の鍛鍊を積んで、始めて效果を修め得られるのであるから、練習を多く積まねばならぬ。古人も「人一たび之を能くすれば己之を百たびし、人十たび之を能くすれば己之を千たびす、果して此の道を能くすれば、愚と雖も必ず明に、柔と雖ども必ず强なり」と此の決心を以て進まねばならぬ。特に初心の間は利害是非を考へず、專ら師の敎に從ひ、擊突せられる事を恐れ厭ふことなく、自ら好んで上手の者を相手として數を重ねる事が肝要である。

山岡鐵舟は九歳で劍道に志し、眞影流の久須美自適齋に從つて學び、後に井上淸虎の門に入つて北辰一刀流を學び或は桃井、齋藤、千葉の門に遊び、諸流の壯士と試合すること無數、精勵刻苦二十年、淺利又七郎義明と試合して自ら遠く及ばない事を知り、爾來日夕劍を執つて義明に對する想をすれば、義明の幻影が忽ち現れて當る事の出來ぬ勢である。かくすること數年で一朝劍前に義明の幻身を見なかつた。こゝに於て無敵の極處を得、新たに一派を開いて無刀流と號した。其の刻勵は實に想像外である。劍道に於ては古來祕傳と稱して、容易に他人へは指授しなかつた、勿論祕書を公にすることはなかつたが、近來に至つては敎法を吝む者なく、著書も亦世に多く出た。實に斯道に發展上悅ぶべきことである。されば斯道に志す者が達すると否とは、一にこれ其の人の勤怠如何にあるのである。白隱禪師は勤の一字を大書して其の下に「天下の英雄、古今の聖賢、只是の一字より出で來る」と。斯道に携はる者勤修精硏して已まない時は、古今の傑士に伍することが出來よう。

第三節　思念工夫

凡そ事は理論と實際と兩々相俟つて、始めて效果をあらはすものである。劍道も亦理論と實際とを併せて硏究せねばならぬ。一方に偏しては上達することは困難である。理論を如何に精密に究めても、練習が之に伴はない時は畢竟空論である。併し唯々手足を動かすのみで、理論が之を導かない時は、徒らに苦勞が多くて進步向上は覺束ない。それ故に上達を期するには能く師の敎に從ひ、術理を解し方法を會得し、さうして練習、試合を積まねばならぬ。又それと同時に自己の習癖に注意し、先輩に就いて己の缺點を質し又他人の稽古試合には十分に注意して其の姿勢、撃突、防禦、懸引、間合、氣合等を觀察して、自ら工夫研究することが甚だ必要である。劍道は事理一致を修行する道である。事とは業で、理とは眞理である。眞理の一致しない者は唯打合ひに流れて、斯道の妙味及び精神を修得することは出來ぬ。

古人も「術に終期がなく死を以て之が終とする」と言つてゐる。凡そ技術上の事は、其の機微、其の詳細に至つては到底、言語筆紙には言ひ表はす事の出來ぬものである。特に劍道の如きは、精神技術の妙用、實に廣大無邊で、一日の進歩に一日の妙味を覺えて、其の深遠を感ずるのである。且人には各々所長所短のあるは、數の免れない所であるから、他人の長を採つて己の短を捨て、他人の短を見ては自ら省み、常に思を凝らして研究を進め、さうして之を實地に施して自ら悟る所がなければならない。唯漫然として、理を窮め思を凝らすことがなくして稽古する時は、其の效果の顯著なるを見ることは出來ない。

第四節　禮儀作法

劍道は心身鍛錬の法であり、人格修養の道である。古來斯道に於ては最も禮儀作法が重んぜられてゐたが、世の赴く所、人情次第に輕薄となり、此の固有の美德も日を追うて頽廢しようとしてゐる。此の時に當つて斯道を學ぶ者は此の點に十分注意せねばならない。昔から劍道には三禮と稱して神に對する禮、師に對する禮、相互の禮が嚴重に行はれてゐた。神に對する禮は、敬神の思想を涵養するもので、尊王の觀念を養ひ又師に對する禮は親に對する禮で孝養の觀念を養ひ、相互の禮は兄弟に對する禮で信義の觀念を養ふものである。斯道を修行する者は稽古に、應對に、動作、進退、言語に總べて禮儀を正しうし作法に注意し、禮に始まつて禮に終らねばならぬ。孔子も「君子爭ふ所なし。必ずや射か。揖讓し而して升り、下つて而して飲む。其の爭や君子」と。劍道は君子の道である、故に君子の爭や必ず劍かとの覺悟が肝要である。劍道を敬重する者は、眞に敬虔の念を以てして決して虛禮に陷つてはならぬ。殊に道場は古來神聖にして犯すべからざる靈場とせられ、嚴格なる禮儀作法の本に斯道の修行が行はれたものであるから、起居動作に注意し、師長に對し同輩に對しても稽古の時も試合の際も見學の折も一擧手一投足も非禮に陷つてはならない。然るに世の修行者を見るに、動もすれば嚴正眞面目の精神を缺いで、自己の技術が上達するにつれて獨天狗となり、妄りに人を侮蔑し或は驕慢不遜になつて自ら豪傑ぶり或は野卑輕卒の言動を敢へてする者があるが深く戒めねばならぬ。特に近來は劍道試合の際に、見學者が審判を批評して「今の面は採りさうなものである。なぜ採らないのであらうなど」と傍の者に聞えよがしに言ふ者がある。審判者に於ても時に誤審がないとも限らぬであらうが、苟も審判者の眞摯な且懸命な努力に對して、かゝる批評は絕對に遠慮すべきである。審判に對しては絕對に異議を申立てる事は出來ない。そこに眞に男らしい所がある又それだけ審判の適任者を選ばないと邪道に入り惡結果を引起し易いのである。

第五節　仁愛無慾にして道に入る

古の聖人孔子も「慾があつては剛なる事は出來ない」と。人が此の世に立つ以上は、堅强にして屈せず、卓然として自立せねばならぬ。此の剛の德があつて貴ぶべきである。凡そ道の本領を究めようとする者は慾を寡くせねばならぬ。こゝに於て始めて道の神髓を味ふことが出來るのである。富貴貧賤によつて己の心を亂し、他人の毀譽褒貶によつて意を動かし、生死によつて己の節操が變るやうでは、劍道の奧旨を得ることは困難であらう。これ言ひ易くして行ひ難いものである。王陽明も嘗て『山中の賊を破るは易いが、心中の賊を破るは難い」といつてゐる。

劍道を學ぶ者は、意氣の旺盛と熱心な努力とを以て、多年硏修して已むことなく、邪を避け正に向ひ、微を積んで大とし、實歷日々に加はる時は、必ず斯道に通じ、一旦豁然として無欲恬澹にして思ひ邪なき心境に至るであらう。こゝに至つた者は人と長短を爭ふこともなく、劍を拔いて立つ必要もない。剛に接するには柔を以てし、嚴に對するには和を以つてし、俗事心中を亂すことなく、得喪慮を惱ますこともなく、精神の諸病も之が爲に驅除せられて、春風事を處するに至るであらう。人と黑白を爭ふは、彼我の優劣に於て尙疑ふ心があるからである。巨人が一寸坊と背比べをせぬのは、巨人に他よりも優越して居るといふ確信があるからである。されば已に超然たる虛心があれば、他と强弱優劣を爭ふ必要はないのである。又かくの如き者に對しては徒らに亂暴を加へる者もない。斯道に志す者は、精神を堅固にし身體を剛健にするばかりでなく、我欲邪智を洗ひ去り、無慾に至ることにも力を致さねばならぬ。古人も「劍道は他なし思ひ邪なし」といつてゐる。

劍は人を殺す爲めのものではなく、人を活かす爲め仁道に基づいて用ゐるべきものである。劍道の極意は人を切らぬにある。卽ち劍は防衞の具、慈愛の器で其の效用は洪大無邊である。已むを得ない場合には劍戟を執つて一身を防禦し、干戈を操つて一國を護るのは、これ一身一國に對しての慈愛で、其の成果も亦得られるのである。古の君子も「志士仁人は身を殺して以て仁を成す」と。孔孟は仁を說き、キリストは愛を說き、佛は慈悲を說いてゐる。無刀流開祖山岡鐵舟は、一生の間に一つの生物を殺さなかつたが、戊辰の年單身官軍の營中に乘込み、西鄕隆盛と折衝して江戶百萬の大衆を塗炭の苦しみから救つたのは、邦家の爲め身命を犧牲にする志士仁人の覺悟から出たものである。

第六節　劍道生活に於ける渴仰心

楢崎淺太郎博士は、其の著個性教育の原理と方法といふ書中に於て、價値渴仰心に就いて次のやうに述べて居られる。

人の本能は本來盲目的、無自覺的であるが、他方人間には本來價値への自覺的渴仰心がある。この價値の渴仰心なるものは、あらゆる瞬間に於て具體的價値を實現しつゝ、しかもその實現の瞬間に於て、直ちに更により高い價値への渴仰を起し、不斷の緊張精進を續ける。生命の進轉とはこの過程に外ならない。ライプニツクはこの價値への渴仰を「あらゆるものは悉く完成へと向ふ傾向がある」と言ひ現はした。この渴仰心の對象となり得るものは時に自然であり、人であり、精神であり、神であり、佛である。何れも一種の價値、嚴密に言へば、體驗せられた價値即ち意味である。佛教に所謂「咸皆懷戀而生渴仰心」と云ふのは價値への渴仰心の發生を記述したものである。

人は最も深い渴仰の内に沈んだ時にのみ眞に生きるのである。深い渴仰とは、人の本性として所謂最高義に於ける趣味に基くものである。趣味とは本來の要求である。その者自體の爲に其の者自體を求める心である。碁に趣味を持ち、庭球に趣味を持ち、科學に趣味を持ち、文學に趣味を持つと言ふこの時の意味は、この者自體の爲めに求める心である。併し此の趣味は生活の全部に亘るものではない。斯くの如き趣味を深く深く探り下げて行くと、個性は漸次に深化せられ、遂に趣味の最深の層に達するのである。この最深の層にある最强の趣味、卽ち最强の渴仰心を中心として、之れに中層上層の第二次的の渴仰心が結合して、全體的個性又は全精神組織の基礎的の骨組が成立する。この骨組に肉となり、血となつて結合するものが體驗の内容である。最深の層にある最强の渴仰心とは、個人の中心生命となつて、個人の活動の一般的方向を決定してゐるもので、今之れを山岡鐵舟の實例に就いて云へば、山岡鐵舟に於ては、劍道の極處に徹しようと欲せられた心が、先生の劍道的生活に於ける最深最强の渴仰心であつた。明治十五年一月八日、先生の私記せられた劍道悟入覺書は、先生のこの最深最强の渴仰心を具體的に記述せられたものとして千鈞の價値がある。左に其の全文を引用する。

予九歲より劍法を好みて修行せり。幼年の頃は只敵を打たんとのみ思ひて、前後左右に拘らず必死となりて打込みしが、十ヶ年餘も怠らず修行せしに、追々劍を遣ふ道も卒に進退自在に働き、敵に向へば必ず勝つ事のみ思ひしが、二十歲の頃より少しく敵の太刀尖等にかゝはり、自由の働もなり難く、兎角敵に打たれ、思ふ所になり難く、如何にせば從前の如き進退自由にならんかと苦心せしに、追々思ふまゝになりかね、扨は此の修行はとても成就することかなはじと思ひしが、是れ迄の修行も成らずば遺憾なりと、猶心を勵まし修行せしにより、又少しく力を得たる心地して、二十八歲の頃は晝夜工夫を凝し、業の早きところになく落つきたる處にて試合をなすに自ら力を得たる思ひせり。其の時は敵の上手下手を見る事、太刀を構へたる計にて明瞭なり。數年修行せし功とては別になく、此の敵の巧拙を知るを所得としたり。然れども是れにて足れりとなせば何の奇特かあらん。一度此の道を極めんと心に決せしより、假令世間に劍道を廢止し、一人の相手なきも、予は誓つて極處に徹せずんば止まずと、心を奮起し年々修行を怠らず。明治十三年三月三十日、頓に無敵の境に到達す。其の歡喜言語の及ぶ所にあらず。古來の心傳、親切丁寧毫も疑ふ所なし。時に年四十五なり。それより從前の上手下手戰はざる前に知るを考ふれば、全く敵に上手下手あるにあらず、自己の上手下手をつくる事確然たり。自己なければ敵なし。此の理を眞に悟れば上手、下手、强弱、大人、小兒の別は唯の一點もなし。是れ卽ち好雪片々不落別處といふ妙處なり。

學レ劍勞心數十年。 臨機應變守愈堅。

一朝壘壁皆摧破。 露影湛如還覺全。」 (鐵舟居士)

而して此の劍道悟入覺書は、余の著である山岡鐵舟の生涯の四一五頁―四一七頁に載せたもので、余が寫本である。更に楢崎博士から之に就いて偶然にも次のやうな稱讚の言葉を得た。

此の書は、個性研究上より見て誠に興味深いのみならず、青年成人の敎育的刺戟として見るも洵に尊きものかと思ふ。敎育家諸氏の賢明に活用せられんことを願ふ。と

尙玆に一言を加へて感謝の意を表はしたいことは、博士が同書中に於て次のやに述べて居られる。

歷史方面に於て、個性研究の有力なる資料となる書は極めて其の類が多き事と思ふが、左に余が繙いて得る所のあつたものを記して置く。

と書かれて文學博士黑田源次編者の芭蕉翁傳を初めとして八部を載せてある。其の中に余が著山岡鐵舟の生涯を加へてあることである。

第七節 衞生上の注意

劍道の目的の一つは身體を鍛鍊し、其の向上發達を促すのにある。然るに運動家の通弊として、暴飮暴食し非衞生に陷り易い。かくては身體の健全を保つことは甚だ覺束ない。身體の强健を保つには、積極的に大いに身體を鍛鍊すると同時に、一面には衞生に十分注意を拂はねばならぬ。殊に劍道のやうな生理上から見て、心臟の强い興奮

を要求する運動に於ては特に注意が肝要である。不攝生の爲めに健康を害するやうな事は、劍道を學ぶ者の恥辱である。外國の一廉の運動家は餘程嚴格な攝生を守るとの事である。

衛生上特に注意すべき點は、暴飮暴食を愼しむ事が第一である。之が爲めには屢々體力を損し或は疾病を起す原因を作るからである。又酒は神經系及び循環器に不良な影響を與へるものであるから之を遠ざけ、煙草も害あつて益のないものであるから、斷然之を用ゐぬがよい。又蛋白質に富んだ食品は筋及び器管の發育上甚だ重要であるから豐富に供給し又脂肪に富んだ魚及び肉類は餘り多く用ゐぬがよい。

稽古は食後飽滿の時或は空腹の甚だしい時は練習を止め、强烈な稽古時間の前後一時間は食してはならぬ。練習前はなるべく食量を少くしないと、身體も自由にならず且胃腸をも害し易い。力士は其の門弟に角觝を敎へる際、門弟に多量の食物を取ることを戒しめ、小形の食器に薄粥二盛りより多くは食はしめないと言つてゐる。又柔道家磯氏は、猛烈な練習をなさうとする時に先ちて多食すれば、胃腸の傷害を起すを恐れ、寒稽古には粥を用ゐる事さへ尙許さず水二三升の中に米一二合程を入れ、米湯を製して唯一椀づゝを與へ、嚴に他の食物を攝る事を禁じて、二時間餘り練習をさせることを例としてゐたといふ。又稽古前は身體を溫めて然る後に開始し、稽古後は身體を冷さぬやうに特に注意が必要である。身體が冷えた時は胃腸を害し十分なる稽古が出來ない。又練習中或は練習直後に於ては多量の水を飮むことを避け、少くとも二十分を經過して然る後に飮まねばならぬ。又稽古前には必ず排尿し、尙便通に注意することが大切である。過度の稽古の爲めに顏色蒼白、呼吸促進の甚だしい時には、直に稽古を中止して新鮮なる空氣の中に深呼吸を行ひ、十分に休養することが必要である。又努めて心を平靜にし、愉快にすることが肝要である。若し心身に多少の異狀があつて、心身が活潑でない時には稽古を行はぬがよい。殊に居合などに於てはさうである。又稽古着、袴類は汗に染み、垢が附き易いから怠らず之を洗濯し、褌及び猿股は一稽古毎に必ず之を取替へ、道具は十分に日光に晒し又は消毒を行ひ、常に清潔を保つ様にしなければならない。

第十八章　剣道修行進歩の道程

第一節　修行進歩の道程　其ノ一

剣道修行の進歩は、各人其の道程を異にしてゐるといつても、一日の努力に一日の効果があり、一年の修行に一年の成果があるが、常に終始同一の調子では進まないやうである。或時は際立つて進歩の跡が見えるかと思へば、或時は更に進歩することなく、同一の處に徘徊してゐるやうに感ぜられる。其の進歩の跡の見えない時は進歩の基礎を形成してゐるのである。此の時往々にして悲観落膽して斯道の修行を廢棄するのである。苟くも一旦斯道に志した以上、此の時一段の奮勵努力をせねばならぬ。現今斯道を修める者は、多くは安逸にして進歩體得しようとしてゐる。見よ世間百般の職業でも五年十年、晝夜專門に修錬しないでは一人前になれる道はない。賦性には古今があるが、道には古今がない。先達の士も二十年三十年或は終生專心一意、頭燃を救ふが如くに修行して靈妙の域に達したものである。されば吾人も亦長年月絶えず、苦修錬行を踐まねばならぬことは見易い道理である。須らく確乎たる信念のもとに大勇猛精進、神佛に祈誓して鐵心肝を奮ひ起して、敢然突撃せねばならぬ。

凡そ人は皆自己の價値を買ひ被る者である。特に他の者と比較して、其の眞價が知れない業に於ては、一層それが甚だしいのである。剣道に於ても往々にして、此の病に罹る者がある。自己は初段でありながら、高段者の者に向つて稽古或は試合を願ふ時、自己の撃突が幸にして中ると、自分は既に四段五段或はそれ以上かと自惚れるのである。此の念が一度兆す時は、已に修行の半ばは廢れてゐるのである。又自己の撃突が思ふやうに中らない時には自己の初段なるを悟ると共に高段者の價値がしみ〴〵と知れるのである。高段者に至るには、長年月の修行の道程を經驗してゐるのであつて、突然に或は偶然に得たのではない。況んや教範士と稱せられる人に於いては勿論である。今之を螺旋を以て示すと十分に領會せられるであらう。

イ、初心者　ロ、初段　ハ、高段者

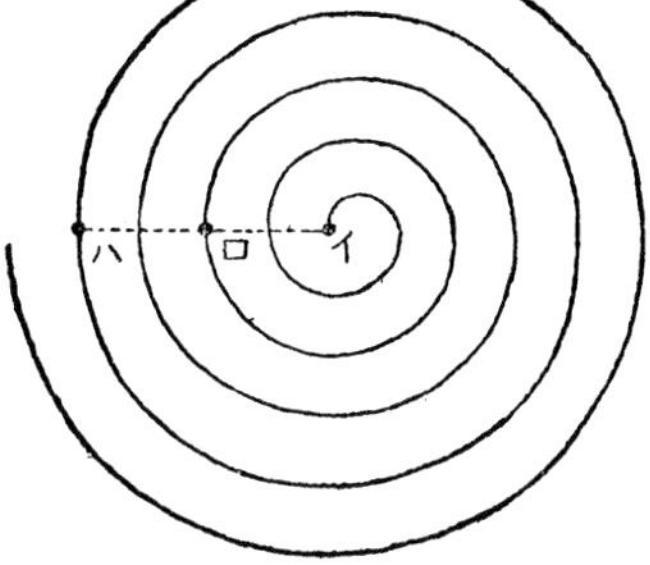

今螺旋を修行の道程と見る。初心者を示す(イ)の點より螺旋の線上を(ロ)に至り、更に(ハ)に至るには精神技術の上に於て、長年月の間、幾多の稽古修養を經てゐるのである。此の螺旋の線上を辿り見る時、自己の眞價を知ると共に高段者の價値が知れるのである。處が此の螺旋の線上を辿らずに(イ)より(ロ)更に(ハ)に點線上を直線に辿り見る時、自己の眞價を買ひ被り、高段者に對しても恭敬の念を失ふに至るものである。

第二節　修行進歩の道程　其ノ二

以下木下壽德著、劍法至極詳傳に記す所の大要を述べて斯道修行者の參考とする。

1圖の圓形は未だ劍道の何物なるかを知らない孩兒の情態を示したものである。

1圖

2圖

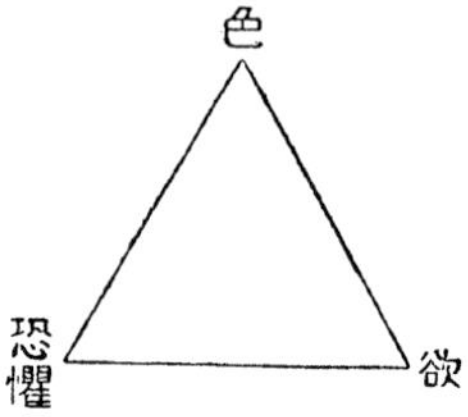

2圖、始めて劍を學ぶ時は、第一圖の圓形から、直ちに第二圖の三角形に變じて色欲恐懼の念が起つて來る。色とは內心の色で、擊突しようとしても、何となく極り惡く感じ或は人の嗤笑を受けるかと思ひ惑うて、專念になることの出來ないのを言ふ。欲とは速く意の如くに擊ちたいとか、恰好よく擊ちたいとか、速く强くなりたいとかの欲心である。恐懼とは敵の太刀が目に映ずる時、恐れて目をつむり甚しいのは自己の擊つ太刀にさへ目をつむる者のあるを言ふ。併し堅忍能く學ぶ時には、やがて一段を進んで第三圖の域に達する。

3圖の四角形は、三角よりも業は一步進んだ境地ではあるが、精神上に迷疑の念が加つたのである。何藝でも奧義に達しない以上、迷疑の念は容易に去ることは出來ない。武藏の歌にも

心こそ心まよはす心なれ　心に心心ゆるすな

と戒めてゐる。眼は術よりも早く進んで心に迷疑を生じ、是迄學んだ技術も其の效がないと斷念し、前途の遼遠なるを想うて、中道にして廢棄しようとするのである、此の難關を突破すれば、則ち次の境地に至るのである。

4圖の五角形の位に至ると、業は進んでも卑怯未練が加つて來る。敵に十分擊たれながら不十分といひ或は自己の太刀は不十分でも、十分と揚言する男らしくない

3圖

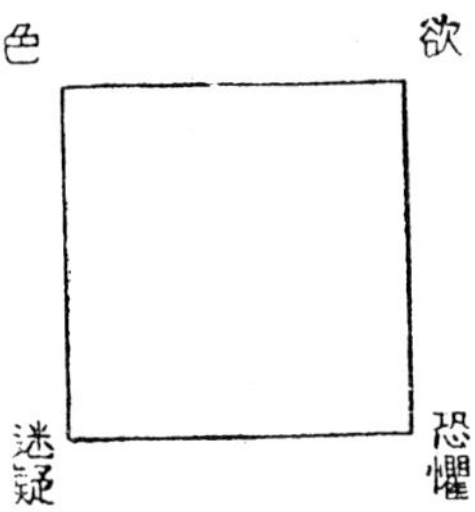

4圖

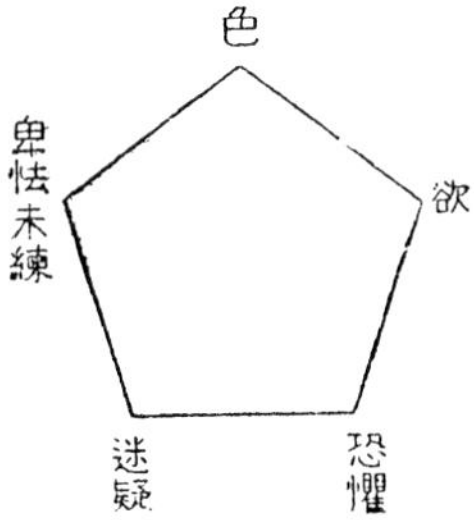

ことである。苟も武士道を學ぶ男子である以上、參つた時には宜しく參つたと云ふべきである。此の五角形の域に達すると、劍道に稍々興味を覺えるに至つたので、これ以後は中途で廢棄する者は少くなる。

5圖の六角形は、上達して漸く愉快を覺えるに至つた狀態である。特に著目すべきは漸く眼術が一致することである。劍道に於ては或は眼が進んで技術の劣るを感じ或は技術が進んで眼の劣るのを悟るのは、眼術の不調和に因るものである。眼が進んで技術の劣る時には、撃突も防禦も其の功を奏することは困難である。卽ち敵の機先を視ることは明敏であるが、腕がまだ其の程度に上達しないのである。之に反して技術が眼よりも進む時には、知らず識らずの間に、自己の豫期しない所に敵を撃つて、意外な勝を制することもある。

5圖

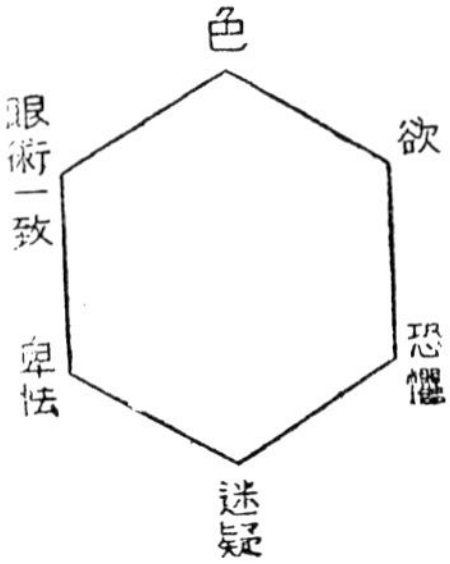

6圖

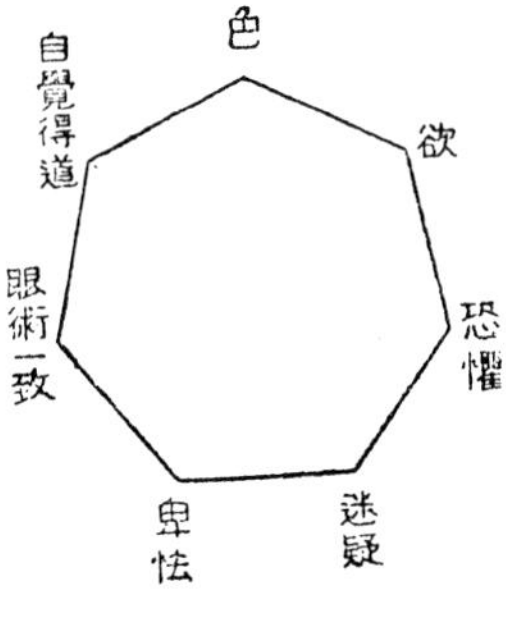

6圖の七角形の境地に至ると、既に眼術一致して試合に於ても敗を取ること稀で、最早奥義を究めた心持で、天上天下唯我獨尊、自ら高く標榜するに至るのでこれ自覺得道である。終

れども眞劍勝負に於て如何なる達人と戰ふも、よく必勝を得べき手段を見出すことなく、こゝに至つて一片不安の念慮を生ずるのである。乃ち發憤研鑽を積む時には、更に一條の進路を認め得るので、これが八角形の境地である。

7圖

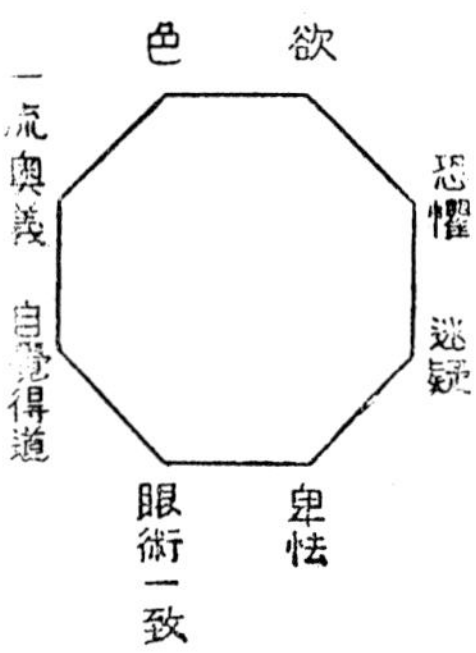

7圖八角形の境地に至ると、色欲、恐懼、迷疑、卑怯等の心念は殆んど消滅し去つて、斯道の愈々深遠なるを思へば、傲慢は形を潜めて吾が道に至らないことを歎くのである。併し一道の光明は瞭然として認められて、こゝに始めて劍法の眞理を悟り、漸くにして殺人劍、活人刀の如何なるものなるかを解し、劍法は人を斬るものでない事を悟り、既往の境涯とは全く異つた深遠妙味の地に至る。かくして更に工夫研究を凝す時、一流の元祖たる自覺を得るのであらう。

8圖、九角形は多角形の極致で、此の境地に進むと、愈々極致に近づいてゐることを示してゐる。多角形の極致は圓である。卽ち無念無想、人劍皆空の境に至るのである。三角形から八角形に至る間の諸種の心念は悉く滅却し去つて、胸中に復た一片の雲翳なく、清らかに澄み渡つた雨後の月が皎々として限なく下界を照すに似　ゐる。殊に無念

8圖

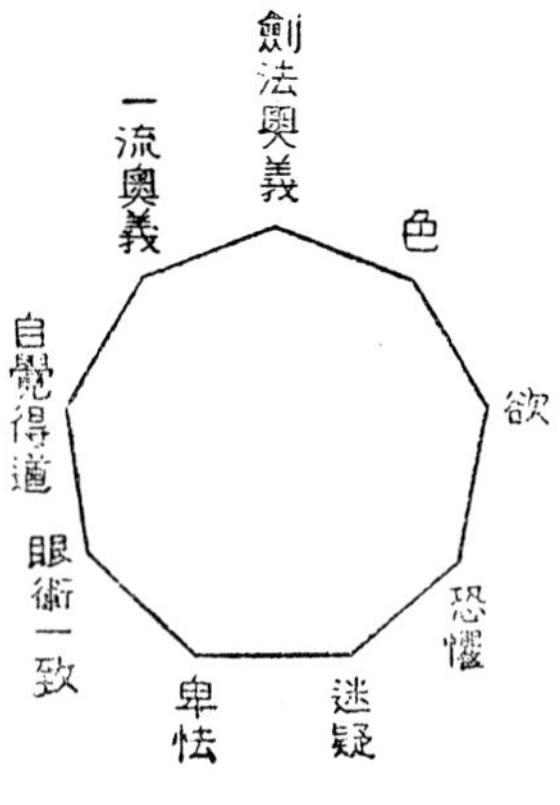

無想の眞體で、劍あつて劍のなきが如く、劍無くして有るが如く、空にして空でない。澤庵禪師の歌に

うつ人もうたるゝ人も土器の
くだけて見ればもとの土くれ

と卽ち人劍皆空となり、文珠の利劍を以て八不を截斷し離言絕句の妙境で論ずることの出來ない處である。玆に於て始めて劍道の奧義を極めたのである。前の奧義を極めたのは、我が一流の奧義を極めた者である。九角形に至つて圓形となり又初めに還つたのである。

第三節　山岡鐵舟の春風館の稽古

鐵舟が劍を執つて敵に對する時には、眞に犯し難い姿勢であつて、勇威凛々として精氣は滿場を壓倒し、人々は其の面を仰ぎ見ることが出來なかつた。打つも打たれず、突くも突かれず、敵の打出す太刀は、丁度磐石に當つて打碎け空しく彈ね返される感があつた。終始正眼で威風堂々、其の得意の突に遇へば、竹刀一揮忽ち敵の顚仆を見た。

鐵舟の道場を春風館と名づけてゐた。其の名は佛光禪師の「電光影裏に春風を斬る」といふ句に據つたものでる。此の館に朝夕出入する門人の志氣身體の强健なる者を養成する爲めに、誓願の一方法を設けた。誓願といふのは一死を誓つて稽古を請願する意氣で、其の方法は三期に分れてゐた。

先づ第一期の誓願を申出る者があると、鐵舟自らの一場の垂誨があり、ついで幹事が其の姓名を道場に掲示する。其の日から誓願者は一日の怠りもなく、滿三ケ年の稽古を積むと、愈々終日立切二百面の試合をするのである。之

を立切試合又は數稽古ともいつてゐる。之を無事に濟し得て尋常科卒業の劍生となるのである。次に第二期の誓願はそれから更に數年の稽古を積み、三日間立切六百面の試合を行ひ、之を無事に濟し了へて始めて十二箇條目錄の許を受け、中等科卒業の劍生となるのである。次に第三期の誓願はそれから更に又幾多の稽古を積んで、七日間立切千四百面の試合を行ふのである。こゝに至つて始めて目錄皆傳の許を受け、靑埀の稽古道具臺組を授與せられて、高條科卒業格の劍士となるのである。

此の立切試合の妙は、一日中で午後の二三時頃である。其の頃になると立切者は、全く心身を打忘れて至誠一片となり、その活動が眞に名人の域に入る。こんな有樣で一誓願ごとに實際死地を歷るのであるから、其の技術は著大な進步を見た。併し第一期第二期はともかくも、第三期七日間立切千四百面の試合を遣り得た者は、鐵舟の幾萬の門人中僅かに數名に過ぎないのである。凡て立切試合の期間は一切外出を禁じ、三食は粥と梅干とに限られ、又試合の相手は血氣の猛者或は飛入りの新手を選拔するのであるから。立切者の惡戰苦鬪は實に言語道斷である。之が爲めに四支五體は皆腫れ上り、殊に往々にして血尿をさへ排出する事がある。立切者は其の日の試合が濟むと、先づ鐵舟の前に挨拶に出る定である。此の時如何なる者でも、完全に兩膝を折り、兩手を突いて挨拶する事は出來ない。鐵舟は之を見て其の意氣地のないのを憤慨し、口を極めて叱責した。併し夫れ等の門人諸子も、當時他流の劍客からは獅子王の樣に畏怖せられてゐたのである。

鐵舟が誓願者への垂誨の要旨は左の如くである。

劍法者實地のに場に至りては死生を決斷する處なり。近頃劍法を遊技の如く思ひ、互に勝負に耳流れ、實地に臨むが如く力を盡すを見ず。故に當道場に於ては數稽古を施行し、各自精神のあらん限りを盡し、實地戰の用に立てん事を要す。其の稽古に立つ者は、初は常の試合の如く思へども、數百回立切試合を爲すに及んでは、眞に實地の場に立向ふが如し。是れ全く精神の發する所なり。則ち實地の劍法と謂ふべし。此の心を以て修行せざれば、數十年修業するも實地の用をなす事なし。故に此の度數百回の試合を爲して實地の働を試みしむ。各自宜しく一死を抛出し、憤發勉勵して修行すべし。

予二十四歳の時、一週間立切千四百回の試合をなしゝに更に疲勞衰弱を覺えず。夫れ劍法は勝負は勿論なれども心を鍛るを肝要とす。其の故如何となれば心は盡くる期なし。其の心を以て敵に對し、心を以て働をなす時、幾日試合をなすとも必ず疲勞なく衰弱なし。修行者此の理を能く能く工夫して勉强すべし。

第十九章　孔夫子生涯の修養と劍道の修行

○子曰、吾十有五而志于學。三十而立。四十而不レ惑。五十而知二天命一。六十而耳順。七十而從二心所一レ欲、不レ踰レ矩。

子曰く、吾十有五にして學に志す。三十にして立つ。四十にして惑はず。五十にして天命を知る。六十にして耳順ふ。七十にして心の欲する所に從ひて矩を踰えず。

此の章は志學の章といつて、論語の爲政篇に載つてゐる。孔夫子は七十三で死去せられたから、此の章は晩年に自ら其の學問德行の漸を以て進まれた經歷を述べて、學者をして之れを目標として、進むやうに示されたものである。凡そ孔夫子の德を詳細に述べようとするには、先づ孔夫子の遊歷、仕宦、著述等の事歷と其の學歷とを併せ述べなければならぬ。而して其の學德を知るには、此の章が一番纏つてゐるのである。孔夫子は勿論、生知安行の聖人でもあつたらうが、夫子自らは「我は生れて之を知る者にあらず」とか、「憤を發して食を忘れる」とか言はれて、至つて學を努められたものである。此の進取的態度又神を以て自ら任ぜず、修養に修養を重ねて人間の道を極度まで盡された處などは、吾人の標準であり、模範である。

吾十有五而志于學、支那の昔の夏殷周三代は、隆盛な時で、學校の制度なども頗る完備してゐたが、子夫子の時代は已に周初の學制なども崩れてゐたが、夫子の生れられた魯國には、周禮は盡く殘つてゐたのであつた。それに依ると、人は八歳になれば、小學に入つて小學の道を學び、十五歳になると、大學に入つて大學の道を學ぶのである。小學に於ては灑掃、應對、進退とか禮、樂、射、御、書、數とか君臣、父子、長幼、朋友の道等を形式上、事實上で敎へ、大學に入つてからは大學の所謂三綱領、八條目を精神的、理論的に敎へるのである。志すとは心のさし向ふことで、一意專心なことである。卽ち孔夫子が十五歳になられた時、大學の道の通りに學德兼ね備はるやうに一筋に思ひ込まれた。七十にして矩を踰えずといふに至るにも、此の志學に始まるのである。千里の行も一歩よりで志が其の根本である。

此の六ケ條は聖人孔子の行ひ盡された道であるが、今此の理を借りて、劍道修行者に進むべき道を示すのである。卽ち學劍の人は、世の所謂藝者とならず、宜しく雲井の月を目標に信實無妄、一筋に善道に志して、道の人となるべきを敎へ又文武の道は二途なく、其の歸を一にすることを知らしめようとするのである。古歌に

　　尋ね行く深山の牛は見えずして
　　　唯空蟬の聲のみぞする

始めて劍に志して其の道に入る時は、恰も此の歌の如くである。牛を見ない人が、其の目標とする牛を捕へようとして深山に尋ね入るに、唯谷川の水の音、空蟬の聲ばかりがして方角も分らない。されども、古人が牛を捕へた時に、踏み分けた道があるから、唯其の路を尋ね覓めて、山に登るやうなものである。愈々其の志深くして餘念なく尋ね入る時には、其の目的も達せられるのである。孔夫子が大學の道に一意專心になられた時は、飮食住居などに心を奪はれないは勿論、名譽利欲の念慮は毛頭なく、行住坐臥、片時も道を忘れる暇なく進まれたのである。

三十而立。夫子が十五歲から其の志が滿ち切つて、十五年の修養を積み重ねられた結果、立つといふ效を得られた。立つといふのは大磐石が大地の底から立ち、大木が根を張つて、大風雨に倒れることのないやうに、變動のない狀態で、恰も秋風が吹き初めると、萬木は凋落して行く中に、唯獨松柏のみは蒼然として。其の操を變へず凜然屹立してゐるやうなものである。卽ち富貴も淫する能はず、貧賤も移す能はず、威武も屈する能はずといふ、如何なる境遇、如何なる事變に遭遇しても、微動だもせぬといふ境界に達せられたのである。古歌に

かへり見る遠山路の霧はれて
心の牛の尾こそ見えけれ

夫子も志學の當時に於ては、道が全く我が者とはならなかつた。然るにこゝに至つては其の道を體得せられた。學劍の士初めを顧みるに、迷ひ入つた遠山路の霧が霽れて明かとなり、流儀の掟を守り、修行積つて氣に移り變に應ずる妙所の機も悟られて、牛の尾も見え初めたのである。修行は意志の鍛錬である。こゝに至つて孟子の所謂大丈夫底の心膽を養はねばならぬ。習字をする者が、初めは手本を側に置いて一々見合せて書くから、筆法に違はぬ樣に出來るが、一旦手本を離すと間違ふ恐がある。處が手習ひが次第に熟すると、筆法が全部手に入つて、手本を

離れても正しく書ける樣になる。志すと立つとの區別は恰もこんなものである。

四十而不惑。それから更に十年の修養を重ねられて四十歳に至ると、其の知慧が極めて明かに、極めて廣くなられて、天下の萬事萬物の道理が逐一明瞭に知れて、聊かも遲疑逡巡の心のないやうになられたのである。道理とは卽ち事物の所當然、卽ちさうあるべき筈といふ道理、臣としては忠なるべき筈、子としては孝なるべき筈といふ道理である。之れが事々物々如何なる物にも具はつてゐる。之を分殊の理といふのである。筆は書くべきもの、机は載せるべきもの、朋友は信、夫婦は別と各々當然が分り切つてゐる。惑とはうろ〳〵になつて心に疑の生ずることである。此の不惑に至つては、前の立といふ所よりも一段と進んで、吾が心に天下の事爲すことすることが手に入りきつて、破竹の勢で何事に遇つても、何の苦もなく捌いて行くといふ境界に進まれたのである。これは知行を兼ねて知を主としていひ、立は知行を兼ねて行を主として言つたのである。古歌に

しるべせむ山路の奥のほらの牛
　　かひかふ程に靜かなりけり

孔夫子も此の不惑の境界に至つては、智惠の光が明かで疑ひもなく、何事に向つてもすら〳〵と取捌きが出來て別に堅固に守るなどの必要はない。譬へば高い山の上から田毎の月を觀ると、千にも萬にも月影が分れて、各々が光を放つてゐる樣な趣である。學劍の士も此の境地に至ると、恐懼疑惑の病は已に去つて、巧みて變に應じ、思うて氣に移ることなく、我知らず變に應じ、氣に移ることを得て惑ふことは更にない。是れ卽ち志の一念厚きほらの牛に乘つて、疑ひ惑ふことなき理を以て、己が心の牛に跨つて動ずることなきものである。

五十而知天命。夫子は四十歳から更に十年の工夫を積まれて、所ニ以當ニ然、卽ち萬事萬物の道理の大原、大本を

悟られたのである。天命には富貴貧賤などをいふ氣命と、天から賦與せられて吾が生れ得てゐる所の本源の道理の理命とがある。こゝは後者の天命である。卽ち朱子の事物の當に然るべき所以の故、卽ち子は孝に、臣は忠にと云ふやうに、一事一物に就いてそれ〴〵さうなければならぬ樣に生れ付いてある處を天命といふ。此の知天命は、不惑よりも一段進んだ境界である。知るは單に知るのではなく、深く悟りぬいてゐるのである。古歌に

本よりも心の法は無きものを
　夢うつゝとは何をいふらむ

更に一段の進歩で、今まで千萬に見えた田每の月も、仰いで天上を見れば唯一輪の月である。されば千萬の月は別々ではなく、天上一輪の月影である。こゝに至つては夢現の如くに打捨てることなく、平生天命といふことを能く明めて、其の身相應外に望み求めることなく、勇猛精進すべきである。

六十而耳順。夫子が更に十年の工夫を積まれて六十歲に至つては、道理の正邪善惡が迅速に正通しないといふことはないといふ耳順の境界に達せられたのである。これまた一段の進歩である。耳順といふのは我々の上でいふなら、鴉の聲を聞けば鴉、雀の聲を聞けば雀、鐘の音を聞けば鐘と耳に入るや否や思案することなく皆分るやうに聖人夫子に於ては、天地造化の妙用でも、如何なる入り組んだ事でも、見ることとは全部思案を用ゐず、微塵もさうしようとはしないで、すらり〳〵と自然に運んで行く狀態である。先儒は之を形容して利劍吹毛、淸琴鳴風と云はれた。善が來れば心の道理と融合一致し合體する。惡が來れば直ちに辨別し排除する。耳に入るなり直ちに理會するのである。

古歌に

染めねども春や野山のみどりして
　己がいろ〳〵花咲きにけり

一善言を聞き、一善行を見れば、江河を決するが如くに沛然として之を禦ぐことなき有様で、又詖辭は其の心が私心に蔽はれる所を知り、淫辭は其の心が惡道に陷る所を知り、邪辭は其の心が正理を離れる所を知り、遁辭は其の窮する所を知ると云ふ風に向の腹の中が分る。私利私慾が心中に萠す所がないから、感觸の度が極めて明瞭敏活に直接に感ぜられて、無窮の妙味を覺えるのである。知命は人と天との別が殘つてゐたが、耳順に至つては道と一身同體で、所謂淨心正直である。劍道に於ては流儀與免許の位である。如何なる人も天賦の性を發揮し、歸一の心を忘れず修行する時は、及ばざる一事はなく、必ずや野邊に各自の特長を表はして、自然に色々の花は咲くものである。

七十而從心所欲不踰矩。それから更に十年の工夫を積んで年七十に至つて、遂に心の欲する所に從つて、矩を踰えない域に達せられたのである。一言でいへば天則に合ふことである。心は活物、衆人の心は意馬心猿で油斷が出來ぬ。然るに夫子の心の欲する所に從ふとは、夫子の心に思召しのまゝに向ふ任せにすることである。矩を踰えずとあるは、矩は定木のことで、道理の定木となつたもの、即ち道德を形式に現はしたもので、道理の軌道である。踰えずといふのは脫線せぬことである。吾人の迷ひ易い心を以て、形のない道理を行ふ時には、大抵は脫線するが夫子は決してかゝることがなく、常に合理的の行動である。此の場に至つては、天地の道が即ち夫子の思召、夫子の思召が即ち天地の心で、微塵も天地と夫子との間に喰違ひが無い。心即理、理即心、故に其の行動は皆理のまゝである。心理一致、天人合體で、理想的道德の極致である。是れ吾人が最も崇敬欽仰する所以である。古歌に

とにかくにたくみし桶の底拔けて
水たまらねば月も宿らじ

學劍の士修行積りて其の極處に至るべきもの、百人に一人なく誠に稀である。此の境に至ると人智愚に拘らず、一圓相の悟りを開き、桶水月の別なく天地同體である。又古歌に

柳の枝に櫻を咲かせ櫻の枝に
梅の香をきくぞ嬉しき

柳の枝に櫻を咲かせよといふ事を感味して、諸道に考へ合すべきである。櫻の枝に梅の香のある筈はないが、是れ皆氣に移り變に應ずる工夫平生に必要である。古人の言の劍道平生。平生劍道の言の如く、心に油斷なく勤めよといふ心である。

第二十章　道　場

第一節　道場の神聖

武道教習の場所をば道場或は稽古場、演武場と稱してゐる。抑々道場とは佛道修行の區界であつて、中印度伽耶城の南に當つてゐる佛成道の地をいつたのに由來してゐる。道は菩提である。正覺を成じた區域である。僧肇の註

語には「閑宴修道の處これを道場といふ」といつてある。之を武道修行場に稱へるやうになつた。されば劍道修行の道場は、道を修める神聖なる靈場であつて、恰も宗敎の祭壇、學校の講堂と等しく、嚴格なる禮儀作法の下に斯道を修行するものである。古人も既に此の心を以て道場に臨んだ。かゝる意味に於て稽古場とか演武場とか稱するよりも、當に道場といふべきものである。斯道を修める者は善く此の心を體して、敬虔の念を以て之に對すると同時に、淸潔整頓を怠つてはならぬ。今注意すべき事項に就いて述べて見よう。

道場に出入の際には、必ず履物、外套、襟卷、帽子を脫し、服裝を正し入口に於ては、出入の度毎に必ず神殿上座に對して敬禮を正しくし決して寢轉んだり、膝を突立てたり、足を投げ出したり、場內を驅廻つたり、放言高論したりなど禮を缺ぐやうな言動があつてはならない。練習の始め終りに於ての敬禮は、必ず一同板間に出て神殿若しくは上座に向つて立禮を行ひ、然る後正坐して師弟の禮を行ふのである。或は一人遲れて來るも又早く退出するにも必ず右の禮を行はねばならない。かく禮儀を重んぜねばならぬ道場に於て、稽古前の準備運動として雜然騷然たる驅足を行ひ、終に舞踏とも何とも名のつかぬ動作を行つてゐるものがある。これ道場の何物か、準備運動の如何なるものかを知らぬ敎師である。

道場を參觀する者は、先づ劍道の性質は如何なるものであるか、之を修行する道場は如何なる性質のものであるかを頭に入れて置かねばならない。我が國は神國である。敬神の國である。何れの道場でも武神が祭られてあるから、參觀する者は稽古する者と同樣、出入には必ず禮を行はねばならぬ位の事は、常識さへあつたなら知れるわけである、然るに世間には芝居興行でも見物に行く心持の者がある。中等學校に於ても素より經濟上の關係もあらうが道場の一部を物置場にして居る學校がある。或は非常識な敎師などになると、稽古中禮もしないで這入つて來るばかりでなく。道場内で盛に稽古の批評をし、哄笑雜談を始める。其の甚だしいものになると寒稽古などに襟卷をして懷手で見る者さへある。中等學校の教育者でさへ此の通りである。余は嘗て武道の盛なと言はれてゐる縣で柔道の大會を見た。試合者は全く喧嘩同樣の態度、傍觀者は芝居見物同樣、四方から罵聲が起る、間もなく試合場に物を投げる、實に武道の爲め慨嘆すべき事である。凡そ眞劍味を以て無我三昧の氣分に浸つて稽古する者に對しては、自然と敬虔の意が現はれるのが普通である。そこが尊い人間の表れである。殊に試合中に於ては、眞劍緊張の度合は一層濃厚である。試合中は聲援は勿論拍手をも嚴禁せられて居るのである。

第二節　道場及び入門

今日のやうな道場は、果して何時頃出來たかは明かでないが、德川時代以前に於て既に道場の設備はあつたやうである。德川時代に及んでは既に立派な道場も出來て、將軍家を始め諸侯は、孰れも競うて斯道の達人を聘し或は將軍諸侯自ら木劍を執つて技を試み或は臣下の者に教授せしめた。これ等の者は皆道場を構へて門下に教授した。又浪人で町道場を開いて、廣く門弟を養ふ者も多かつた。幕府に於ては安政三年に講武所を設け、諸藩では武學校を設けて、劍道及び其の他の武道を奬勵した。

道場は前述の通り、神聖にして犯すべからざる場所とせられ、斯道教習の趣旨注意を壁書として、場内に掲示し以て門人を戒めた。而して師弟の間及び高弟と末弟との間には嚴然たる別があつて、一絲も亂れる事を許さず、弟子七尺去つて師の影を踏まず、師は才能技術の親と心得。先師に對しては祭祀の禮があり、流名を尊重し、師系を重んじ、師から其の流の傳授を受ける者は起請文を差出し、若し掟を嚴守しない者には忽ち破門を命じた。かくの如く師弟の關係が極めて嚴正な昔にあつては、入門して敎を請ふのには各流各々定つた掟があつて、入門の儀式も亦嚴肅であつた。

次に齋藤彌九郎の神道無念流及び山岡鐵舟の無刀流に就いて之を示さう。

神道無念流劍術神誓之事

一、當流道場壁書之表裏、專相守可申候事。
一、親子兄弟たり共入門無之者には、猥に劍法不可傳授事。
一、他流之者と卒爾試合無用之事。

右之條々堅相守可申候、若於違犯之族者、武門之神並天神地祇之可蒙冥罰者也、仍而神覽之如件。

入塾心得之事

一、諸藩入塾之方は、銘々御主人より御使者又は親類より確と可被仰事。
一、入門之節麻上下著用致、神文身分、相當束脩可差上事。
一、入塾月俸一箇月二人扶持宛、前月二十五日限可相納事。
一、稽古場入用一箇月出銅、盆暮一朱宛、右之外入用無之事。
一、盆暮二季身分相當御祝儀、束脩可差上事、塾中法則相守、都而塾頭差圖を受、終日袴著可致居事。
一、先生御無人の節は、御供は勿論何事によらず御手傳可致事。
一、賄之儀は隔朝一汁、跡からのもの事。
一、稽古道具、夜具、膳、椀、傘、下駄、行燈、持參可致事。

一、諸國並近在より入塾致居、歸國歸村の前、身分相當御謝儀可差上事。

一、入塾の節身分引請人より書面差出可申事。

一、入塾の上は爲一錢共、自己の貸借一切不相成、萬一於有之は借主可爲曲事。

右之條々納得の上、入塾御相談可致候事

月　日

錬兵館塾頭

無刀流入門規則

無刀流劍法は事理一致を修事するにあり。蓋し古來よりの始祖刻苦精錬し、各自發明する所ありて、竟に其の流名を立てしものなり。然るに目今末流の弊其の法を守る者絕えてなく、一般に長竹刀を以て勝負のみを爭ふに至る。是れ他なし。劍法の眞理を知る者なく、只末技に去り虛飾に流れて、外見を主とするに由りてなり。是を以て實地眞劍の勝負に及びては、假令勝を得るあるも、一時の僥倖にして明白の勝にあらず。予が見る所是れに異なり、外見體裁に拘らず、眞理自然の勝を治めて無形の地を占むるものなり。故に此の道を修せんと欲せば、初心の者予が門に入り、勇悍不退の志を勵まし、苦修鍛錬する時は、三年にして流義の體を備へん。其の道を備へざるに、即今流行の演武場に於て猥りに試合するを禁ず、何となれば特に其の體を備へんとせしを破ればなり。抑々無刀流は予が發明する所にして、事理一致の祕訣なり。其の敎に至りては古傳を以てす。入門の士此の規則を遵守すべし。

一刀正傳無刀流劍道修業趣旨

一、劍道は死生の境を明にするの道なり。

一、劍道は天稟の浩氣を發揚するの術なり。

一、劍道は筋肉の發達を堅固にし、精神の根柢を鍛錬するの道なり。
一、劍道は己に克ち、自然の道理に服從するの法なり。
一、劍道は事理一致を修業するの法なり。
神道無念流演劍場壁書及び無刀流入門規則等は之を略す。

第三節　道場の上座下座

禮の要は至誠敬意を表はすにある。其の至誠敬意を表顯するには、之を現はす所の形式が必要である。これ起居進退等がある所以で、禮の樣式はこゝに始まるのである。されば一擧一動よく秩序を正しくし、規矩準繩を離れることなく又之に拘束せられることなく、時處位に應じて過不及のないやうにせねばならぬ。起居進退の本は座席の上下を知ることである。座席の上下を知るには、正中及び左右と遠近とを知らねばならぬ。一朝此の三者の別を誤るときには、總ての禮容は全く廢絕に至るのであるから、最も意を用ゐねばならない。劍道は禮を以て終始一貫するものである。道場は禮を教習する靈場であつて、武神を奉祀してある。其の道場に於て座席の上下を明かにし且之を嚴守すべきは勿論であるのに、却つて之を忽にして怪しむことなく、誤つて顧みる者の少いのは、其の事理を解しないのに起因するのである。今道場に於ての座席の上下を說明しよう。
一、正中を上位とし、左を次とし、右を其の次とする。
一、神前に近い位置を上位とし、遠い位置を下位とする。
宮中では玉座を、祭場及び道場では神座を以て基礎とする。此の神座の正面正道を正中といふのであるから、神座

第一圖

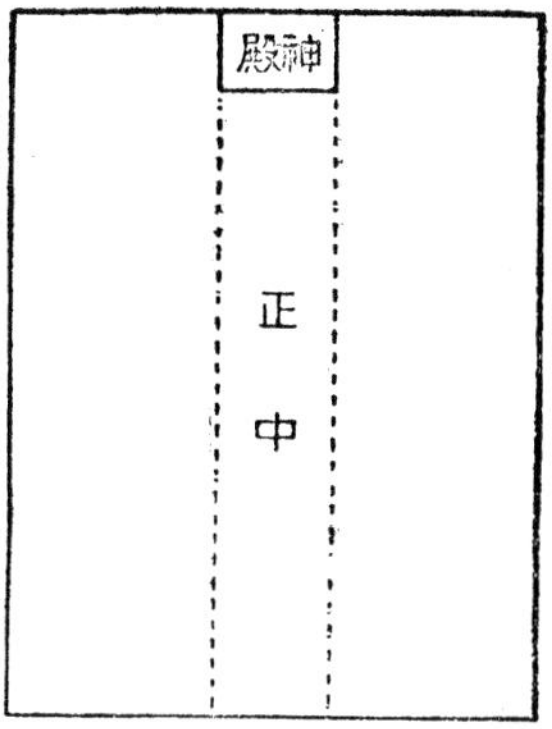

第二圖

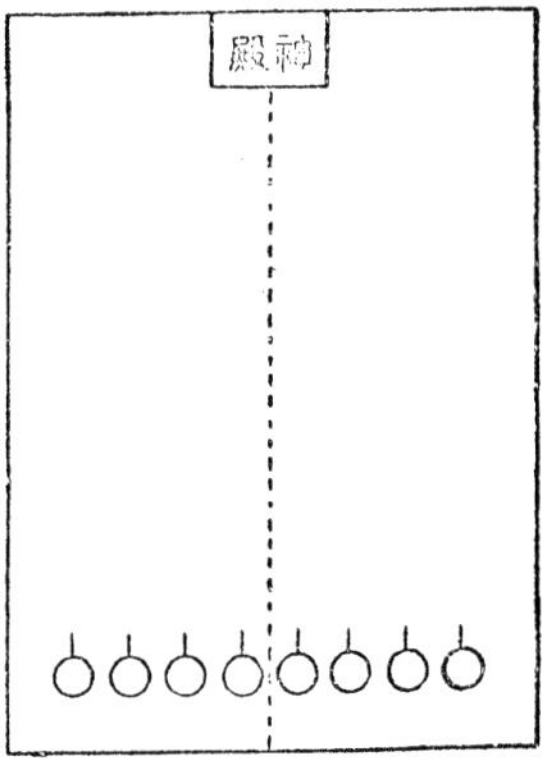

第三圖

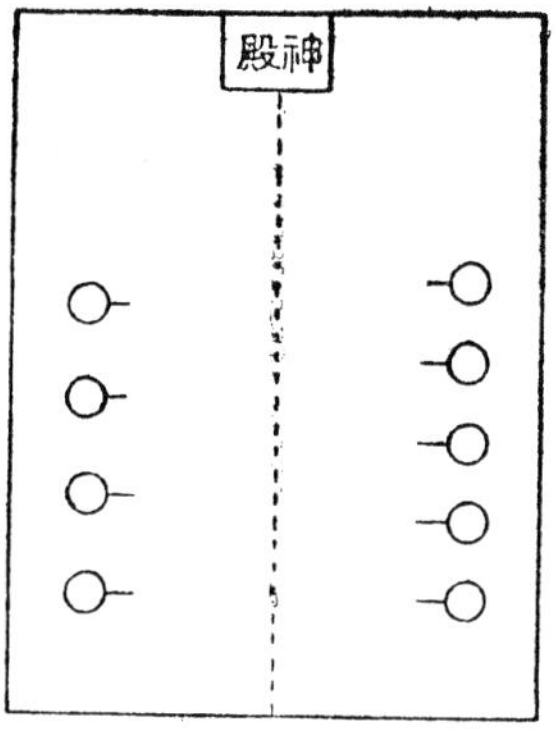

第四圖

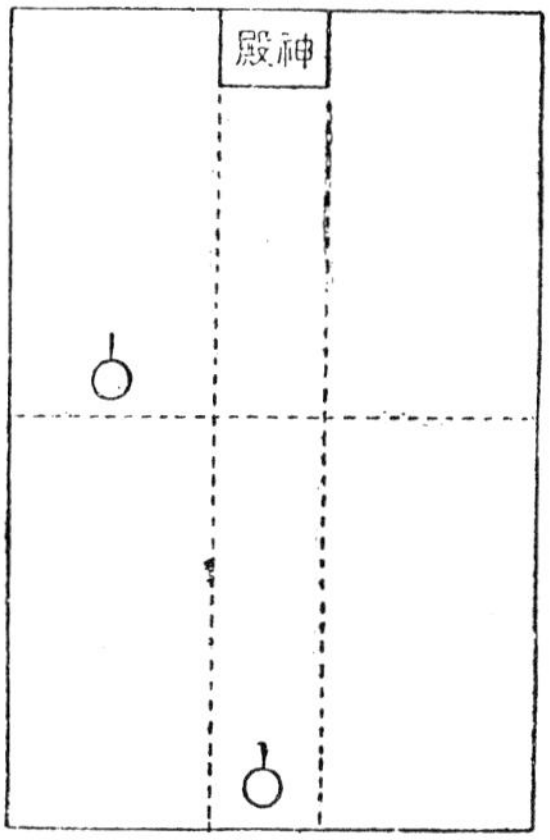

の廣狹に因つて或は廣くなり或は狹くなる。又神座が左或は右に偏した時は、正中も亦左或は右に偏するものである。此の正中が場中に於て最も貴い位置である。（第一圖參照）

次に左右面は神座を本としていふので、神座に向ふと己の左右とは全く反對するのである故に、神の左座右座といふべきものである。更にいへば神の左に對する位置を左面といひ、右に對する位置を右面といふのであ

る。(第二圖參照)

次に左右側は神座の側面をいふので左側面、右側面ともいふべきである。神座を已の右にして正中に面してゐる座を左側といつて尊く、神座を已の左にして正中に面してゐる座を右側といつて、其の次に位する位置である。(第三圖參照)

次に遠近とは神座との距離の遠近をいつたので、この遠近によつて座席の上下が區別せられるのである。されば神殿を去ることが遠い正中の位置は、神座に近い左右面よりは下位となるのである。(第四圖參照)

第四節　道場の設備

劍道の稽古はたとへ道場がなくとも、尙ほ實施することが出來る。卽ち地面を平にして地下足袋を用ゐる。上代に於ては道場の設備はなかつた。併し劍道の如き機敏巧緻の技術を寒暑風雨を論ぜず練習するには、是非とも道場が必要である。此の道場があつて始めて、各自が持前の技倆を十分に猛練習に依つて發揮することが出來て、しかも外傷は少いのである。然らば道場の廣さは如何といふに、固より稽古の人員と經濟上等の關係に因つて定めねばならぬ。廣ければ廣いだけ便利であることは勿論であるが、先づ廣い道場中に於ての一組の稽古の出來る最小限度は、幅三尺長さ二間である。個人の道場としては最小限度奥行二間半に、間口四間は是非必要である。中等學校に於ては、一學級五十人の稽古がゆつくり一齊に出來るだけの廣さはなければならぬ。其の廣さは奥行五間に間口が七間もあればよい。

又構造上特に注意すべき點は、場所は高燥の土地を選び、床板は厚さ一寸以上、幅七八寸の上等の杉或は松を用ゐ、床面には決して釘を出してはならぬ。壁は下方は武僊窓にし、中程は板に、上は硝子障子にして、天井を高くし採光と空氣の流通とには特に意を用ゐねばならぬ。又道場内には武神を奉祀し、適當の處に劍道教習綱領及び道場規則を掲げて稽古者の指針とし或は崇拜すべき人物の筆蹟を掲げて、暗々の裏に德操の涵養に努めるやうにせねばならぬ。又道場の周圍には芝を植ゑ、其の外側にはポプラー或はプラタナス等を植ゑて、砂塵の吹込みを防ぎ、空氣を新鮮にし暑氣を和げ、一面道具の日光消毒等に便にする。ポプラーは瘠地にも能く成育し、容易に大樹となる。其の葉は光澤に富みて麗しき爲め、道路の並木、學校、公園の日蔭樹として賞せられてゐる。殊にプラタナスはポプラーと略相似た落葉の喬木で、歐米では遊園、公園又は道路の並木に最も適する爲めに、至る所に植ゑ付けて賞用せられてゐる。其の葉は光澤に富んで、明るみを感ずる逸品である。又便利の場所に井戸を設け、湯殿を備へて實施後身體を清潔にするに便ならしめ、又更衣室の狹くとも四疊半位の室を日當りの善い處を選んで道場に續けて建て、道具の備室は通風と日光とのよい場所に設ける。

第二十一章　劍道實施上の注意

第一節　稽古すべき年齢

萬事は一旦志を立てた以上何歳から始めても相當に上達するものである。予が無刀流の師加藤先生は、三十四歳で始めて太刀を持たれたが、技術も相當に上達し、病弱の身體を强壯にせられた。併し劍道が一面に於て體育として行はれる以上、その程度を心身の發育狀況に適應せしめて、無理のないやうにせねばならぬ。人の發育は固より一樣ではないが。年齡を發育の標準とすることが便宜である。八歲から十三歲迄の時期は、筋骨は漸く堅固となり、心臟肺藏並に神經系も其の發育が顯著となつて、相當强い運動に堪へるやうになるばかりでなく、巧緻、急速、機敏及び確實の性質を發揮する運動を好むやうになる。余の經驗によると基本動作は八歲頃から、さうして稽古は十一歲頃から初めるがよい。勿論程度を考へ且指導を適當にする事を忘れてはならぬ。十四歲から十九歲迄の時期は心臟筋骨及び神經系の發育は顯著である。此の時期に適度の發育刺激を與へることは最も意義あることである。又二十歲から三十歲までの時期は、將に成長が終らうとするが、筋骨內臟が鞏固となり勇敢、判斷、沈着の精神作用も發達するに至るから、劍道の稽古には最も適した時期である。劍道の精神的方面に得る所の多い時期は、寧ろ四十歲以後であつて、技術亦圓熟の域に入らうとするのである。他の運動が三十歲以後に於ては、次第に減退の止むなきに至るものとは、甚だしく趣を異にしてゐる。

昔から六十の手習といふことがあるが、今其の實例を示すと、嘗て東京市長で劍道には造詣深い西久保弘道先生が、福島縣師範學校で三十日間の劍道講習會を開かれた事があつた。其の時六十歲の老人が此の講習會に出席して三十日間の敎習で劍道の大體の要領を會得して、村に歸り青年等を指導して、斯道の爲に盡したとのことである。

要するに劍道は何歲から始めてもよいが、唯稽古に伴ふ技術の進步が、青少年時代に初めた者が、壯年以後に初めた者に比較して著しいといふまでである。

第二節　準備整理運動

體操に於て既に準備動作がある。此の準備運動は主運動に因つて、其の方法其の種目を殊にすべきであるが、要は主運動をして最も有效ならしめる爲めのものである。劍道は激烈なる運動であるから、靜止の狀態から直ちに稽古或は試合に移ることが、衛生上不利あるは今更改めて述べるまでもない。此の運動をなすことに由つて、呼吸血行を適度に向上亢進せしめ、筋の灌血を良好にし、關節を柔軟にし、神經系統の刺戟を與へ、筋肉に興奮を與へ、運動機能を高め、全力を出し得るに最も好都合なる心的爽快を喚起するものである。此の運動を行ふと否とは、能率の上に大なる影響を及ぼす事は何人も首肯する所であらう。此の運動を行ふに當つて、更に考へねばならぬ事は季節である。卽ち熱い夏の日に、比較的長時間に亘つて比較的强い準備運動をなし又は寒氣凛烈の冬の日に、僅かな準備運動を行つて得々としてゐるのは、理解のない甚だしいものである。されば次に示す所の準備整理運動も季節に因つて增減すべきは勿論である。又其の運動量に由つても增減せねばならぬことは明かである。又按摩マツサージを行ふがよい。

整理運動も强烈なる運動の後には、必ず行はねばならぬ大切な運動である。本時間の過半は、激烈なる運動を行つて一つの亢奮狀態にあるから心氣を平靜にし、呼吸を調整し且局部に停滯してゐる血液の分布を良好にし又疲勞恢復を計る爲めに行ふのである。

かくの如く準備整理運動には、重大なる意義があるにも拘らず、今尙ほ之を實行する者の少いのは、是れ劍道界の一つの缺陷である。

準備運動

運動ノ類別	運動	始ノ姿勢	號令	回數
下肢	擧踵半屈膝	手腰	踵ヲ擧ゲ膝ヲ半バ屈ゲ續ケテ三回始メ	
上肢	1 臂上下伸	屈臂	1 臂ヲ上ト下トニ伸バセ續ケテ三回始メ	
	2 臂廻旋	臂體側	2 臂ヲ前ヨリ後ロニ廻ハセ—始メ 臂ヲ後ロヨリ前ニ廻ハセ—始メ	五 五
頭	頭廻旋	手胸	頭ヲ左ヨリ旋ハセ—始メ 頭ヲ右ヨリ旋ハセ—始メ	三 三
體	1 體捻轉	手頭上	1 體ヲ左ヨリ捻ハセ—始メ 體ヲ右ヨリ捻ハセ—始メ	三 三
	2 體側屈	臂上擧	2 體ヲ左ニ屈ゲ—始メ 體ヲ右ニ屈ゲ—始メ	三 三
跳躍	1 前方開閉脚跳	手腰	1 脚ヲ前後ニ開キ跳ベ—始メ	十
	2 側方開閉脚跳	同	2 脚ヲ側ニ開キ跳ベ—始メ	十
素振		上段	素振始メ	十
胴	胴後屈	臂側擧	胸ヲ後ロニ屈ゲ—始メ	五

整理運動

運動ノ類別	運動	始ノ姿勢	號令	回數
下肢	擧踵屈膝	手腰	踵ヲ擧ゲ膝ヲ屈ゲ三回始メ	

頭	頭上旋	手胸	頭ヲ左ヨリ旋ハセ―始メ 頭ヲ右ヨリ旋ハセ―始メ	三 三
體	體側屈	開脚半臂上擧	體ヲ左ニ屈ゲ―始メ 體ヲ右ニ屈ゲ―始メ	三 三
呼吸	臂前上擧側下	臂體側	臂ヲ前ヨリ上ニ擧ゲ横ヨリ下ロセ―深呼吸始メ	五

第三節　外傷

稽古實施の際最も起り易いものは損傷である。損傷はまた外傷ともいつてゐる。外部から或る力卽ち機械的、溫熱的或は化學的の力が働いて、身體の組織に變化を起さしめるものである。故に肉眼で見ることの出來ないものも又神經の働きの變化したものをも含むのである。外傷とは必ず外から見える傷を形成するもののみは限らない。

次に稽古實施上注意すべき一般事項を列擧しよう。

1、床面に床板の腐朽してゐる處はないか。

2、釘の出てゐる處はないか。

3、壁板に危險な處はないか。

4、太刀の屆く處に硝子障子又は電燈はないか。

5、足の滑る處はないか。

6、太刀に破損はないか。

7、道具に不完全又は破損して危險な處はないか。

8、道具の着裝に不備の點はないか。
9、手足の爪が延びては居らぬか。
10、各自の身體が冷えては居らぬか。
11、準備運動は完全に行はれたか。

特に夜間の稽古は、既に心身共に相當に疲勞し又照明も不十分の爲め、之から起る不便が多いばかりでなく、外傷を最も多く起し易いから、之が實施に際しては周到なる注意を拂ふことが肝要である。

第四節　顧慮すべき疾患と道場の淸潔

人體は複雜なる構造と巧妙なる機能とを有する諸器官が、圓滿なる調和を得て始めて健康を保つものであるから其の理を解して十分に個人衞生を重んじなければならぬ。又一面に於ては人は多數相集りて團體生活を營むものであるから、社會衞生にも十分注意せねばならぬ。特に傳染病の蔓延は最も恐るべきものであるから、各人が意を用ゐて其の豫防に力めることは、啻に自己の生命を安定にするばかりがなく、實に社會に對する最大の義務である。劍道の稽古實施上、心臟と肺臟とは特に健康でなければならぬから。豫め醫師の診斷を受けることは最も必要である。傳染病中最も顧慮すべきは肺結核である。其の患者の數は全國で約百五十萬人、年々の死亡者は十餘萬人に及び。而も其の死亡年齡期は靑壯年期に最も多い。次には皮膚病である。道具は使用後は十分日光消毒を行ひ、特に面及び籠手は使用の都度消毒すれば最もよい。面を着けるには手拭を用ゐるは勿論であるが、余は面の內部にはそれに當嵌る樣に二重で白木綿を以て形を造つて、之を面の內部に縫ひ附け、時々之を取つて洗濯の出來るやうにしてゐる。又骨關節の疾病、癲癇の者、生殖器病等の者は稽古を行つてはならぬ。消毒法には光及び熱による理學的消毒法と藥物による化學的消毒法とがある。前者には日光消毒、煮沸消毒、蒸氣消毒、燒棄があり、後者には石炭酸水、昇汞水、石灰、フォルマリン、瓦斯等がある。

次に道場は最も清潔を旨とし、常に雜巾を掛けて床面に塵埃の飛散せぬやうに十分注意せねばならぬ。劍道は一面深呼吸の練習とも見ることが出來るからである。稽古實施中は、砂塵の入らぬ限り窓を開放することが大切である。

第五節　發汗

劍道の稽古試合に於ては、發汗を催進することが極めて大であるから、之が爲めに稽古後、汗の蒸發熱に依つて身體の冷却を來して、感冒に罹ることが少くない。故に稽古後は衣服全部を脫いで、頭顏面及び四肢を淸水で洗ひ軀幹を手拭で拭ひ、然る後に他の衣服に着替へねばならぬ。汗じみた稽古衣のまゝで、他人の稽古を長く傍觀することは、深く愼しまねばならぬ。殊に入浴の設備があれば淸潔及び疲勞恢復の上からも至極よいから、是非之が施設を必要とする。但十八度以下の水浴は、寒浴と稱し、腎臟を害するから弱い者は注意を要する。

第六節　疲勞と其の恢復方法

劍道は神經の練習運動であるから、神經系統の興奮は强度である。試合に於て相對したのみで疲勞を覺えるのは一つには之が爲めである。されば精神を强度に疲勞させた後に於て行ふ劍道の稽古は、決して疲勞を恢復する方法ではない。身體的方面に於ても同樣である。稽古が一日に三時間以上に及ぶ時には慢性疲勞の兆候を呈し、害あつて益のないものである。其の疲勞は各人の自覺に伴はないから、疲勞恢復には十分の注意が肝要である。疲勞恢復の方法としては、

「1、稽古中は短時間の休息を屢々行ふこと。
2、稽古の直前直後はなるべく强度の精神作業を避けること。」
3、稽古の直後は新鮮なる空氣の中で深呼吸を行ふこと。
4、稽古後には十分なる休息をすること。
5、稽古後は二十分以上經過して茶、コーヒー、ココア、砂糖湯を飮むこと。
6、稽古後は出來る限り入浴すること。但高溫度の湯又は長く浴槽に居るは、却つて疲勞を增すことになる。
7、稽古後は相當榮養に富んだ食物を攝ること。
8、稽古後は十分に睡眠すること。
9、稽古後は緩徐なる運動を行ふか又は按摩或はマッサージをすること。」

第二十二章　劍道具及び服裝

第一節　劍道具の工夫發明

竹刀、面、籠手、胴等の稽古道具は、何時頃から製作使用せられたものであるかは、今尙明確に之を知ることは出來ない。昔に在つては其の練習法は絕對祕密主義で、勿論道場などは開放せず、窓をば高い處につけて、僅に採光と換氣とに便し、決して外部から見ることの出來ぬやうにしてゐた。傳へる所によると、直心影流では山田平左衞門光德が、形稽古が單に形式ばかりに拘泥して、氣勢の缺けてゐることを慨いて、打込稽古をするに危險のない防具を工夫し、其の第三子長沼四郞左衞門國鄕が、寶曆明和年間（今から約百八十年前）、德川九代家重の頃、面、籠手、撓の製作を發明した。當時他流に於ては意外の發明故に、或は誹り或は嘲る者もあつたが、併し之が人氣に投合した爲めに長沼の道場は繁昌し、他流は次第に門前雀羅を張る狀態となつたので、他の師範家も我先にと道具劍術に變じてしまつた。これ竹刀打込稽古の初めであるといつてゐる。又或一說には寶曆年間、一刀流中興の祖、中西忠藏子武が當時の劍道の弊風を慨いて。甲冑に倣ひ現今用ゐる所の面、籠手、竹胴等を著けて竹刀を以て打込稽古の方法を初めたので、當時は急湍の勢を以て各流共に之に化せられたとも傳へられてゐる。

併し想ふに、劍道具はかく一人の手に依つて完成せられたものと見るよりも、是等の人々に依つて漸次發明改良せられ、寶歷年間に至つて、完備したものとするが至當であらう。しなへは上泉伊勢守信綱の高弟匹田文五郞が、既に之を携へて諸國を修行した事は、自ら書き記した廻國日記にあり。其の他甲陽軍鑑、又伊澤蟠龍子の武士訓等に撓を使用した記事がある。されば撓は少くとも慶長以來、盛んに使用せられた事は明かである。但し當時の撓といふのは竹を中に入れ革で包んだ袋しなへの事である。次に面、籠手、胴の防具も亦慶長前後の事である。荻生徂徠の護園祕錄中にも面の使用の事を記し又神澤貞幹の翁草の柳生但馬守宗矩が猿を使ふ條に、猿が竹具足に相應の面をつけた記事がある。宗矩は德川の師範役で、秀忠家光に事へ、元和寬永時代の人である。此の時代既に不完全ながらも工夫せられてゐたのであらう。而して寶曆の頃に至ると、殆ど今日の道具に近いまでのものに發達したものである。

第二節　竹刀に就いて

眞劍に對しての我が國民の觀念は、之を一種の器物として取扱ふことなく、神として崇拜し、靈物として尊重してゐるのである。竹刀は其の刀劍に象つて造つたものである。其の刀劍に於ての不言の中の敎訓は剛勇であり、潔白であり、正義であり、廉恥であり、忠義である。故に竹刀を執る者は、此の精神を十分に辨へて之に同化し、常に禮義の觀念を以て之を取扱はねばならぬ。然るに近來の修行者を見るに動もすれば、一種の運動器具のやうに心得て粗略にする傾向がある。かくては其の大精神に戻るは勿論、自己を修養する所以の道ではない。自己の竹刀と他人の竹刀とを論せず、苟も刀劍の假體たる竹刀である以上、決して之を跨いだり、蹴つたり、投げたり、壁板を突いたり、などの非禮に陷ることがあつてはならない。

竹刀を使用するに當つても、十分に眞劍を理解して、眞劍で行はれないやうな擊突方法をば決して之を行つては

ならぬ。其の使用法の領解の爲めに、眞劍と竹刀との比較を示さう

眞劍	竹刀	用法
刀	竹刀。	竹刀以外を附屬品といひ、之を合せても總名竹刀といつてゐる。
双	絃のある反對側。	切る所。
平	絃を上にしての左右の側。	防ぎ拂ひの所（特に鎬を以てす）。
切先	先革の處。	突或は征する所。
峰	絃ある方。	斬擊しない所。
刀身	鍔元から先革まで。	双と同じ。
柄	柄革で掩ふ所。	手に握る所。
鍔	鍔。	拳防ぎ。
物打	中結の處。	斬擊する所。

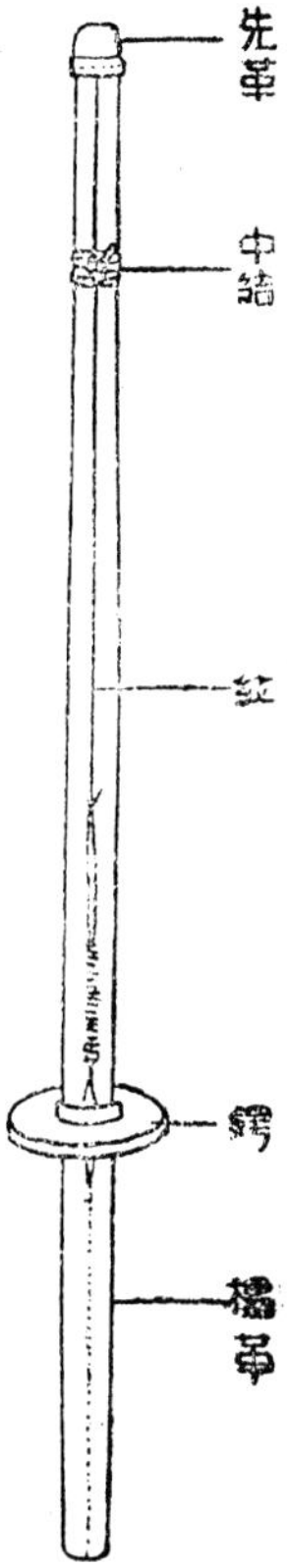

竹刀の選定に當つては、長短輕重、形狀、竹質の良否、疵の有無、調子の善惡に注意せねばならぬ。四片組合せ

の竹は幅及び厚さに於て、不揃ひの所なく、四片よく密着し、欛は欛頭と鍔の處とは太さに大差がなく、掌中に少し細い心持で十分に握り得られるものが、斬撃が正確で且强固である。太くて輕い外見の好いものよりは細くて重いものがよい。又竹質は刀の根の方で造つた目の細かいもので又横裂、蟲食ひ等の疵がなく又調子は刀劍の上作物が調子の良いと同樣、善い調子のものを選ばねばならぬ。

欛革は牛皮で造り、目が細かくて薄いものがよい。古くなつて手垢汗などの爲めに滑るやうになつた時には、鑢か輕石で其の部分を輕く擦るがよい。先革は一重で品質の上等のものがよい。先革には常に注意を怠つてはならぬ。其の破れたもの又生皮のものを使用する時は、敵の道具を破損し易いばかりでなく、敵に意外の疵を蒙らせる事が

1

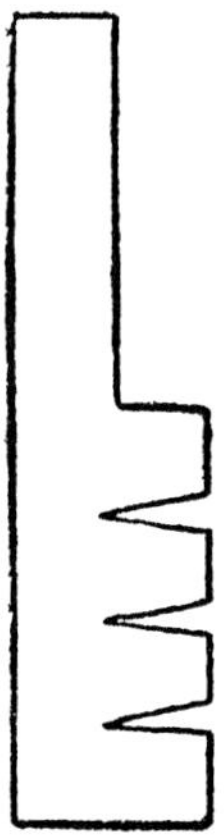

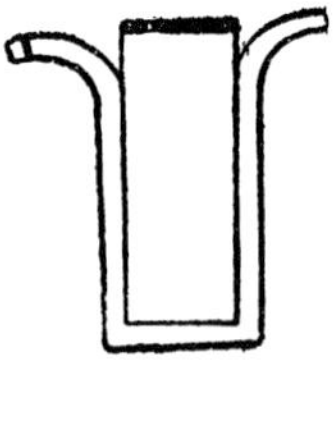

2

3

4

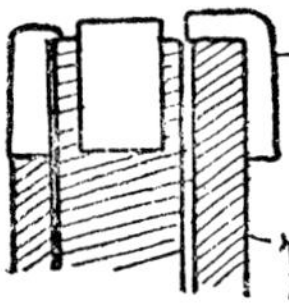

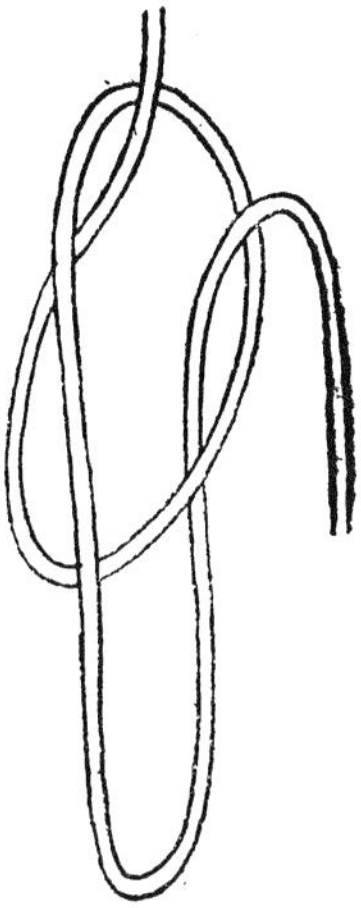

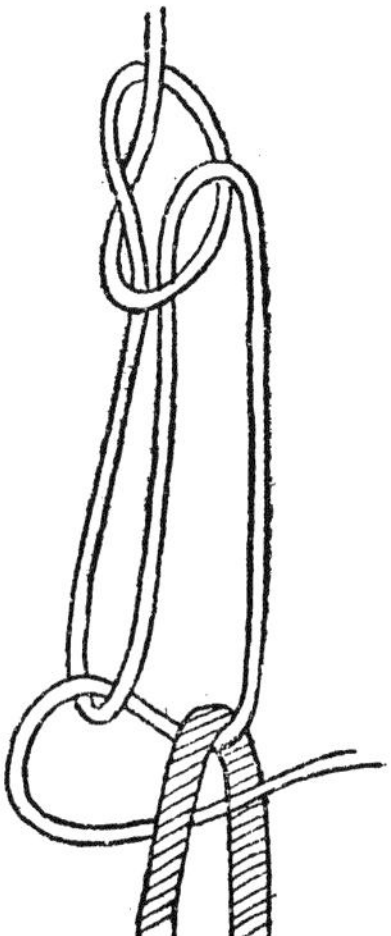

ある。絃は琴絲が最もよく、中結は柔かなものがよい。鍔は普通水牛又は生革であるが、最上のものは猪革である、鍔は常に一定の所に安定せしめねばならぬ。それで焼火箸或は錐で五分位の間隔をとつて穴をあけ、中結を通して之を絃の端に結束するのである。又平生の稽古には鍔下を用ゐるがよい。これ籠手の破損と痛みとを防ぐ爲めである。

竹刀を造るには、先づ竹刀の總長及び欛の長さを自己の使用に適する程度に切り、欛頭を鑢又は小刀で少し圓くして、種油を塗つて陰乾しにし、少し時日を經過して使ふがよい。其の結束の方法は圖に示すやうにする。整頓法には簡便な方法が多々あるが、學校其の他の團體に於ては、各一團毎に一つの箱を造つて置くのがよい。

第三節　木　刀

木刀は或は木太刀或は木劍と稱へる。昔は作り付で拔く事の出來ぬものである。木を彫つて漆を塗り、外見は實物と少しも變らぬやうに作り、小兒の差料にしたのである。又拔く事の出來るやうにして中には刀の代りに竹を削つて入れたのもあつた。之を俗に竹光といつた。之は小兒の差料又は貧乏な士人で刀劍を買ふ事の出來ぬ輩が差したのである。

かく木刀は刀劍の代用とし又昔から修行に用ゐられた事が多かつた。併し今日之を實際の稽古に用ゐることは不可能で、唯々基本動作の練習と形の稽古とに用ゐてゐる。木刀には長短大小鍔の有無又形にも色々あるが、次に示すものが普通である。

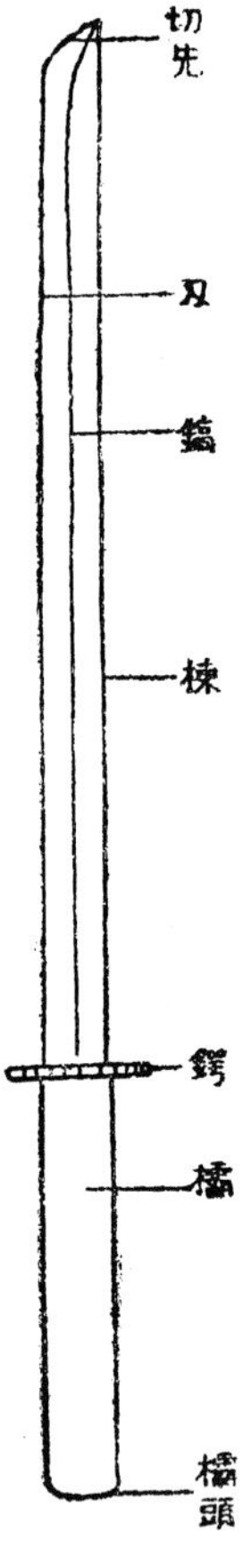

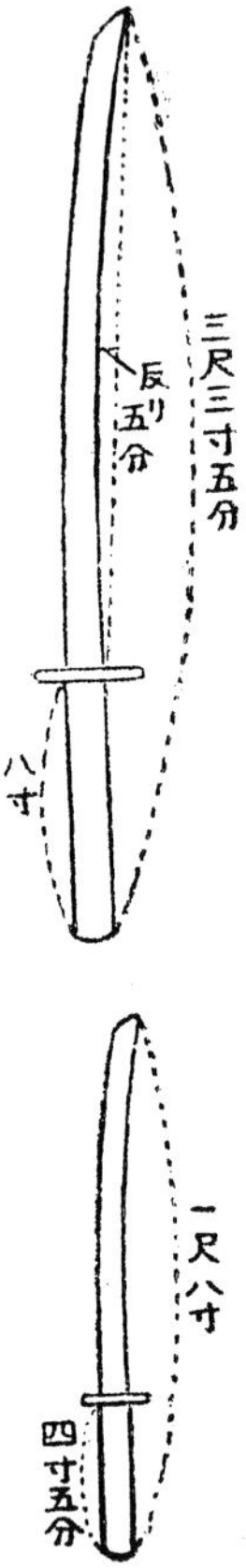

木太刀に用ゐる材に就いては、貝原益軒は其の著大和本草附錄に記していふには「白樫を上品となし、枇杷も之に次ぐ。枇杷の木は木刀にして強くて折れないが、打合ふ時音が惡い。橙も強い。赤樫は之に次ぐ。しほぢは下品である。茱萸の木も亦よい。鎗の柄には白樫が良い。棕櫚もよい」といつてゐるが、草木六部耕種法には「枇杷の木は直立で節が無いので木刀を製するに甚だ妙である」と又「枇杷の木は打合せの時に、木が窪まないから良い」ともいつてゐる。併し普通に樫を以て造る。木刀を選ぶには木質が密で木の目の細かなのがよい。

保存するには、高さ三尺の臺を作つて、木刀の嵌る丈の太さと之を置く丈の數との目を穿つて保存するか又は同じ臺に柄頭の嵌める穴を穿ち、鋲を立て懸けるやうにするか或はそれだけの場所のない時は、丈夫な箱を作つてもよい。所有屬の印は柄の中程か又は柄頭がよい。

劍道に於ては刀劍を用ゐるが本體であるが、修行には木刀竹刀を以て之に代へてゐる。されば斯道修行者は刀劍の使用に達することは勿論、總べての刀劍に關する知識を持ち且つ之が取扱ひに就いては十分心得て置かねばならぬ。然るに現今の修行者は、往々にして刀劍に對する理解と親しみとがなく、隨つて修行の如きも動もすると、實際に遠ざかつた不合理になることがある。これ斯道修行の一大缺陷である。修行者は平素此の刀劍木刀に依つて、業の研究をすることが肝要である。

第四節 服裝

劍道を修行する者は、道場の内外を問はず、常に服裝を正しうするは勿論であるが、實際の稽古に當つては、適當なる服裝の必要なることは言ふまでもない。服裝に特に注意すべきことは、

1、品位を下し體裁の見苦しくないこと。
2、自由に活動して自己の能力を十分に發揮し得る事。
3、衞生上遺憾のない事。
4、擊突から生ずる負傷疼痛のない事。
5、斯道修行の趣旨に戻らない事。

稽古著は地質は丈夫で夏は薄く多は厚いものがよい。太さは少し大きくし、丈は膝上五寸迄、袖丈は肘が一寸位隱れる程度にする。それは肘當を用ゐない時、擊たれても痛みを感じ傷を負はない。袖口は裂け易いから丈夫にし若し餘り太い時は往々にして竹刀が入る處がある。袖の太さと縫附方とに依つて、動作を制限することがあるから特に注意せねばならぬ。色は衞生上汚れの能く見える白が最もよい。少くとも二枚以上の稽古著を用意して、常に洗濯を怠つてはならぬ。學校青年の團體及び個人に於ても、右下前の下に、黑の稽古著なら白木綿を縫附けて姓名を記入する。

袴は馬乘袴がよい。行燈袴では動作が十分に出來ない。丈は足關節に達するを程度とし、生徒の練習にはこれよりも短い方がよい。白もよいが併し袴は汚れ易いのに、常に洗濯が出來ないから木綿の黑がよい。姓名は袴の腰板の內側に白の切を縫附けて記す。併し學校其の他の團體なら一見して知れるところもよい。

褌は最も不潔になり易いから十分に注意せねばならぬ。白木綿の越中褌が一番よい。白木綿三尺で其の一方を紐で通す。又近來水泳用の黑の褌が出來てゐるが、この恰好のものを白木綿で作るがよい。猿股は汗の出た時に破れ易く且動作も不自由である。褌は必ず四五筋を拵へて、一度の稽古が終つたら必ず更めるやうにせねばならぬ。

其の他稽古に各自が必要なものは手拭又は面下である。殊に劍道具を共同で使用する學校及び青年團では是非面下が必要である。又肘は當り處によつて一時動作の自由を失ふことがあるのみでなく、傷を防ぐ爲めに肘當を用ゐるもよい。

第五節　劍道具

防具とは面、籠手、胴、垂であるが、今日使用せられてゐるものは殆ど完全に近いものである。防具の完全不完全は、稽古上に至大の關係を及ぼすものであるから最も注意せねばならぬ。

若し粗惡若しくは不完全の道具を用ゐる時には、危險も伴ひ、苦痛を覺え、初心者は興味を殺ぎ、厭惡の情を起し、習熟者も尙十分の活動をする事が出來ず又敵に對する動作も遠慮勝となり、技術の進步と心身の鍛錬とに影響する所が尠くない。道具は完全なることを要するが、併し徒らに華美なるものを競うて使用し且つ誇るやうなことは斯道の趣旨に反してゐる。要は道具は各自の身體に善く適合し且つ身分に相應し、さうして擊突に對して身體を安全に防禦し得るといふことである。

面は被つて顏面にぴたりと密着し、紐が解けても落ちない位に出來てゐて、餘り重くない品がよい。金は洋銀を最上とし眞鍮は柔く、ニツケル鍍金は剝げて腐蝕する。薄團は刺目が細かで薄くて固いものがよい。平生の稽古用の面には、面の內面に其の形通りのものを白木綿二重でミシン刺にして作り、處々を縫附けて置けば洗濯が常に出來てよい。面は其の使用後に內面を必ず手拭で拭ふこと。

籠手はケラ首が二枚あつて、手の內の革は薄い上等の品を用ゐ、刺は面と同樣に細くて薄く且固いものがよい。籠手は使用後必ず手の內の革を伸ばして置く事。

胴は竹胴、革胴孰れでも太鼓胴がよい。無刀流では胴の內面に胴と同じ形をした薄團を入れてゐるが、少年者の用ゐる竹胴などには之を入れるがよい。

垂も面、籠手と同樣に刺が細かく、丈は長く、垂は五板垂で、腹部に當る紐の部分は三四寸の幅にして、固く刺した厚いものがよい。

修行者は稽古着、袴、竹刀と同様に各自が一人分の道具を所待する事を本體とする。學校、青年團等の團體に於て、經濟上各自が一人分を所持する事の出來ぬところに於ては、面と籠手丈は、是非一人に對して各々一具を設備すること。更に尙之を求めることが出來ず、共同で使用するものは、特に衞生に注意することが肝要である。之に因つて生ずる疾病は、疥癬、白癬等の皮膚病、肺結核等であるがら、之が消毒を怠つてはならぬ。其の簡單な方法としてはアルコール。石炭酸水、ホルマリン等を刷毛或は布切に浸して拭ふか又は日光消毒を行ふことである。

第六節　著裝の順序方法

斯道を修行する者の中には、往々にして道具の著裝如何を顧みぬ者があるが、併し著裝如何は重要なる事であつて、其の巧拙に依つて、其の人の技倆を窺ふことが出來るばかりでなく、着裝が正しい時は危險がなく、動作は自由で且つ品位を高め、威嚴を增し、所謂威風堂々たるものがある。

道具を着脫するには先づ、正坐を以て骨子となし、（第二十三章第一節正坐の項參照）左の順序に依つて之を行ふ。直立して稽古著、袴を穿ち然る後に正坐す。竹刀は刄を內に、欛頭を前に、鍔を膝頭と並べて左側に置き、道具は各自の正面に置き一、垂。二、胴。三、面。四、籠手の順序に著ける、稽古著、袴、垂、胴は稽古開始の時間より五分前に着用して稽古時間を待ち、始業時間に至つて師弟共に神殿上座に向つて禮、次に師弟の禮を終へて面籠手を着ける。其の方法は次の通りである。

一、垂

垂は中央の大垂の帶の中心を臍下に當て、兩端の垂の紐をば袴の腰板の下部に廻し、中央の大垂の下で兩端を引けば直ちに解けるやうに結び、其の紐の兩端をば外から見えぬやうに小垂の下に挾んで置く。

二、胴

胴を兩手で持つて胸に當て、左手で之を支へ、右手で胴の上部の左紐を取り、後から右肩に懸け前に持つて來て胴の右輪に入れ、其の端を引けば直ちに解けるやうに結ぶ。次に左手で其の右上部の紐を取り、左肩に懸け胴の左の輪に入れて同様に結ぶ。其の結び方は從來多く行はれてゐる方法は動もすると解け易いが、上の圖の結び方によれば、見苦しくもなく且つ自然に解ける虞れもない。胴の後紐は後方で解ける事のないやうに其の尖端で結ぶ。胴の位置は高いのは見苦しく、低いのは脇下に創を蒙り易い。其の高さは上方は頸に觸れず、下方は垂と少しく重なるを度とする。稽古中に胴及び面等の紐の解けることは、自己の不用意を現はし且つ缺禮となるばかりでなく危險であり不體裁である。人に依つて胴の兩方の紐を首の後で結ぶ者があるが宜しくない。

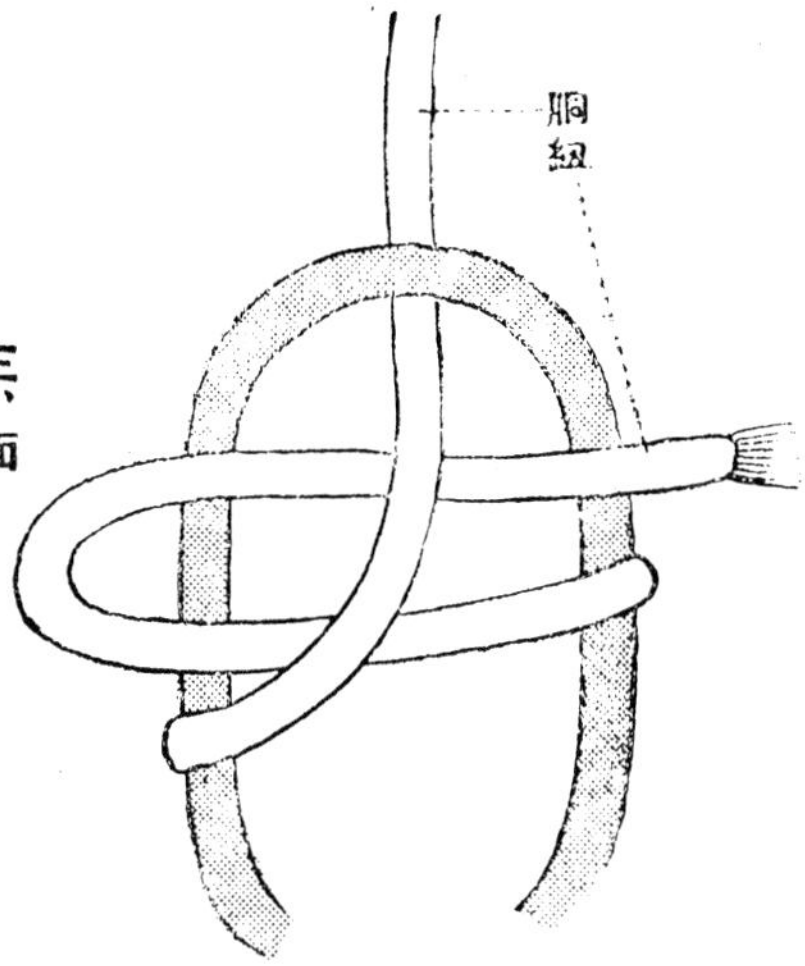

三、面

面を著けるには、必ず面下或は手拭を使用せねばならぬ。さうでなくては不潔なばかりでなく面紐が締らない。

手拭は兩端を左右の手に持ち、顏の前に手拭の中央を當て、右手に持つ部分を以て、其のまゝ右横から後に廻はして左横後を包み、次に左手に持つ部分を其のまゝ左横及び後を包み、更に頭上から前に持つて來て左手を以て之を支へ、次に右手でさきに顏面を覆うてゐる部分の下端を持ち前から後にめくり反すのである。手拭は確實に卷き頸や顋に垂れることのないやうにする。

次に面を執つて顋を面の内部下方の横蒲團に正しく當て、面を顏面に密着させる、さうすると面金六七本の間から見られるやうになる。次に面紐を兩手で分けて一本づゝを持ち後に廻す。こゝで締めると上に脱ける。次に其の紐を面の下部の面金と面垂との境のところに廻して少しく力を入れて締める。次に今廻して來た紐とは逆に並べて後に廻し、初めの紐の交叉してゐる直ぐ下で支へ、更に前方面の上部の面金と蒲團との境のところに廻して交叉する。此の時最上部分の面金の下に紐を通せば確實となる。次に後に廻はして前の二つの交叉した紐の下の處で力を入れて引締め、兩端を引けば直ちに解けるやうに結ぶ。

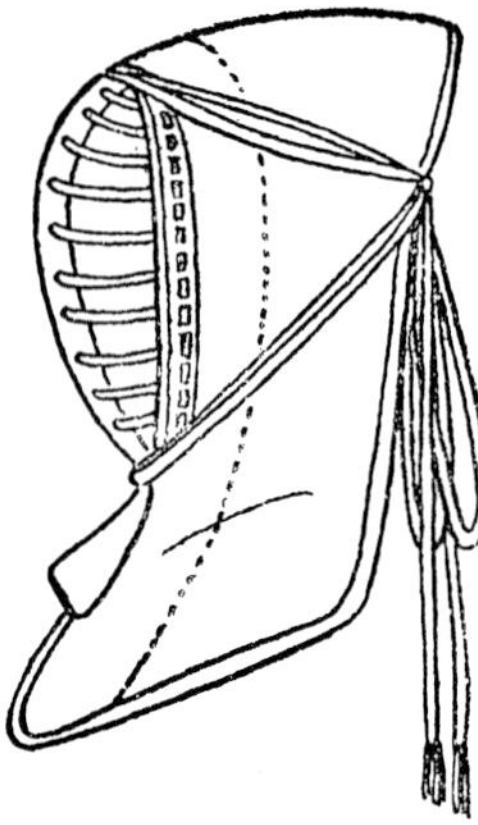

紐は耳の穴の上に當てないやうに結び、其の紐の兩端は長さを等しくし、紐は互に密接して平行にし、決して離れて見苦しくなつてはならぬ。次に右手で面の上を抑へて、左手で左面蒲團の後端、紐の交叉した下を持つて、後方から耳殼の下端が見えるまで引いて前に開き、次に左右の手を換へて右の面蒲團も同樣にする。面金の中央を縱に貫いてゐる面金の最上部には革を附け、其の兩端に穴を穿ち之に面紐を通す。面紐の長さは五尺以上のものがよい。

四、籠　手

籠手は左右の順序に差す。籠手を差せば直ちに竹刀を執る事。

道具を脱するには前と反對の順序である。尙稽古が始まつてから全員の稽古が終るまでは、胴垂を脱しないのが禮となつてゐる。

第七節　道具の結束及び整理

道具の纏め方には種々の方法があるが、左に最も善いと思はれる方法を示さう。

稽古が終つたら元の位置に正坐して太刀、籠手、面を己の左側に置き、一同神殿或は上座に向つて禮を行ひ、次に師弟間、次に生徒門人相互間の座禮を行ひ、終つてから面を執り左の手を面の內側に入れ、右手で面の兩紐を持ち、左右の手で面金の最上部の縱を貫く金の一方の穴から一方の穴に通し、其の紐を左手に持つて適度の長さにする。此の紐を以て吊すのである。次に右手に持つてゐる兩紐を以て、之を引けば直ちに解けるやうに其の紐を結び、紐の兩端は同じ長さにする。籠手は前に適度の長さにした面紐の一本づゝをば、籠手の最下部の一本の紐に通して一度結ぶのである。次に垂は表を上に向け、下部をば前方に遣り、帶の部分を手前にして置き（床板の上或は膝の上）、胴の上方を前方にして、內面を出して仰けに其の垂の上に載せ、垂の兩紐を以て、各々胴の横側から胴裏に入れ、上に取つて一回廻して之に結び附ける。更に胴の上紐を以て、胴の表に當てた垂の裏で十文字になし、胴の上下から紐を胴裏に入れて結び合はせる。次に籠手を通して適度の長さにした面紐を執つて、胴の內部に附いてゐる革の輪に通し、最後に胴の下紐を結んで一纏めにするのである。胴の內面に革の輪のないものは、是非之を附けるがよい。若し胴の左右上端の革の輪に通して紐を結ぶ時には、胴の胸板は終には曲り、形が崩れてしまふ。又籠手を面の内部に入れて纏める方法もあるが、併し面の内側は汗になつて居り且つ籠手の内部も汗になつて居るから、兩者共に風通しをよくし十分に乾かす爲めに、面の外側に結び附けるがよい。

一纏めにした道具は、通風の好い、日光の射すしかも鼠の來ぬ處であつて、高い處に吊すか或は所定の處に掛けるか又は柵に載せるがよい。柵に載せるには面と籠手、胴と垂とを以上の方法で纏めて置くがよい。袋に入れる時は十分に乾かして入れる事。網袋は生徒などにはよい。

各自の道具には、姓名を書いた白木綿の切一寸か一寸五分のものを縫附けて置くがよい。其の位置は面は左の内側、甲手は左右の下方、垂は腹帶の内方、胴はエナメル又は漆で裏の左側位がよい。併し學校其の他の團體に於ては直ちに見分のつく處がよい。

第二十三章　動作の基礎一般

第一節　著座、起座、正坐、座禮

一、着座起座に就いて

著座とは起つてゐるものが座に着く所作である。起座とは坐してゐる者が起き上る所作である。人は二つの足上三つの關節とに依りて自在に起ち又自在に坐する事が出來るものであるが。坐起に一定の法則がない時は、不條理で不敬の所作となることがある。不敬は神の惡む所であるは勿論、武道を修行する者の最も愼しまねばならぬことである。然るに世には往々にして之を輕んじて顧みぬ者がある。斯道を修める本旨に叶つてゐるとは言へない。

二、著　座

著座の方法は、先づ兩膝を折り上體を下すと同時に、兩足を爪立て、臀が踵の上に乘る頃、右膝を床に突き、然る後他の一方卽ち左膝を突き、次に兩足の拇指をば左上右下として重ね、臀を下し正坐の姿勢となるのである。但し膝を突くには座席の上下によつて、上座の方から突くのが本體である。

三、起　座

起座の方法は。先づ臀を上げ兩足を爪立てゝ跪居の體となる。此の時臀と踵との間は離れたまゝである。次に右の膝を起して、其の爪先を左膝の通りまで進め。起ち立ると共に左足を進めて右足に踏み整へるのである。起座の時も片膝を起すのに、下座の方から起すのが禮である。往々にして見る兩手を床板に突いて起上るが如きは、其の最も見苦しく且つ不敬のものである。

四、正　坐

此の正坐は實に心身修養上の骨子であつて又練習上の基礎體形である。其の方法は兩足の拇指をば左上右下として重ねる。併し長時間に亘る時は、左右の上下を取換へるは固より差支はない。膝は各人適度に開き、兩手は腰前膝上に置き、體を垂直にし丹田に力を入れるのである。此の姿勢は威儀自ら嚴然として精神安靜に、實に散亂してゐる心氣を一に集めて、精神を統一するものである。更に言へば頭を正し、胸は殊更に張出さず、目は前方七八尺の地點に著け(或は敎師に注目)、口は閉ぢ、頤は常に喉に着け、肩は左右水平にして怒らしたり或は垂れたりすることなく、腕は窄まりて後方に突出すことなく又强ひて張るには及ばない。指は拇指を內にして四指は相離れないやうにして八字形に對せしめ、而して下腹部に氣力を充實せしめるのである、若し然らずして體を崩すものは心自ら亂れるは心身相關の原則である。劍道の練習は緊張した態度を以て行ふべきものであるから、安坐は疾病又は已むを得ない事故のある者に限つて之を許し、他は皆正坐すべきものである。

五、座　禮

禮に座禮と立禮とがある。凡そ禮は規律を嚴正にし且つ敬虔の念を涵養し、品性を陶冶するものであるから、常に嚴格に實行することが肝要である。座禮の方法は先づ正坐となり、兩手を床に八字形に突き、靜かに頭を下げた姿勢である。神殿に向つては立禮をするが普通であるが、座禮を行ふも決して不敬ではない。垂と胴とを著けて師弟共に正坐して先づ神殿上座に向つて禮をなし、次に師弟間の禮を行ひ稽古が終つてからは、前と同樣立つて神殿に禮を行ひ、次に師弟間の禮を行ひ、次に修行者相互間の禮を行ふのである。

第二節　足の踏み方

足の踏み方に因つて、姿勢の善惡と動作の機敏正確と否とを來すものであるから、最も注意することが肝要である、兩足の開きは、各人の軀幹の大小に依つて一定する事は出來ないが、左右足前後の距離は、踵から踵まで約半步位を度とする。卽ち踵から踵までの距離は各人の胸幅に等しい。次に左右足の橫幅は各人の足幅一つを隔でた距離、卽ち直立の姿勢の時の左右足の開きは約六十度で、其の右足左足の足蹠骨の開きが左右足の橫幅である。直立の姿勢から左右足の足蹠骨を中心として、兩踵を左右に開いて平行とする。此の幅の足踏みから右足を約半歩直前させるのである。其の出した右足は、足先に力を入れ(殊更に力を入れるのではない)、僅に床板を離れる位に浮かし、後の左足も踵を浮かし、體の進退を輕妙自在にする爲めに輕く踏む。若し以上の足の踏み方に違ふ時は、身體の自由を失ひ、姿勢は不正確に、動作は不確實となるのである。

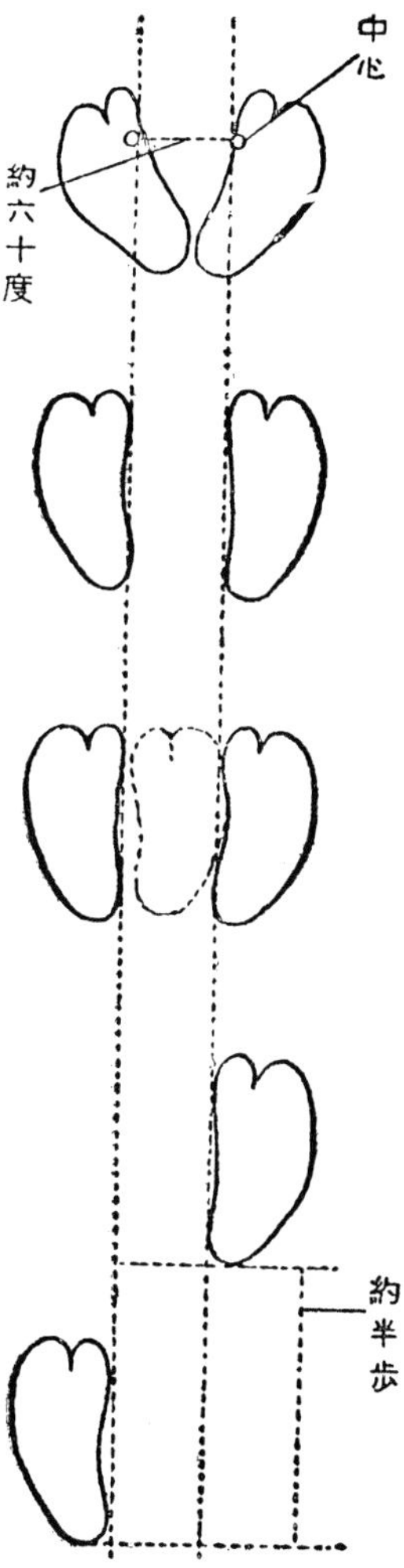

詳しくは第五十九章第二節參照

第三節　體の運用と姿勢

身體の運用と姿勢とは密接なる關係を有し、二者相俟つて劍道修行上諸動作の基礎となり且つ體育上に於ける效果にも關係するものであるから、大いに注意せねばならぬ。

姿勢は、身體をば常に眞直にのび〳〵とし、頭を正しくし、下腹部に力を入れ、膝は殊更に屈げたり或は延ばしたり或は力を入れたりすることなく、體重をば兩足に同じやうに託し、自然の體勢を保つことが最も肝要である。

體の運用は、四方八方に自由自在に輕妙敏速にせねばならぬ。其の方法は前に進む時には必ず右足から踏み出し其の右足の進むに連れて左を進め又退く場合には左足から退き、其の左足に連れて右足を退き又右横右斜に進む折には、右足から進んで左足が之に伴ひ又左横左斜に進む時には、左足からして右足は之に伴ふので、其の開く方向の足から開き進んで、他の足は之に連れて進むのである。之を送り足とも、追ひ足ともいつてゐる。送り足は正しい足の踏み方から、兩足平均の力を保つて爪先にて摺り込み、一足毎に正しい足踏みとなり、居付く事なく或は廣く或は狹く、臨機應變に動き得る樣に練習せねばならぬ。（詳しくは第五十九章第三節參照）

第四節　刀の提げ方及び終始の禮

一、刀の提げ方

提刀の方法は體を眞直にし左手で、太刀の刄を上、弦を下にして鍔元を握り、拇指をば鍔に掛け、其の握をば臂を輕く曲げて左腰に當て、切先を後に四十五度位の傾斜として下げ、右手は自然に垂れ、威儀ある態度を保つことが肝要である。通常眞の刀を持つときには、栗形を掌中に入れ、欛を前に刄を上にして左手に持つのであるが、神殿、玉座及び貴人の前等では、刄を下に欛を後にして右手に持つのである。或は右手に欛を前、刄を上にして持つ事もある。

二、終始の禮

稽古及び試合の始め終りには、尊嚴なる精神を以て禮を行ひ、互に敬意を表はし決して侮蔑不遜の心があつてはならぬ、始終の禮は提刀の姿勢及び態度を正しくし、精神を沈着にして、上體を僅に前に傾けて（約十五度）其の禮をなすべきところを凝視し、十分敬虔の意を表はし、然る後に元の姿勢となる。而して場に立つては、先づ神殿に對して以上の精神態度を以て禮を行ひ、、次に相互相對した時は、約六尺の間隔を取つて、互に敵の眼に我が眼を注ぎて禮を行ひ、然る後に舊に復するのである。

第五節　刀の拔き方、納め方及び帶び方

一、刀の拔き方

正しい提刀の姿勢で相手に眼を注ぎながら、右足を僅に前に出すと同時に、刀を持つてゐる左手を三四寸上げ、右手は掌を前に向け、手背を折り拇指を上に向けて、其の拇指と食指との間に柄を掛けて鍔元を握り、鞘に納つてゐる刀を拔く心持で、蹲踞しながら正中而上に拔き放つ。此の時左足を右足に揃へ、兩足先は等しく外方に向いて約六十度の角度に開く。此の時拔き放つ刀を以て、敵を一刀兩斷にする心で體前に取り、左手を添へて柄頭を握る。蹲踞した時の構は、柄頭を握つて左拳は臍から約二寸下に保ち、之を體から少しく離して、切先を敵の兩眼の間に著ける。蹲踞の時に體の安定を缺ぎ易いが、兩膝は十分に開いて且つ下げ、臀部は兩踵の上に僅に接して安定を保つやうにし、上體をば眞直に、丹田に十分氣力を充たして沈着となり、而して兩眼は主として敵の眼に注ぐが、併し全體を視て用意周到にせねばならぬ。

二、刀の納め方

構の姿勢のまゝ、左足を右足に引附けて靜に蹲踞し、刀を鞘に納める心持で、左腰脇に取つて左手に持ち換へ、

右手は右膝の上に置き、立つて提刀の姿勢となるのである。

三、刀の帶び方

眞劍に於ては。提刀の姿勢から刀を右手に持ち換へ、鍔元を握り、人指指を鍔に掛け、左手で鐺を持つて刄を上にして左腰に當て、拇指で帶を分けて靜かに差すのである。角帶の時は内一枚を殘して差す。栗形を帶に接近させ欛頭は前方に向けて兩手を正しく垂れる。木刀竹刀の時も此の心持で帶びる事が必要である。

第六節　刀の握り方

刀の握り方も亦動作の重要なる基礎の一つであつて、其の握り方如何は擊突の正確と否と勝負及び切れ味に影響する所が尠くないから、斯道修行上忽にすることの出來ぬものである。

其の握り方の大體は、右手は鍔元を、左手は欛頭に小指が半ば掛るやうにし、左右の手は共に手首を輕く折り、拇指と食指(人指指)との別れ目が、欛の上側にあるやうに握り、腕には殊更に力を入れる事なく、握りは輕く且つ柔かに、掌中に卵を握つて居る心持で刀を支へ、さうして左右の握りは、丁度手拭を絞る樣に内側へ輕く絞り込む氣持にするのである。

初心者は左右の手に力を入れ、唯右手で右側面から握り、左手で左側面から握るが、固より正しい握り方ではないから注意せねばならぬ。兎も角太刀の棟を上にして、上から握るのであると思へば大差はない。左右の手の位置は、左手の拳は自己の臍の下約一握りで且つ其の前方約一握りの處に置いて、劍先をば敵の咽喉部の高さにして刀を構へるのである。(詳しくは第五十九章第五節刀の握り方參照)

第七節　眼の着け方

眼は大體に於て敵の顔面につけるのであるが、決して注視するのではなく、顔面に注ぎながらも眼光は敵の全身に亘り、敵の一擧一動逃れる所なく、直ちに己の心中に映ずるやうにせねばならぬ。

古來遠山を望むやうにせよと敎へてゐる。これは接近した敵をも遠く見、爪先から頭の先、手の先に至るまで、殘る所なく見ることをいつたものである。然らば一局部、一部分には決して眼を注がぬかといふに、それは機に臨み、必要に應じて一局部に注ぐ事もあるが、併し之に偏して全體を見ることを忘れては不覺を取ることがある。卽ち全體を見るうちに一局部を見、必要な一部分を見ながら全體を見ることが肝要である。

眼は心の動の最も早く表はれるものであるから、敵の眼に依つて敵の意志を知り、臨機應變の動作を施さねばならぬが、併し唯々眼の變化のみに依つて、敵の行動全部を完全に察知することも困難である。以上述べた所は外形であるが、更に進んでは敵の心中を、己の心眼を以て視るやうに工夫すべきである。敵の心中を看破することが出來たなら旣に其の人は堂に入つたもので、勝負は己の掌中にあるといへる。(詳しくは第五十九章第五節目付の事參照)

第八節　擊突すべき部位

孰れの部を擊ち、何れの部を突くべきであるかは、古來流派に依つて多少の差異はあつたが、先年大日本武德會本部で定められた所に依るが普通である。以前は突くべき部位は、咽喉のみであつて胸は加へなかつたが、武德會本部で「試合に於て胴を突くは其の突く所の高下に制限を設けず、胴の掩護する區劃内に於て、刀頭の留りたるを以て勝とす」と定められてから、胴の突も勝負に加へることになつた。

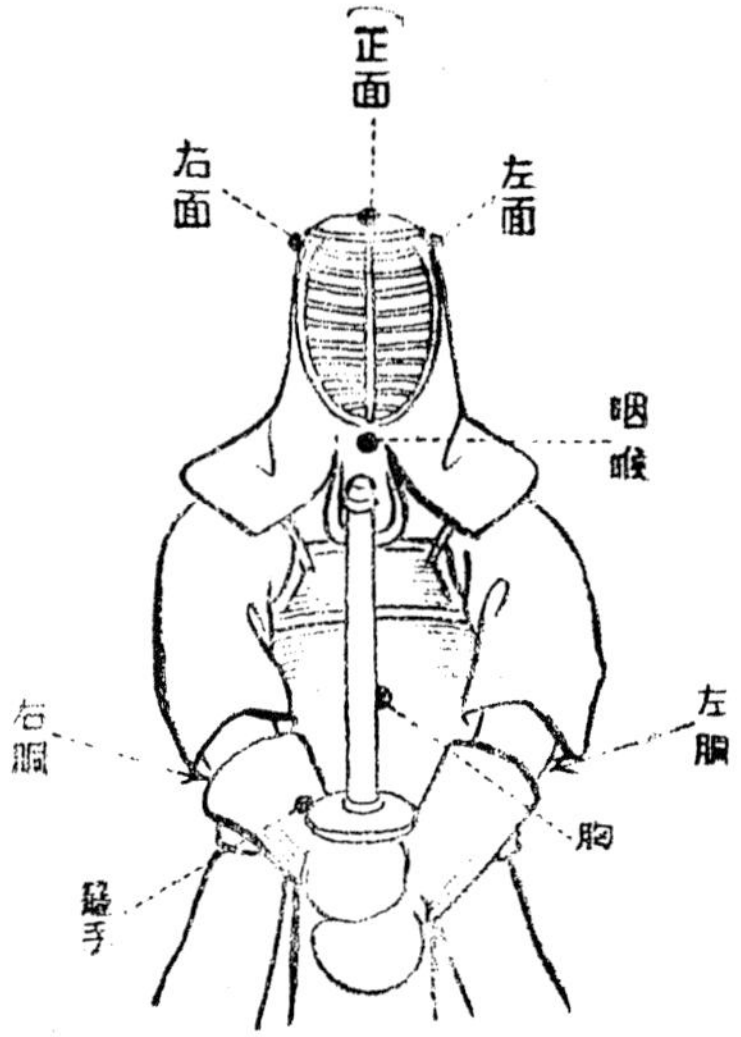

撃つ箇所

面——正面　左面　右面

胴——左胴　右胴

籠手——右籠手（揚げ籠手上段の場合等は左籠手も有效）

突く箇所

咽喉——中心

胴——胴を掩護する區劃內

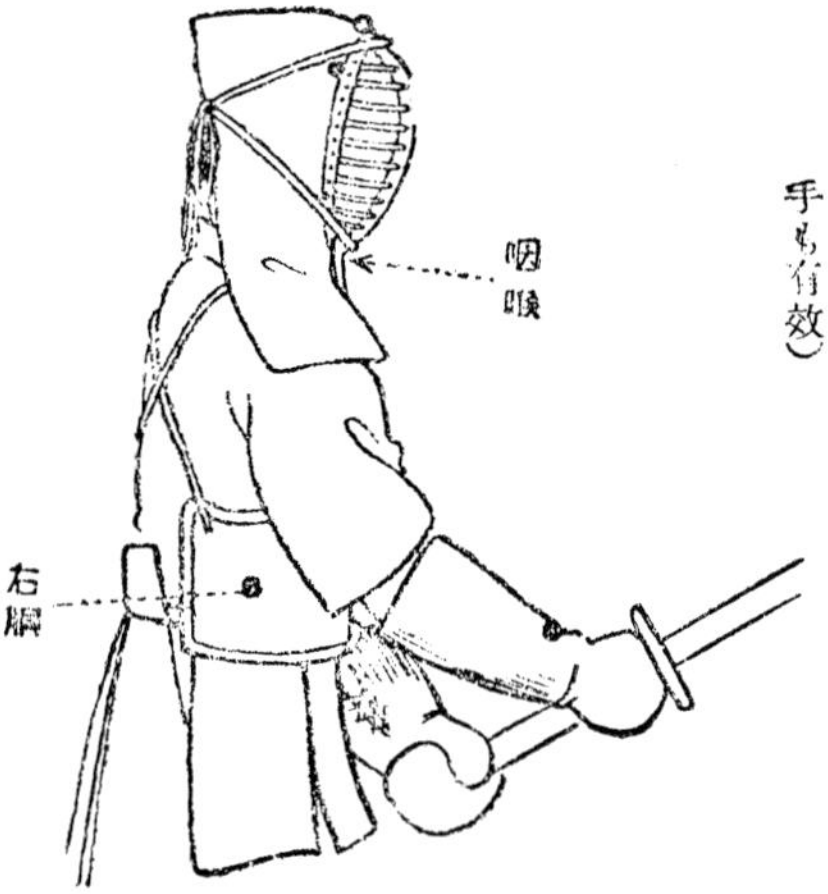

第二十四章　構

第一節　構に就いて

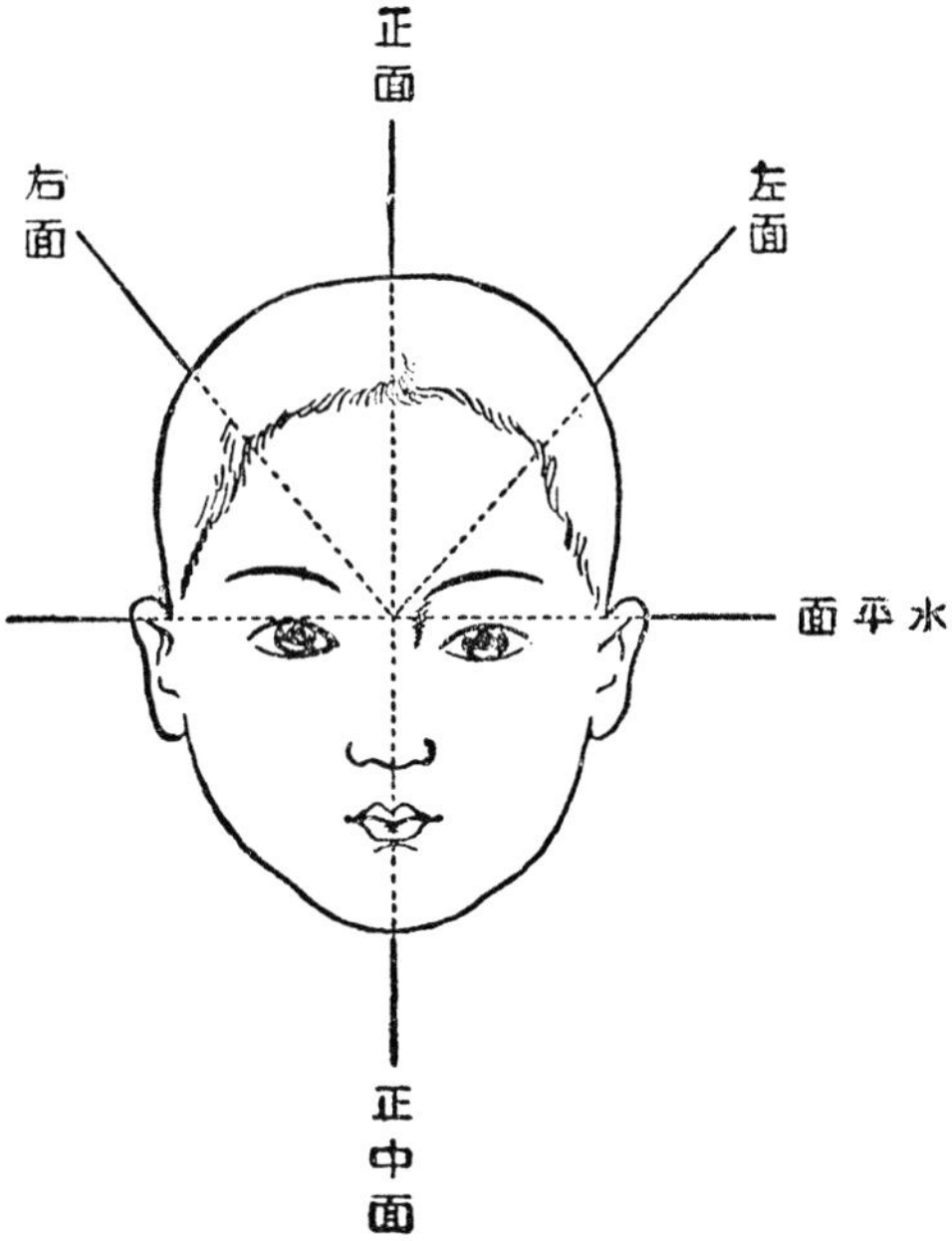

敵に對する構に於ては、本來定格のあるものではない。敵が上段に構へた場合には、己は必ず中段或は下段に構

へるといふ定まつた形はない。唯時の態勢に依つて或は高く或は低く構へるのである。然れども兩者相對する時には、自ら之に備へる姿勢がある。敵が上段なれば己は中段に、敵が中段なれば己は上段或は下段に構へ又敵が下段なれば己は中段に構へる等、敵の構が高い時には下から之に對し、敵が下からすれば己は上から之を抑へるは自然の理である。敵の構と時の權衡とに依つて變化すべきもので、其の定格のない事は、猶水に定形のないのと同然である。構を以て利しようとする者は、外形は實であるが內心は虛である。之を構に心を取られるといふのである。構に心を取られる者は、合ふ時には勝ち、合はない時には忽ち負ける。必勝は構ではなくして事理の正しきに在る。內外虛實の差別のないのを一刀流では無形構といふのである。何れの構を問はず之に備へる心は、猶流水の如く毫も停滯があつてはならない。己は徐ろにして敵の動かうとする氣を窺ひ、其の怠りを察し、其の時の態に依り或は擊ち或は突き又時には構へて守り或は擊たしめ、若しくは突かしめて其の變を設けて之に處すべきである。

構は全活動の基礎であつて、其の正しきを失ふ時は、忽ちに敵に隙に乘ぜられ又我が施す業も不正確不十分に陷り易い。世間或は兩手を殊更に差出し或は背を圓くし或は肩を怒らすなどは各局部に偏寄した構であつて、活動の圓滿を缺くのである。構方に因つて其の人の腕前もほゞ窺はれるもので、往昔の試合に於て敵の構を見たのみで平伏した例もある。

構に種々あつて、流派に因つて異なり或は形は同一にして名を殊にし或は名は同一にして形の異なつたものがある。上段の構、中段の構、下段の構、八相の構、脇構、左右霞の構、左右斜の構等がある。其の中、上段、中段、下段、右脇構、左脇構を五方の構とし、上中下は體の構。兩脇は用の構である。左右の構は上のつまりて脇一方のつまつた所などにての構である。構の至極は中段で、構の本意である。中段は大將の座で。あと四段の構は大將についでのものであると五輪書にもある。其の最も主なる構は上段、中段、下段の三つの構である。今之に就いて述べよう。

第二節 上段の構

上段の構といつても、各流派に依つて其の切先の着け處を異にしてゐる。或は太刀先を敵の顏面に差し當てるをいひ或は敵の鼻口の間に着けて之を正眼ともいつてゐるが、併し今日普通に上段といへば次に示すものをいふ。

我が欛頭を握つてゐる拳をば、我が額の前約一握の處に擧げ、其の下から敵を見下し得る樣に、刀を頭上に取る構である。此の構にまた色々ある。左足を踏出し左手を以て欛頭を、右手を以て鍔元を握つて、頭上に構へたものを左諸手上段といひ、右足を踏出して右手は欛頭を、左手に鍔元を握つて頭上に構へたものを右諸手上段の構といふ。又右手で鍔元、左手で欛頭を握つて頭上に構へたものをも右諸手上段といふ。此の外に片手上段がある。右足を前にし右手で頭上に構へる右片手上段と、左足を前にして左手で構へる左片手上段とがある。而して以上の構に於て太刀を左右斜にし或は正しく後斜に構へるなどの別がある。手の裏は左右とも緩く握つて締める心はなく、太刀を持つのみの力が必要である。擊ち下す時は鍔元を握つた手を離すか、たとへ離さないまでも添へる程度にする。

以上のやうに上段の構には數種あるが、其の孰れを問はず體勢を正しく伸々と大きく構へ、敵を頭上から見下し、威嚇壓服する氣分と態度とを保ち、常に我が意志を以て敵の意志動作を抑へ、正面から正々堂と敵を攻擊する構で勢力を滿身に集め、果敢斷行的、死生を一途に決する形狀である。或は之を天の構又は火の構ともいつてゐる。此の上段の構は、敵が此の構に對して利害を知る技術の優つてゐる者には不利の體勢であるが、此の構に對して應ずる措置を知らない者に向つては、斬擊の動作を機敏に行ふ時には、敵は之を察知する事は困難であるから最も有利な構である。

近世の劍客に於て上段に精妙を得た者に、鏡新明知流の桃井春藏、直心影流の榊原健吉及び逸見宗助がある。榊原健吉は戊辰の上野の戰爭の時、官軍の兵士七八名に取圍まれたが、上段の構から悉く之を斬り斃した事は有名な話である。上段の構は其の上段に構へようとする刹那、敵から籠手を切落される危險があり、既に上段に構へた後も尙左手の籠手を切落される恐れがあるのみでなく、久しく對峙する時には兩手は太刀を支へるに疲れて、安靜不動の形勢を失ひ、遂に妄擊を試み、敗を取るに至るのである。殊に左右の片手上段に至つては、一擊を誤るときは體形崩れて施術の法を失ふのである。尊大傲慢は敗れる本で、謙遜卑下は勝の源である。戊辰の歲、彰義隊士十二三名と薩兵十五六名と會して相戰つたが、隊士は皆劍を善くする者ばかりであるのに、暫くの間に三名も斬られた。隊長は不審に思つて善く視ると、隊士は皆上段に構へてゐたから「籠手を下へ」と、大喝號令して、各人の姿勢を正眼に構へしめた所、暫くで薩兵を斬り盡したといふ事である。又鬼眼が小野忠明から兩腕を斬り落され、逸見宗助が木下壽德に對して、上段に構へようとした刹那に籠手を打たれた等の例によつて見れば、兩手の上に揚つてゐる不利は明かである。

第三節　中段の構

中段の構も亦流派によつて、其の切先の著け處を異にしてゐる。或は切先を胸下から腰の間に著け或は胸間から小腹までに着け或は膝に着け或は太刀を腹部に水平にした形狀を名づけて正眼の構と區別してゐる。而して正眼の構とは敵の左眼に着けるをいふ。正眼は又晴眼、睛眼、青眼、星眼、臍眼、精眼とも書く。此の左眼に着ける構を柳生流の片目はづしといふ。其の劍尖の位置、刄の方向等によつて平青眼、中青眼、右青眼等種々ある。然れども一般には中段と睛眼とを同一に見做して、中段の構を或は青眼の構といひ或は人の構ともいふ。

構へ方は右足を約半歩前に出し、體重を兩足に等しく託し、體の進退を自由輕妙にする爲めに兩踵を上げ、下腹部に氣力を充たし、體を僅かに左斜にして眞直に保ち、既に述べた刀の握り方の要領で太刀を握り、兩臂は自然に輕く曲げて伸縮を自在にし、左右の拳を內側に入れ、左拳は臍下二寸で其の前方一握の處に保ち、切先をば敵の兩眼の間又は左眼又は敵の咽喉に着け、眼は敵の顏に注ぎながら全體を見るやうにする。構は姿勢、足の踏み方、刀の握り方、眼の着け方等の正しきを得て、始めて完全なることが出來るのである。太刀先を左眼に着ける時は、自然自己の籠手を防ぐ便となり且敵が面に來るに應じ易い。

此の中段の構は、一般に最も多く用ゐられる所の構であつて、敵を攻擊するにも、自己を防禦するにも、共に自由確實であり又變化を起すにも、敵の變化に應ずるにも最も都合の好い、自然の體勢で且各構の基礎となるものである。山岡鐵舟は嘗て上段の構をなした事がなく又胴横面の打擊は決して施すことなく、終始正眼の構を以て、肅勢堂々劍頭天を衝くの概があつたとの事である。

第四節　下段の構

下段の構も亦其の流派に因つて、劍尖の着け處を異にしてゐる。或は腰から足の爪先に至るまでに著け或は膝から爪先までに著け或は臍下約二寸の位置に太刀を水平にした構などをいつてゐるが、普通には下段の構といへば太刀先を下げる構であつて、構へ方は正眼の構の如き體勢及び足の踏み方をして、我が劍尖を敵の膝下約二寸の部分に著け、眼は敵の顏面に注ぎながら全體を見るのである。

此の構は地の構ともいつて、事に應じ機に臨んで攻勢の狀態となる事もあるが、併し其の主なる役は自己の守りを固くし、敵の擧動に應じて自由に變化應接する構で、我から進んで敵を刺擊する構ではない。然れども此の構は身體に虛隙が多く不利の構である。一利一害、能く其の機宜に接して誤らないやうに工夫する事が肝要である。

名疇に楚語の歡射父が言を引いて云ふに「天は武を事とし、地は文を事とし、民は忠信を事とす」と。これは人事の上の事であるが、劍道の上にも之と相當ることがある。其の故は上段の太刀は天事に喩へる。下段は地である。民事は中道である。上段の太刀は無滯速に擊通すに止る。下段の太刀は速にするは勿論であるが、其の要は彼が變に應じて手段するに止まる。中道の太刀は聊かも劍法に疑心がない。忠信でない時は卽ち勝を得ない。

第五節　八相の構

此の構は一刀流では陰の構ともいつて、敵の擧動を監視し、其の擧動に因つて、如何樣にも變化して之に應ずる構である。構へ方は左足を前に出し、體を稍々右斜にして眞直に保ち、右拳を右肩前にして、大體肩の高さ位に置き、肘は自然に垂れ、欛を右胸の前に取り、左手は欛頭の處に自然のまゝ添へて、殊更に力を入れる事なく、刀を少しく後斜にして眼を敵に注ぐのである。神影流で八相と云ふ。

第六節　脇　構

此の構は陽の構ともいひ又一つに金の構ともいつて、懐中に黄金を持ち、人に祕し時に應じて出し用ゐるに譬へたのである。一刀流では之を斜構へと云ひ、山口一刀流では車構といふ。己の意志を敵に祕し、敵を監視し、敵の動靜に應じて動作する構である。構へ方は左足を前に踏出し、體を右斜にして體勢を正しく眞直に保ち、刀を右腰脇に取り、切先を後方斜下に下げ、眼は敵に注ぐのである。打込む場合には大きく振冠つて打込むのである。

以上述べた五種は構の主要なものであつて、古來之を木(八相)、火(上段)、土(下段)、金(脇)、水(中段)の五行に配して之を五行の構ともいつてゐる。就中最も重要なるは中段の構にして、上段下段之に次ぎ、八相、脇構は初心者の決して取るべき構ではなく、相當上達してから試みるべき業である。

第二十五章 基礎の撃ち方

第一節 正面及び正面撃に就いて

一、正面に就いて

面業は劍道の業の中で最も大切な業であるが、殊に正面撃は其の基礎的のものであるから、初學の者は特に多く練習して、最も正確に撃つことを十分に會得せねばならぬ。正面を撃つにも或は上段の構から或は青眼の構から撃つ場合があり或は敵の太刀を張り或は拂ひなどして撃つ場合もあつて、其の手法は後章に述べる通りに種々あるが、其の基本的のものは次の如くである。

本章の執刀基本練習に先ちて、徒手基本動作を練習して、其の大體を了解せしめることが必要である。

二、正面撃

一、號　令

1、正面ヲ――撃テ

2、元へ

要　領

1「正面ヲ――撃テ」の號令で、一と呼稱しながら中段の構から、太刀を正中面内を通して、兩手に力を入れる事なく、左拳を額上一握前にして、兩臂の間から敵の頭部が見える程度に、眞直に頭上に振り冠り、二と呼稱しながら、左足で踏切つて、右足から大きく一歩踏出し、左足は之に伴つて進み、兩臂を十分に伸ばし、親指と無名指と小指とに力を入れて、左右の手の力を平均にし、兩手の握りを締めて敵の正面に撃込む。此の場合右拳は左肩の高さの位置に留めて、右腕を伸ばし、左腕をやゝ下げる。撃つた瞬間には全身に力を入れ、終つたなら直ちに力を抜き、唯下腹部に十分力を入れる。

2　元への號令で三と呼稱して、太刀を中段に構へながら、左足から一歩退き、右足は之に伴ひ、そして前進しただけ後退する。

二、號　令

1、正面ヲ撃テ――始メ

2、止メ

要　領

1　「正面ヲ撃テ――始メ」の號令で、右の正面撃の要領で之を連續して行ふ。

2　「止メ」の號令で元の中段の構に復してゐる。

以上の動作に習熟した者は更に進んで、次の動作を練習せねばならない。

三、號　令

1正面ヲ撃テ――始メ

2、止メ

要　領

1　「正面ヲ撃テ――始メ」の號令で一と呼稱して、前述の要領に依り中段の構から上段に冠りながら、右足から踏込んで一氣に正面に撃ち込み、二と呼稱しながら中段に構へて、左足から退いて元の位置に復する。之を連續して行ふ。

2　「止メ」の號令で中段の構で、元の位置に復してゐる。

第二節　左面及び左面撃に就いて

一、左面に就いて

左面は又表面とも云つてゐる。凡そ面は正面を撃つのが一般であるが、場合に依つては左面及び右面は有利な業であるから共に練習せねばならぬ。

二、左面擊

一、號　令

1、左面ヲ――擊テ

2、元へ

要　領

1　一と呼稱しながら、中段の構から上段に振冠り、二と呼稱して、必ず切先を右に廻して兩拳を斜下に向けながら、左足で踏み切つて右足から一歩前進して、敵の左面を斜上から斜下に斬り下すのである。擊つた場合に體勢を崩さぬやうにし又右手は肩の高さに水平に伸ばし、左腕は稍下げて手元を締めるなどは、正面の擊ち方に準ずるが、特に注意すべきは刄の方向である。先づ正面に上段に振り冠つてから、必ず切先を右に廻して斬り下すのである。若し然らずして眞上から左面に直線に斬下す時は片刎ぎになる。又往々太刀の左平で擊ち易いから、十分に留意せねばならぬ

2　三と呼稱して中段に構へながら、後に一歩左足から引いて、右足は之に伴ひ元の位置に復してゐる。

二、號　令

1、左面ヲ擊テ――始メ

2　止メ

要　領

1　右の左面撃の要領で之を連續して行ふ。

2　元の中段の構に復してゐる。

三、號　令

1、左面ヲ擊テ――始メ

2、止メ

要　領

1　一と呼稱して前述の要領に依り、中段の構から上段に取りながら、一歩前進して左面を撃ち、二と呼稱して中段に構へながら、一歩退いて元の位置に復する。之を連續して行ふ。

2　中段の構で元の位置に復してゐる。

第三節　右面及び右面撃に就いて

一、右面に就いて

右面は又裏面ともいつてゐる。前節に述べたやうに場合に依つて有利な業である。

二、右　面　撃

一、號　令

1　右面ヲ――撃テ

2　元へ

要　領

1　前節左面擊と同樣に、一と呼稱しながら、中段の構から上段に振冠る。二と呼稱して切先を左に廻しながら右足から踏込んで、敵の右面を斜上から斜下に斬り下すのである。特に注意すべきは體勢を崩さぬ事。太刀を左に廻はすは、右手を左方に交はすのであつて、それが爲に己の體を屈げてはならぬ。手元が交はされないで平擊になる事がある。

2　三と呼稱して中段に構へながら、一步退いて元の位置に復してゐる。

二、號　令

1、左面ヲ擊テ——始メ

2、止メ

1　右の右面擊の要領に依つて之を連續して行ふ。

2　元の中段の構に復してゐる。

三、號　令

1、右面ヲ擊テ——始メ

2、止メ

要　領

1　一と呼稱して前述の要領に依り、中段の構から上段に取りながら、一步前進して右面を擊ち、二と呼稱して中段に構へながら、一步退いて元の位置に復する。之を連續して行ふ。

2　中段の構で元の位置に復してゐる。

第四節　籠手及び籠手撃に就いて

一、籠手に就いて

籠手業は斯道に於て、面業と同樣に肝要な業であるから、之が修錬を怠つてはならぬ。抑々敵を斬るには、其の體の孰れの處と定める必要はないと云つても、一つに其の頭及び右腕を斬る事を習はしめるは何故であるか。それは其の業が爲すに困難であつて、而も敵に害を及ぼすことの大なる箇處を選んだのと、其の部分は武裝するに困難で、一面敵に負傷を被らしめ易い所を避けるとの爲めである。就中敵頭を斬れば、敵は忽ち斃れるから、我が利は之より大なるものはない。併し敵の兩腕が近く前方に横はつてゐるから、之を斬り落すは敵頭に比して易い事で、最も策の得たものである。固より之に依つて敵を殺死せしめる事は困難であるが、併し彼をして再び抵抗する事の出來ないやうにせしめれば十分である。敵の生命を絶つは甚だ忍びない所であるから、先づ其の抵抗力を殺いで、慈悲の道を全うするを以て勝つてゐるとする。殊に多數の敵に包圍せられた際の如きは、此の方術を用ゐるが有利である。古今聲譽を博した劍客には、籠手に秀でた人物が尠くない。小野忠明、千葉榮次郎、宇野金太郎、天野將曹等がある。

二、籠手撃

一、號令

1　籠手ヲ――撃テ

2　元へ

要　領

1　一と呼稱しながら、正面撃の要領の如くにして太刀を頭上に振り冠る。二と呼稱して左足で踏切つて右足から一歩前進しながら臂を伸ばして、正面から敵の籠手を斬下ろし、臍の前にて拳を留める。時に斜左上から斜右下に斬り下す事もあるが、それは特殊の場合である。注意すべき點は正面撃と同じく、體勢、手の握り締め及び臂を伸ばす事、殊に眼は籠手に注ぐことなく前方を直視する。

2　三と呼稱して左足から一歩退きながら、中段の構となつて元の位置に復してゐる。

二、號　令

1、籠手ヲ撃テ――始メ

2、止メ

要　領

1　右の籠手撃の要領に依つて之を連續して行ふ。

2　中段の構にて元の位置に復してゐる。

三、號　令

1、籠手ヲ撃テ――始メ

2、止メ

要　領

1　一と呼稱して前述の要領に依り、中段の構から上段に冠りながら、右足から一歩前進して右籠手を撃つ。二と呼稱して中段に構へながら、左足から一歩退いて元の位置に復する。之を連續して行ふ。

2　中段の構で元の位置に復してゐる。

第五節　右胴及び右胴撃に就いて

一、右胴に就いて

胴の撃ち方にも種々あるが之を大別すると、右胴と左胴との二種の撃方である。昔は一般には左胴の撃ち方はなく、右胴のみであつたが、現今は左右の胴撃が行はれてゐる。

其の理由は敵に就いて見ると、右手が左手の上にあり、而も體から多く離れてゐる爲めに、比較的隙を生じ易く從つて撃つに極めて有利である。又之を歴史的に見ると、昔は左腰に刀を差してゐた關係上、左胴を撃つても有利でないからである。又之を我から見ると右胴撃は左胴撃よりは困難である。卽ち其の難き箇處を選んだのである。此の胴の撃ち方に於ては、初心の間は或は體勢を崩し或は不正の撃ち方に陷り易いから、十分なる注意を以て修行せねばならぬ。或は初心者を指導するに當つては、暫く之を禁ずるも一方法である。流派によつてに胴撃は一切之を禁じてゐるものもある。

二、右胴撃

一、號　令

1、右胴ヲ――撃テ

2、元へ

要　領

1　一と呼稱しながら、中段の構から正しく上段に振冠る。二と呼稱して左足で踏切り、右足から一歩前進して切先を僅かに左に廻し、左右の手を交叉して刄を斜右下に向けて、敵の右胴を斜右下に斬下ろすのである。胴の撃ち方に於て一般に注意すべき事は、體勢を崩すことなく正しく保つ事、左右の手は臍前の處で交はして、刄を斜右下に向けて斬り平撃、棟撃にならぬ事、或は切先を大きく左に廻して眞横に斬り或は下から掬ひ上げるやうに斬つてはならぬ。

2　三と呼稱して太刀を中段に構へながら、左足から退いて元の位置に復してゐる。

二、號　令

1、右胴ヲ撃テ——始メ

2、止メ

要　領

1　右の右胴撃の要領に依つて之を連續して行ふ。

2　中段の構で元の位置に復してゐる。

三、號　令

1、右胴ヲ撃テ——始メ

2、止メ

要　領

1　一と呼稱して前述の要領に依り、中段の構から上段に冠りながら、左足から一歩前進して右胴を撃つ。二と呼稱して中段に構へながら、左足から一歩後退して元の位置に復する。之を連續して行ふ。

2　中段の構で元の位置に復してゐる。

第六節　左胴撃及び左胴に就いて

一、左胴に就いて

左胴は一つに逆胴とも云つてゐる。右胴に比べて隙を生ずることが少く、從つて常には得易き有利な箇處ではないから、殊更に覗ふべきではないが、敵が面に撃込んで來た場合又は左片手で突く場合など機宜に應じて施せば、有利な場合もあるから、之が練習も怠つてはならぬ。

二、左胴撃

一、號　令

1、左胴ヲ――撃テ

2、元へ

要　領

1　一と呼稱しながら中段の構から上に取る。二と呼稱しながら左足で踏切り、右足から一歩稍右斜前に踏込み右斜上から敵の左胴を斜左下に斬下ろすのである。太刀を水平から下げないやうにすることなど、前節右胴撃と同じである。

2　三と呼稱して中段に構へながら、左足から左斜後に前進しただけ後退する。

二、號　令

1、左ヲ胴擊テ――始メ

2、止メ

要　領

1　右の左胴擊の要領に依つて之を連續して行ふ。

2　中段の構で元の位置に復してゐる。

三、號　令

1、左胴ヲ擊テ――始メ

2、止メ

要　領

1　一と呼稱して中段の構から上段に冠りながら、前述の要領に依つて左胴を擊つ。二と呼稱して中段に構へながら、左足から一步左斜後に後退して元の位置に復する。之を連續して行ふ。

2　中段の構で元の位置に復してゐる。

第七節　突及び突き方に就いて

一、突に就いて

突業は斯道修行上、最も大切な業で實際上甚だ有利である。突が一度敵體に中れば、敵は斃れて復た起つ事は出來ない。敵の意志を挫き敵をして最も恐怖せしめるものは、突に及ぶものはない。斬撃の切先の勢は微弱に陷り易いが、突の鋒頴は敵をして狼狽畏懼せしめるに十分である。古今之を得意として名を得た者は尠くないが、近代に於ては淺利又七郎、宇都宮の下江秀太郎、伊豫の高山峰三郎、殊に山岡鐵舟は其の奥儀精妙を極めてゐた。其の敵に對するに當つては竹刀一揮、忽ち敵の顚仆を見た。宜しく吾人の心を潜めて修行すべき業である。

突の業を大別して、諸手突と片手突との二種とする。諸手突とは兩手で突く業で、片手突とは片手で突く業である。片手突は熟練しなければ力が足らず、不正確になり易いから、初めは諸手突のみを練習し、相當の稽古を積んで然る後に片手突を學ぶのが順序である。片手突は假令正確に且有效に施し得るやうになつても、片手突を行つた後、他の業に移り或は防禦の構を立て直すことが迅速に行かず、敵に乘ぜられ易いから、十分の成算のある場合でなければ、輕々しく施すべきものではない。之に反して諸手突は力强く且正確であり、而も突き損じても二の太刀を出し易く、敵に乘ぜられることが片手突に比して少い。稽古の時咽喉部のみを突かしめるは、最も突くに困難で且急所である局部を選んだのである。併し胴突の練習も必要であるから怠つてはならぬ。

凡そ突は單に腕先のみで突くものではない。

　　片手突き腕の力によらずして
　　　腹に氣合を添へて突くべし

と歌に訓へてゐる如く心と體とを以てし、臂を十分に伸ばして突くのである。即ち體勢を整へ、下腹部に力を入れ、心の向ふ所、體を以て突く事が肝要である。

二、突

一、號令

1、前ヨリ――突ケ

2、元へ

要領

1　一と呼稱しながら、諸手で眞正面から刄を下にして、左足で踏切り右足から踏込んで前進すると同時に、兩手を輕く絞つて臂を伸ばし、敵の咽喉部を突くのである。特に注意すべきは、初心の間は腕先で突き、體勢を崩し易いから、此の弊に陷らぬやうにする事。臂を伸ばすと共に、握りを內側に絞り氣味に確と締める事、殊に片手突に於てはそれが必要である。突き進むに從つて力を籠め、敵の咽喉に達した時が其の頂點である。

2　二と呼稱して中段に構へながら、左足から一步後退し、右足は之に伴ひ元の位置に復してゐる。

二、號令

1、前ヨリ突ケ――始メ

2、止メ

要領

1　一と呼稱し前述の要領に依り、一步前進しながら腕を十分に伸ばして突く。突き終るや否や直ちに中段に構へる。

2　左足から一歩退いて右足は之に伴はせ、前進しただけ後退する。

第二十六章　變化の撃ち方

第一節　變化の撃ち方に就いて

變化の撃ち方とは、基礎の撃ち方を應用して、異なつた撃突の方法を二回以上、連續して行ふ動作をいふのである。其の種類は甚だ多く或は上段、下段、八相、脇構から或は兩手、片手を以て或は敵の動作に應じて業を行ふもの等があるが、こゝに述べようとする所は唯其の基本的の者のみに止めた。其の他の業に就いては其の技術の進歩に從つて、後章に述べる業に習熟する事が肝要である。先づ之を大別して二段撃、三段撃の二種とする。二段撃とは異なつた撃突を二回連續して行ふ動作である。例へば籠手を撃つて尚不十分の時には、直ちに進んで正面を撃つが如き動作をいふのである。三段撃とは異なつた撃突を三回連續して行ふ動作である。例へば籠手を撃つて不十分の時には、直ちに進んで正面を撃ち、尚不十分の時には、退いて籠手を撃つが如き動作をいふのである。是は敵を徹底的に撃突する動作であつて、應用變化、迅速確實に習熟せしめるものである。

此の動作を行ふに當つて注意すべき事項は

1、初めは迅速よりも、遲くても正確な動作を行ふ事。

2、撃突の際は全身を十分に伸ばし、姿勢を崩すことなく、動作を確實にし、決して機械的に動いてはならぬ事。

3、姿勢も確乎に、動作も確實になつて然る後に迅速に行はねばならぬ。かうして始めて迅速と確實とが期せられるのである。

4、前進後退して撃込む際は、初めは正確に上段に取り、習熟するに伴つて、半ば振上げて撃つ。又後退の時太刀が甚だしく上下し或は左右に動かないやうにする事。

5、第二撃或は第三撃の際に或は止まり或は特に遲くなる者があるが、初めに撃つた餘力で、尙速力が速くならねばならぬ事。

此の變化の撃ち方も亦單獨に或は人像假標に向つて練習すれば頗る有益な方法である。次には之が一齊教授に就いて述べよう。而して號令の要領は之を一括して述べ次節に於て號令のみを示す。

イ、呼稱は撃つ箇處の名稱を呼ぶ事、例へば籠手より正面撃の動作なれば、籠手を撃つては「籠手」と呼び、面を撃つては「面」と呼ぶ。

ロ、動作は「籠手ヨリ正面ヲ――撃テ」の號令で上段に冠りながら、一歩右足から前進して籠手を撃ち、更に直ちに一歩前進して正面を撃つ。動作により一歩左足より後退しながら撃つ事もある。其の時は號令に依つて之を示す。

ハ、「元ヘ」の號令で左足から一歩後退しながら中段に構へ、更に一歩後退し、かうして前進しただけ後退する。

第二節　二段撃及び三段撃

一、二　段　撃

1 籠手正面　號令（イ）籠手ヨリ正面ヲ――撃テ　（ロ）元ヘ
2 籠手右胴　號令（イ）籠手ヨリ右胴ヲ――撃テ　（ロ）元ヘ
3 籠手左胴　號令（イ）籠手ヨリ左胴ヲ――撃テ　（ロ）元ヘ
4 籠手突　號令（イ）籠手ヨリ突ヲ――突ケ　（ロ）元ヘ
5 突正面　號令（イ）突ヨリ正面ヲ――撃テ　（ロ）元ヘ
6 突右胴　號令（イ）突ヨリ右胴ヲ――撃テ　（ロ）元ヘ
7 突左胴　號令（イ）突ヨリ左胴ヲ――撃テ　（ロ）元ヘ
8 正面籠手　號令（イ）正面ヨリ退キ籠手ヲ――撃テ　（ロ）元ヘ
9 正面右胴　號令（イ）正面ヨリ退キ右胴ヲ――撃テ　（ロ）元ヘ
10 正面左胴　號令（イ）正面ヨリ退キ左胴ヲ――撃テ　（ロ）元ヘ
11 突籠手　號令（イ）突ヨリ退キ籠手ヲ――撃テ　（ロ）元ヘ

二、三段撃

1 籠手突正面　號令（イ）籠手突正面ヲ――撃テ　（ロ）元ヘ
2 籠手正面籠手　號令（イ）籠手正面退キ籠手ヲ――撃テ　（ロ）元ヘ
3 籠手正面右胴　號令（イ）籠手正面退キ右胴ヲ――撃テ　（ロ）元ヘ
4 籠手正面左胴　號令（イ）籠手正面退キ左胴ヲ――撃テ　（ロ）元ヘ
5 籠手突右胴　號令（イ）籠手突退キ右胴ヲ――撃テ　（ロ）元ヘ

6	籠手突左胴	號令	(イ) 籠手突退キ左胴ヲ──擊テ	(ロ) 元へ
7	突正面右胴	號令	(イ) 突正面退キ右胴ヲ──擊テ	(ロ) 元へ
8	突正面左胴	號令	(イ) 突正面退キ左胴ヲ──擊テ	(ロ) 元へ
9	正面左右面	號令	(イ) 正面退キ左右面ヲ──擊テ	(ロ) 元へ
10	正面籠手右胴	號令	(イ) 正面退キ籠手右胴ヲ──擊テ	(ロ) 元へ
11	正面籠手突	號令	(イ) 正面退キ籠手突ヲ──突ケ	(ロ) 元へ
11	突左右面	號令	(イ) 突ヨリ左右面ヲ──擊テ	(ロ) 元へ

第二十七章　擊突方法の一般注意

擊突は場所に依り、場合に依つて千態萬様である。其の精細なる事に就いては後章に讓り、こゝには唯其の擊突の一般に就いて心得ねばならぬ事項を述べよう。

第一節　氣合を以て擊突せよ

擊突は總べて全精神の充實した氣合を以て、手足體が一致した所謂心氣力(又氣劍體)の一致した心身の一致を以て敢行しなければならない。昔から手先で擊つな、體で擊て、體で擊つな、心で擊てと敎へられてゐる。古歌にも

うつ太刀は一技二腕三氣合
四腹五心の法とこそ知れ

と示してゐるが、斯道に志す者の味はねばならぬ言葉である。單に手先のみで擊突することは、最も戒しめるべきことである。初心者に於て此の弊を見ることが多い。直接の働は手先であつても、心の向ふ所に從つて全精神が充實し、所謂氣合を以て擊突すべきことが最も大切である。尙前進擊突の際は左足で踏み切り右足を押出す心持で迅速に前進し、左右足は平行に且一定の橫巾を保つてゐることが肝要である。

第二節　薪割劍術を忌む

昔から薪割劍術といつて斯道に志す者を戒しめた言葉がある。擊突の際に力任せに堅くなつて擊つことを忌んだものである。斯道に心得のない者は唯力任せに強くさへ擊突すれば、善いかのやうに考へてゐるが大なる誤である。力が其の度を過ぎると體が凝り固まり又體勢が崩れ易く、敵に對しては隙を與へ、自らは變化の自由を失つて、二の太刀を續けるに不利である。それのみではない、如何に力を入れたからとて、法に適はない時には切れるものではない。素より一定の力をば要するが、其の力をば下腹に入れ、稍々胸を張り、軟かい體勢のまゝ柔かく力を入れ、そして速かに鋭く擊ち、十分手元を正しく締めることである。擊ち終るや直ちに力を拔くのである。其の擊突の際は左拳は自己の正中面から、左右に偏しないやうにし且つ主として左手で太刀を操作し、右手には力を入れ過ぎぬやうにする。

第三節　體勢を整へ兩手を締むべし

擊突の際は、體勢を正しうして兩手の握りを締めることが肝要である。體勢が崩れるやうであつては、擊の正確を期することが出來ないのみではなく、變化の自由を失ひ、二の太刀を敏速正確に出すことが出來ないから、必ず敵から乘ぜられるのである。柳生家新陰流には身構、太刀、手足を三學と稱して、初學門に入る者の最も心を籠めて學ばねばならぬものとしてゐる。然れども人は天禀に依つて各々得失があり、力の左に多い者又右に多い者又は左右相均しい者がある。手の裏、足の踏み方にも此の別がある。力の右に强い者は體は右に傾き、左の强い者は左に傾くのであるから、自ら自己の姿勢を鏡に寫し或は先輩に問うて正し、左右の肩高低なく又共に揚ることなく、俛くにもあらず仰ぐにもあらず、自然の正直を保たねばならぬ。

只持つと擊つとは握り違ふなり
　　よく見よ神子の鈴の手元を

といふ歌があるが、太刀を握る時には、其の兩手が十分に且正しく締らなければ、確實に切れるものではない。正しく締つてゐない時には、構へた太刀の刀は斜に向いてゐる。殊に上段の構に於て其の甚だしいものを見る。かくては決して確實な擊突は施されない。歌の如くに太刀をば緩く柔かに持つが、擊つ場合には兩手の握りを內側に締り氣味に締めるのである。そして右拳を過度に上げたり又は太刀を水平にしないやうにせねばならぬ。初學の間は勝負を念頭に置かず姿勢を正しくし、手の動作を輕くし、足の運びをして滯りないやうにせねばならぬ。

第四節　擊突は眞劍の理に從ふべし

擊突の際は、太刀をば眞劍の理に從つて正しく使はねばならぬ。唯擊突の部位に當てさへすれば、善いと思つてゐるのは大なる間違ひである。即ち平擊である鎬の部を以て擊ち、其の甚だしい者になると峰擊をする者がある。又往々にして見ることであるが、太刀を斜から載せるやうに擊ち又雀でも刺すかのやうにして斬擊し又は無理不正な擊ち方をして擊突の部位に中てゝ得々たる者があるが、却つて憐むべきも甚だしいものである。後の運劍の法の章に述べるやうに、刄部が正しく向き、眞劍で實際に切れるやうに正しく斬擊を行はねばならない。

第五節　斬擊には物打より先を使用すべし

斬擊は鍔元でするのではなくして、切先に近い物打の部分でしなければならない。尤も遠間から踏込んで斬擊を加へる際には、物打で擊たうとしては敵に達しない事があるから、鍔元で擊つ覺悟を以て、斬擊を加へることが必要である。殊に眞劍試合に於ては、之は其の試合の祕訣とのことである。古人も次のやうに言つてゐる。

刀の長さ刄の間二尺二寸として是を十に割れば、其の一つは二寸二分である。勝負の間役に立つところは此の二寸二分の中一寸ばかりの處である。物に依つては此の中四分五分にても勝が得られる。此の邊の事は刀法に精通すれば知れることである。又物打で切る太刀は大抵四五寸八寸の間である。是は敵が急擊した時手詰に切る時の事である。

第二十八章　基本動作の單獨練習

第一節　單獨練習に就いて

單獨練習とは人を相手とせず、自己一人で稽古することで、此の方法は昔から行はれて來た修行法の一つである。或は單獨に相手なく或は立木を相手とし或は動物を相手として斯道の技術を錬磨して、精妙の域に達した例は枚擧に遑がないが、特に近代槍術の大家山岡靜山の如きは、其の最も勤めた一人である。家に在る時には晝間は門人を教授し、夜に入つては一人道場に出て突を試みること一千回或は五千回或は黄昏から翌朝の鷄鳴に至るまで、實に三萬回に及んだ事もあつた。この稽古は人を相手する程の效果を修め得る事は困難であるが、併し閑暇ある每に行ふ事が出來。場所の廣きを要することなく、相手を必要とせず、僅かの時間で、しかも要具としては太刀、木太刀竹刀の孰れかあれば出來る。最も簡易で便利な且つ有益な方法である。

其の方法には竹刀、木太刀、太刀の孰れかを持つて、何物にも對することなく、空に練習をする場合もあるが、それは常に敵が目前に在るものと思惟して、數十回或は數百回之を行ひ、日々其の數を增して行けば、數千回にも及ぶことを得又場所の關係上正坐して行へば腰を強くするに利がある又立木立柱等に向つて行ふこともある。

　　獨習は丸木を立て丶左右から
　　　丹田へ力を入れて擊つべし

といふ歌がある。又人體大の稽古臺、卽ち人像假標に對つて練習を行へば更に有效である。余は此の人像假標によつて生徒に練習せしめたが、其の效果に著しいものを認めた。此の練習法では籠手突の練習は固より必要で、之に依つて自己の間合を知り、氣力を錬るなど其の得る所大なるものがあるが、併し主として切返し、聲込み切返し面の擊ち方。胴の擊ち方に力を注ぎ、體力を錬り、擊ち方を正確にして、稽古の素地を養ふに努める事が是も肝要である。唯注意を要するは、惡習慣を養ひ、惡癖を生ずることなく、常に體勢を整へ、構を正し、氣合を籠めて、正確に練習することである。

第二節　素振り

素振りとは太刀、木太刀或は竹刀を以て目前に敵を思惟して、全身の氣力を以て斬擊する練習をいふのである。或は之を百回行ふを百振りとも言つてゐる。

其の方法は一旦正しく中段に構へて後、切先を上段から背下に下し、刀鋒が自己の臀部に接する位に冠り、一歩右足から前進すると同時に、左足は之に伴つて追足となり、之と同時に正面或は左右面を斬擊して、右手は肩の高さにて止め、切先を上げて兩手を十分に延ばし、次第に之に依つて練習を積み、後には兩拳の下から敵が見られる程度に冠つて擊込むのである。素振りの際足に注意し、擊込んで前進した時に、左足が右足よりも前に出る事のないやうにせねばならぬ。

劍が靜かに雙手に握られてゐる時は、目前に敵なきが如く、其の一たび雄飛して擊突を行ふときに當つては、蟠蛇が全身を延ばして刺擊を試みる勢があつて、疾風忽ち起つて四壁を震動せしめ、其の疾いことは迅雷も尙及び難く、之を拒ぐに術なき様にせねばならぬ。又劍を手許に繰り戻すには、急疾迅速を主とせねばならぬ。而して常に掌中を空虛にして、劍覇を柔握してゐるが、劍が敵體に觸れる刹那に於ては、左手の藥指及び小指を少しく緊收し右手には初めから力を用ゐる事を要しない。此の方法をば或は坐し或は起つて身を動かさずに揮ふも亦善いが、更に二三歩猛進しながら擊刺を行へば尤も妙である。刺擊の速度は、劍と竹刀とに依つて異なるが、竹刀に於ては普通斬擊は一秒間に一回次は一秒間に二回とする。太刀を一分間に百回は、餘程練習せねば困難である。竹刀は一分間に百回以上繰返すを以て速度の可なるものとする。障子の邊で行へば、障子の紙は之が爲めに震動する程度の勢である。斬擊の速度が一秒十六分の一を以てする時は、人の視力に及ばず。敵も之に應ずる暇がないのである。其の速度は斬擊の起點から、目標の間の竹刀の動く速度である。

擊突を行ふには銳を一擊に注集し、全體の重量が手から太刀を經て、敵に移り傳はる心地でなければならぬ。凡そ擊突は劍を以て爲すのではなく、手を以て爲すのである。手を以てなすのではなく心を以て爲すのである。心を以てなすのではなく、氣劍體の合一を以てして、始めて擊突の效を收める事が出來るのである。

古今素振りの獨修を以て、技術に達成した人は尠くない。桐野利秋は劍を振る事數十回、數百回、常に攻勢に出て決して防禦を事としなかつた。又名聲關西に鳴つた宇野金太郎は、木刀を持ち立木に向つて斬擊を試み又椋の實を絲で天井から吊り下げて、之を劍鋩にて突き當てることを獨修し、夜深更に至つても廢しなかつた爲め、屢々隣家から苦情を訴へられた。又御堀耕助は用兵の道にも精しく、年十八歳で劍を齋藤彌九郎に學び、後には塾長となり師に代つて門生を教授したが、每朝早起、此の技を試みて一日も廢しなかつた。又山岡鐵舟は每朝眞劍の素振りをした。業は勤めれば精しくなり、怠れば荒むものである。古人の精勵に倣つたならば、斯道の成るのは敢へて困難ではあるまい。

第三節　切返しと撃込み切返しに就いて

切返し及び撃込み切返しは、劍道を學ぶ者に缺く事の出來ぬ練習法であつて、古來行はれて來た斯道の基礎練習である。されば初心の者に必要なばかりではなく、修行を積んだ者にも亦有效なる修行法である。斯道を修める者も往々にして之を見て迂遠なる法とするが、これは皮相の考であつて、之は實に斯道進步の捷徑である。

此の練習に依つて體勢を整へ、身體の凝りを去つて柔軟にし、身體手脚の力量を增し、惡力を去つて兩手の腕力を平均にし、前後左右の動作を輕捷にし、擊突を正確自由にし、持久力を增し、加ふるに精神を鍛錬する所が頗る大である。斯くの如く斯道の基礎を養ふには、有力な方法であるから、每日閑暇の時には單獨練習を行つて、之を練習せねばならぬ。殊に初心者に在つては、最初から道具を用ゐず、互格の練習をなさず、素面で上級者に向つて十分に切返し及び擊込み切返しを練習する事が肝要である。

世間一般に擊込み切返しと切返しとを同一視し或は兩者の間區別あるが如く、しかも其の不明瞭なるものがあるが、余は之を區別して擊込み切返しとは最初に先づ正面を擊ち、次に左右面を交互に五回若しくは七回續けて擊ち次に正面を擊つ。かくして連續するものをいひ、切返しとは最初に先づ面を擊ち、次に右面を擊ち、之を左右交互に幾回となく連續して切返し、腕疲れ息盡きた時、始めて上段に振冠つて面と大聲に叫びながら、十分に擊込みて然る後に休息する方法をいふのである。

此の擊込み切返し及び切返しは或は單獨に前節の素振りの要領にて行ひ或は人像假標に向つて行ひ、更に對敵練習に於て行へば一層有效である。

第四節　切返し

切返しは之を單獨に行ふ場合と相手に向つて行ふ場合とがある。而して其の實施の方法には、其の場に切返し、前進切返し、後退切返し、左右交互に切返し、前進後退切返しとの五種がある。以下順を追うて述べよう。

切返しとは中段から上段に冠り、體勢を整へ氣合を籠めて右足から追足に踏み込み、先づ敵の左面(表面)に斬込み、次に太刀を上段に冠つて敵の右面(裏面)に斬込む。かく左右の面をば交互に且つ矢筈掛に精神を籠めて、一心不亂に體力、氣息の續く限り、少しの休みもなく大きく且つ速く、心氣力の一致を以て斬込み、腕疲れ息盡きた時始めて遠間から上段に冠り、正面に兩腕を伸ばし、兩足を進めて「面」と大聲に發して、十分に撃込むのをいふのである。

一、其の場に切返し

號　令

1、其ノ場ニ切返シ――用意
2、始メ
3、止メ
4、元ヘ

要　領

一齊教授に於ては右の號令に依つて、左の要領で之を實施する。

1、「用意」の號令のあつた時、中段の構から自已の兩拳の下から、假想した敵が見える程度、額前一握の處に拳を上げて上段に冠り、左右の足は構の足踏みのまゝである。

2、「始メ」の號令のあつた時、先づ切先を右に廻し思ひ切つて相手の左面に撃込み、それから切先を今廻した方向から戻して元の上段に冠り、次に切先を左に廻して相手の右面に撃込み、それから切先を元に廻して上段に冠り次に右の要領で左面に撃込む。かうして左面右面を交互に撃つ。

3、「止メ」の號令で左面或は右面に撃込んだまゝで止める。

4、「元へ」の號令で中段の構となる。

單獨に行ふ時には前述の素振りの要領に依つて、精神を籠め體力の續く限り反復練習し、最後に中段に構へて大きく十分に伸びて正面を撃つ。相手のある時も同じである。

二、前進切返し

號令

1、前進切返シ――用意

2、始メ

3、止メ

4、元へ

要領

1、「用意」の號令で中段から上段に振冠り、左右足は構の足踏みのまゝである。
2、「始メ」の號令で右足から一歩前進して、左足は之に伴ひ、左面撃の要領で左面に撃込み又同じ足の運びで一歩進んで、右面撃の要領で右面に撃込む、かうして一歩一歩と追足に前進しながら、敵の左右面に矢筈掛に撃込む。
3、「止メ」の號令で左面或は右面に撃込んだまゝで止める。
4、「元ヘ」の號令で中段の構となる。

單獨練習に於ては同じ要領で、精神を籠め體力の續く限り反復練習して、最後に一歩前進して大きく十分に伸びて正面に撃込む。相手のある時も同じである。

三、後退切返し

號　令

1、後退切返シ――用意
2、始メ
3、止メ
4、元ヘ

要　領

1、「用意」の號令で中段から上段に振冠り、左右足は構の足踏みのまゝである。
2、「始メ」の號令で左足から一歩後に退り、右足は之に伴つて退りながら、左面に撃込み、次に同じやうに追足に一歩退つて右面に撃込む。かうして敵の左右面に矢筈掛に撃込む。

3、「止メ」の號令で左面或は右面に撃込んだまゝで止める。
4、「元へ」の號令で中段の構となる。
單獨及び相手のある時の練習は、右の要領で反復練習して、最後に正面に撃込むのである。

四、左右交互に切返し

號令
1 左右交互ニ切返シ――用意
2 始メ
3 止メ
4 元へ

要領
1、「用意」の號令で中段から上段に取り、左右足は構の足踏みのまゝである。
2、「始メ」の號令で右足を右横に踏出し、左足は之に作ふと同時に、我が太刀で右に圓を描いて、敵の左面に撃込む。次に左足を左横に踏出し、右足は之に作ひながら、太刀を初めの圓を描いた道筋に戻し、大きく圓を描いて敵の右面に撃込む。之を連續して行ふ。
3、「止メ」の號令で左面或は右面に撃込んだまゝで止める。
4、「元へ」の號令で元の中段の構となる。
此の方法は二人相對して、切返し及び應じ方を交互に行へば更に有效である。此の時は甲乙共に己が右横に出で甲は乙の正面に擊込み、乙は劍尖を下げて受流し、次に甲乙共に左横に出でて元の位置に復し、乙は甲の正面に擊込み、甲は切先を下げて受け流し、腕疲れ氣息の續くまで行ふ。單獨に行ふ時は以上の要領で反復練習し、最後に前進して十分に大きく伸びて正面を擊つ。

五、前進後退切返し

號　令

1　前進後退切返シ——用意
2　始メ
3　後退ニ——移レ
4　止メ
5　元へ

1、「用意」の號令で中段の構から上段の構に取る。足は構の足踏みのまゝ。
2、「始メ」の號令のあつた時、初めに前進切返しを行ふ。
3、「後退ニ移レ」の號令で後退切返しを行ふ。
4、「止メ」の號令で左右面の孰れかを擊つたまゝで止める。
5、「元へ」の號令で中段の構となる。

單獨及び相手のある際には、最後に正面に十分伸びて大きく擊込む。

第五節　撃込み切返し

撃込み切返しも亦切返しと同様に或は之を單獨に行ひ或は人像假標に向つて行ひ或は道具著用の上對敵に行ふ。而して團體に於ても一齊に行ふ事が出來る。初歩の者に於ては、必ず最初に徒手にて反復練習し、要領を得て始めて執刀の動作に移るを以て至當とする。

撃込み切返しとは最初に正面に撃込み、次に左面(表)に撃込み、次に右面(裏)に撃込み、更に左面右面左面に撃込み、次に正面に撃込むので、之を反復練習するのをいふ。其の方法は初め中段の構から上段に冠り、一歩前進して大きく正面に撃込み、次に一歩退きながら太刀を振冠つて上段に取り、直ちに一歩前進して左面を撃ち又一歩退きながら太刀を上段に取り、直ちに一歩前進して右面を撃ち、同様にして左面、右面、左面を撃つ。かく正面、左面、右面、左面、右面、左面と左右面を交互に五回連續して撃ち、次に大きく一歩退きながら中段に構へ、間合を十分に取つて直ちに正面を撃つのである。かうして正面、左面(三回)右面(二回)次に正面を連續して、氣力體力のあらん限り行ふのである。最初に於ては正面、左面(二回)右面(一回)次に復た正と左右面を三回行ふもよい。

單獨練習及び人像假標に向つては以上の要領で反復練習して行ひ、一齊敎授に於ては次の如くする。

號　令

1　撃込ミ切返シ――用意

2　始メ

3　止メ

4 元へ

要　領

1、「用意」の號令で中段の構から上段に取る。足踏みは中段の構のまゝ。

2、「始メ」の號令で一歩前進して面と呼稱して正面を撃ち、一歩退きながら上段に冠りて、直ちに一（面）と呼稱しながら左面同樣にして二で右面、三で左面、四で右面、五で左面、次に大きく一歩退きながら中段に構へて、直ちに大きく正面を撃込む。かくして之を連續する。

3。「止メ」の號令で正面を撃つたまゝ止める。

4、「元へ」の號令で元の中段の構となる。

第六節　撃込み切返し體當り

既に撃み切返しの練習を會得した者は、更に進んで撃込み切返し體當りを行へば一層有效である。撃込み切返し體當りも之を單獨に行ひ或は團體に於ては一齊に教授する事が出來る。人像假標も體當りを完全に行ふ事の出來るやうに造れば便利である。而して相手のあるが最も效が多い。

其の方法は先づ中段から上段に取り、適當の間合から正面に撃込み、直ちに前進して體當りの要領を以て思ひ切つて之を行ひ、其の反動で一歩退き、直ちに左面から左右面を交互に切返す事五回にして、再び正面を撃ち直ちに前進して體當りを行ひ、反復練習して氣力體力盡きて最後に正面を撃つて已める。決して面を連續二回撃つ事はない。

單獨に行ふ時は敵を假想して、正面體當り左右左右左面を切返し、更に正面體當りを行ふ。其の體當りは體當りの要領で數步前進しながら行ふのである。之を反復練習して最後に大きく伸びて正面を撃つ。

一齊教授に於ては

號　令

1　撃込ミ切返シ體當リ――用意

2　始メ

3　止メ

4　元へ

要　領

1、「用意」の號令で中段から上段に取る。

2、「始メ」の號令で前述の方法に依つて之を行ふ。

3、「止メ」の號令で正面を撃つたまゝ止める。

4、元への號令で中段の號に復する。

第七節　切返しと撃込み切返し及び其の應じ方

一、返切し及び撃込み切返しの注意事項

1、初めて切返しを行ふ者は、最初に徒手で練習して其の要領を會得し、然る後に執刀に移る事。

2、初めは徐々に刄の方向に注意して行ひ、漸次正確に速かに行ふ事。特に左右面の時は、下から斜上に斬上げてはならぬ事。
3、太刀は大きく且強く、刄筋正しくする事。殊に左右面の時は、必ず太刀を以て圓を描きつゝ擊込む事。
4、體殊に頭が前後左右に屈らないやうにする事。
5、間合はなるべく遠くして十分に手を伸ばし、足を踏込んで擊込む事。
6、擊込む時は手を以て擊たずに、體を以て擊つ考で十分に體を動かして、進退を自由にする事。
7、擊込むには鍔元で擊つことなく、物打の部分で擊つ事。但心持は鍔元を以て擊つ考が必要である。
8、擊込みと切返しとの間に於て、氣勢を拔かぬ樣にする事。
9、擊込み切返しに於て、切返しから中段に構へず、直ちに擊込む事のないやうにする事。中段に構へない時には擊込みの距離が近くなり易く且つ氣力も整はない。
10、擊込む時には軀幹は全部伸びる事。
11、體當りには左足で十分に踏切りて、體を當てる時腰を十分に伸ばす事。
12、體當りの時欛を敵の喉に當て、兩腕を十分に伸ばすと同時に、體をも十分に伸ばしながら當る事。

二、應じ方の注意事項

1、應ずる者は太刀を我が體から約二握を離れた前方に垂直に立て、次に左乳の前に移す。此の時刀尖は稍々正中面の方に傾き、右手は乳の高さとす。次に右乳の前に移して、同樣にして受ける事。
2、受ける時は太刀の鎬を以てする。決して刄又は平、棟を以て受けてはならぬ。鎬で左右に揩落す氣持で、相手の太刀を殺さないやうにする事。

3、間合を考へて撃込む者には、活動の自由を與へ、十分に伸び得る樣に引立てる事。

4、應ずる者の足は、前進後退の時は追足を以てせずに、左右足を交互に運び、左右交互切返しの時は、左右足は追足にする事。

5、應ずる者は足先に力を入れて應ずる事。

6、應ずる者は下腹部に十分力を入れて應ずる事。

7、應ずる者は頭を前後に屈げ或は腰を左右に振るなどの醜態のない様にする事。

8、應じながら相手の動作を視て矯正する事。

9、體當りに應ずるには、兩足先に重心を置き、下腹部に力を入れて、押して來た兩腕を上に押上げる事。

10、未熟者の體當りは正しく之を受ける事。

第二十九章　運劍の法

運劍とは一刺一擊の間、其の太刀に運用の道があることをいふ。或は左右表裏から或は上中下段から又二太刀、三太刀と重ねる時にも共の運用に道がある。之を會得するには先づ刀に馴れ、刀の性質を熟知して、運劍の理法を知悉することが肝要である。居合は此の點に於て最も有效なるものである。棟も平も辨へず、重く長い太刀をも小太刀を使用すると同じ呼吸に使用し又は杖などを振るやうに心得るは、皆刀の性質を知らないものである。

運劍の法に横、縱、斜の三體がある。即ち横とは太刀を持つた儘、體の左方から右方に圓を畫くことで、此の横の圓は敵の太刀を拂ふか落す時等にも用ゐる。縱とは太刀を頭上から上下に眞直に働かし、頭上から下部へ圓を畫くことで、縱の圓は之を俗に眞直と云つてゐる。斜とは斜に圓を畫くことで此の斜の圓は摺下し、摺上げ、攻勢、守勢等に用ゐるのである。運劍の法は直角に使ふことは全くなく、總て波線のやうに半圓、小圓大圓に働かしめるもので、攻撃、防禦の際は、三者混合錯綜して、實に無限の働きをなすものである。而して運劍の法は、運筆の法の如くにせねばならぬ。筆に順逆の法があり、劍に順逆の作用がある。方圓は眞草の體用であつて、書に「眞は方を貴び、草は圓を貴ぶ」と云つてゐる。氣は刀尖に渉り、夫れより四方に及び、千變萬化するも、終始一貫、其の劍を使用する形は圓形で、即ち草書を書するやうにせねばならぬ。直筆は運筆の法にして順である。刀を用ゐることも亦直筆のやうにすれば、運行は圓形で切れないことはない。其の本は形を正して自然の理に依り、下腹に力を集中して手脚一致し、天性筋骨の順に從ふのに在る。形斜で且つ太刀の作用順に違ふ時は、打掛けるも狙狂うて正しからず或は片殺となり或は肉を斬るも骨を斬るに至らず、堅きものを強く斬る時は或は歪み或は打折れるものである。書を學ぶ者は最初から草書は能くし難い。故に先づ楷書の運筆を學び、一畫每に筆を改めるも、氣は更に離れることなく、次畫に通じ或は引き捨て、引き留める樣をも習ひ得て、次に行書を學び、然る後に草書の運筆に及ぶのである。筆書は初めから終りに至るまで、筆勢連續して絶えることはない。かくして再び行書の體に復し又楷書に歸り、一畫を書するにも意あつて、輕易の間に運ぶものではない。運劍も其の勢絶えることなく滯ることなく末まで打續きて決して一刺一擊で絶えてはならぬ。一刺一擊で太刀の改まるは、即ち氣の盡きた死太刀である。

姿勢を正し、下腹に力を集注し、手の作用も足の動止も皆順を得て、能く心が通ずる時は、太刀の運びは自ら生じ、名刀にあらざるも、自ら太刀を助けて能く切ることを得、之に反する時は、手の利いた者も心氣は太刀の平へ斜に渉り、無用の力を籠めて太刀の運びを妨げるが故に、名刀も其の用をなさず或は折れ或は歪むことがある。太刀は擧げるにも、斬るにも、切先よりするを以て習とす。然るに初學の者は唯手先の力のみを以て太刀を運び、強く欛を握るが故に、其の氣は太刀の欛から鍔元まで至つて止まり、其の先に渉らず穩かにも運び難い。撃つにも別に力を籠める心なく、唯手の裏を肅めれば、撃つ業は自ら十分である。求めて力を用ゐる時には、四肢の各所に癖と病とを生じ、心に氣に形に太刀に一致を缺いで調和せず、打つ太刀は坐り難く、却つて妨げを爲し、刄業の限りは斬り難い。古來面及び胴は強く斬り籠手は輕く、突は尙一層輕くなすも妨げないといはれてゐる。面、胴は斬り難く、籠手、突は輕くても敵をして能く其の動作を失はしめるに足るものである。

撃突は劍を以て之を行ふのではなくして、手を以て爲すのである。手を以て行ふのでなくして、體を以て之を爲すのである。體を以て之を行ふのではなくして、心を以て之を爲すのである。心を以て之を行ふのではなくして、心氣體劍手の合一を以て爲すのである。之を分つ時には刀となり、手となり、體となり、劍となり、心となり、氣となるが五者合一して一體となり、始めて撃突の效を收め、自ら刄業の限りを現はすことが出來る、換言すれば鋭を一撃に集注して、全體の重量が手から劍を經て敵に傳はる心持で、腹と足とを以て撃突を行ふ處があるならば先づ之に庶幾からう。拳の締りに力を用ゐなければ、撃ち込みが弱いとして、強く握れば氣は柄に止まり、輕く持たなければ氣は渉らない。又足踏みは氣力が足らないで踏むと形は居つき、輕く踏むと氣は揃らない。又力を腹に籠めなければならないとして、大いに下腹を張ると、息塞りて事を爲し難い。故に考究修行して心氣力が總身に充滿し、把る所の太刀は柄頭から刀鋒に至るまで、心氣が渉りて毫も至らない處のないやうに工夫修行せねばならない。此の術を得れば一刀己の手足と同じく活劍となり、一刀、一身、一心、一氣、一體となり、己の血脈は劍中に通ひ、刀の德も顯はれるのである。

運劍の作用も亦其の處に依つて各々別がある。文明の今日に於ては其の必要はないやうであるが、苟も斯道に志す以上心得て置かねばならぬ。例へば廣場は障碍物がないが室內には鴨居、柱其の他曲り行くべき角、出入口、二階下にては天井の低い處、茶室等、狹隘の處又外では一筋の細逕に左右に立木多き處又山林の樹木が繁茂した處、垂枝の多い路、荻原、萱原の類總べて障碍物のある地は、之を考へて運劍の作を異にし且之を巧に利用せねばならぬ。

次に古來手首に就いて傳へてゐることがあるから附加へて置く。運劍の法も之に依つて完全が期せられる。手首に三種の別がある。卽ち切手、留手(止手請手)、拔け手(改めて突手延べ手)である。切手とは構勢、撃突の際、手首は凝り詰りなく又上り下りもせず、筋骨の自然の力を失はないで程よきをいふ。力が多く入りてさし手となる時は、屈伸の妨げとなる。指は小指を强く締めて、次第に輕く締める心である。かくして撃込まなければ物は能く切れない。故に此の名がある。構勢から撃突に至るに此の形を失はないで、太刀を運ぶ時始めて作用も自在である。留手とは手首を縮めた形をいふ。敵の斬撃を受け留める時の手首であつて、構勢、撃突の際、此の手首となるは大なる病である。突き手、傳には拔け手とあるが、窪田清音改めて突き手といつてゐる。構勢にも、撃突にも手首が延びて締らないのを、拔け手と名づけて一つの病とするのである。手首の延びるは突き出す時に限つてゐる。若し突の際に、雙手片手の別なく手首を延ばさない時には、太刀先が上つて突き難い。間合の遠い處から突き出す時は特に然りとするのである。

第三十章　劍道の特別練習法

第一節　特別練習法に就いて

劍道の特別練習法に三つある。卽ち寒稽古と暑中稽古と武者修行とである。これは一定の期間を定めて連續的に猛烈なる練習を行ふことである。

三者は其の修行目的に於て、根本的には決して異なるものではない。併し强ひて言へば、三者の間自ら其の揆を異にしてゐると思ふ。寒稽古は身體の鍛錬、技術の達成の上に多大の効果のあるは勿論であるが、其の精神的鍛錬を以て最大とするのである。暑中稽古は固より精神身體の鍛錬に效果はあるが、其の主なるものは技術の練達である。又武者修行は、一人若しくは數名で未知の道場を訪ね、場に立つては渾身の勇を奮つて、大多數の劍客と試合或は稽古をするのであるから、實力を養成し、大いに膽力を錬り、其の他見聞を廣くする等大いに有效である。（武者修行に就いては次に章を改めて述べることゝした）。

此の壯快にして豪健なる美風は、希くは永久に存せしめて國民精神の振作に資し、帝國の誇りとしたいものである。唯々遺憾に思ふ事は、各地とも寒稽古、暑中稽古は盛大に稽古が行はれてるが、一旦寒稽古、暑中稽古が終ると、俄に稽古は衰へてしまひ或は全然暑中、寒中の外は稽古を行はぬ地方さへある。平素の稽古にも精勵するが、特に寒中、暑中には猛烈なる稽古を持續するといふ所に、眞の寒稽古、暑中稽古の意義がある。單に寒稽古、暑中稽古ばかり猛烈に行つて、平素の稽古を行はない時は、技術の上達が覺束ないばかりでなく、時には身體に惡影響を及ぼすことがないとも限らぬ。劍道の修行は、日夜鍛錬して怠らないところに効果があり、眞價値があるのである。

第二節　寒　稽　古

古來各種の藝道に於て、大抵寒稽古は行はれ、其の效果も亦著しい事は認められてゐるが、殊に劍道に於ては、古くから行はれて來た一つの修行法であつて、心身の鍛錬、技術の錬磨の上に多大の效果のあることは、既に一般世人も信じて疑はぬ所である。古來一ケ月の寒稽古は、殘り一ケ年間の稽古と其の效果に於て、殆ど相伯仲するとさへいはれてゐる位である。

寒稽古は寒氣の最も凛烈なる時期を選び、十日間以上、一ケ月間或一定の期間を定めて或は黎明前に行ひ或は晝間或は夜間に行ひ、其の時間は一時間以上多くとも二時間である。之が選定に當つては職業、年齡、境遇、身體の强弱、地方の情況等を考慮すべきであるが、特に困苦と戰つて克己、忍耐の諸德を養ひ、身體を鍛錬する爲めには事情の許す限り早朝に行ふを可とする。卽ち人は尙床中に懶眠を貪つてゐる時、蹶然蓐を蹴て起ち、殘星尙滿天に輝く時、白雪皚々たる大地に戞擊の響を聞き或は朔風雪を散らして、肌を劈く玄冬素雪の沍寒を物ともせず、場に立つては稽古着一枚に身を固め、渾身の氣力を太刀に集注し、獅子奮迅の勇を鼓して、龍戰虎爭の鬪を挑む時、流汗淋漓として全身に滴り、湯氣凝りては煙の如く騰る。此の時の氣宇の爽快と勇氣の鬱勃たるとは、實に平生に幾倍するを覺えて、譬へる何物もなく、眞に世の懦夫をして志を立てしめる所がある。蓋し斯くの如きは斯道の修行者でなくては、到底味ひ得られぬ唯一の特權であつて、筆舌の間に述べる事は出來ない。

かく一定の期間、毎日怠らず一定の條件を以て練習する時には、精神は剛强に克己、忍耐の諸德は自然に養はれ旺盛なる意氣と確乎たる自信力とは養成せられ。身體も强健となり、技術にも進步が現はれて來る。かく意氣を振起し、勇往邁進の氣象を以て練習するものであるから、弛緩した氣合拔けの長い稽古は大禁物で、切返し及び擊込的稽古を行ふことを以て主とするのである。

第三節　寒稽古に於ける注意事項

右の如き寒稽古に於て、多人數之を實行する場合には、稽古者は勿論之が指導の任に當る者は、特に諸方面に十分の考慮をする事が肝要である。今其の主なる事項を左に示すと。

1、第二十章劍道實施上の注意事項を守ること。

2、規律と禮儀とを嚴守すること。多人數集合の時は動もすると騷擾に陷り易いから、特に此の點を嚴守するを要する。

3、豫め精神を緊張し身を溫めて行ふこと。精神の緊張しない時は被傷を來し易く又疼痛を覺えるものである。又身體を冷却してゐては、機敏の擊突動作が出來ないばかりでなく、往々にして胃腸を害し又被傷する故に、之が方法としては先づ冷水で顏を洗ひ、寒稽古の何物であるかを自覺し、道具を着用して一齊に素振擊込切返しを漸次に烈しく行ふ。かくして益々精神を緊張して猛練習を行ふ。

4、稽古は體力に尙餘力のある中に切上げる事。若しさうでない時は、本務とする一日の勉學業務に支障を來す恐がある。併し百尺竿頭一步を進めようと思ふ者は、到底一通りの稽古では望み得られない。尙稽古は短時間づゝに數多く行ひ、其の面數を記入して後日の參考とするのも趣味がある。

5、飲食物に注意すること。朝稽古には少くとも稽古の前に粥二椀位を攝取するがよい。空腹は體溫を減ずるばかりでなく、十分の稽古が行はれない。又青年期は暴飲暴食して、胃腸を害し易いから特に注意せねばならぬ。

6、道具太刀等は所定の場處に纏めて之を置き、苟も他人の道具等を使用することがあつてはならない。

7、貴重品は必ず持參せぬこと。若し已む得ず持參した時は適當の方法を講ずること。

8、強い風のない限りは窓を開放すること。室中は寒さの爲めに室を閉ぢ易いから、特に新鮮な空氣を送る方法を怠つてはならぬ。況んや稽古場に大きな火鉢を置くのは、炭酸瓦斯の發生を益々多くならしめ衛生に害である。

9、早朝或は夜間に稽古を行ふ時は、電燈の光を十分に明かにすること。照明の不十分な下では、十分なる稽古が出來ないばかりでなく被傷し易い。

10、手足の爪は必ず豫め切り置く事。自ら傷を蒙り又人に傷を與へる。

11、劍道具及び太刀に破損の個處はないか、豫め精細に調べ置く事。特に太刀には細心の注意を拂ふこと。破損した太刀を電光不十分の下で使用する時には、敵に對して意外の傷を與へる虞がある。余の知人に眼を突かれて三ケ月間入院し、一眼は半面の視力を失つた者がある。

12、修行上皆勤を奬勵すること。

13、第十七章劍道修行上の心得の事項を守ること。

第四節　暑中稽古

暑中稽古は或は土用稽古等と稱し。一年中最も暑い時期を選んで行ふのである。八月は最も衰弱に向ふ時である。此の時に當つて身體の强健法を施すことは、最も當を得たものである。炎天燒くが如く、綠陰なほ流汗は、拭へども盡きず、人は皆涼を追うて或は山に河に或は海に避暑し、室内に惰眠を貪り、蒼蠅を逐ふ扇を動かすさへ懶く、惰氣自ら生ずる時、午後一時二時の酷暑に稽古著袴を着け、一貫有餘の道具に身を固め、滿身の勇を奮ひ、虚々實々、鬼神の端倪も尚不可能の早業を以て闘ふ時、萬斛の流汗は稽古著を通して落ちる。此の時暑氣の何物なるかを知らず、元氣は日頃に百倍することを覺える。これ吾人酷暑に於ける最上の銷夏法であつて、柔弱放縱の男子の窺ひ知る所ではない。之を前者の三伏の暑氣に苦しむ徒輩に較べれば、其の幸果して如何、かくの如くであるから、身體精神の錬磨に効がないといへようか。特に技術に於ては、自由に講究實施するに最もよい時期である。暑中稽古も寒稽古と同じく十日間以上、一ケ月間、毎日猛練習を行ふ。而して事情に於ては夜間或は早朝に行ふも可なれど、暑中は勤務の人等も午前中で終るから、午後一時から四時迄の間に於て行ふを最も適當とする。

第五節　暑中稽古に於ける注意事項

暑中稽古を行ふに當つても、寒稽古と同樣に注意を要するが。其の他特に注意すべき事項を左に擧げると。

1、飲料物に注意すること。暑中稽古には特に渇を覺える爲め、多量の飲料を攝り易い。稽古中に水を飲み或は稽古直後に茶水を飲む事は、絶對に避けねばならぬ。是非飲料物を必要とするなら稽古後二十分を經過して茶又は砂糖湯、コーヒーを攝るがよい。氷は消化器を冷し、不消化を來し、胃腸を害して益はない。或地の支部の稽古に暑中稽古中、バケツに水と氷とを入れて備へた所があつたが愼しまねばならない。

2、晝寢をして直ちに稽古を行はぬ事。晝寢の善惡は今姑く措いて晝寢は精神の緊張を缺くものであるから、稽古前三四十分前に起きねばならぬ。又睡眠中は腹を冷さぬやうにすること。

3、第二十章劍道實施上の注意事項を守ること。

4、第十七章劍道修行上の心得の事項を守ること。

5、其の他寒稽古に於ける注意事項を守ること。

第三十一章　武者修行

武者修行と劍道とは、其の關係は實に密接で、日本武道史の研究上にも、亦單に劍道發達の考察にも、看過する事の出來ぬ一題目である。武者修行は恰も、禪の修行者が身を行雲流水に任せて、諸方の叢林を訪ねて道を修めるに似て、劍槍等の術を以て諸國を遍歴して、其の技術を錬り精神を鍛へるのをいふのである。足利末期に上泉武藏守、塚原卜傳等が幾多門下の高弟を率ゐて諸國を歴遊し、其の流派の弘布に努めたかといふ事は、各自の精神技術に於ての效果は勿論、延いては劍道の進歩發達上に、偉大なる影響を及ぼした事は明かである。

武者修行が始めて我が國に行ばれた時は、固より明確に知ることは出來ぬが、應仁の亂前後(約四百五六十年前)には、既に行はれたやうである。それが足利末期以後最も隆盛を極めた。嬉遊笑覽には、室町日記を引いて、足利義輝が三好氏を伐つ時の儀に一方々に隱れ住みける浪人または武者修行にまかり出でて暫くの間方々に滯留しける士などを選りあつめ」とある。而して武者修行發生の誘因は、社會狀態に基づくものである。其の目的に至つては多々あらう。

室町時代は、義滿に至つて始めて治世となつたが、それも束の間、實に此の期間は戰亂、弱肉强食の世で、上下枕を高うする事は出來ず、諸國に浪人浮浪の徒が横行し、白晝脅喝强請に來るなどは公然で何等の制裁もない。こゝに於てか各自は自衞の策を執らねばならぬ。これ士農の分れた當時に於て、武士は勿論民間に於て刀劍の需要が多く、術を講ずる者も亦多く、隨つて刀工が輩出した原因である。かゝる社會の狀態に於ては、主を失つた浪人の中には、新たに良主を見出す爲めに、武者修行をして諸國を巡歷する者もあつた。無警察闘爭の社會であるから、殺人强盜は至るところに行はれた。こゝに於て君師親兄弟等の爲めに、仇を報いる手段として武者修行に出る者もあつた。當時の武士に於ては敵情視察といふ一事があつた。卽ち諸國の國主、城主は或は親戚或は家老、家臣中から人を選んで、他國の城主、國主の賢否得失から、武備の深淺或は名士の多少、上下の通塞或は人民の貧富、土地の肥瘠、地利の險易等に至るまで視察することを主とした。これ等の者は皆表面は名を武者修行に託して、有名なる劍師を訪ねて業を試み、其の技を錬り且つ諸國の人情風俗を知り、そして一面には己の主君の爲めに盡した。又陪臣浮浪或は扶持ばなれの武士などは、武者修行を名として諸州に行き、甲地の樣子を乙地の城主の許に通じて内情を賣物とし、こゝに客分として款待を受け或は召抱へられる餬口の便とした者もあつた。

而して當時の武者修行は頗る殺伐で、恰も戰場に臨む決死的覺悟であつた。疋田文五郞の新影流を傳へた一派は撓を使用したが、併し一般には木太刀、棒、眞劍、眞槍或は小弓であつた。棒、木太刀は其の長さも種々で、棒は六尺乃至八尺、木太刀は三尺乃至五尺餘である。又眞劍も彼の宮本武藏が、京都の劍客吉岡又七郞を斬つた眞劍は鍔先三尺八寸との事である。かゝる狀態であるから、敗者は死に致され或は不具者となる者があつたが、しかも世人も怪しまず、官も亦之を咎めなかつたばかりでなく、修行者は多く斃すのを以て名譽とした。其の試合は期日を約し、場所を定めて相鬪つた。德川以前は多くは地上で行はれたが、道場のある者は玆に於て試合をし、負者は勝者を師として其の敎を受けた。

元和偃武以後德川時代に至つては、戰國の遺風は尙存して、武者修行も衰へなかつた。當時浪人の續出は殊に甚だしく、是等の者は武藝を以て食祿を得る爲めに、諸國を遍歷修行した。德川家光の慶安四年前は、浪人の發生が記錄された者ばかりで、一年平均二千餘人であつた。これは幕府が政策上、掟に觸れた者は、用捨なく封土を沒收減削したからである。然るに六代家宣の頃に至つては世は益々太平となり、幕府に於ても從來の殺伐なる勝負試合は之を禁じ、隨つて各藩の師範家にもかゝる試合をば嚴禁したから、武者修行は次第に衰へて、其の數を減ずるやうになつた。當時に於ての試合は殆んど眞槍眞劍を使用することなく、革刀及び木刀を以てし、互に危險を避け、遂に型劍術の試合となつた。其の後道具及び竹刀が發明せられて、弘く使用せられるやうになつてからは、武者修行も漸く隆盛に赴くやうになつた。

吉宗の初から復興し初めた武藝は、家齊に至つて益々盛んになつて來た。當時の國家は外患が多かつた。安永七年には露人が東蝦夷に、文化五年には英人が長崎に、嘉永六年にはペリーの來航等事件が續出した。老中松平定信は吉宗の遺法に從うて、節儉を行ひ、風俗を正し、學問武藝を奬勵した。定信の文武奬勵を評して「世の中に蚊(か)ほどうるさきものはなしぶんぶ(文武)というて夜もねられず」と蜀山人は狂歌を詠んだ位で、上の好む所は下之よりも甚だしく、武者修行者も其の數を激增して、明治維新に至るまで盛んに行はれた。各藩に於ても他流試合を積極的に行はせ或は他流とも稽古する事をも許した。隨つて武者修行に出る者も愈々多く筑後柳河の藩士大石進が長竹刀を提げて、全國を修行した事は人口に膾炙してゐる。而して當時は多くの者は皆長竹刀を用ゐた（第五十八章參照）。

明治の初年以後は、西洋文物の崇拜時代、舊物破壞の時代である。從つて劍道も非常なる悲運に際會し、遂には擊劍會といふ一種の興行さへ起るに至つた。維新後の劍道界に興行的に於て、最も名聲を馳せたのは榊原健吉であつた。（第十一章參照）。此の頃は個人的の武者修行者もあつたが、多くは之に依つて衣食を得る爲めであつた。然るに日清戰役を經て日露戰役以後に至つては、武者修行本來の目的である技術及び精神身體の鍛錬を目的とする武者修行者が漸く多くなつて、愈々劍道復興の機運に向つて來た。今其の主なる三四の者を擧げると、東京高等師範學校劍道部を始め、京都武道專門學校生徒が每年廻國修行し或は陸軍戶山學校の生徒が將校引率の下に京都方面に修行し、兩帝國大學の劍道部が滿洲に遠征し、國學院大學（本大學は劍道を以て正科とす）が佐藤先生引率の下に數ケ年に亘つて、全國を廻國修行し或は大阪の劍道部が各地に遠征修行し、或は範士高野茂義先生が、門下の濟々たる多士二十三名を引率して、大連から遙に東京、京都、大阪、神戶、福岡に巡歷修行せられるなど實に一痛快事であつて、武道の爲めに萬丈の光焰を擧げるものである。これ大正昭和時代の團體的廻國修行の一種で、此の傾向は年を追うて益々盛んである。

第三十二章　攻擊牽制法

第一節　攻制法一般に就いて

攻制法とは敵を攻擊牽制する方法である。兩刄鋒を交へて生死の岸頭に立ち、勝負を爭ふ時に當つては、防禦の必要なことは言を待たない。卽ち敵の太刀を或は交はし或は外し或は受流すは勿論であるが、併し之を以て能事了るとするは誤である。防禦は敵を擊突する一階段、先を取る爲めの一手段に過ぎない。されば交はす太刀、張る太刀、外す太刀は、同時に擊つ太刀でなげればならぬ。卽ち防禦は卽ち攻擊である。如何に巧妙に防禦しても、單に防禦するばかりならば、敵に先を與へるに過ぎない。されば敵に勝つ法は攻擊でないものはない。或は後の先或は先、其の上乘なるものは先先の先である。

古來一心一刀の敎がある。眞劍勝負の際に立合ふや否や、電光石火の早業を施すことで、古歌に

　　切り結ぶ太刀の下こそ地獄なれ
　　　　踏込み見ればあとは極樂

とある。其の境地に達したものである。或る稽古の時には一飛一擊といつて、敵の出合ひ頭を擊つをいつてゐる。恰も鷹が鳥の立揚らうとする場合、羽を廣げようとする所を目掛けて打つのと同じである。小野派一刀流に於ては、最初の組太刀一つ勝(切落のこと)一本發明すれば、今日入門したものにでも明日は必ず皆傳を渡すと敎へた。これ

切落すと同時に敵に當り、受けると共に直ちに敵を撃つことを教へたもので、二心二刀を戒めたのである。

然れども進んで利ある時、退き避けて利ある時がある。進退は間合の掛引きにある。若し攻めて先を制するに不利な時には、直ちに間合を取つて守り又敵が侵入を防いで我に有利な時には、直ちに進んで勝を制せねばならぬ。初學の者に向ふ時にも、種々の業を盡して能く其の程度を思慮し、一歩半歩の進退にも注意して、毫も怠ることがあつてはならぬ。又人の爲す所には各々長處と短處とがある。業に錬達して其の精妙な域に到達してゐる者は、常に進退、離合、動靜の程度を失ふことなく、間合を計り構を正して或は攻め或は守りて亂れることなく、善く敵の虛實を察して、變に應じ勝を制するものである。若し防禦に得意な者に對して、亂れかゝつて之に撃つ時には破り難く、攻制に得意な者に對して、守る時には敗れることは必定である。されば善く敵情を察して、其の所長を避け其の所短を求め、實を察し虛を知りて勝を制すべきである。

吾人平生の稽古に於ては、油斷欲心の雜念を悉く滅却することは甚だ困難な故に、常に其の措置を失ふのである。若し氣は確固不屈にして動くことなく、心は一所に統一して、而も其の活動が無念の間に行はれる時に當つては、自己の處する所を失ふことはない。平生の練習する構及び撃突の行動は、皆其の人の精神氣力の發現である。故に形が變化すれば敵の氣は之に因つて變化する。攻制は其の變化の際、太刀を動かす時、敵を攻擊牽制するのである。我が精神氣魄を以て、敵の精神氣力を制御するのである。此の攻制は勝負の分れる所であるから、常に機先を制して業の先を掛けることが肝要である。攻制の優劣は、機の瞬時先を制すると否とにある。而して其の要は敵の起る咄嗟に先に變ずることである。其の變化は虛實を以てす。此の時身體の進退捷速が自由でなくては、敵に一歩を先んずることは困難である。

第二節　劍尖の活動

古來、切先三寸には殺活自在の權があると云はれてゐるが、實に千金の價あるもので、敵に對した際切先には最も威力を示し、全精神を籠め、敵をして戰ふに先だつて既に威服せしめねばならぬ。卽ち構の場合、擊突の場合、攻める場合、退く場合總べて此の威力活動がなければならぬ。若し其の精神が籠らなければ死太刀となり、敵に乘ぜられ易いのである。これ昔から浮沈の教がある所以である。構へた場合は、我が劍尖を敵の兩眼の中心或は左眼に付けて多く離さないやうにし、攻める場合、退く場合は勿論或は敵の太刀を押へたり、拂つたりなど種々動かす場合があつても、直に元の構に復し、必ず我が切先を敵の兩眼の中心又は左眼に付けることを忘れてはならぬ。

吾人の身體は決して絕對に靜止するものではない。必ず心臟の收縮、弛緩、呼吸作用等に依つて、一定の調律を保つて振動するものである。從つて刀を持つて構へた場合も、劍尖は此の調律に從つて、絕えず活動するのが自然である。そればかりでなく我が精靈全部が、此の太刀先三寸に籠る時には、我が心氣は之に移つて自然に脈動して始めて眞の威力を生ずるもので、決して故意に動かすものではない。されば劍尖は、常に小波起伏するやうに或は鶺鴒の尾が上下するやうに動かさねばならぬ。之に依つて敵の氣を奪ひ或は迅速に擊出すのに調子がつき且我が業の起りを敵に知らしめないなど有利の點が多い。特に注意すべきは、わざ〳〵大きく劍尖を動かしてはならぬことである。心氣が靜かな時には、劍尖の動作も隨つて靜かに、心氣騷がしい時には、自ら騷がしいものである。故意に之を動かすは自己の心を動かして狼狽し、自繩自縛に至つて却つて敵に隙を與へ、我が機敏の動作を妨げるものである、而して劍尖の活動には、敵の劍尖との關係を絕つことなく、恰も敵の太刀と我が太刀との間に一條の絲を張つてゐるやうに、出しては引き、引いては出して、前進後退することが必要である。

彼我互に劍尖を合せてゐる時は、卽ち心氣の合ふ時である。刀尖が變化する時は、視力の記憶は重複して太刀の活動を視誤することがある。こゝに於て氣は之が爲めに動搖し。氣が動搖する時は其の動作も心も亦動き、隨つて形心氣に隙を生ずるものである。其の隙の瞬間に擊突を施せば、必ず敵を制するものである。無念流に於て、平星眼に構へて妄りに其の切先を動かさないのは、居附くのでなくして、先づ敵の術を出すのを待ち、之に應じて容易に臨機の業を出さうとする爲めである。

第三節 攻制法

勝負に臨んでは、勝を得ようとするは人の常情である。互に擊突を試み更に進んでは敵の太刀を防いで擊突しようとし、飽くまでも勝利者とならうとしてゐる。攻制法は敵の構に隙がない場合に、其の構を崩して敵に擊突を加へようとする手段である。敵が構を正しうし、守備を堅うする時には、之に向つて擊突を加へても、容易に功は奏せられない。故に敵の構を崩して隙を生ぜしめ、敵の活動を壓制して擊突を施さねばならぬ。

攻制法にも種々あるが、積極的の動作であるから氣合を充實させ、切先に全力を傾注して之を敵の咽喉部に著け咽喉部を攻めて進むか又は敵の右拳を攻めて進み込むか又は下段から追込むか或は敵の太刀を押へ或は裏から小さく跳ねて攻込むかで、是等は有效な方法である。或は我が太刀の延長線が、敵の左眼から胸部に至る間を、僅かに上下に刀尖を變化せしめて、攻込むのも亦有利な方法である。

敵に擊突を加へようとするには、先づ敵の氣を抑制して、敵の整然たる構の秩序を亂さねばならぬ。間合進退に於て敵に對して刀尖の變化をすれば、敵は之れが爲めに未發に己が氣を抑制せられて、其の構は崩されるものである。かく未發の氣を制する時には、自ら敵の行動の意圖は恍然として顯はれる故、敵の隙を撃突することが出來る。

1、彼我太刀を中段から下げて水平に構へて居る時は、我が太刀を敵の太刀下を潜らせて敵の太刀の上に乘せ、中段に構へて進むと敵の氣を壓する。

2、敵中段の時、我は太刀を水平の下段にして攻める時には敵の氣を壓する。

3、敵は上段我は中段の場合、其の構で我が刀尖を敵の左手に着けて攻める時には敵の氣を壓する。

敵の攻勢に對して氣を制するは、心の發動である精神の戰である。故に常に欲心を斷滅し、一物をも心に挾むことなく、所謂明鏡止水の心を以て敵を察知するのである。こゝに於て敵もなく我もなく、殺活自在となるのである。

攻制法は初學の者に於ては却つて危險であるから、相當修行を積んだ後に行ふべき業である。攻制法に於て特に注意を要する點は、我が切先が敵體から離れぬやうにすること。又高く上らぬやうにすることである。太刀を上げ兩手を伸張する場合には、氣も上つて其の太刀には威力がなく且つ隙を生じ易い。故に瞬時に刀尖の上下變化をなし、必ず變化自在なる青眼の構を本體として進出し、一連絡を取つて敵の間隙に乘じて撃突を施さねばならぬ。

古來劍道に三殺法の敎がある。或は三つの挫きともいつてゐる。卽ち刀を殺し、業を殺し、氣を殺すことである。刀を殺すとは前述のやうに、敵の太刀を左右に拂ひなどして、敵をして其の太刀を自由にせしめないことで、業を殺すとは我から鋭く撃突し或は足搦み體當りなどを施して、敵をして防禦に力を費して、業を施す餘地のないやうにせしめることである。氣を挫くとはこれ等の方法に依つて、敵の起りを察して常に先に出で、敵をして畏懼逡巡せしめる方法である。併し此の方法も亦未熟の者が妄りに之を用ゐる時は、却つて破綻を招くものである。又劍を踏むといふことがある。これ亦敵を挫く一方法である。敵の撃出す後を撃つと相撃となり又敵の働きに引き廻されると敵に先を取られる。故に敵が撃出す太刀を我が足で踏み附ける心得で、咄嗟に撃ち返して先を取り、敵が二度目の太刀を撃出すことの出來ないやうにすることである。劍を踏むは單に足ばかりでなく、我が心、我が體、我が太刀でもなほ踏み附ける心得が必要である。

第四節　撃突すべき機會

精神鍛錬と技術の錬達とに依つて、斯道の蘊奥に到達するに至つては、心は明鏡止水の如く、敵の動靜は悉く我が心に映じて殘す所なく、我には秋毫の隙もないから、敵が乘ずべき機もない。敵に隙ある時には、電光石火、神出鬼沒の妙技に依つて忽ち勝を制し、更に工夫を要する所がない。然れども普通人に於ては到底企て及ぶ所でない。故に撃突の好機會を捉へて逸することなく、之に乘ずることが最も肝要である。若し其の機を窺ふことなく、徒らに撃突を行ふ時には勞多くして功が少いのみではない、之が爲めに敗を招くに至るのである。

撃突する機會は多いが左に其の主なる例を擧げると。

1、敵の構に隙がある場合。

2、撃突の機會を作る場合。

イ　敵に隙がない場合。攻込むか又は敵の太刀を或は拂ひ或は張り或は捲落し或は押へて構を崩し、其の構の崩れた機會に撃突するのである。

ロ　敵の氣を迷はして隙を生ぜしめる場合。例へば籠手を撃つと見せて、隙の生じた面を撃つやうな方法。

ハ　我から擊突する際に敵が之を防がうとして他に隙を生じた場合。

3、敵が業を起さうとする出頭を擊突する。敵が業を起さうとするや否や、何等の猶豫もなく擊つことが肝要である。此の際敵の隙が現はれるのを待つて、擊突を加へる時には既に失敗に了るのである。敵の精神が既に面とか胴とかの一目的に向ひ、手足も亦之に伴はうとしてゐる際であるから、精神手足の働を急遽に變換することは至難である。故に擊たうとしてゐる目的に對することは困難であるが、其の他にはすべて隙を生ずるものである。

4、敵が擊つて來る瞬間に隙を生ずる機會を捉へて擊つ場合。例へば拔き胴、押へ籠手。

5、敵の構が備はらない場合。敵が異樣な構をするは思ふ所あるが爲めである。我は之に頓著することなく、氣を靜かにして徐に熟視すれば、彼は必ず再び構へて守るであらう。其の構へようとして構の成らない際に、進んで擊突を加へるのである。

6、敵の擊突した太刀を殺した場合。敵が擊突して來た場合に、敵の太刀を張り或は流し或は拂ひ或は捲き或は摺上げて、敵の太刀を殺した瞬間に擊突するのである。

7、敵が居附いた場合。敵が居附いて動かないのは敵が疲れてゐるか臆してゐるか或は狐疑心があるか、何れかの病のあるものである。此の場合に毫も遲疑することなく、擊込んで勝を制するのである。

8、敵を急かせて擊つ。急くときには心が何かの目的に強く捕はれてゐるのであるから、既に他方に心の隙があり、隨つて業にも隙が生ずるもので、此の隙に乘ずるのである。

9、敵の業が盡きた場合。盡きるといふのは、單に體勢に於てのみ隙を生じたのをいふのではなく、精神の盡きたことをもいふのである。

10、狐疑心の動くのを見た場合。既に心に或る疑惑があると、心は之に拘泥して其の他に於ては注意の周到を缺くものである。此の時隙を生ずる。僅かに心の動く時も同様である。

彼我互に守を固うして、毫も動かない時に當つては妄りに撃込み難いが、概していへば敵が中段下段に構へてゐる時には、其の劍尖の下る瞬間に、太刀を半ば振上げ十分に踏み込んで撃ち又敵の太刀が上る時には必ず籠手を撃つ。

古來三つの許さぬ處として、

1 敵が太刀を動かさうとする起り頭。
2 敵が我が太刀を受け留めた處。
3 敵が我を撃たうとして敵の太刀が外れた處。

を示し、此の三者は遁してはならぬ好機としてゐる。

林國太郎著の劍道之研究といふ書に次の表が載せてある

一、認識上
- 敵が疑惑を生じた時。　敵が判斷を誤つた時。
- 敵が感情に激した時。　敵が反應を起した時。
- 敵の氣力が挫折した時。　敵の止心の時。
- 敵の氣合を誘致した時。　敵氣を奪つた時。

微候及び豫備の場合
- 擧動の微候ある時。
- 見せ其の他の豫備行爲のあつた時。

機會の分類
- 二、實行擧動
  - 擊突し來る場合
    - 刀を振上げ又振廻す發點。
    - 刀を脱した時又落した時。
    - 刀の達しない時。
  - 返擊突の場合　受拂押等の動作直後の瞬間。
  - 體の移動の場合
    - 擧動の發點、中途及び終點。
    - 前へ後へ又は開いた時。
- 三、敵の狀態
  - 劍尖の動勢
    - 劍尖が紊れた時。
    - 劍の方向人體外に出た時。
  - 姿勢虛隙
    - 體の崩れた時。
    - 呼吸の空隙を生じた時。
  - 計略　敵を不利の狀態に陷れた時。
  - 利用
    - 敵の刀を利用すべき場合のあつた時。
    - 構備上我の有利な時。
    - 癖得意强弱氣質性格。

第五節　虛隙に就いて

擊突すべき好機として大體十項を示したが、之を概括して云へば、敵の實を避けて虛を擊つことをいふのである。

實とは敵の精神氣力が充實して毫も隙のない狀態をいひ、虛とは其の然らざる狀態に在るをいふのである。凡て人は能く右を守る時は左は虚となり又能く左を守る時は右は虚となり、随つて敵に乘ぜられ易いのである。實を避けて虚を擊ち、鋭氣を避けて惰氣を擊つとは、孫子の最も尊ぶ所である。されば實に向ふに實を以てし、虚に向ふに虚を以てする時は、勝を得ることは困難である。例へば敵が面に來る場合、我も面に擊込むは實に實を以てし、石に石を打合はすもので相擊となる外はない。此の時實の面をば摺上げなどして之を避けて、直ちに虚となつてゐる胴を擊てば勝を制することが出來るのである。敵が守りを固うして構へてゐる時は、實であつて擊込む隙はない。故に我から或は隙を示し或は色を示して敵の心に或は驚懼疑惑の心が起り或は敵の心が止まる時は、これ一方には實に他方には虚である。此の虚に乘じて擊込むのである。「虚實奇正を辨ずることを要す」とは古人の訓である。奇正は業を以て云ふのである。敵を動かすには先づ敵の實を誘うて之をして虚ならしめるのである。己は少しの隙なく流水の如くに變化窮まりなく屈伸、進退、自由で、所謂形に形なきを以てし、實を虚にし虚を實にして敵に向ふ時は、敵は必ず疑惑するものである。

動靜共に終始臍下丹田に全身の氣力を盈蓄して、他所に散逸し或は減退せしめることなく、構を正し氣劍體が渾然一致して敵に對する時に當つては、其の勢は恰も淵に據る龍、嵎を負ふ虎、地に蟠る大蛇のやうで、敵は恐怖震慄して、我には乘ぜられる寸隙もない。たとへ敵が擊込むもこれ皆亂打妄擊であつて、更に功を奏しないのみか、敵は隙に乘ぜられて一刀兩斷となるのである。前後、進退、上下、屈伸の際須臾も離れぬことの出來ぬものは、此の滿盈の體勢である。此の滿盈の體勢がない時には、こゝに隙を生ずるのである。而して其の隙は一つには動作に依つて觀察をすることが出來る。卽ち中段の構を中心として、太刀を上下、左右する場合は、其の變化の瞬時に於て一方に隙を生ずる體勢である。

堀田捨次郎著剣道教範に隙に就いて左に三項が示してある。

1 彼我最長距離を保つて相對峙してゐる時、刀尖上の水平線を脱出して太刀が出る時は隙體で、實體は水平線下に刀尖が變化するに在る。而して刀尖が左右に崩れるは隙體である。

2 彼我の太刀の交叉點に水平線を畫き、之を同一の力の合致とする。此の場合には刀尖を下して咽喉に著けた方が强體となり、交叉のまゝなる時は隙體となる。

3 彼我接近して太刀の交叉した點は力の合致である。此の時太刀を押せば刀勢は破れ、斜に押す時は敵は太刀を外すのである。此の場合交叉點から直ちに太刀を返して又は變化するに依つて强體となり、兩手を伸ばし或は上段に構へるは隙體となる。

第六節　敵に從つて變化す

彼我の兩刄相對峙する時に當つては、左に必ず敵に擊突を加へ、先づ勝を制しようとする念の起らない者はない。されども敵の好む所を爲すに、我は之に從つて勝つを眞正の勝とする。我が心は常に明鏡止水の如く明かに、我が體は靜肅に而して其の一旦活動する時に於ては、千變萬化窮りなく、懸待一致の妙技に達して、彼も我も到底端倪測知することの出來ぬやうに達人の域に到達すれば、敵の隙が現はれるに從つて勝つことが出來るのである。これ自ら求めて擊突を加へたのではなく、敵が來つて我に擊突を促し或は我に逼つて來る爲め、已むを得ず之に應じたのである。故に敵の體や太刀が微塵でも動いたり或は變化したしたりする時は、皆我に擊突の好機を與へて現れるのである。天の與へる者を取らない時には却つて禍を招くのである。總て敵の精神動作に於て、擊突の好機あるときには之を逸してはならない。

伊藤一刀齋の言に『理の勝は心に在る。術の勝は敵の教へる處に在る。睡つてゐる中に吾も知らずに痒き處を抓くが如く、何程能く眠つて居ても頭が痒ければ頭を抓き、足が痒ければ足を抓き、頭の痒いのに足を抓く者もなく足の痒いのに頭を抓く者もない。眠つてゐても痒い處があると、吾知らず痒い處へ手を遣るものである。されば敵が切りたいと思ふ處を少しも惜しまず敵に與へて、敵の心氣位を考へて、痒い處へ手の屆くやうに太刀を遣れば負けることはない』。と云ひ、又小野忠明の言に「勝ちたいと爭ふ心のある者は下手である。名人に至つては萬物を爭ふことがない。敵が切られに寄る處を切り、敵が突かれに寄る處を突くまでのことで、無理に勝つことを求めない」と云つてゐる。此の境に到達するには多年の錬磨修行を要するのである。一刀齋の歌と云はれてゐるものに

浦風や浪の荒磯の月かげは
　　數多に見えてはげしかりけり。

敵をたゞ撃つと思ふな身を守れ
　　おのづからもる賤が家の月。

又宮本武藏の歌と云はれてゐるものに

筑波山葉山繁山しげけれど
　　木の間木の間に月影ぞする

浦風やの歌の意は、浦曲に風起り爲めに荒磯に立つ荒浪に明月が映ずる時は、水上到る處其の波瀾の細大に從うて、其の映る影を異にしないものはない。劍道も亦變轉自在、敵に應じて緩急節に當ることは、恰も月が波瀾に從

うて其の映る影を異にしてゐるやうでなくては、劍道の妙處に達してゐると謂ふことは出來ぬ。一刀齋が此の意を詠じたのである。次に敵をたゞ云々の歌は、唯敵に勝つことのみに意を用ゐる人を戒めた歌であるが、之が解釋に至つては其の說を異にしてゐる。卽ち攻擊にのみ心を用ゐて、己が身を守ることを怠る時には、恰も賤が家の屋上に破壞の孔隙あつて、月光が之から射し入るやうに、我が身に隙を生ずると敵は之に擊入ると謂ふ意で、攻擊にのみ心を用ゐ、其の身の守を怠るは、獨り劍法の眞意に背くのみでなく、自ら敗を招くに足るものであるから、己の身を守るを緊要とし、敵に隙を生ずる時、之に乘じて擊突を施さねばならぬ。是れ劍法祕訣の說明である。他の說明は彼我構を正しうして相對峙してゐる時、我から先づ擊突を加へようとすることを思はずに、吾が心を明鏡止水にし、懸待一致の位に居て、靜肅なる體に構へて居る時は、敵の隙は自ら現はれ來つて、我に勝つべき好機を與へて吳れるものである。其の隙の現はれ來ることは、恰も月の光が賤が家に自然と洩れ入るやうなものである。又筑波山云々の歌の意も大同小異で敵も構を正し、吾も構を正し、互に精神の滿盈を持して居る時、吾は心を無念無想の明鏡止水にして敵に向へば、敵の隙は自然に現はれ來つて我が心に映じ、我に勝つべき好機を與へて吳れるものである。其の隙の現はれ來ることは、恰も繁き木の間木の間を月光が洩れ來つて照すやうなものである。

又明月が波上に映ずる時には、其の波瀾の大小に從うて其の月影を異にするものである。劍道も亦斯くの如く我には固定した常形はなく、唯敵に從つて變轉自在なることは、恰も月が波に映ずるやうに敵の起る頭、出る頭に乘じて擊突を加へることが肝要である。これ水月の稱の敎ある所以である。又露の位といふ敎がある。草葉の露は何物か僅に之に觸れると忽ち地に落ちる。劍道も亦氣合が充ちて、些の油斷もなく滿を持して構へてゐると、敵が動くに從つて忽ち發動して、勝を制することが出來るのを云つたのである。其の進む時は驀然擊突し、退く時は疾風反撃し、開けば忽ち電光石火、閉ぢれば忽ち舊態に復して、我が進退開闔をして徒勞に歸せしむることなく、而して敵を遇するの法は一つに貴賓を送迎するやうに侮ることなく、敵が重々しく大調子で懸る時には、我は輕く柔かに小調子を以て之に接し又敵が其の反對の形勢を以て來る時には、我も之に反した調子を以て應ずるのである。孫子の所謂逸を以て勞を待つとは味ふべき言である。

以上述べた所の敵の變化に從つて勝つ意と敵を抑へよ、或は引き廻せよ或は攻撃せよとの意とは、一見矛盾のやうに思はれるが、決して撞着するものではない。

第七節 呼吸の調節と活動

劍道と呼吸とは至大なる關係を有するものである。凡そ運動に依り身體を修錬する時には、之が修錬を積まない者に比して、其の呼吸は安靜時に於ても、運動後に於ても毎回呼吸の深さを增し、從つて呼吸數を減じ極めて緩徐に行ふものであるが、之が修錬を積まない者は運動後、急速且つ衝動的に呼吸するものである。斯道修行者は下腹に力を充し呼吸を整へ、務めて外形に表はすことなく、練習を終へて着座した際には、靜かに深き呼吸をして心悸を鎭めねばならぬ。氣息の急速なるは見苦しいものである。劍道は一面準急速運動である。跳躍の連續なる外に、兩臂の運動は胸廓の縮脹を促進する局所的力運動であるから、呼吸器の最も適當なる練習として、之を推賞するに足るとは吉田章信博士の言である。

運動は呼吸を調へることに依つて、全身を緊張して生生溌剌の活動をすることが出來るものである。即ち息を吸ふ時肺は從つて膨脹し、横隔膜下部に壓せられ、下腹部は壓力强大となつて全體に氣力興奮し又全體の筋肉緊張して活潑なる運動をするが、之に反して息を吐く時は、全身の活動は之に反するものである。劍道に於ては姿勢を正しくし息を調へて吸ふ時には、氣力は丹田に集中するが故に、體勢劍勢共に崩れないが、之に反して息を吐く時には、姿勢整はず、氣は自ら浮き躊躇の風がある。彼の密敎に於て說く所の呵吽は宇宙の根本原理を阿(開)吽(閉)の二音に認めたもので、呵吽の呼吸など云ふは、其の事の始終に精通してゐることを意味するのであるが、劍道に於ても之に依つて敵狀を察知せねばならない。呵とは吐く息で、吽とは吸ふ息である。靜かに敵の動靜を見よ。吽の息の時は頭は上り、體は伸び、呵の息の時には頭下り、體は低くなる。而して劍尖の活動も亦之に伴ひ、息を吐きながら劍尖を下げ、吸ひながら劍尖を上げるは自然であつて、擊突は必ず吐きながら行ふものである。

一呼吸を臍下に調へてゐる時は、體勢、劍勢は調うて操縱は自在である。故に應變の理法も、亦無爲の間に間斷なく活動することが出來る。之に反して口を開き呼吸が臍下に調はない時に活動すれば、體は亂れ、氣は動いて自由の働をすることは出來ない。されば敵に擊突を施すには敵の呼吸をはかり、吐く息の瞬時卽ち劍尖の下る瞬時に擊突すれば、敵は息を吸ひ次に吐きながら之に應ずるのであるから、倏忽の間に應ずることは出來ない。而して我は容易に勝が得られるのである。

凡そ百事百法は、皆呼吸の下腹に充溢した時に生ずるものであるから、先づ呼吸を下腹に調へ全身に滿たして、敵の吐く息の瞬時、卽ち全身の活動力が消滅する瞬時に攻擊せねばならない。斯道に於ては進退變化の間、此の呼吸を察知して業を施す時には、敵を制することは敢へて困難なものでない。

第八節　丹田の充力と調息の法

稽古試合中に於て、丹田の充力と調息とは必要缺ぐことの出來ぬものであるが、稽古の前後或は見學の時に於ても、之が修錬を怠らないやうにせねばならぬ。

一、丹田の充力

氣海丹田に心氣を充實せしめると云ふことは、即ち下腹部に力を入れることである。入力の方法は、正身端坐して下腹部、即ち臍下三寸の處に呼吸を吸ひ込んで徐ろに力を滿たすのである。滿す時の心持は垂直に入れるのでなくして、多少前方に下腹を推出す氣味にするのである。若し此の方法を誤つて、上腹部に力を入れると害あつて功はない。充力の方法には或は金剛力を出して充實せしめる方法もあり又輕く自然に力が滿ちて來るのを待つ方法もあり或は充力を一切示さない方法もあるが、要は健康を害しないやうにせねばならない。此の方法と程度とを誤らなたかつならば、其の效界は偉大なものである。心身が調適するから、自然に精神が穩健中正になり、虛心坦懷になり、天空活闊になり、無念無想にも入ることが出來よう。これ即ち一道清淨大禪定に入る最も效果の多い手段である座禪なのである。

二、調息の法

旣に正身端坐して丹田に入力したならば、呼吸を調適にしなければならぬ。これ調息の法である。普勸坐禪儀には「缺氣一息せよ」と示されてゐる。これは口を開いて十分に氣息を吸ひ込み、然る後に其の氣息を腹の奥底から力強く徐ろに口を細めて吹き出すのである。これを稽古の前後或は試合前數回實行すれば、騷がしい氣分は全く無くなり、精神が沈着になることは妙である。或は右の方法以外に次の方法に依るもよい。即ち氣息の呼吸は、先づ口を確と結んで胸を前に張り出し、下腹部に聊か入力して鼻孔から十分に氣を吸ひ込んで、其のまゝ下腹部に其の氣息を滿して、堪へられる限り留めて置き、愈々留められなくなつた時、徐ろに其の氣息を鼻孔から、細く長く十分に吹き出すのである。此の法は心氣を收め、血行を促進して靈肉を健にし、自他法界を一體にして、坐禪三昧に入る手段として有效である。之を行ふこと數回の後は自然呼吸、卽ち各自の無意識的の呼吸に一任するのである。

第九節　多勢の敵に對する場合

多數の敵に對する時には、敵の多數に我が心氣を奪はれることなく、多人數をも一人の如き心持で、我は安靜悠逸を主とし、出來得るだけ敵の多數をして互に相妄動紛亂せしめることが肝要である。卽ち敵の多人數をして或は互に相妨げ或は交々誤つて相擊たしめ或は雜つて互に相刺さしめるのである。而して我は其の間、機を逸することなく體を四方に轉換しては、敵をして三五人相重なり、多衆を一列側面縱隊の魚繫ぎにせしめて戰ふのである。

かくして如何に多勢といつても、一人づつ相手にして各個に打破ることが肝要である。敵二人の時は、右の敵に懸ると見せて忽ち左の敵に懸り、一人我が背後に廻る時は橫に開き、三方から敵が來る時は最も近き敵を斬り、先へ越し振返りて鬪ひ、敵が四方から來る時は其の隙のある方に切拔け振返りて戰ひ、前後に敵を受けた際は忽然振返りて後の敵を斬り、前の敵の氣を奪つて戰ふのである。要するに敵をして同時に二人切込み得ぬやうにし、其の最も近く進み出た敵に懸り、多勢にて危險なる時は先づ疾走して逃げ、其の中足速くして我に迫る者を、忽然振返りて袈裟に拂ひ切るのである。かくすれば幾人あるも一人と同樣である。又敵を追ひ掛ける時は、此の理を知つて進み轉ぶも妄りに近づかず、敵一人を圍む時には二人なれば二方、三人なれば三方、四人なれば四方よりするが有利である。

小野忠明の言に「敵はたとへ萬人あつても、八方から八人の外は同時に我に向つて斬込むことは出來ない。しかも八人の撃つ太刀には或は遠近があり或は遅速があつて一致はしない。廣々とした千里の野に於て戰つても敵は我が二尺際に近寄らなければ、其の太刀は我に當らないのである。されば場所の廣い狹いは關係がない。唯我が體に當らうとする太刀を制する時は大勢も一人である。其の用ゐる所の太刀も亦一刀である。大勢は却つて混亂して騷擾するものである。此の時我は能く心氣を養ひ、整治安肅なことを專一とする。大勢の敵に對して猛進するは不利である。唯敵を近づけて之を斬ればよいので、敵が十歩動くときは、我は三歩動いて前後左右へ身を轉換せねばならない。故に大勢に向つて我が精力心氣を揉む時は、達者な者でも精力は疲れ、心氣は奪はれ、日頃鍛錬の術も縮み竦んで用をなさず、遂に大勢の利となるのである。」

忠明嘗て薩摩に居た時、瀬戸口備前といふ者が試合を請うて己の宅へ招いたので、忠明は之を承諾して約束の日の午前十時頃、備前の宅を訪ねた。案内を乞うて客間に入らうとする途中、十坪許の板敷の稽古場があつて、之に究竟の門人二十名ばかりを控へさせ、忠明が半ば通り過ぎようとした時、彼等は忠明を取圍み一齊に刄を揃へて八方から透間もなく斬掛けた。忠明は八方へ身を轉じて卽座に八人を斬り殺し、重傷を負はせた者三人、其の餘は悉く逃げ去つた。忠明はそれから奥の間に行つて見ると、赤い廣袖を著た總髪の者が居て、大小を鞘ともに投出し叩頭して「貴公の術は神の如く、余輩の遠く及ぶ所ではありませぬ」というて再三宥恕を請うたので、忠明は之を免じて其の宅を出で直ちに他國に向はうとして、木の繁茂した山の麓を過ぎて居た。其の時山陰から數十の士が、「忠明を討ち取れ、逃すな」と叫びながら斬り掛つて來た。忠明は立どころに斬り殺す者六人、手傷を負はせた者五人、中にも一人は九尺許の鎌鎗を揮つて、忠明の右袖へ突込まうとした。忠明はそれをば袖に搦んで鎗を奪ひ、飛び込んで彼が眉間から乳の下迄斬り下げた。之を見た殘りの者は四方へ逃げ失せた、とのことである。又宇野金太郎は短い木刀を執つて今の四段五段の劍客五人に當り、敵が擊つ太刀をして一回も己の身に觸れしめなかつたといふことである。

第三十三章　防禦法

第一節　防禦法一般に就いて

防禦法とは敵の攻擊刺突を防ぐ方法である。單に自己の攻擊のみに習熟して、自己を防禦する方法を知らない者は、一を知つて二を知らない者で、全きを得る事は出來ない。防禦の術を知らない者は、敵に先んぜられて猛擊せられた際に、其の處置に窮し狼狽躊躇して、見苦しい失敗を招くに至るのである。攻中に守ありとは兵法の奧義である。彼の猛烈なる先の攻擊を制し、敵の意圖をして誤らしめて、却つて我に擊突するに容易なる機を與へるのである。防禦は攻擊と相俟つて其の方法を全からしめる者である。然るに初心の者には往々にして、敵の擊突する太刀をば受け留め或は受け流しなどするを以て能事了るとするのは、甚だ誤つてゐるといはねばならぬ。敵の擊突する太刀を受け流し、打落しなどするは、敵を擊突する一階段である。張る太刀、切落す太刀、受流す太刀は同時に切る太刀。突く太刀であつて卽ち石火の位、間髮を容れずともいふのである。若し一度之を遲疑する時には、天與も反つて禍殃となり、全勝を必すべき形も却つて危難挫敗の資となるのである。

撃つて來る太刀を太刀にて受けずして

體を交はしてさけならふべし

と歌つてゐる如く、太刀ばかりで防禦することは、縱令防禦し得ても必ず他の部に隙を生ずるものであるから、太刀のみでなく體をも變化することが肝要である。

第二節　防禦法一般の心得

劍道に於ては巧妙激烈なる攻撃と堅實輕捷なる防禦とが相俟つて、始めて勝を占められるものである。然らば如何なる攻撃に對して如何に防禦するか。今其の一般に就いての心得を述べよう。

1、敵との間合を適當に取り、構を正しうすることが防禦の基礎である。撃突を施した場合には、速に此の構に復することを忘れてはならぬ。

2、輕々しく業を仕掛けるのは、却つて敵に攻撃の機會を與へると同じである。

3、敵の色に付き誘に乘らぬやうにして、寧ろ其の裏を攻める事。

4、餘裕があれば體を退くか交はすかして、間合を遠くする事。

5、敵が撃突して來る場合には、其の太刀を押へるか、拂ふか、捲落すか、摺上げるか、張るかして敵の太刀を殺すや否や撃突すること。卽ち後の先の業を施すのである。これは防禦と同時に攻撃の良法である。

6、敵の出頭を押へるか、撃つか、突くかして敵の業を殺して我から撃突する。此の法は元來攻撃の法であるが、同時にまた防禦の良法である。

7、敵の擊突を避けながら踏込んで敵に接するか又は體當りをする事。

凡そ構を正しうし適當の間合を取れば、敵に擊突の機會を與へることは少いが、併し我に隙を生ぜしめまいとして防禦に心を奪はれ、我が攻擊力を減ずるが如きは最も憂ふべきことである。我が擊突の際に、隙を生じて敵に擊突せられても、臆することなく、我が擊突をして敵の擊突以上に大なる效果を得る覺悟でなければならぬ。

第三節　太刀の押へ方及び拂ひ方

是は敵の構を崩し又は敵が攻勢擊突に來る場合の太刀を殺すに用ゐるので、攻擊防禦に肝要なる方法である。總て敵の起る頭、動く頭を押へて自由に働かしめないで、却つて敵を自己の意の儘に引き廻はすは、劍道に於て最も必要な術であつて、之に反する時は甚だ不利である。併し敵も亦かく望むものであるから、能く其の未發の機を洞察して、之を押へ、我に無害のものは之をして爲すに任せ、若し一旦我に不利なるを認めた時には、之をして意の如くならしめぬやうにする。之を知り得る時には、攻擊にも亦最も有利で勝を制することが出來る。然れども之に心を奪はれるが如きは忌むべきことで、練習の結果自然之を用ゐる境に至らねばならぬ。左に其の方法を示すと。

押へ方に於ては、右下と左下とに押へる二方法がある。右下に押へる場合には、構の手許の位置を餘り動かさずに、切先を以て右廻しに小圓を描く。又左下の場合には切先で左廻しに小圓を描くやうにして、手許を稍々絞つて押へながら握り締め、力を切先に入れて柔かく押へるのである。此の時體は僅かに前か右前か或は左前に進んで敵の構を崩し又敵が擊突して來た場合に右下に押へるには、體を其の位置か或は僅かに左か左後に交はし、左下に押へる場合には、其の位置か右後に僅かに交はすのである。押へるには柔かに且つ小さくするが安全である。古人も打ちは大きく、防ぎの太刀は小さくと訓へてゐる。

拂ひ方は、敵の太刀を右か右下或は左か左下に拂ふ方法で場合に依つては種々ある。敵の構を崩す場合には右足から體を進め、手許を僅かに前に出し、切先に力を入れて敵の太刀を拂ひ又敵が撃突に來た場合、若し面に來た折には、手許を稍々右上か左上にして拂ひ、若し籠手或は突に來た場合には、右か右下或は左か左下に拂ふのである。體は其の位置或は變はす事もある。尙太刀は小さく拂ふのである。

第四節　太刀の捲落し撃落し及び張り方

是も前節と同じく敵の構を崩し又は敵の撃突の太刀を殺す方法である。

捲落し方には右下と左下との二つの法がある。右下に捲落す場合には、手許を緩かにして切先で敵の太刀の下を潛らせて、右廻しに小圓を描きながら、手許を締めて捲落すのである。又左下に捲落す場合には、反對に下から左廻しに切先で小圓を描きながら捲落すのである。又我が太刀を少し高く上げ圓を描くやうにして、敵の太刀を捲落すもよい。肝腎なのは手許の締りの工夫である。體は敵の構を崩す場合には前進して行ひ、敵が撃突に來た場合には其の場で行ふこともある。右下に捲落す場合には、稍々左か左後。又左下に捲落す場合には稍々右か右後に體を變はすが良方法である。

太刀の撃落しは敵の握りが固い時又は油斷してゐる時又は業を施さうとする起り頭などの時に、十分に手許を締めて、強く上から撃てば撃落されるものである。

太刀の張り方も右、右上、左、左上の方法がある、敵の構を崩す張り方は、手許を僅かに前に出し切先に近い鎬を以て敵の太刀を右か或は左に張つて押すのである。敵の衝突の場合は、其の場合に依つて異なるが右か右上に張るには、手許を僅かに右か或は右上にし、太刀を稍々左斜にして行ひ又左か或は左上に張るには、手許を左か左上に上げて、太刀を稍々右斜にして施すのである。かくして始めて敵の撃ち來つた太刀は、自然に右下或は左下に流れるのである。

第五節　面、籠手、胴、突の防ぎ方

一、面の防ぎ方

敵が面に撃込んで來るのを防ぐには、構を正しうし間合を適當に取ることが最も必要である。之に反する時は防禦上不安全である。動もすると面を防ぐに頭を左右に傾ける者があるが、之は眞劍の場合ならば假令腦天は避け得たにしても、半面か肩かは斬られるのである。又仰向く者がある。之は咽喉を突けよと、敵に隙を示すも同然である。

故に體全體を以て交はさねばならぬ。敵が面に撃込んで來た場合には、構を崩さないで其の儘體を後か右後か左後に退くも安全な方法であり、或は場合に依り太刀を右上か左上に張りながら、進出て敵に接近するのも一方法である。一般に用ゐられてゐる方法は敵の太刀を拂ふか張り流すか捲落すかするのであつて、之も體を前後左右等に交はしながら行ふのである。尙手許は上り過ぎ或は左右に行過ぎる事のないやうに注意せねばならぬ。

二、籠手の防ぎ方

籠手の防ぎ方も、面の防ぎ方と同樣に構を正しうし、間合を適當に取る事が大切である。本來籠手に隙を生ずるのは敵を襲突する場合、間合が近過ぎた場合、切先が上り過ぎた場合、手許が上つた場合、特に面を防がうとして手許を上げた場合などである。我から業を施した場合は、速かに正しい構に復することが籠手の防ぎ方である。防禦の方法は場合に因つて萬化しなければならぬが、敵が撃込んで來た場合には、其の儘か或は左か左後に僅かに體を交はすと同時に、敵の太刀を右下に僅かに拂ふことと又構を崩さずに其の儘後に退ること又手許を僅に右上に上げ太刀を稍々左斜前にして右に張ることと又敵の太刀を捲落すこと。人によつては籠手を安全にする爲めに殊更に右臂を伸ばし或は櫃頭を右に寄せ、太刀を左斜に構へる者があるが、之は一部を防禦する爲めに殊更に窮屈な構となり業の自由を妨げるものであるから避けねばならぬ。

三、胴の防ぎ方

胴に隙を生ずる場合は敵を襲突する際、殊に面に撃込む時及び敵の業を防ぐ際に多いのである。敵が胴に撃込み來るのを防ぐには、右胴の時には體を其儘か或は左、左後、後に交はすと同時に敵の太刀を、右下に拂ふか張るか押へるか捲落すかするがよい。又左胴の場合は體を其の儘か或は右、右後、後に交はすと同時に、敵の太刀を左下に拂ふか張るか押へるか捲落すかするがよい。又敵の手許に跳入つて我が胴を撃つ暇もないやうにさせるのも一法である。尚敵が誘ふ時は元許を上げ或は他の部を防ぐ時に手許を大きく上げることは戒めねばならぬ。

四、突の防ぎ方

突の防ぎ方も場合によつて異なるが、體を後に退くのも一法である。又體を右、右後、左、左後に交はすと同時に、敵の太刀を左か左下か右下に拂ふか張るか捲落すか擊落すか押へるかするのも良法である。尚張るにしても押へるにしても皆小さく且輕くせねばならぬ。

第三十四章　稽古

第一節　稽古の意義及び目的

稽古の稽は考へるの意で、古は古の事の義である。これは書經といふ書物に「古の帝堯のことを稽ふるに」と見えて居る。これが我が國では學習することを稽古といひ、物事を練習する意味に用ゐるのである。

稽古は實に劍道修行法の主要なる部分を占めてゐて、時間と精力とを最も多く費して努力せねばならない。技術を錬磨し、精神を鍛錬して、其の奧義を窮めるのも又身體を强健にするのも多くは此の稽古によるのである。基本及び應用の動作は、撃突の基礎を約束的に敎育するものであつて、敵の千變萬化に對して行ふ動作を練習するものではないから、精神と身體の鍛錬の兩方面に於て、十分なる效果を擧げ得ることは困難である。然るに此の稽古に於ては、敵の變通窮りなき動作と神變不測の精神作用とに對して、臨機應變の處置に出る動作である。縱令工夫して諸般の技術を試み、それが失敗に歸しても、尙屈せず硏究を繼續して行くから、技術は自然に上達し、精神も自ら鍛錬せられるのである。試合は稽古を積んで然る後に行ふべきもので、其の人の精神技術の活動の奧妙を表はすものであつて、此の際撃突の方法等に就いては、十分に意を留める事は出來ない。されば此の稽古を行はないで、基本應用の動作の練習後、直ちに試合を行ふ時には、必ずや撃突は不合理に、姿勢は不良に陷つて、基本動作も根柢から破壞せられてしまひ、隨つて上達を期することは困難になるのである。稽古は實に基本應用の動作から試合に移る階段である。

地稽古に於ては、道具に身を固めて練習するから、撃突せられても苦痛を感ずることがない爲めに、動もすれば眞劍の觀念なく、輕々しい動作に陷り易い。かくては心身の鍛錬に何等の價値がないのみでなく、進步の妨害となり、惡習慣を作るものであるから、稽古の際に於ては、基本に於て習熟した姿勢動作を亂すことなく、一進一退、眞劍試合の心を以て行ひ、氣を張り、心を落着け、間合虛實を考へ、刄筋を正しくし、手足を輕く、下腹に力を入れ、全身が堅くならぬ樣に注意して、敵の骨を斬る覺悟を以て、雄大豪壯なる練習をすることが肝要である。

第二節　稽古に就いて

基本應用の動作は、一定の法に依つて行はれるもので、其の動作に於ては固より巧拙はあるが、著しい差は見出されない。稽古も亦各人同一かといふに、其の詳細に亘り實際に就いて見るに、各々特徴があつて稽古振りを異にしてゐる。或は攻擊的の稽古或は防禦的の稽古がある。其の中にも莊重なる稽古、敏捷なる稽古、輕快なる稽古、鈍重なる稽古、佶屈なる稽古、舞踏の如き稽古がある。又姿勢動作に於ても或は無理の多いもの或は無理の少いもの
のがあり又擊方に於ての先の擊方に得意の者、後の擊方に得意な者がある、又業にも大小得意の差があり、間合の遠いもの、近いものがある。要するに望ましい稽古は、姿勢は正しく、動作は敏捷活潑に、しかも業に凝りがなく伸々として、擊突は其の法に適ひ、遠間の稽古で、近間の業も出來る雄大豪壯の稽古である。之に反するものは惡い稽古である。

人は各々其の體の大小に因つても、亦稽古を異にしてゐる。體の矮小なる者は間合を遠くし、體を自由自在に輕

快に動かし、縱令敵の體當りがあつても或は流し或は退き、總て輕快なる稽古が必要である、體の大なる者或は腕力のある者は之を賴み易く、隨つて業に無理を生じ、進步を妨げるものである。一旦年華を經て體力の衰へた時は業は急に落ちるものである。

又稽古は常に守勢より攻勢に出ねばならぬ。「能く守る者は能く攻める者には及ばない」とは戰に於ての通則である。但し進むことばかりを知つて、退く事を知らないのは策の得たものではない。進んで利あると、退いて利あるとの分別は、彼我の兩者相對する間に自然に生ずるものである。場合掛合の權衡によつて或は進んで生き或は先づ彼の氣を避け退いて彼の撓むのを待つて、之に應ずることがある、退くのも心の臆した爲めではない。進退共に其の時を失つては、勝は得難いのである。併し眞劍勝負とか又は大事をとる勝負とかの特別の場合の外は、守勢よりも攻擊の方が有利である。殊に稽古に於ては守勢的練習よりも、攻擊的練習が大切であつて、如何なる强敵に向つても臆せず屈せず、攻擊的態度に出で能く機先を制し、相手の意氣を挫いて術を施すやうに練習を積まなくては、技術の上達は覺束ないのである。されど前述の如く防禦的精神を沒却して、唯單に攻勢のみに出るのは無謀の術である。要するに退嬰的防守的稽古は、攻擊的稽古には及ばないのである。

第三節　個人的稽古法

個人的稽古は、古來最も廣く且つ多く行はれた稽古の方法であつて、しかも稽古上最も徹底する方法である。稽古を行ふには、技倆の勝れた者が元立となつて、未熟な者を連續的に稽古をつけるのである。而して道場には上座と下座とがあつて、上座には技倆の勝れた者が立ち、下座には未熟な者が立つて互に稽古をする。之を上座の者から言へば引立稽古で、下座の者から言へば懸り稽古である。一人の教師で多人數の個人的稽古を行はうとする時には先づ準備動作を行つて、然る後に其の數に應じ、場所に應じて互に種々の方法によつて稽古せしめる。教師に稽古を願ふ者は坐して己の番を待ち、常に見學の要領に則つて見學し又稽古を願つた者は、暫く休んで互に稽古を初める。而して此の一回の稽古の終りには、必ず撃込み切返し體當りを行はねばならぬ。

個人的稽古は相互に太刀を持して相對立し、攻突攻防の動作を交へて龍戰虎鬪の裡に、心身を健全に氣象を勇壯ならしめるのである。精神を太刀に集注して精神を統一し、進む時は自ら滿身に熱血涌出して、敵を倒さなければ止まぬといふ勇氣を鼓して大なる氣概を養ひ、而も常に恭敬の念を失することなく、溫良恭儉讓の諸徳を涵養し、萬難を排除して忍耐自信の力を鞏固にし、上達の域に入りては神出鬼沒の働をなすことが出來る。眞に實際的に心膽を錬り、徹底的に心の修養を爲すことが出來るのは實に個人的稽古である。而して劍道が比較的强度の運動であるにも拘らず、各人の體質年齡に應じて適當に稽古をなし、過勞に陷らしめる事のないのは、此の個人的方法の特色である。

第四節　團體的稽古法

前述の如く稽古の徹底を期するには、個人的稽古法に依るを以て最上とするが、併し現今の如く學校及び其の他の團體に於て、一人の教師若しくは數人の教師及び助手を以て、一學級約五十名位を稽古するには、已むを得ず團體的稽古法に依るの外はない。唯最も注意を要するは、各人體質の異なる者が所定の時間、一定の動作を一律に行ふのであるから、教師は常に習技者の狀態に注意して、過勞に陷らしめる事のないやうにせねばならぬ。團體的稽古

法には其の方法は種々あるが、之を一齊に行ふに當つては、一回約三分間を以て限度とす。今其の方法の二三を示すと

1、稽古――初メ……………………止メ

2、(イ)後列一人(何人)右ニ……………送レ

(ロ)稽古――初メ……………………止メ

3、(イ)後列奇數偶數番號――入換レ

(ロ)稽古――初メ……………………止メ

4、(イ)後列各組何番迄左翼ニ付ケ（後列二十五人なれば之を一二三四五の番號により五組に分ち置く）

(ロ)稽古――初メ……………………止メ

之を行ふには場所に應じて、適當に二列横隊に向はしめ或は適當に其の位置を定めしめる。而して横隊の順序は或は身長順に或は技倆の程度に應じ或は前後列の身長を逆に或は時に生徒をして自由に相手を選ばしめて、常に其の相手を變更して行ふ。かくして自覺的に、趣味的に、快活に練習して進歩を計り、判斷及び作戰計畫等の對敵應用の術を覺知して研究せしめる。團體的稽古法は、動もすれば形式に流れ、斯道の要求を誤り、其の活動も死物となり易い。故に此の稽古法に於ては百技萬法を練習し、氣力の充實を計らねばならぬ。

第五節　團體的稽古法及び個人的稽古法に於ける注意事項

1、禮の交換は最も鄭重に行ふ事。團體的稽古法に於ては之を缺き易い爲め特に注意を要す。

2、稽古の時は姿勢撃突の方法が不正確になり易い爲め、教師は之に十分の注意を拂ひ、基本の各業を應用することに練熟せしめる事。

3、團體的稽古の時には、教師は巡視して不正確に行ふ者は之を直ちに矯正する事。孰れの方法を問はず矯正する場合には、同時に二個以上を示さぬ事。

4、稽古時間は短くして、全力を擧げて行ふやうに訓練する事。長時間之を行ふ場合には、習技者は來るべき疲勞を懼れて、全力を傾注せず又過勞に陷る者がある。

5、下級者は上級者の上席に在つて稽古を行はしめぬやうにする事。若し同等の技倆の者が練習する場合には年齡により或は學年の上下に依つて定める事。

6、上級者は下級者に對して强制的練習を行はぬ事。

7、時々休息せしめる事。長時間連續して行ふのは進歩の良法ではない。

8、稽古中道具の離脫及び其の他の事故を生じた場合には、速に列外に出して修理し又應急の手當を行ふ事。其の時に相手も同樣列外に出して蹲踞し、何時でも稽古に應ぜられる樣にして待たしめる事。

9、時に姿勢を崩し易い左右胴の擊を禁じて行ふもよい。特に場所の狹い所で多人數の團體的稽古を行ふ場合に於て然りである。これ教育上の一手段である。

10、教師及び上級者に對しては自ら進んで稽古を受ける良習慣を養ふ事。而して相手は常に同一人を選ばしめぬ事。

第三十五章　稽古の種類

第一節　擊込み稽古

擊込み稽古とは、先づ姿勢を正しくし十分に氣合を籠めて、丹田に力を入れ、手足を輕く保ち、籠手から面、面から籠手、籠手から胴と間斷なく變化して細かい處まで擊込み、擊込んでは退き、退いては擊込み又擊込んでは體當りをし、千變萬化、縱橫自在に我を忘れて氣息の續く限り稽古するをいふのである。さればとて業を顧みないのではなく、業は無理のない正しいものでなくてはならぬ。擊込みを行ふには遠間から、心氣力を一致して速かにするのである。遠間からの擊込みは體の運びをよくし、業は伸び體を錬る點に於て有效である。

擊込みは間合はなれて飛込みて
　わが鍔元で斬る心せよ

と訓へてゐる。先づ切返し、擊込み切返し、擊込み切返し體當りに習熟した者は、此の擊込み的稽古を練習せねばならぬ。古來此の練習の最も必要である事を稱へ、其の之に依つて得られる所の效果を述べて、擊込み八德或は擊込み十德を擧げてゐる。

1　姿勢が端正になる。
2　身體が强健になる。

3 四肢の力を増し動作が輕妙自在である。

4 技術が快速となる。

5 氣息が長くなる。

6 眼は明かに聲間が明かになる。

7 撃ちが强く且手の内は輕く冴えが出る。

8 疑懼心を去り、心氣力を一致ならしめる。

以上は主として外形的方面の效果であるが、之を精神的方面から視ると、勇往敢爲の精神を養ひ、疑懼心を去り、心氣力を一致し、膽力を錬り、精神の統一を得る等の效果がある。かくして始めて電光石火の機に乘じて、誤らない精神と技術とを習得するのであるから、十分に練習を積まねばならぬ、此の練習は教師又は上級者に對して行ふが最も有效であるが、同級者間に於ても亦可である。

第二節　懸り稽古

懸り稽古は擊懸る事を主として行ふ稽古である。隙とか當り等は念頭に置くことなく、待をなくして滿身の力を極め勇往邁進、鋭を一擊に集注して猛烈の勢で身を捨てゝ擊突し、十回又十回氣盡き體疲れて止めるのである。其の進退擊突は濶大伸長を貴び、短縮狹小をば忌むのである。緩慢の動作で十分間の稽古をするよりも、急激の動作で二三分にも堪へない方が優つてゐる

此の稽古は五格者に於て行ふも亦有利であるが、教師及び上級者に向つて行ふが最も有益である。練習中に於て

は間合、氣合、呼吸等の微妙な修錬が必要であるから、直接に敎師先輩に敎を受けて、これ等の點を十分に領會し自らは悟り難い點或は矯正の困難なる自己の固著した短處惡癖の矯正及び批評等を願ひ、尙又遠慮なく自己の全力を擧げて稽古することが出來るから、心身を錬り技術を進める上に於て頗る特徵がある。

第三節　引立て稽古

此の稽古は敎師が生徒を引立てゝ、正しく上達せしめる爲めに行ふ稽古法である。されば無理或は正しくない太刀は決して擊たしめず、之に反して正しい太刀は入れて擊たせねばならぬ。又擊込み來る太刀は單に之を受け留めるのみでなく、相手の隙を見ては折々面を擊ち或は籠手を擊ち、互に擊込み合ふ心を以て受けねばならぬ。一本擊にて緣を絕つことなく又大きく振り冠つて擊つ事のないやうにする。然らざる時は相手は拍子拔けして擊つ事が出來ない。古人も「上手を下手にして遣ひ、下手を上手にして遣へ」と敎へてゐる。又前進後退しながら間合を敎へ、なるべく敵の太刀を殺さぬやうに、伸々と練習せしめると共に、相手の缺點をば無言の中に會得せしめる。又缺點を指摘するにしても、一度に多くの缺點を示すと、相手はそれに氣を取られ臆して思ふ業が出來ぬから、氣長く漸次に矯正することが肝要である。槪していへば溫良を以て之に接し、善く修技者の人となりを審にし、其の技能優秀如何に因つて精神動作を異にし、若し一人で數回の稽古を爲す者に對しては、務めて每回接戰の方法を變へて導かねばならぬ。これが後進者指導の好手段である。

孰れの方面を問はず、敎師の精神技術の如何は、直ちに習技者に多大の影響を及ぼすものであるが、殊に劍道に於ては然りとするのである。若し敎師の技術が十分でない時には、生徒は或は初段位に至る事はあるが、敎師の技術を越えて上達することは甚だ困難である。又無言の間に及ぼす精神的の感化は實に偉大なものである。此の方面から見ても、教師の技術の錬磨と精神の修養とは甚だ必要である。而して師を選ぶ事も十分に顧慮せねばならぬ。

引立て稽古は之を引立てゝ稽古する者の方面から見ても多大の效果がある。古來擊込み受け方八德が稱へられてゐる。

1 姿勢が確實となる。
2 身體が輕捷自在となる。
3 腕力を增進する。
4 眼が明かになる。
5 敵の太刀筋が明かになる。
6 受け方應じ方が明かになる。
7 手の內が締つて太刀に力が生ずる。
8 心が靜かに納まつて沈着になる。

第四節　五格稽古

五格稽古は、技術に於て大差のない者同志の稽古であつて、學校に於ては最も多く行はれてゐるものである。此の稽古は動もすれば業を惜しみ、當りのみを考へ或は擊突を輕々しくして、毫も精神を修めず或は遊戲的氣分に陷り易い。かくては幾年を經過しても上達は覺束なく、心身の鍛錬上にも得る所がない。されば此の點に十分の注意を捌つて、基本動作に於て習得した姿勢動作を亂すことなく、之を活用するに務め、平生の練習も眞劍試合と思ひ、十分に精神を緊張して、敏捷猛烈に鍛錬的練習をなすことが肝要である。

尙相手に就いて一言すると、凡そ稽古は數を重ねるに從つて稽古の行ひ易い者と行ひ難い者とが區別せられる。殊に互格稽古の時には、其の稽古の行ひ易い同一の相手を求める弊がある。かくては意氣の緊張を缺ぐのみでなく、お互の業を知り合つてゐる爲め、同一の動作を繰返し上達が遲い。これは最も戒しめねばならぬ。相手は業の上下難易を問はず、種々の階級に亘つて、成るべく多くの變つた人を相手に選ばねばならぬ。旣に述べた樣に稽古は百人百樣であるから、これ等の變つた業に接することは、業を錬り心を錬る上に必要な事である。

此の互格的稽古に於ては、自己の腕前を試し且つ自己の腕前を自覺し、自信を强め、興味を覺え、知らず識らずの間に得る所が少くない。

第五節　試合稽古

試合稽古は、專ら試合の豫習をなす爲めに行ふ稽古であつて、普通多く行はれてゐる擊込み稽古と相俟つて、大いに業を錬り、心身を鍛錬する所の稽古である。特に敵の動靜に注意して其の機微を洞察し、變に應じ機に臨み、千變萬化の術を施し、敵の心を挫き、業を殺し、間合懸引虛實を盡して、心身共に微妙の働きを錬るは此の稽古であるから、大いに精力を注がねばならぬ。他の稽古の前後に於ては、必ず數本は勝負的稽古をなさねばならぬ。縱令勝負一本或は勝負三本と勝を掛けて試合しないまでも、心中に此の心持を忘れず、敵の太刀をして聊かも我が身に觸れしめないやうにして稽古すべきである。固より勝負のみを意としてはならぬ。動もすれば初學者は徒らに勝負のみを爭ひ、基本動作に依つて得た姿勢、動作、態度等を崩し易いから、此の點には十分の注意を拂はねばならぬ。

第三十六章　接觸動作

第一節　接觸動作に就いて

接觸動作は、敵と接近した際に施す業であつて劍道の主たる業ではない。組打ち、足搦み等は體力氣力を養成するものであるけれど、此の動作を以て本旨とはしない。血氣に逸る青年は、往々にして之が爲めに高尙なる精神を忘れ、粗暴の行動をなすに至り、其の最も大切にして本旨とする所の擊突を鈍らせ、業の上達を妨げる者がある。故に正法に依つて施さねばならぬ。正法に依らない業は暴行となり、無禮となり、無法の動作となり、斯道修行の本旨に戻るものであるから愼しまねばならぬ。

第二節　鍔　糶　合

敵と相接して鍔と鍔とが相觸れる狀態になるを、一般に鍔糶合と云つてゐる。此の場合は手許を下げて、太刀をば稍々右斜にし、下腹部に十分に力を入れ、身體は縮まぬやうに足腰を伸ばし、敵と丈較べをする考で強く入込み、體勢を確實にすることが肝要である。之に依つて我が心の勇猛堅固を示し、敵をして畏縮せしめて、旣に心に先を取るのである。かくして始めて心身に餘裕を生じ、動作は敏速自在となることが出來、而して敵に對しては、其の刀腹を壓し、其の太刀の動きの自由を拘束するのである。

敵に隙が生じ或は敵の弱點を見た場合には、之に乘じて或は擊突を加へ或は押倒すのである。押倒すには敵の浮足、出足、送足の發端を刈ると同時に、我が太刀を以て上體を前方に押して倒すのである。此の場合擊突を施すには、間合を適度に取らねばならぬ。それ故に敵を押倒すか押離すか又は自ら退くか若しくは體を交はすかの其の孰れかの方法を以て、面、籠手、胴等を擊突せねばならぬ。又一旦退いて、迅速に業を仕掛けるのも有利な方法である。無意味に押合ひ、無爲に立ち、呆然として別れるが如きことはあつてはならぬ。又敵から押された際には、敵の力を左右の斜に外して防ぎ或は敵の太刀を斜に押し外して、左右に體を交はして敵の體を崩すのである。太刀を外す時は右拳を上に返し、四指を頭上に向け、太刀を右斜とし間合を取つて擊突を行ふのである。敵が押した際には、自然手は前方に伸びるが故に胴に隙を生じ又體の崩れた際には正面或は左右面に隙を生じ易いから、逸せず擊突する事が肝要である。

又鍔鬩合の際に、敵が我が中欛を握り取らうとする時は、故らに我が右手を欛から離すがよい。然る時は敵は欛を取らうとする勢で思はず知らず深く入り込み、我が體の後に進むものである。此の機を失することなく業を施すことが必要である。旣に欛を握り取られた時は、我は右手を離して手掌を以て敵の太刀を下方へ打ち拂ふがよい、然る時は敵は忽ち刀を落して、快く勝を制することが出來るものである。千葉榮次郎の言に「余は中欛を取られようとし又取られた事前後數十回に及んだが、常に此の兩方法に依つて敵を制し、未だ嘗て失敗をしたことがない」と、又我から進んで中欛を取り却つて太刀を拂ひ落された時は、直ちに雙手或は隻手を以て、敵の足を執り揚げると、敵は忽ち顚倒するものである。

第三節　體　當　り

體當りは我が體を以て敵の體に衝き當り、左の目的を達する爲めに行ふ手段である。

1、敵の氣勢を挫く爲め。

2、敵の體勢を崩し隙を得る爲め。

3、敵を衝き倒し後撃をせしめぬ爲め。

是は勝を制する有利な方法であつて且つ自己の體力を錬り、持久力を進め、特に腕や腰の力を增して、體勢を堅實ならしめる等總べて技術上達の基礎を作るものである。卽ち姿勢を整へ動靜を正しうしようとするには、此の方術精錬せねばならぬ。氣力の充實してゐる我が體を以て、一氣驀進、餘力を殘すことなく、疾風迅雷、其の迅速なることは敵が之を避けるに遑がなく、其の猛烈なるは敵をして其のまゝ立つ事が出來ぬやうにする。これを體當をりの眞勢を得たものと云ふのである。

其の方法は擊込み或は突込むと同時に、太刀を稍々右斜に傾けて、左手を己が腹部に、右手を胸に取つて手許を確實にし、渾身の力を以て敵の體に衝き當るのである。此の時下腹に力を入れ、腰を据ゑ、體を稍々落し、敵の體をば手と腹との力で下から上に突上げる樣に當る。又體の小なる者は衝き當る時、兩拳を以て強く敵の膊に向つて下から掬ひ上げて突き倒すがよい。又一氣驀進、衝き當ると同時に、右手の拳を以て敵の咽喉部を激突すれば大なる效果がある。普通體當りは正面からするが、敵の力が強くて動かぬ場合には、敵の右から稍々斜に押し或は左から押して、其の機に應じて行ふがよい。體當りの際に已が頭を前に出し或は兩手のみを伸ばして敵の體に當るは宜しくない。敵と我と共に體當りを行つた場合には、特に下腹に力を入れ拳を下げて居るものに勢力がある。

初學の者が此の體當りを獨修する場合には或は五回或は十回連續して行ひ反復練習を要す。かくして倦まず撓まず之を勤修して善く之に熟するに至る時、之を敵に試みれば、忽ち敵の顚倒するを見又敵から衝き當り來る場合には、之を彈ね返し或は身を翻して之を避ける事を得て、敵をして徒らに疲勞に惱ましめるのみでなく、其の身體をして我が手中のものとならしめるのである。此の修行を重ねた者は常に姿勢の肅整を得、身體の動作は輕捷なるを得て、不意の事に應じても、之に處して綽々として餘裕があるであらう。如何に千萬人と雖も吾往かんといふ氣概があつても、此の鍛錬に待たなくては、實際の效果は見えないのである。角觝の初心者が全身を惜しまず、大關に衝き當り行くを見れば、思ひ半ばに過ぎるであらう。

體當りを施した際、敵が倒れるか或は體勢が崩れて隙が生じた場合には、

胸倉に肩もて葉津美突き飛ばし
崩れ立つ身を追擊ちにせよ

といふ歌の如く、其の機を逸せず擊突する事が肝要である。此の際又退き面、退き籠手、退き胴を施すもよい。されども一回の擊突に失敗した場合に、尙三回四回と連續に擊突を加へるが如きは見苦しい態度である。

宇野金太郎は近世劍道の名人であつて、其の聲譽は關西に聞えてゐた。其の初學獨修の時には、空俵に砂石を充滿して之を樹下に垂繫し、已の體を以て連續之に衝き當り、日夜之を怠らなかつたといふ事である。又高橋道太郎は泥舟の嫡男で、山岡鐵舟門下の錚々たる者で、無刀流の免許皆傳である。嘗て明治十一年八月、上野に明治天皇

の御臨行があつて武術上覽の節、當時警視廳の師範役で、桃井春藏の門下に勇名を馳せた四十有餘の上田馬之允と二十二三歲の高橋道太郎との試合があつた。其の時高橋は激烈なる體當りを以て上田を衝き倒すと、同時に面を擊つて天覽の晴の名譽を得た事は有名な話である。

體當りの效果は斯くの如く偉大なものであるから、擊込み切返しの場合には勿論、普通稽古の時にも十分に之を練習せねばならぬ。

二の腕と腰のさだまるそれまでは
擊込むたびに體當りせよ

第四節　體當りの受け方

敵が體當りを行ふ事を知つた時には、敵以上の氣力を下腹部に罩め、腰を据ゑ、手許を低くして更に大なる反撥力を以て、敵に衝き當るのである。敵が勢よく體當りをなし來る場合には、之を正面に受けるには更に大なる力を要するものであるが、我が身を僅かでも躱して斜に受けると、容易に受流し得られるものである。敵が衝き當り來つた刹那に於て、足の浮く者は正面から之を押返すと、敵は其の場に轉倒するか若しくは數間も後退りして遂に倒れる。別に大なる力を要するものではない。又敵の體當りを我が身を左に躱して受ける時は、左足を左若しくは左斜に踏みて我が體を斜に變へる。此の場合、己が左足を左に踏み、右足を敵の左右足の前方に當てゝ、己の太刀を左に返し、太刀の棟を敵の項に掛けて手前に引けば、敵は我が左横に倒れ伏すものである。或は右に我が體を交はす場合には、右足を左若しくは右斜に踏み出して體を斜に交はす。此の時右手或は左手を以て敵の項に掛けて引く時は敵は其の前方に倒れる。又敵が勢よく大業に面に擊込み來る場合には腰車の術を施す法もある。併しこれ等の危險を伴ふ業は、固より初心者に對して施し或は常に行ふべきものではない。又體當りの時敵の虛を見れば退き面、退き籠手、拔き胴等の業を施さねばならぬ。或は左右に我が體を交して先づ敵の鋭鋒を避け、敵が構を立て直す隙に乘じて業を仕掛る等、所謂柳に風の筆法もある。要するに如何な大力の者が突き蒐け來るも、動じないやうに鍛錬せねばならぬ。

第五節　足搦み及び其の防ぎ方

足搦みは敵の體と我が體とが接近した場合或は鍔糶合の場合或は體當りをして效を奏しなかつた場合等に用ひる手段であつて、敵の體勢を崩し或は之を倒す方法である。これ一種の勝を制するに有利なる方法ではあるが、妄りに用ゐるべきでない事は既に述べた通りである。

足搦みを掛ける時機は多いが、敵が兩足を踏み揃へた場合、敵が退かうとする場合、敵が進んで足が板間に屆かうとする場合、浮足の場合等は最も有效である。其の方法にも種々あるが今其の一二を述べよう。

1、我が右足で全身を支へ左足の外踝或は脚心或は特に接近してゐる場合には、左足の膝關節を敵の右足の膝關節に掛けて急に引くと同時に太刀を以て力強く反對の方向に押して倒す。又我が右足を敵の左足に掛けて倒すもよい。

2、敵の右足が板間に着かうとする瞬間、我が右足の外踝或は膝關節を、敵の其の右足の膝關節に當てゝ引くと同時に、我が太刀を敵の左首筋に當てゝ、足を引くと反對の方向に押して我が左前に押すのである。

足搦みに對する防禦法は此の時に退き遁れようとすれば、大抵の場合却つて自ら倒れるのである。故に足を强く踏ん張り又は我が足を拂ふ敵の足を反對に撥ね返して、强く體當りをして敵を倒すのである。又掛けられ或は拂はれた足を上げて外し敵を押すと共に左足から速かに後退りするも一法である。若し萬策盡きた場合には敵の襴或は稽古着に手を掛けて、我が體を立て直すのである。

第六節　組み打ち

組み打ちは敵を倒し、敵を組み敷いて、勝を制しようとする方法である。然れども劍道は劍を執つて勝負を決する業であるから、妄りに行ふべきものでない。況んや强力を恃んで弱者に强ひて組み附き、其の最も利ある太刀を忘れて、敗れを取るが如きことがあつてはならぬ。

組打みちをしかけらるれば仕方なし
われより行くな太刀を忘るゝ

と誡めてある。適法に依つて施さねばならぬ。適法とは凡そ左の二項である。

1、敵に太刀を落された場合。

2、敵が太刀を落して敵から組み打ちを挑んだ場合。

昔武士は打物取つて勝負のつかない時、若しくは一方が太刀を折つて、大手を擴げて組み打ちを挑み來た時は、我は組んで其の利のない事は明かな時でも、直ちに之に應じて討死するを以て習としてゐた。これが名を重んじ、恥を思ふ武士の本懐である。實際短兵格鬪を要する場合には、組み打ちを必要とする場合が多い。此の時に當つて組み打ちの心得がなければ、たとへ如何に劍の術に長じてゐても誠に見苦しい敗を招くものであるから、平生之が練習を爲す事も必要である。こゝに於てか劍柔二道の密接なる關係がある。

敵の太刀を打落した場合には、其の機に乘じて直ちに撃込まねばならぬ。若し其の好機を逸すると、敵は組附いて來るか或は間合を遠ざかるが故に、折角の利を失ふのである。然れども敵が太刀を落したのに附込んで、妄りに勝を得ようと焦るが如きは見苦しい態度である。敵が間合を遠ざかつた場合には、靜かに攻め寄つて撃つか或は少しも油斷をせず心を以て敵を壓し、然る後に太刀を拾ひ取らしめるもよい。敵が組打ちしようと進み來る場合には構を低くして突き進み、近づけないやうにし、既に入り來つた時には機に應じて左右に開き避け、間合を取つて之を惑はし勞らしめ、自由を失はしめるやうに操縱せねばならぬ。

敵から太刀を打落された場合には、敵が撃込む暇もなく、直ちに踏込んで組み打ちをせねばならぬ。若し其の機會を逸した場合には一旦退いて機を窺ひ、然る後に組み打ちをするのである。太刀を打落された場合に、前後を顧みず太刀を拾ひ上げるが如きは道を辨へた者ではない。

敵の太刀打落したる己が身は
　風なき夜半の雪のありさま
落された太刀に心を捨小舟
　水の流にまかせて見るかな

試合の時に於ては、手早く敵を組み倒して首を紋めるか或は腕足の逆を取るか或は面を捻つて動く事の出來ぬやうにするか或は面を外し取るのである。

組み打ちの方法は

1、敵を倒した場合には、速に籠手を脱し、敵の體に跨がり、右膝で左手を抑へ、左膝で右手を抑へ、我が右手を以て敵の面の後頭部を握り、左手で突き垂を握つて左に捻るのである。或は兩膝で胴を絞め我が體を敵の體に密着せしめて捻り或は右膝を以て敵を押へて之を行ふもよい。或は右手で同じく敵の面の後頭部を握り、左手で十分に突込み、右手を直前に力強く引上げる。

2、手足の逆を取るにも種々あるが、其の最も有效なる方法は腕緘み、腕挫き、十文字固め、腕固め、膝固め、足緘み等である。

第三十七章　上段、兩刀、薙刀及び其の他の武器に對する場合

第一節　上段に對する場合

上段に對する場合は、左の各項に注意することが肝要である。

1、敵が上段に構へようとする折の籠手を擊つこと(上げ籠手)。

2、敵が上段に構へ終らうとする刹那、未だ擊込む氣分體勢の整はない時に擊ち或は突込むこと。

3、敵が上段に構へ終つた場合には、我が切先を敵の欄頭の拳に著け間合を少し遠く取ること。此の時の擊突の個處の利不利は場合に因り敵に因つて異なるが、十分に踏込んで敵の籠手（左上段の場合は左籠手、右上段の場合は右籠手）を擊つか又は片手突を施すがよい。さもないなら敵の手許に飛込んで胴を擊つこと。

4、上段からの業は多くは面と籠手であるが、之を守る爲めに敵に他の隙を與へないやうにすること。

5、敵が上段から擊下した場合は、我から擊込むには最も好機會であるから、此の機を逸せずに敵が面に擊込んで來た場合には、之を右か左に拂つて、面を擊つか或は胴に擊込むがよい。又籠手に擊込んで來た場合には、之を右に拂つて面か籠手を擊つがよい。

6、敵が上段に構へようとする折、敵の籠手に擊込む機を逸した場合には、敵の拳に我が切先を著けてする／＼と踏込んで、敵に近づけば敵は氣を焦して擊ち來るものである。此の時捲落すか拂ふかして隙を擊つがよい。誠に好手法である。

7、上段に對する場合には、決して後退りしない事。世間往々にして之を見るが、これ恰も敵に矢頃を與へるやうなものである。前進して敵の兩腕に逼る時には此の憂はない。蓋し後退の我に虛隙を生じて、敵は其の色に乘ずるものである。前進する時には敵をして畏怖煩悶焦躁せしめて、其の死命を制することが出來るものである。

8、敵が上段に構へ終つた場合には、元來上段は唯擊下すのみであるから、我より妄りに擊込むことなく、前述の構のまゝ動かすことなく、敵の上げた手に疲勞を來して耐へるに忍びなくなり、隙もないのに已むを得ず擊ち下すまで、我は氣合を入れて保つのもよい。止む得ず擊ち來る太刀は、死太刀であるから此の機を逸してはならぬ。

上段に向へる時は其のまゝに
やむなく敵の打下すまで

9、敵が上段に構へた刹那に於て電光石火、直ちに飛込んで面に撃込むがよい。凡そ上段に取る者は心を整へ、間合を計つて打下すものであるから、目に物見せず逸早く飛込むと、敵は其の取つた上段の構を崩し、姿勢を亂すものである。

第二節　初心者の上段に取るを戒しむ

上段の構は、敵が此の構に對して應ずる措置を知らない者に向つては、斬擊の動作を機敏に行ふ時には、敵は之を察知する事は困難であるから、最も有利な構である。

井上八郎といふ劍道家が、修行の爲め上州に赴いた節、博徒數人に取圍まれた。此の時井上は正眼で戰つたが思はしからず、それでも漸く斬り拔けることが出來た。其の夜山中に籠りつく〴〵思ふに、彼等幾十人來つても博徒であるのに何故、今日のやうな拙劣極まる戰をしたのであるかと獨り慨歎に堪へず、沈思數刻にして、大勢で業の劣つてゐる者に對しては、上段が利益であることを悟つた。翌日山を出ようとすると、再び多勢の博徒の爲めに襲はれたので、こゝぞとばかりに上段に構へ、博徒が我が籠手を斬らうとする時に、斬り下して遂に數人を斃したから殘餘の者は逃亡してしまつたといふことである。

然れども此の上段の構は、前節に述べたやうに不利の點があるのみではなく、正眼から上段に取替へる際、隙を生じて擊ち込まれるものである。故に此の構に對して利害得失を知つてゐる技術の優れた者に向つては不利な體勢である。併し上段を學ぶには、己よりも業の優れてゐる者に就いて學べば、得る所が大であるのは勿論であるが、己よりも業の劣つてゐる者と稽古して修得するがよい。古來此の構は、我よりも業の劣つてゐる者に對しては取るも妨げないが、同等以上の者に向つて强ひて取らうとする場合には、御無禮の一言を述べるを常としてゐる。これ一つには長者に對する禮である。然るに初心者が師の上段に取るを見て、之に傚つて尊大に構へる者が往々にしてあるが愼しまねばならぬ。

第三節　兩刀に對する場合

兩刀は普通右手に長太刀、左手に小太刀を執り。小太刀は誘ひ或は受太刀に使ひ、長太刀を以て擊つのが其の法である。構は小太刀を前に出して靑眼とし、長太刀を片手上段として擊突する故に、小太刀にて間合を取る。而して間合が接近した場合には、小太刀を以て擊つのである。

兩刀に對する場合には、間合を少しく遠く取り、我が切先を敵の小太刀に著け、眼は敵の面、長太刀に著け、小太刀の動きに我が氣を奪はれない樣にして、長太刀一本を相手にして戰ふが得策である。

人動もすると兩刀に對する場合、故らに奇態なる構をなし或は切先を廻し或は飛び廻りなどする者がある。これ既に心の迷ひの然らしめる所である。心が迷ふ時は勝つ事は出來ない。兩刀に於ては己が小太刀を以て色を示し、敵の心を誘ひ迷はすものである。卽ち兩刀は一心を二心にし、二心を一心にするといふ心を以て、敵の心を二心に分つものであるから、其の術中に陷る時は精神惑亂して、我が太刀は殺活の威力を失ふものである。

兩刀に立向ひたる其の時は

小太刀に心うつすべからず

而して體をば輕快に、進退は敏速に、思切つて撃込み、若し效を奏しない時には、速かに退いて遠間を保つことが肝要である。

兩刀を使ふ敵の隙は主として胴にあるから、胴を撃つのは有利である。勿論人に依つて隙を生ずる點も異なるが、十分に踏込んで敵の左面を撃つか又は小太刀の籠手を撃つのもよい。左に兩刀に對する基礎的動作を示すと。

1、靑眼の構で、敵の咽喉部に切先を着けて進み逆胴を撃つ。
2、靑眼の構で進み、眞直に小刀を摺込み面を撃つ。
3、靑眼の構で進み、小刀の上から左横面を撃つ。
4、正面を防ぎ右胴を撃つ。
5、籠手を防ぎ太刀を其の場に返して逆胴を撃つ。

第四節　銃劍に對する場合

銃劍術は陸軍の規定する所である。今其の使用法をば省略して、太刀を以て之に對する方法を述べよう。

銃劍に對しては普通の構よりも、右肩を前に體を稍々半身にして、僅かに切先を下げて構へるのである。正面に向へば突かれ易い。此の構から機を見て敵の劍尖を押へ、跳込んで敵の面を撃ち又敵が突に來た際には、身を左か右に交はし、敵の劍尖を拂ふか押へるかして、直ちに正面若しくは左右の横面を撃つ。或は左胴を撃つのも亦良法である。相對した場合には、敵の右に廻れば、敵をして業を施す上に困難ならしめるものである。銃劍に對しては特に軽快果斷に撃込むことが大切である。敵に接近すれば勝は十中八九は我に在るのである。左に銃劍に對する基礎的動作を示すと、

1、敵が咽喉或は胸を突いて來た場合には、我は構の儘で其の銃劍を斜下に打防ぎ、直ちに正面を撃つ。

2、相構へた場合、太刀を稍々上げ、敵の構銃を左の方向に拂ひ、直ちに正面を撃つ。

3、下段の銃劍に對しては構へて進み、右斜下に銃劍を拂ひ、返す太刀にて右面を撃つ。

4、敵が咽喉或は胸に突き來る場合には、之を防ぎ面を撃ち直ちに左胴を撃つ。

5、右の場合に之を防いで突き更に面を撃つ。

第五節　薙刀に對する場合

薙刀に對して稽古試合をするのは、他の場合とは餘程趣を異にしてゐる。薙刀は或は陰に或は陽に構へ或は右構となり左構となり、其の他種々の構を取り又斬撃刺突の部位も多く且其の動作も或は面より足に變化し或は突より足に變化し或は連續に左右足を拂ひ又鐓の部分を以て、突き或は足を拂ひ、其の接近した場合には、薙刀を以て己の左右の首に掛けて倒し又其の離れ際に於ては、左右の足を拂ひなどして應接に苦しましめるものである。就中最も苦しむのは足を拂はれることで、次には其の突である。

薙刀に對する構は太刀を水平、若しくは劍尖を敵の膝頭に下げた下段の構に構へるがよい。互に構へた時には、隙を窺ひ薙刀をば或は左右に拂ひ或は左右に捲き落しなどして間髪を容れず、敵の面或は籠手突横面等に撃込まねばならない。或は薙刀を張つて面に撃込むか又は其の隙を見て飛込んで、面若しくは胴を撃ち或は敵の左右の足に

先を懸けるのも亦一方法である。敵から撃込んで己が脛に來る場合には、下段から稍々太刀を左右に移して之を防ぎ、直ちに踏込んで面を撃つのである。敵が撃込み來る場合には之を拂ふか、押へるか、捲くかして直ちに面に撃込むが、最も有利である。或は敵が面に來る時には、右の如くして籠手を斬るのも亦良い方法である。」

第六節　其の他の武器に對する場合

一、槍に對する場合

槍は左手を先に右手を手許にし左半身となつて右に開いて構へるのである。之に對する構へ方は銃劍に對する場合に準ずる點が多いが、敵の突く穂先を外して進み込まねばならない。構の時も左右に動き敵をして狙ふに困難ならしめるもよい。構へた場合或は突き來つた場合は、身を交はして之を押へるか或は拂ふかして、速かに手許に入つて面を擊ち、若し十分に踏込む暇のない時には、左片手で敵の右横面を擊つがよい。又槍に對しては小太刀を用ゐるを有利とし體を椋めて半身となり、顎を十分に右肩に引着けて面を突かれるのを防ぎ、槍の穂先が我が太刀に接するや否や、驀地に手許に踏込むのである。

二、鎖鎌に對する場合

鎖鎌に對しては中段に構へ、敵が分銅を振出さうとする瞬間に踏込んで擊突を施し、若し太刀を捲かれた場合にはその儘諸手を以て突き、接近した場合は直ちに鎌の柄を握るがよい。鎌を首に掛けられるは見苦しいものである。

余は槍と鎖鎌とに對しては自己の意見として述べる經驗がないから、こゝに單に先輩の說を載せて參考に供することにした。

第三十八章　面業　二十三種

1、正　面

面業は、劍道の業の中で最も大切な業であるが、殊に正面は其の基本的のものであるから、反復練習して正確に會得せねばならぬ。正面を撃つには上段、靑眼、下段から撃ち或は敵の太刀を拂ひ或は張りなどして撃つ場合があつて、其の手法も種々であるが、其の通則としては、正面撃の要領で太刀を正面に振上げ、右足を十分に踏込み、左足は之に伴つて進み、兩手の握りを締め、敵の正面を鼻筋へ斬下げるやうに眞直に擊下すのである。

2、左　面

一つに表面ともいつてゐる。擊ち方は左面擊の要領に依つて、太刀を振上げ、切先を右に廻しながら右足から踏込んで、敵の左面を斜上から斜下に擊下すのである。

3、右　面

一つに裏面ともいつてゐる。擊ち方は右面擊の要領に依つて太刀を振上げ、切先を左に廻しながら右足から踏込んで、敵の右面を斜上から斜下に擊下すのである。正面が其の最も基本的のものであるが、場合に依り此の業も有利である。平擊にならぬ樣注意せねばならぬ。

4、拂　ひ　面

敵の太刀を、拂ひ方の要領で右、右下或は左、左下に拂つて撃つ業である。此の業は相構へた場合、敵の太刀を拂ひ切先を殺すと同時に踏込んで面を撃ち又は敵が我に撃突に來た場合、其の太刀を拂ひざまに踏込んで敵の面を撃つに施すのである。拂つた我が太刀の餘勢をそのまゝ利用して撃つのであつて、拂つて然る後に振冠つて撃つといふ二段にならぬ様に注意せねばならぬ。

5、摺上げ面

敵が面に撃込んで來た場合、鎬を以て敵の太刀を正面に摺上げ、直ちに面を撃つ業である。其の場に摺上げる場合もあるが、左足から半歩退くと同時に摺上げて、直ちに右足から踏込んで撃つ場合もある。摺上げるには、我が切先を僅に右に傾け、敵の太刀が自然に左下に摺落されるやうに正面に摺上げるのである。此の業も拂ひ面と同じく、摺上げたら機を逸せず撃込まねばならぬ。此の業は一刀流では免許の許に入れてある。

6、捲落し面

敵が撃突に來た場合に、我が太刀を以て敵の太刀を右か或は左に捲落して面を撃つ業である。右に捲落す場合には、捲落しの要領に依つて切先を右廻しに小さく圓を畫く様に、敵の太刀を右下に捲落し又左に捲落す場合は、之と反對にすればよい。さうして捲落すや否や隙さず撃込むのである。

7、撃落し面

敵の太刀を撃落して面を撃つ業である。之は互に構へてゐる場合に施し或は敵が突、胴に來るか又は太刀を下段にして攻込んで來る場合に敵の太刀を撃落し方の要領で撃落し、そのまゝ正面を撃つのである。

8、抜き面

敵が籠手か或は面に撃込んで來た太刀をば、僅かに退き兩手を體に近く引いて、其の太刀をば外し、空に流れる時、一步踏込み我が太刀を半ば振上げて面を撃つ業である。又我から積極的に出て、我が籠手に隙を見せ、敵を誘うて其の太刀をば巧に拔き、直ちに面を撃つ法もある。此の拔き面は敵が撃込み來る時、之を明かに外して撃てば既に後れて當る事なく、撃たれたかと思はれる危機一髮の瞬間に撃込む業で、敵の太刀を死なしめて我が太刀を生かしめるもので難中の難事である。されば一刀流にては極意の中に入れてある。之を習ふに先づ撃たれるものと覺悟し、撃たれては練習することが必要である。

9、張り面

敵の太刀を右又は左に張つて面を撃つ業である。相構へた場合は、我から進んで敵の太刀を張り、踏込んで面を撃つ。此の時敵の太刀を右若しくは左に張出し、敵の構を崩して撃つのである。又敵が面に撃込んで來た場合に、右或は左に敵の太刀を張て敵の面を撃つ。此の時は敵の太刀を右若しくは左に張出し、流して撃つのである。拂ひ面は敵の太刀を拂ひ、これは敵の太刀を張るのである。

10、退き面

敵に接近した場合又は鍔糶合の場合、左足から後に退くと同時に面を撃つ業である。太刀を高く振上げて眞直に正面を撃つ事もあり又餘り振り上げないで撃つ場合もある。正面の有利の時或は左右面の有利の時もある。要は臨機の法にある。右面の時、我が柄頭を敵の右内籠手に掛けて引き自由を失はしめて、太刀を返すと同時に、左足を左に右足を後に退いて撃つのも面白い。又退き面の要領で面を撃ち、更に退いて籠手を撃つ法は最も妙である。

11、切返し面

敵の面に撃込んで不十分の場合に、直ちに切返しの要領で左面次に右面と續けて撃つ業である。一氣に續けて撃ち、速に退いて構へるのである。强く撃つことを思はずに、速に撃つことを念とする事が肝要である。

12、出頭面

一つに出鼻面とも云つて、敵が撃突しようとする其の出鼻をば、我から踏込んで面を撃つ業である。凡そ攻込むか又は撃突しようとする場合は、面、籠手に隙を生じ易いものであるから、此の好機を逸して、防禦に氣を奪はれることのないやうにせねばならぬ。

13、攻込み面

敵を攻込んで、敵の構を崩して面を撃つ業である。攻込み法に依つて敵の構を崩すや否や機に乘じて疾風迅雷の如く撃つのである。

14、乘込み面

我が身を捨てゝ一刀のもとに敵の面を兩斷しようとする壯快な業である。比較的遠間から太刀を振冠つて、一足跳に深く乘込み敵の正面を撃ち、餘勢で敵を押倒すやうにするのである。此の體當りをするか或は右拳で敵の咽喉を突けば尙妙である。

15、應返し面

敵が面に撃込んで來た場合、應返しに右面又は左面を撃つ業である。應返しには左右の兩法がある。右に應返して撃つ場合には太刀を稍左斜にしながら正面に上げ、右足を右開いて、體を稍右に交はすと同時に、撃つて來た敵の太刀に應じて切先を右に返し、敵の太刀を受流して左面を撃つのである。左に應返す場合には、之と反對に太刀を右斜にしながら正面に上げ、左足を左に開いて、體を稍左に交はすと同時に、敵の太刀に應じて切先を左に返し敵の太刀を受流して右面を擊つのである。應返し方は柔かにするがよい。

16、左片手右横面

我が左片手を以て敵の右横面を擊つ業である。我から踏込んで擊つ場合には、切先が稍右斜になるやうに振上げると同時に、左足を左前に踏出し右足を其の後にし、體をば半身としながら、圓を描くやうに左手を廻して、敵の右横面を擊つのである。又敵が攻込んで來るか、擊突に來る場合には、左足を稍左後に開き、右足を其の後に退いて、前の要領で敵の右横面を擊つのである。其の時は十分に左臂を伸ばし、體勢を崩さぬやうに注意せねばならぬ。

17、右片手左横面

我が右片手を以て敵の左横面を擊つ業である。敵が攻込んで來るか突くか籠手に擊込んだ場合には。右足を右側に踏出し左足を其の後にして體を半身に交はしながら、右片手で切先を左に傾けて、太刀を振上げて右に廻し、臂を十分に伸ばして敵の横面を擊つ、又敵が面に擊込んで來た場合には、右片手で切先が左に向く樣に前に上げ、體を右に交はし切先を右に廻はして、以上の要領で擊つのである。

18、誘ひ面

敵の籠手を擊つと見せ又突くと見せて、速かに其の隙の出來た機會に乘じて、太刀先を轉じて面を擊つ業である。面を擊つのが其の目的で、籠手を擊ち或は突くのは、色を見せて敵の氣を奪ふのである。色を見せる程度は工夫研究を要する所であつて裏を取られぬやうに注意せねばならぬ。

19、刺し面

我が切先を少し上げると同時に、左手を外し右手を欄頭迄ずらして締め、臂を伸ばして敵の面を刺す心持で撃つのである。此の業は遠間の場合には有利であるが、併し眞劍を以て斯くの如き業の不可能であることは明かである。唯掌中を自由自在にする爲め、卽ち太刀をずらしながら欄を締め、且打つは餘程の熟練工夫を要するものである。故に之が練習として學ぶは或は可ならんも褒める程の業ではない。

20、轉化の面

敵の籠手を撃ち或は突を施して、直ちに面を撃つ業である。籠手を撃つて直ちに轉じて面を撃つ場合もあり又突から轉じて面を撃つ場合もあるが、籠手から面に轉ずる業が行ひ易く且つ有利である。又右籠手から左片手右横面に轉ずる業もよい。

21、押へ籠手面

敵が面に撃込んで來る場合、其の右籠手を押へ、其のまゝ一歩踏込んで敵の面を撃つ業である。此の場合左足を左後に開いて籠手を押へ、直ちに右足を踏出すと同時に敵の面を撃つのである。

22、左上段面

左上段から敵の面を撃つ業である。左足から踏込んで諸手を以て撃つ場合がある。撃つには隙に乘じて撃ち、隙のない時には色を以て敵の構を破つて撃ち或は敵の出頭を撃つも有利である。又敵が撃突に來た場合には、左足から左に開いて體を半身にして、左片手で右横面を撃つがよい。

23、右上段面

右上段から敵の面を撃つ業である。諸手で撃つ場合と、右片手で撃つ場合とがある。敵が撃突に來た場合には、右足を右に開いて體を半身にし、右片手で敵の左橫面を撃つのもよい。

第三十九章　籠手業　十七種

1、拂ひ籠手

敵の太刀を拂つて籠手を撃つ業である。相互に構へた場合、不意に敵の太刀を右に拂つて、右足から踏込んで敵の籠手を撃つ場合又敵が突に來た場合或は面胴に撃込んだ場合、其の太刀を右か右下に拂つて、敵の籠手を撃つ場合がある。右の中で敵が胴或は籠手に撃込んだ場合に、此の業を施すと最も效を奏し易い。

2、拔き籠手

敵が我が籠手に撃込んだ場合、敵の太刀を拔いて其の籠手を撃つ業である。敵が籠手に撃込んだ場合、速かに左足を僅に左に開き。右足を左足の前に踏出して、體を左に交はすと同時に、手許を引き切先を下げて、敵の太刀を拔いて下に流し、其の虚に乘じて敵の籠手を撃つのである。

3、撃落し籠手

敵が我が胴或は突に來た場合、手許を十分に固めて敵の太刀を撃落し。直ちに籠手を撃つのである。撃落す場合は稍々體を退くがよい。

4、捲き籠手

敵の太刀を捲くか或は捲込むやうに籠手を撃つ業である。敵が籠手或は面に撃込んで來た場合又は互に構へた場合に、捲落しの要領を以て敵の太刀を右下に捲いて之を殺し、直ちに籠手を撃つのである。敵が面に來た場合には左足を僅に左後に退きながら、敵の太刀を右下に捲き、右足を踏出して籠手を撃てばよい。又捲込むやうに撃つ場合は、左足を左に開き右足を踏み出すと同時に、我が切先を敵の太刀の下から拔いて、捲込むやうに撃つのである。

5、退き籠手

相互の間合が接近した場合に、體を退くと同時に敵の籠手を撃つ業である。場合に依つて種々の方法がある。敵の太刀を外しながら或は太刀を振上げて面を撃つ色を見せながら、左足を稍々左後に退き右足は之に連れて退いて體を交はすと同時に、敵の籠手を敵つのである。又左足を後に退きながら敵の太刀を右下に捲き、戻す太刀で右足を退きながら籠手を撃つのもよい。又左足を左後に退きながら十分に面を撃ち、直ちに右足を退きながら、一氣に籠手を撃てば更に妙を覺える。

6、押へ籠手

敵が撃突し來る場合に、其の籠手を押止めるやうに撃つ業である。此の撃ち方に右足から踏込んで押へることもあり又左足から僅に左に開き、體を少しく交はして撃つこともある。敵が面を撃つ場合には、籠手に隙を生じ易いから、此の時敏活に敢行すると善い業である。

7、擔ぎ籠手

我が太刀を左肩前に擔ぐやうに、切先を左肩上に振上げ、右足から踏込んで敵の籠手を撃つ業である。此の業は不圖太刀を我が左肩前に擔ぎ、敵がそれに應ずる態度を取らうとする氣の動いた瞬間に、敵の籠手を擊下すのである。擔ぎ方の淺深は固より一樣ではない。かくの如く左肩まで擔いで籠手を擊つ業は、己よりも精神技術の劣つて居る者に向つてのみ爲し得る業である。上手の者に向つては決して行ふ事の出來ぬばかりでなく、常に己の籠手を擊たれるものである。

8、摺上げ籠手

敵が面に擊込んで來た場合に、其の太刀を摺上げて敵の籠手を擊つ業である。其の方法は手許を稍々右上に上げ、太刀を僅に左斜にして敵の太刀を摺上げ、直ちに籠手を擊つのである。其の場で施す事もあるが、左足を左後に退き、右足は之に連れて體を稍々交はして行へば更によい。

9、出頭籠手

或は出鼻籠手とも云うて、敵の擊突の出鼻を我から踏込んで擊つ業である。出頭面と同じく擊つべき機會は眞に一瞬時であるから、躊躇逡巡して機を逸することなく斷行せねばならぬ。旣に屢々述べたやうに、業を起さうとする出鼻には隙を生じ易いものである。此の隙に乘ずる事を忘れてはならぬ。

10、攻込み籠手

攻込み面と同じく敵を攻込んで、隙を窺ひ籠手を擊つ業である。攻込み法に依つて、敵の構を崩し、氣を迷はしめて隙を生ぜしめ、之に乘じて直ちに擊つのである。積極的の動作であるから、氣合を充實させ、切先に全力を集注して攻込み、敵をして我が虛に乘ぜしめることがあつてはならぬ。

11、應じ籠手

敵が籠手に撃込んで來た場合に、我が太刀を以て之に應じ、敵の太刀を流すや否や籠手を撃つ業である。方法は我が手許を僅に右上に掬ひ氣味に上げ、太刀で右上にを弧描いて、鎬で敵の太刀を右下に流し、直ちに敵の籠手に撃込むのである。必ず學習すべき良法である。

12、内　籠　手

敵の籠手の内側を撃つ業である。此の業は敵の構の切先が下つてゐる場合に或は攻込みなどの爲めに、殊更に敵の切先が下つてゐる場合に施すのである。我は左上段の場合、敵の切先が下つた時などは最も有利な業である。其の方法は、太刀を上げると同時に右足から踏込み、切先を稍々右に傾け、敵の太刀の上方から籠手の内側を撃つのである。

13、誘ひ籠手

敵の面、籠手或は突を撃突する色を示して、構が崩れ隙の生じた瞬間に、籠手を撃つ業である。凡そ我から面、籠手、突に撃突の色を示すと、敵は必ず之に氣を奪はれるか、若しくは敵も同じ箇所に撃突しようとするものである。其の時構は崩れ隙が生ずるので、其の機を逸せず籠手を撃つのである。突の色を示して籠手に轉ずるは殊に妙である。

14、轉化の籠手

或は二段撃ともいつて、轉化の面と同樣に、他の部を撃突して直ちに轉じて籠手を撃つのである。面を撃つて籠手に轉ずる場合があり又突から籠手に轉ずる場合があり又胴から籠手に轉ずる場合もある。胴から籠手への業は困難である。前突から轉じた籠手の業は捨て難いが、面から轉じて籠手を撃つ業は一段の妙趣を覺えて、最も有利な業である。

15、上げ籠手

敵が上段に構へようとする場合又は面を撃たうとする場合等で、手許が上がる途中の籠手を撃つ業である。隋眼及び下段から上段に構へようとする途中又は面を撃たうとして太刀を振上げる場合には、籠手に隙を生じ易い。此の機に乗じて、一歩右足から深く踏込んで、敵の籠手を撃つのである。敵が左上段に構へた場合には、左籠手を撃つのである。

16、左上段籠手

左上段から敵の籠手を撃つ業である。上段面と同じく、敵に隙があれば直ちに撃ち、隙のない時には色を示して撃ち或は出鼻を撃ち或は敵の切先が下れば、内籠手を撃つのである。

17、右上段籠手

右上段から敵の籠手を撃つ業である。敵が面或は籠手に撃込んで來る場合には、左足を約一歩退いて大きく抜き、敵の太刀を外して、直ちに一歩踏込んで右籠手を撃つ。

第四十章　胴　業　十二種

1、右　胴

敵の右胴を撃つ業である。場合に依つて其の方法は種々様々であるが。右胴撃の要領で太刀を振上げ、右足から踏込み切先を少しく左へ廻して、敵の右胴を斜下に撃つのである。

又太刀を振上げると同時に、左足を稍々左斜前に踏出し、右足を其の後にして體を左斜に交はし、敵の右胴を斜右下に撃つ業もある。胴の撃方に於ては眞横又は下から掬ひ上げて撃たぬ樣に、注意することが必要である。

2、左　胴

一つに逆胴とも云つて敵の左胴を撃つ業である。太刀を振上げると同時に、右足から稍々右斜前に踏出し、振上げた太刀をば心持右に廻はして、敵の左胴を左下に撃つのである。左胴は割合に隙を生じない箇所であるが、施すべき機會は敵が面に撃込んで來た場合に摺上げるか又は敵の片手突の場合左に拂つて撃つのである。又敵が上段から我が面に撃下した場合、之を左に拂ふか或は右に應じ返して撃つのは有利な方法である。

3、飛　込　み　胴

遠間から飛込んで、敵の胴を擊つ業である。飛込みは全く身を捨てゝ右足から一氣に飛込み又更に遠い場合には左足右足を送り足に飛込んで撃つのである。撃ち終ると速に體を退き或は交はして、敵の盤突を避けるのである。

此の際拔き胴又は轉化の胴を應用すれば一層面白い。

4、鍔 糶 胴

鍔糶合から胴を擊つ業で、大體次のやうな場合が多い。

(イ)左足を左に開き右足を左後に退いて、體を右斜に交はすと同時に右胴を擊つ。

(ロ)左足を僅に退き右胴を擊つと同時に、右足を右に開き左足は之に伴ひ、體を右に交はして太刀を右に拔き取る。

(ハ)退く時に胴を擊つ。

5、退 き 胴

鍔糶合は又身近く接近した場合に、體を退くと同時に胴を擊つ業である。左足から後若しくは左後に退くと同時に、胴の擊ち方の要領で右胴或は左胴を擊つ。擊つ場合は面を擊つ色を見せるか又は手許で敵を押して、氣を惑はすかして施すがよい。

6、摺 上 げ 胴

敵が我が面に擊込んで來た場合、敵の太刀を摺上げて胴を擊つ業である。其の方法は、右足を右に開き左足は之に伴ひ、體を右に交はすと同時に、太刀を稍々右斜にして敵の太刀を正面に摺上げ、切先を左に返して敵の右胴を擊つ。又敵が面に擊込んだ場合に、左足から約一歩退きながら、摺上げの要領に依つて敵の大刀を摺上げて右胴を擊つ。其の他の方法としては種々あるが、太刀を稍々左斜にして敵の太刀を右上に摺上げ直ちに胴を擊つ。又太刀を左斜にして上に摺上げると同時に、切先を右に廻はし、體を右に交はして、敵の左胴を擊つ方法もある。敵の

勢、刀勢を避けて姿勢を正しくし、機敏な動作を以てすることが肝要である

7、拂ひ胴

敵が撃突に來た場合、その太刀を左か右に拂つて、敵の胴を擊つ業である。拂ひ方の要領で右に拂つた場合にはそれと同時に體を左に交はして敵の右胴を擊ち、左に拂つた場合には、それと同時に右足から右に開いて、體を右にはし敵の左胴を擊つのである。此の業は敵が面に來た時が最も有利である。

8、拔き胴

敵が我が面に擊込まうとする色が見えるや否や、敵の擊込んだ太刀には心を留めず、我が切先で左に圓を描くやうに返し、驀地に右足から斜右前に踏出して、體を右前に交はしながら右胴を擊つのである。敵の機を見誤らぬやうにすることが肝要である。

9、居敷き胴

居り敷いて敵の胴を擊つ業である。隙を窺ひ踏込んで居り敷いて擊つ場合もあり又轉化の胴もある。敵が面に擊込んで來た場合に、此の方法を執るが最も有利である。右膝を立てゝ左膝を著け又左膝を立てゝ右膝を着けて居り敷く場合もある。此の業は敵の太刀が我が頭上に落來つても、十分に效を奏しないといふ利はあるが、體當りに對しては殆ど抵抗力がないといふ大缺點がある。故に體を右或は左に避けるが安全である。

10、受流し胴

大體次の四つの業である。

(イ)敵が面に擊込んで來た場合、敵の太刀をば、我が太刀を右斜にして左下に受流し、直ちに敵の右胴を擊つ。

(ロ)以上の場合に我が切先を右に廻はして、敵の左胴を擊つ。
(ハ)我が太刀を左斜にして敵の太刀を受流して右胴を擊つ。
(ニ)其の場合我が切先を右に廻して敵の左胴を擊つ。

11、誘ひ胴

誘ひ面、誘ひ籠手と同じく、我から擊突を施さうとする色を見せて、敵の氣を移らし、直ちに胴を擊つ業である。面と見せて右胴を擊つなどは有利な業である。

12、轉化の胴

轉化の面、轉化の籠手と同じく面、籠手或は突から轉じて胴を擊つ業である。體は其の儘にして擊つ場合があり又は右に交はしながら擊つて、太刀を右に拔く場合があり又は左足を左斜前に出して、體を左斜にして擊つ場合もある。

面から胴もよい業であるが、籠手から胴はなし易い業である。

第四十一章　突　業　十五種

1、前　突

諸手で眞正面から刀刃を下にして突く業である。下腹に力を入れ、右足から踏込んで十分に臂を伸ばし、體諸共に両手を内に締めながら、敵の咽喉を突くのである。前突は突き方の基本的のものであるから、確實に反復練習することが肝要である。

2、表　突

諸手で表卽ち敵の太刀の左側から、刀刄を右下にして突く業である。表突は右足から前若しくは稍々右斜に踏出し、體を進めると同時に、諸手を以て突き方の要領で、敵の太刀の左側から我が太刀の刄を右下にして、敵の咽喉を突くのである。手許が上らぬやう且つ兩手の握りを十分に內側に絞るやうにすること。

3、裏　突

諸手で敵の太刀の右側から、刀刄を左下にして突く業である。裏突は右足から前若しくは稍々左斜前に踏出し、體を進めると同時に、諸手で突き方の要領に依つて、我が太刀の刄を左下に向け、裏卽ち敵の太刀の右側から敵の咽喉を突くのである。表突同様に敵の鍔元から突き、手許を上げぬやう且つ兩手の絞りに注意しなければならない。

4、片 手 表 突

左片手を以て表から突く業である。諸手表突の要領で、右足から踏込むと同時に右手を欛から離して心持後に引き、左手で刀刄を下に向け、握りを締め臂を伸ばして、表から敵の咽喉を突くのである。突く場合には敵の太刀の鍔元を摺上げる心持で斜上に突上げ、體勢、手許の位置、締りなどに注意すること。

5、片 手 裏 突

左片手を以て裏から突く業である。諸手裏突の要領で、右足から踏込むと同時に、右手を欛から離して後に引き、左手の握りを內側に强く絞つて締め、刀刄を左下に向けて左片手で、裏から敵の咽喉を突くのである。注意すべき點は片手表突と同じである。

6、攻込み突

敵を攻込んで其の構を崩し前突、表突裏突で突く業である。此の業は攻込み面、攻込み籠手と同じく敵を攻込んでは敵の構を崩し、敵をして躊躇逡巡せしめ、そこを透さず突くのである。攻込法は巧に行はないと、却て敵から制せられる虞がある。此の業の修行は至つて肝要であつて、上達に影響する所が甚大である。

7、拂ひ突

我が太刀を以て敵の太刀を右、右下或は左、左下に拂つて、前突の要領に依つて突く業である。此の業は互に相構へた場合或は敵が撃突に出た際に、其の太刀を拂ひ方の要領で拂ひ、速かに右足から踏込んで敵の咽喉を突くので、有利な業である。

8、押へ突

我が太刀を以て敵の太刀を右下或は左下に押へ、切先を殺して突く業である。拂ひ突と同様に互に相構へた場合或は敵から撃突に出た場合とに施すので、構へ方の要領で敵の太刀を押へ其の儘突くのである。

9、捲落し突

敵の太刀を右下若しくは左下に捲落して、前突の要領で突く業である。此の業は捲落し面、捲落し籠手と同様に捲落すのであるが、其の捲落しに工夫熟練を要する。之を施すには互に構へた場合或は敵が撃突に來た場合とがある。

10、撃落し突

此の業は互に相構へた場合或は敵から擊突に來た場合に、其の太刀を下に打落して、直ちに前突の要領で突く業である。

11、迎へ突

一つに利生突とも云つて、敵自らをして我が太刀に突懸らしめる業である。此の業は敵が攻込み來るか或は擊突に來る場合に、我から體を少しく進めて兩臂を伸ばし、前突の要領を以て我が切先を敵の咽喉に擬し、敵自ら之に突懸る樣に仕向けるのである。假りに豫想通りに效が奏せられないにしても、敵の業を制止することが出來る。故に防禦と同時に攻擊の法である。精神の沈着と動作の機敏とを要する。

12、入れ突

敵が突いて來た場合、我が太刀が敵の左側にある時には、左足から一足退ると共に、我が刀刄を少し右に向け、鎬で敵の太刀を下に輕く押へながら、手許を體に退いてなやし、敵の突が盡きると同時に、右足から踏込んで突返すのである。若し我が太刀が敵の太刀の右に在る場合には、同じ動作で刀刄を左に向けて、鎬で輕く押へるのである。初心者には困難な業である。

13、拔き突

敵が我が面に擊込み來る場合に、我は後、右、左に體を交はし手許を體に引いて、其の太刀を避け右足から一足出て、前突の要領で十分に臂を伸ばして突くのである。又籠手に擊込んで來た場合も同樣である。其の他の方法としては、敵が籠手に擊込んだ場合、速かに右手を柄から外して敵の太刀を避け、その瞬間に柄頭を持つてゐる左手で、斜下から敵の咽喉を突上げるのである。

14、誘ひ突

左に相構へてゐる場合。我から敵に他の部を撃突する色を示して、敵の氣が惑ひ隙の生じた時に突く業である。

下段から敵の籠手を攻めると、敵は太刀を青眼から下げて防ぐものである。此の時を逸せず右足から大きく一步踏込んで、前突の要領で突くのである。

15、上段變化突

我右上段或は左上段で敵に對してゐる場合、敵が進まうとする頭を、我は上段から其の太刀に誘ひ引入れて突くのである。此の業は初心者には困難で且つ突を看破せられ易い。

第四十二章　學校に於ける劍道

第一節　中學校に於ける劍道の由來

劍道が柔道と共に中等學校の體操科に加へられるに至つたのは明治四十四年である。此の二道が正科として可なるか否かに就いての調査は、既に今から五十餘年前に着手せられた。明治二十三年七月文部省出版「本邦學校體操科施設沿革略」の中「武技科の景況」といふ一節中、劍術柔術の二項に、其の大略を次のやうに述べてある。

共に本邦の兵術で、士族以上は之を必修してゐたが、明治維新以後、時代の變遷で實用に遠ざかるに至つた。然るに學校教育に體操術の必要を感じ、其の傳習所を設けるに至つて、本邦傳來の此の技術も利用の道があると思つて、劍道、柔道の二技を選定して、明治十六年五月、其の調査に着手した。玆に於て斯道の大家を本所に聘して之に諮り、傍ら東京大學醫學部長及び同學傭外國教師等の視察助言を求めた。劍術は直心影流、天眞傳無敵流、北辰一刀流の三流を試み、兼ねて田宮流の居合術をも試み、而して翌十七年十月に至つて其の調査は全く終つた。種々の理由に依り其の斷定は、學校體育の正科として採用することは不適當であると決した、之に由つて各府縣の中等學校に於ては、隨意科として之を課してゐた。其の後武道家又は特志の人に依つて、屢々議會に正科として採用せられるやうに建議したので、文部省に於ても體操遊戯調査會に於て、明治三十七年十月から、翌年十一月の間に再び之が調査をした。其の結果は明治二十九年七月更に學校衛生顧問會議に諮問した結果は、前回調査と略論決を同じうした。曩に調査した結果を覆して、之を正科に加へねばならぬ理由を發見しない、仍て從來の方針に依り、滿十五年以上の强壯なる生徒に限り、任意正科外に行はしめるを正當と信ずるといふのであつた。

第十議會には茨城縣小澤一郎、長野縣柴田克己の二氏を始め全國の有志者から、斯道を學校の正科に加へる事を建議せられ、其の後衆議院議員星野仙藏を始め、小澤愛次郎、第二十一議會に斯道を正科に加へる事を建議案として提出したが否決せられた。氏は倘屈せず更に第二十二、第二十三議會を經て第二十四議會に至り、遂に全員一致を以て可決せられた。爾後一層調査を進め又全國の學校の斯道家の實地研究によつて、心身鍛錬に劍柔二道の必要なる事益々明瞭確實となり、明治四十四年七月三十一日、發布の改正中學校令施行規則により、正科として體操科に加へられるに至つた。

吾人の劍道の今日あるを思つて、嘗て斯道の爲めに不撓不屈、盡力せられた先輩諸氏に滿腔の謝意を表すると共に、我が國古來の鍛錬道である劍道が、外來の體育に壓倒せられた事を慨かずには居られない。劍道の神髓に就いては既に述べたやうに、劍道を他の遊戲運動と同列として相對立せしめることは、其の根本精神に於て謬見があることは既に論じた。宜しく劍道の一科目として、獨立して授けるが至當である。然るに昭和六年に至り、其の一月二十日、文部省訓令第二號に次の如く發表せられた。

劍道及柔道ハ之ヲ體操中ニ於テ、必修セシムルコトトナセリ。是レ劍道及柔道ガ我ガ國固有ノ武道ニシテ、質實剛健ナル國民精神ヲ涵養シ、心身ヲ鍛錬スルニ適切ナルヲ認メタルガ爲ニシテ、兩者又ハ其ノ一ヲ必修セシメントス。

斯道の爲め誠に慶賀すべきことである。

第二節　學校に於ける劍道の目的

劍道の目的神髓に就いては既に述べてゐる通りで、要は心身の鍛錬にあるのである。學校に於ての劍道の目的も亦同一である。文部省の學校體操敎授要目にも

劍道及柔道ハ、其ノ主眼トスル所ハ身心ノ鍛錬ニ在リト雖モ、特ニ精神的訓錬ニ重キヲ置クベシ。技術ノ末ニ走リ、勝負ヲ爭フヲ目的トスルガ如キ弊ヲ避クルヲ要ス。

と述べてある。劍道は適當なる方法を以て敎授すれば、身體各部の均齊なる發育と各機能の完全なる發達と全身の健康の保護增進、規律嚴守の習慣等に有益であることは勿論、動作の機敏耐久と精神の快活剛毅とは之に依つて得られる。劍道の特色はそれが鍛錬的練習の點にあるのである。要目中にも身心の鍛錬、特に精神的訓練に重きを置いてあることは注意すべきことである。されば劍道の本旨を忘れ、唯技術の華美巧妙を競ひ、勝負の末に走るは

精神修養上得あつて益がない。學校の如き一週一二時間の授業に於ては、到底劍道の須要なる事項、技術の上達は期せられない。故に其礎的練習に重きを置き、心身の鍛錬に努めることが必要で、決して劍道家を養成するやうな考を持つてはならはい。唯劍道に對する興味を十分に養ひ、卒業後も進んで、一層深く斯道を錬磨せしめるやうに導くことが肝要である。現今我が國の多くの遊戯運動の中、家庭及び卒業後に之が練習に適するものがどれだけあるであらう。或ものは數人の爲めに莫大の費用と設備とを要し、或ものは一定の人員を必要とし、僅かの餘暇に於ては之を行ふ事が困難であつて、社會體育として適當なものが少い。劍道は古來我が國到る處に行はれ、僅かの時間と僅かの費用と設備さへあれば、春夏秋冬、晴雨に拘らず、老少男女を問はず、しかも單獨にも尚之を行ふことが出來て、其の效果は心身鍛錬上得る所が大である。學校體操教授要目にも次のやうに述べてある。

運動ハ生活上一日モ缺クベカラザルモノナレバ、漸次其ノ必要ヲ自覺セシメ、家庭ニアル時又ハ卒業後ニ於テモ、常ニ之ヲ行フノ習慣ヲ養成セシコトニ努ムルヲ要ス。

第四十三章　劍道教師論

第一節　劍道教師の資格

教育は理想を中心とする仕事である。されば直接教化の源泉となる教師は、それ自身が理想的の者でなければならぬ。併し之は得て望むことの出來ぬものであるから、之に近い人物を求めるとして、之に對する要件は多々あらうが今其の二三を示さう。

一、心身の剛健

如何なる職務に携はる者も、身體が不健全でよいと云ふ理由はないが、就中教育事業のやうに、長年月間、繼續的に行つて、始めて其の效果が現はれる仕事に於ては、身體が虚弱であつては、到底其の任に堪へることは出來ない。殊に劍道は精神技術に於て自ら活模範を示し、幾多强健の者を相手として、機敏活潑愉快に稽古するものであるから、特に身體の强健が必要である。古語にも「健全なる精神は健全なる身體に宿る」と云つてゐる。身體の强健なる時は事々物々愉快に、隨つて元氣旺盛に思想も確乎たるものである。世或は劍道を修める者に對して、劍道を古代の遺物とし、其の修行者をば頑冥固陋と見做す者は甚だしい謬見であつて、既に述べたやうに劍道は古代の遺物ではなく、之を修めるに至つては、操守嚴然自ら見識を持し、徒らに世に阿諛迎合するが如きことがないのである。是れが知らず識らずの間に、被教育者に良好なる感化を及ぼすことが出來るのである。

二、有德の人

教職は單に口舌の業ではない。教師の言行は常に被教育者に影響することは甚大で、若し教師にして高潔なる道德的品性に缺げてゐる時には、被教育者は知らず識らずの間に、不善なる感化を受けるものである。之に反して有德である時には、被教育者は之が德化を受けることは洵に大である。殊に劍道の如きは、技術よりも精神の鍛錬に重を置くもので、しかも個人と個人との全接觸であるから、不言の中に其の影響を蒙ることは極めて大である。これ教育者に善良なる活模範の大切なる所以である。中にも重要なるは權威と愛情とである。愛情は教育の生命である。權威は斯道教育の生命である。眞の愛情とは世に謂ふ母の溺愛ではなく、子弟の精神生活に對する助成同情の愛であつて、決して彼等の氣儘を許容し、其の放肆を認容して顧みないのではない。子弟の發展向上を希ふ心が絶えず流れてゐるのを言ふのである。權威とは決して威嚇する意味ではない。威風堂々として深淵であつて、一歩も犯すことの出來ぬ威嚴を具へることである。卽ち或時は春風駘蕩の中に、或る時は秋霜烈日の中に、子弟を敎化指導することである。次には熱心誠實の德がなくてはならぬ。如何に學識豐富、識見高邁、技術卓越であつても熱心誠實の心がなくては、到底人を動かすことは出來ない。次に忍耐力である。敎育は長年月の仕事である。劍道は終身の修行である。斃れて後に已む覺悟がなくてはならぬ。これ等は皆理想敎師の具有せねばならぬ德であつて、一日も修養を忽にすることは出來ぬ。兵は凶器である。有德者にして之を義に用ゐる時には、武の德となつて表はれるのである。

三、學識の豐富

敎師は豐富なる學識を有しなければならぬ。是れ道德的修養に對する知的修養であつて、實際敎育上必要なる諸種の科學の研究は勿論、絶えず時代思潮の趨勢に着目することが必要である。殊に劍道に於ては宗敎、哲學、道德學、國學、儒敎、書道等には、密接なる關係を有するものであるから、餘暇には絶えず之が研鑽に努めねばならぬ。さうして學識を養ふことが肝要である。これ敎師は被敎育者をして理想に向つて指導せねばならぬからである。而して學と識とは、學問の研究と經驗の豐富とに依つて得られるのである。劍道敎師は單に技術が錬達さへすればよいと考へるのは、既に過去のことである。否古人も劍道の修行と共に學識の豐富に努めたのである。學と識との必要は、思ふに敎育はまた一面に於ては、該時代の價値ある精神的、物質的文化文明を、後代の一員である被敎育者に傳達することを職能とするからである。社會は之に依つて進歩し、被敎育者は之に依つて自己を實施し、隨つて新價値創造の基礎を作るのである。

四、天職自覺

敎師は自己の天職を自覺しなければならない。國家の盛衰は國民敎育の振否如何に依り、國民敎育の振否如何は、敎育者の陶冶的精神の盛んなるか、否かに依ることが大である。加之劍道は之に依つて、自己の人格を修養する道で、死して然る後に終るものである。これ劍道修行の安住の境地である。報酬の大なるを望むものでもなく、權勢の尊いのを希ふものでもない。若し劍道敎師にして之に依つて富貴を致さうとするならば、劍道修行の價値は甚だしく減ぜられるのである。貴重なる天職の自覺、精神的理想的安住境、之を眞に自覺して生活する者に於て、理想的敎師の俤を見ることが出來るのである。

五、技術の卓越

劍道敎師は其の技術に於ても、亦錬達の域に達してゐなければならぬ。此の事に就いては、既に屢々述べたからこゝに之を略する。

第二節　知育擔任敎師と體育擔任敎師

小學校に於ては、一人の敎師が其の受持兒童に對する敎育の全部を擔任するものであるから。他の學科との間に忌むべき事情はないが、中等學校以上に於ては、各學科の擔任が敎師に由つて異なつてゐるから、其の間に面白くない事も起り易い。かくては敎育の目的を達することは出來ないのである。學校敎育を大別して知育、德育、美育、體育とするが、之を擔任する敎師は、大體知育擔任の敎師であり、體育擔任の敎師である。兩者は相依り相輔けて、始めて學校教育の實績を擧げることが出來るのである。然るに動もすると知育擔任教師は、知育萬能を主張して體育を輕視し。體育擔任教師も動もすれば體育萬能を主張する。特に其の甚だしき者に至ると、一學校を統率すべき重任にある校長から、二者に甚だしい懸隔を置き、己の好む所に阿る者さへある。これ等は皆文武兩輪、文武不岐と云ふ古語の眞理たるを知らず、教育の何たるかを理會しない者である。體育の目的は心身の健全にあるのであるから、これの充實した教育は、他の總べての教育をも受納し得る準備である。而して體育のみではまた完全なる教育は行はれるものではない。教師たる者は、宜しく知育に於て生徒を十分に指導する丈の一學科目位を持ち、體育に於ても亦生徒を十分に指導する丈の技倆を有しなければならぬ。かくあつてこそ教育は完全に行はれ、運動場、武道場或は教室に於て、徹底した授業が行はれ、生徒の崇敬も亦一身に集まるのである。然るに體育、知育の孰れかの萬能を主張する學校に於ては如何。校長は表面に學校の名譽を被り、内面に自己の野心を逞しうして、前途有望の生徒をも考へず。體育奬勵は名のみで、唯上級學校の入學率に於て、最上の地位を占めようとのみしてゐる。或は體育萬能を主張する者に於ては、知育を等閑に附し、更に生徒の將來の希望發展をば顧みず、唯之に依つて自己の野心を滿足するに汲々としてゐる。こゝに至つては各方面に幾多の忌はしい惡現象、惡影響を惹起するのである。教育の任に當る者の猛省すべきことである。

第三節　劍道教師と體育擔任教師

體育の中には體操、教練、武道、競技、遊戲がある。これ等は皆體育の目的を達する一手段であつて、一長一短がある故に適當に配合して、互に短を補ひ長を助成して、完全なる體育を實施することに努力せねばならぬ。然るに動もすると、知育擔任教師と體育擔任教師との間に見るやうな忌はしい排斥がある。自己が擔任してゐる體育を盛んにするが爲めに、他の體育法を輕視し或は侮蔑する者がある。體育法が其の長短目的を異にして優劣があつても、學校に體育が行はれてゐる以上、自己が擔任する體育法以外にも餘暇には研究して、其の長處を執つて己の短處を補ひ、互に相扶けて共に盛んにし、而して體育の完全なる發達を期せねばならぬ。

劍道柔道を共に課してゐる學校に於ては、時に兩者が自己の武道のみを宣傳し隆盛にしようとして、一方を排斥し侮蔑する者がある。是れ教育の何たるかを解しないばかりでなく、武道の何たるかをも解しないもので、武道家としては最も惡むべき行爲である。柔道と劍道とは、兩者其の方法を異にするも、同一の目的に歸着するのである。宜しく柔劍道教師は、餘暇には互に練習研究して、其の所長を採つて自己の武道に應用して、益々其の深淵さを增さねばならぬ。余は平生の主義主張としては、中等學校には柔道劍道は第一學年には必ず併せ課し、二年以上に及んで兩者孰れかを選ぶべきである。

單に學校內に於てのみではない。地方との連絡を取つて、圓滿なる普及發達を計らねばならぬ。孰れの地方に於ても、其の地方の劍道界の中心となつて、盡力してゐる人が少くない。これ等の人と相提携して行くことが肝要である。又青年團、少年團、在鄉軍人會、警察署、其の他の官衙學校とも聯絡を取り、協力して斯道に盡力せねばならぬ。決して自ら尊大にして高くとまるべきではない。自ら中心となり援助となつて、地方文化に貢獻すべきである。

第四節　劍道教師の養成

劍道教師は劍道に依つて精神の鍛錬と身體の鍛錬とを計り、而して被教育者の人格の完成に努めて、國家社會に有用なる人物を出さねばならぬ。決して、技術の教授のみの末に止まることがあつてはならぬ。されば熟達した技術、識學の超邁、天職の自覺等がなければならぬ。是れ等は皆不斷の修養經驗と旺盛なる研究心とに依つて得られるものである。斯くの如き人物を得て、始めて習技者の心身の狀態と其の環境とに適應した完全なる指導を得、其の成果を收めることが出來るのである。

こゝに於てか特別なる知識と技能とを有する理想的劍道教師の養成が必要である。其の養成機關としては、東京高等師範に體育科があり又東京に國士館專門學校があり、京都に武道專門學校がある。而して殆ど每年、武道科の中等學校教員の檢定試驗が實施せられてゐる。又明治四十四年以後、東京高等師範學校に於ては、文部省が劍道講習會を開いて、劍道の基本教授法、帝國劍道形等を教授して、教師の養成に務めてゐる。今日に於ては是れ等の學校に入學する者も逐年に增し、檢定受驗者も亦多くなつた。其の他各大學、專門學校等の教師養成機關のある學校にては、斯道を重んじて之が獎勵に努めてゐるから、幾多其の優秀なる者が輩出してゐる。而して斯道教授の任に當る者も、亦舊來に滿足しないで、益々研究してゐることは誠に慶賀すべきである

第四十四章　褒賞論

褒賞とは、其の人の善行を承認して、其の善良なる行爲をして益々繼續擴大にさせようとする意志に基いてなさ

れる行爲である。懲罰は其の非行を否認し、之を改善せしめようとするもので、隨つて苦痛、嫌忌の情を利用する消極的方案であるに反して。褒賞は其の快感滿足の情を利用する積極的方案である。

然れども褒賞の可否如何に就いては古來議論がある。例せば罰を排斥したシライエルマツヘルの如きは「賞與は動機を腐敗せしめる以外には何等の效果もない」と云つてゐる。其の意味は、道德は正善共のものを目的とすべきもので、決して賞罰を目的とすべきものではないことを言つたものである。併し褒賞は必ずしも無價値のものでない。其の方法宜しきを得る時には、また相當の效果があるものである。褒賞には種々の別があるが、大體次の三項である。

1、言語動作を以てする褒賞。これは其の敎師父母長上が、子弟若しくは後輩に對して或は動作を以て其の善行を嘉賞するもので、最も普通に行はれる所のものである。

2、物品賞狀を授ける所の褒賞。蓋然的にいふ時には、物品を授與する褒賞は、多くの敎育者學者によつて非とせられてゐる。例せばモンテツソリーの如きは「褒賞として物品を授與するは、競馬師が鞍に跨る前に一塊の砂糖を馬に嘗めさせるに等しい」と云つて極力之を排斥してゐる。蓋し物品を授與するのは、一時的興奮に資するに過ぎないもので、永遠的效果のないことを嘲つたものである。物品を授與することは、動もすれば物品を得ることを道德の目的とし、劍道の目的として主客を轉倒する嫌がある。故に物品授與は、小學校の下級兒童は別として、なるべく行はない方が宜しい。賞狀を與へることは之に比較すると弊害は少い。

3、特別なる地位、待遇等を與へる褒賞。これは或は功勞あり、勳績ある者に對して、國家又は君主が位記勳章を與へ又は爵位を授けて、特別待遇をするやうなものである。學校に於ては優等生に月謝を免除し、級長副級長に或一部の特點を與へるやうなことで今日行はれてゐる。

劍道のやうに其の目的が自己の精神身體を錬磨するにある以上、勝つた者に多大の賞品を與へる時には、劍道に對する自覺心のない者は、賞品を得る爲めに劍道を稽古するやうになり、遂には只勝つと云ふ名譽心のみに囚へられて、劍道の眞の目的其の奬勵を破壞するもので、實に憂ふべきことである。年少者の劍道に對して自覺のない者には如何にすべきであるかといふに、漸次劍道に興味を持たせ、劍道の精神を注入するには、劍道に必要なる物品、倒せば劍道具、刀劍類、稽古着、袴、竹刀、手拭などにて、なる丈低廉なる物品を選んで與へるが宜しい。昇級昇段の證狀を授與して、自己修行の向上を悦ばせ、益々之をして興味を起し、繼續發展せしめようとするのは更に進んだ方法である。即ち段。錬士、敎士、範士を授けて或は特權と特別の待遇とを與へて、之れを優遇することは斯道奬勵發展上、極めて有效適切なる方案である。併し名譽の稱號を得るを以て、最後の目的としてはならぬ。若しさうであるとすれば、終身修行すべき劍道の修行も、之を得るに及んで挫折するのである、これを要するに修行者の程度に鑑み、個人の性質に顧みて、適宜に之を選擇するより外はない。最後に褒賞を行ふ上に就いて注意すべき點は、

1 濫賞は避けねばならぬ。濫賞は褒賞の效力を失墜するものである。

2 褒賞は最も公平でなければならぬ。不公平な褒賞は反感を買ひ、猜忌嫉妬の念を生じ、之に反抗するのみでなく、被賞者をして僥倖心を誘發し僞善を助長するに至つて害毒を釀成することが多いから最も愼重にせねばならぬ。

第四十五章　劍道選士論

劍道選士は劍道の發達振興上缺ぐことの出來ぬ者である。凡そ事を爲しそれをして發達振興せしめようとする時には、聲を大にして其の價値を世に知らしめるか或は其の優秀なる美點を公衆に目擊せしめるかに依るものである。卽ち劍道選士は平素劍道の練習に依つて、鍊成せられた技術の精妙と精神身體の剛健とを如實に衆人に目擊せしめて、直ちに國民をして劍道が我が國の武士道を鍛錬する唯一の道で、一日も缺ぐことの出來ぬ事を自覺せしめるのである。又一面には其の習熟した選士は、社會の他の初心者の好指導者である。斯くの如き劍道選士を得て、こゝに劍道は一層發達振興するものである。かく考へ來ると劍道選士の任は重且つ大である。されば其の選士は必ずや人格技術共に、眞に劍道の眞精神を體得して、劍道の神髓を發揮するに足る人物であつて、始めて選士の選士たる價値を認めることが出來るのである。されば劍道選士は單に技術に於て常勝であり或は體軀偉大なるのみでは、完全なる選士の資格を備へたものとは言はれない。剛强自ら衒ひ、酒色を事とするが如き者に、其の資格なきは勿論である。重ねて言ふ劍道選士は、眞に劍道の精神骨髓を體得して、優秀なる技術を有し、而して國民をして劍道の精神を理會させて、偉大なる感化を與へ、其の一擧手、一投足は國民の活模範となるべき人物にして、始めて劍道選士たる眞の價値があるのである。

古來我が劍道界に於ては、選士に對する觀念は、他の社會の選手に對する觀念よりも進步して、適切なる方法で之を選定し、選士も亦自ら重じて輕佻を戒しめ、士道の權化を以て任じて自覺する所があり、又社會的地位も高く、世間からは大なる敬意を以て迎へられてゐた。然るに劍道の衰頽と共に漸次此の特色が失はれて、選士は單に技術の優秀者のみを以て之に任じ、延いては今日に其の影響を及ぼしてゐるのである。これ眞の劍道發展上甚だ憂ふべき現象である。或者は單に勝たんが爲めに選士と稱する者を作りて、二六時中技術のみの稽古をなし又或學校に於ては、全學年を通じて十名乃至二十名の選士を選定して、殆ど毎日放課後稽古を實施し、平日の授業時間に於ても、選士のみを相手とし、他の生徒をば殆ど顧みないといふが如き者がある。其の甚だしきに至つては、學校に於ても却つて之を奇貨置くべしとして、其の校名を擧げるに汲々たる者があり、敎師も亦自己を人に知られようとして得得としてゐる。これ全く劍道の意義を解せず、選士の選定法を誤るのみではなく、實に劍道の神聖を毒する者である。一校の劍道を盛んにすると、選士のみを養成するのとは其の間甚だしい逕庭がある。一校の劍道を盛んにしようとするなら、全校の生徒をして一樣に進歩發達せしめることである。一部數名の優秀者を作るのみでは、其の學校の劍道が優秀であるとはいはれない。

選士の選拔は最も嚴格で且つ公平でなければならぬ。單に技術のみの優秀ではなく、其の人格如何には特別の注意を拂ひ、選士としての名譽に對して、一度恥づべき行爲のあつた時には、直ちに其の資格を除去すべきである。而して學校に於ては、更に學科をも十分に考慮して、全科目の平均點少くとも七十點以上、更に嚴密にいへば八十點以上にして、人格あり技術ある者を以て、必ず選士として選定すべきである。若し技術のみに依つて、選士にする時には之が爲に種々の弊害を招くに至る。

要するに劍道選士は、自ら高潔なる精神と優秀なる技術と卓越せる識見とを具備し、而して能く世道人心を裨益し且つ後輩の誘掖に盡力し、自己の社會地位をも高めて、劍道の振興に貢獻する人物でなければならぬ。かくあつて始めて國家社會に於ても、亦選士を尊重するに至るのである

第四十六章　劍道の教材

第一節　劍道の教材とは何ぞや

敎材とは敎授の材料を言ふのであつて、敎授の目的を達する爲めに、被敎育者に授ける事物である。

敎授とは、通例未成熟者の知識及び技能を發達せしめる作用であると解釋せられてゐる。而して技能とは單に手工、音樂、體操、圖畫、裁縫等のやうな技能敎科を意味するのみではなく、廣く解釋して一度收得した觀念を實行する所の能力をも言ふ。即ち修身科に於て授けた事項を、實行すべく鍊磨し熟せしめるが如きは一つの技能である。又國漢文に於て授けた諸般の事項を、實際に行ふが如きも一つの技能である。要するに一度授けた知識を基とし、其の內部生活を外部に向つて發表する心身の統合的機能は總て技能である。森岡常藏氏は、固より形式的定義ではあるが「敎授とは被敎育者の心身を陶冶せしめる爲め、彼等の理會を通じて影響を與へる敎育の一作用である」と解釋してある。劍道の敎材とは何かといふに、劍道敎授の目的を達するに必要なる事物であつて、劍道の動作及び劍道に關する講話である。

敎育の目的は心身の發達である。心身の發達とは心は知情意で身は身體である。此の知情意の發達をなす爲には

或は理會から入り或は實行から入る。知の發展は知育、情の發展は美育、意の發展は德育、身は體育である。されば知育、美育、德育、體育が交錯綜合をなすのが教育である。此の四育を完成するのが教授訓練の手段である。劍道は單に技術の傳達のみではないのである。

第二節 教材の選擇

教材論をなすに當つて、第一に研究を要するは教材の選擇である。教授を行ふには如何なる教材が價値があるか。被教育者心身の發達程度に適應するか否かを決定しなくては、着手することが出來ないのである。即ち劍道に於ては、如何なる擊ち方も、突き方も、如何なる講話も、直ちに取つて以て劍道科の教材とすることは出來ないのである。劍道の目的を出來る丈十分に達することの出來る性質を具備した教材を選ばなければならぬ。其の教材選擇の標準には二つある。即ち一つは心理的身體的標準で、一つは社會的標準である。

心理的身體的標準とは、被教育者の心意及び身體發達の程度を標準として、其の程度に適合するものを取つて教材とするのである。被教育者の心身發達には自ら一定の順序があつて、之に適合しない教材は、それが如何に人生に價値があるものでも、其の時期に於ては教材としては適切ではない。されば劍道學習者の年齢、性格、精神、身體の强弱等を參考し研究して、最も適切なる動作講話を授けるべきである。

社會的標準としては、現代文明、國家の要求、鄕土的關係の三條件から考へねばならぬ。

現代に於ける物質上、精神上の人智の有様が、やがて教材課程の組織の上に影響を及ぼすものである。吾人が少青年等を教育するには、現代人として教育するのであるから、現代の文明に就いて教へねばならぬ。文明は年々歳歳進歩して已まないのである。劍道の如きは一見百年一日、變化なく寧ろ舊時代に逆行するやうに考へる人があるが、これ斯道に通じないものである。勿論劍道の基礎は先輩の賜であるが、其の技術、道德、理論等に於ては年々進歩しつゝあるのである。教授法の如き精神鍛錬上の如き皆さうである。次に國家的要求であるが、教育は全體に通じて國家の理想に從ひ、國家の要求を滿足するものである。學問それ自身、劍道それ自身が研究の目的のやうに考へられて、國家方面をば顧慮しないやうであるが、併し全體に通じて見れば、國家が諸種の學校を設け、監督するは、國家に有用なる人材を登用する爲めである。劍道に於ても國家の要求に應ずる人材を養成しなければならない。前人未發の劍道を考へ得るは、國家の一人材として必要である。國家の要求も、亦た時勢の進歩變化に隨うて變ずるものであつて、現代文明とは深い關係がある。國家が國民に如何なる程度の道德を與へ、如何なる智識を持たしめるかは、教材に關係する所は大である。次に郷土的關係である。教育は郷土化する事が極めて大切である。郷土とは狹義では人の住んでゐる場所をいふ、嚴密にいへば直接に觀察經驗の及ぶ範圍である。故郷の村は郷土の中心地で、直接に觀察經驗の及ぶ範圍である。廣義では本國の意味である。小學校教育に於ては特に郷土的に教授することが必要であるが、劍道も亦其の郷土の歴史、風俗、習慣、修行者の生活、境遇を基礎として教授しなければならない。而して劍道は更に實用的方面をも考へねばならぬ。

以上述べた所の條件に於て、心身發達上からは一定するが、現代文明と國家の要求とは時に因つて變化し、郷土的關係は場所によつて變動するものである。されば教材も亦永劫に一定不變のものではない。

第三節　教材の排列

教材選擇の次に此の教材を如何なる順序に從ひ、何れを先に何れを後に授くべきかを考究せねばならぬ。かく授くべき教材の順序を定めるのを、教材の排列といふのである。此の教材の排列が當を得ない時には、折角選擇せられた知識技能も、其の效果を十分に達することは出來ない。教材の排列には教科排列と教科内容排列との二方面があるが、今劍道に必要なるは教科内容排列である。

教科内容の排列とは、劍道を授けるに當つて、劍道の學科中何れを先にすべきか、劍道の動作中に於ては何れを先にすべきかといふ問題である。古來教科内容の排列に三法がある。直進法、圓周法、折衷法がそれである。直進法といふのは、一教科の教材を區分して之を各學年に配當し、各部を順次に教授し、最學年に至つて始めて全部完了する方法である。此の方法は實際教授に現はれて來る教材が常に新しいから、被教育者の興味を惹くことは出來るが、在學中唯一回之に接する丈で、反復練習の機會が少くて、知識の確實性を養ふことは出來ず、技能の習熟を期し難いのである。圓周法は一つに循環法ともいつて、一教科の教材が學年每に反復せれらるやうに排列し、最初の學年には其の大要を授け、次の學年には其の範圍を擴め、程度を高める方法である。此の方法は、最初の學年に授けたものを基礎として、被教育者をして自然的に活動せしめることが出來るのみでなく、反復練習の度數多く、知識の收得を確實にし、技能を習熟ならしめる長處がある。併し反面には反復練習の度が多過ぎ、被教育者の興味を殺ぎ、學習に倦ましめる弊がある。これ折衷法の起る所以である。折衷法とは兩者の長處を併せ採つて、折衷して排した方法である。例へば劍道に於て四年も五年も大體に於ては範圍を同じうしても、五年に在つては劍道科中の或一部を減じて、内容の程度を高め且つ其の範圍も或部分に就いては增し、或部に於ては之を減ずる所の方法である。劍道の如きは最初から、技術の精錬と至理の深淵とを解くことは出來ないのである。故に此の法に依るを可とする。

第四節　教材の配當

敎授の材料が精選せられ、適當に排列せられたならば、更に之を劍道科の內容、分量、程度に應じ、各學年に配當し、其の敎授時數を定めなければならない。之を稱して敎科の課程といふ。又此の敎科課程を各學期各週各時に從つて分つ必要がある。之を敎授細目といふ。又別に每週每日の敎授時數に應じて敎科目を配當したものがある。これを日課表、俗に敎授時間割といふ。此の外敎授日案略して敎案と呼ぶものがある。各日各時の敎材と其の敎授の順序方法とを記入したものである。而して敎科課程は法令に依つて規定せられてゐる。敎授細目は敎科課程の大綱を細別した敎授の豫定表とも稱すべきものである。而して此の敎授細目は、敎授の實地進行上甚だ必要なばかりではなく、一般敎材を特殊化し、活敎授をなす上に、極めて必要なものである。故に之を適切に編制することは頗る重要なことで且つ至難のことである。何となれば敎授細目は一面に於ては敎材の量と質とを詳細に調査して、之を全敎授時間數に配當すると共に、他面に於ては學校の事情其他の狀況によつて、適宜斟酌して特殊化せなければならぬからである、劍道の敎材は、其の學科と實科とを考へて、學習者の心身發育の程度、强弱の差、年齡の相違、男女の別、技倆の程度、敎育の程度に應ずるやうに配當することが肝要である。

1、學級制度に依る配當。

イ、各學年に對する配當。

ロ、各學期に對する配當。

ハ、各週間に對する配當。
ニ、各時間に對する配當。

剣道教授時間比較表

學年	一	二	三	四	五
實科	基本練習／形及對敵練習				
學科	剣道學科				
	古蹟の探索				

2、技倆に依る配當。
イ、初心者に對する配當。
ロ、無段者に對する配當。
一二級に對する配當。三四級に對する配當。
ハ、有段者に對する配當。
初段二段三段に對する配當。四段五段に對する配當。

第四十七章　剣道科教授の階段

第一節　剣道科知識的教授の段階

知的教科の段階、教授の段階を分つて三段とする、即ち豫備、提示、應用である。豫備に於ては先づ新教材に關係ある生徒の見聞經驗について問答し或は既に授けた事項を復習して、新教材の理會を容易にし、然る後に新に教授すべき事項の要點を豫告する。これを通常目的の指示といつてゐる。目的指示は之を具體的に簡單なる言葉を以てする。これ被教育者の期待心を旺盛にし、奮つて學習しようとする意力を起さしめる爲めである。

提示はこれ新事項の提出で、新事項を提出して或は其の形式上から或は其の實習上から、被教育者をして確認せしめ、其の他教科書のある場合には之を讀ましめ、意義を解說する等のことをなすを任務とする。教師は其の言語態度等に意を用ゐ、問答等を適宜に行ひ、さうして其の要點の徹底に努めねばならぬ。新教材の提出には一度に之を提示する場合と、分節的に一歩一歩提示する場合とある。それは教材の內容に依り、教育的識見を以て適宜に處理すべきである。

旣に新教材の提出を終へ、知識の構成が濟んだなら、之を個々の新事實に適用することが必要である。これ所謂應用である、今之を表示すると次のやうになる。

劍道科知識的教科の段階
- 豫備
  - 舊觀念の喚起、整理。
  - 旣習事項の復習。
  - 目的の指示。
- 提示
  - 新教材の提出、知識の形成。
  - 新舊知識の比較、總括。
  - 教科書の讀解等。
- 應用、個々の新事實への適用。

第二節　劍道科技能的教授の段階

劍道科の技能的方面は、普通に行はれてゐる技能的教科の段階として豫備、示範說明、實習の三段に依るべきである。卽ち第一段の豫備に於ては、知識的教科と同樣に、或は舊概念を整理し或は旣習の事項を復習し又目的の指示を行ふ。これ新教授をして有效ならしめようとする爲めである。第二段の示範說明に於ては、新に授ける事項の範を示し或は說明して之れを模倣せしめて、其の要領を體得せしめるので、これ新教授上當然の順序である。模範は常に原則として完全なる事が肝要である。劍道の如きは如何に雄辯に論じても、其の模範にして見るに堪へない者ならば。何等の價値もないのである。古人も百聞は一見に如かずと云つてゐる。而して之が爲めには教師は其の理に通曉すると共に、亦技術にも錬達してゐなければならない。說明は模範に次いで大切な者で、其の說明如何に依つて學習者に了解せしめることも出來又領會せしめることも出來ないのである。說明するには學習者の教育の程度、技倆の程度等を熟知して、之に理會の出來る程度の言葉と技倆とを以て、繁簡宜しきを得なければならない。說明は其の要點を短時間に短簡明瞭に示すのが主眼で、次第に簡から繁に入つて詳しく說明する事が必要である。完全なる模範と說明とを終へたならば、生徒各自に命じて之を完全に模倣せしめることである。完全なる模倣は總ての學習の捷徑である。此の間教師は巡視し或は其の位置に於て模倣の狀態を視て、其の最も劣等なる者に對しては個々に、又其の共通の點に就いては一般に更に示範說明を行ふ。示範說明を完全にしようとするには、技術の錬達、劍道に對する思想の精錬、知識の收得、辯論の練習が必要である。第三段は實習である。稍々模倣が出來るやうになつてから、一齊に或は各個に反復練習を行はしめる。反復練習は鍛錬の基礎である。次には個人的に或は團體的に矯正批評することである。不正なる練習は何等の效果を見ないばかりでなく、却つて弊害に陷らしめるものである。矯正とは、教授中に學習者の不正なる姿勢、擊突、動作等を矯め直すことである。技能科に在つては特に批正は必要なる條件である。今表示すると次の如くである。

剣道科技能的教授の段階
- 豫備
  - 既習觀念又既授事項の復演。
  - 目的の指示。
- 示範説明
  - 模範の指示。
  - 要點の説明。
  - 模倣(順序の會得)。
- 實習
  - 練習乃至作製。
  - 批評及び訂正。

剣道科の如きは知識技能の兩方面に亘つて其の關係の最も密接なるものである。然るに往々にして古來知識的方面の閑却にせられてゐたことは甚だ遺憾なことである。更に教授段階適用上注意すべき主なるものを述べると。

1、教授階段を以て一單元を教授するに當つて、大體踏まねばならぬ蓋然的經路であることを篤と領會する事。

2、其の形式に捉はれないで、精神を活用すべきことである。形式に捉はれる時には、劃一主義となり、大なる弊害を醸すことゝなる。

3、教材の性質、學習者の程度又は心身の狀態に依つて適宜に之を修正せなければならぬ。

第四十八章　剣道科教授の様式

第一節　教授の様式

敎授の樣式は一つに之を敎式ともいふ。敎授の際に於て、敎師と被敎育者との活動の方式を謂ふのであつて、敎授を如何なる風にすべきかの狀態の研究である。例へば敎授は口演的に爲すべきものか、問答的に爲すべきものか敎師の態樣は如何にあるべきか等である。敎授の段階と共に敎授の形式をなすものである。敎段は敎授材料を取扱ふ上に就いて、精神內部の作用から生ずる處置を指すもので、敎式はこれを實際に處置する上の外部的手順を指稱するものである。敎式を大別すれば二大方式に分たる。卽ち一つは注入的敎式で、一つは開發的敎式である。注入的敎式は敎材を授けるに際して、敎師が主となり、被敎育者が客となつて、主に敎師ばかりの活動する樣式である。之に反して開發的敎式は、被敎育者を主として働かしめて、敎師は補導者の位置に在つて、これを手引きするに止まるものである。兩者には根本的相違がある。注入的敎式は之を分つて三種とする。卽ち示敎的敎式、示範的敎式、講演的敎式である。又開發的敎式は之を分つて二種とする。卽ち問答的敎式課題的敎式である。而して劍道科に最も必要なるは示範的敎式、講演的敎式、問答的敎式である

第二節　示敎的敎式

示敎的敎式は一に示物的敎式とも稱する。專ら學習者の直觀に訴へて、確實なる知識を收得せしめようとする敎式を謂ふのである。例へば實物模型繪畫等のやうな、直觀的材料を示し或は實驗を行ひ、直接に學習者の感覺機能に訴へて、敎授事項を明瞭適確に受納せしめることに努める方法である。劍道に於ては、刀劍及び先哲の講話等の際に用ゐられる。而して此の際特に注意すべき事項は

1、示敎は原則として實物に依り、已むを得ない場合には模型、圖畫等を用ゐること。

2。實物、模型、圖畫の觀察は其の要點を逸することのないやう指導し又受動的に觀察せしめるのみならず、更に進んでは自動的に實驗觀察せしめるやうに仕向けること。

3、直觀材料の提出は、自ら順序を保ち一時に提出することを避けること。

4、直觀物は教授の開始前に於て、遺憾なく準備し置くこと。

第三節　示範的教式

示範的教式とは直接に模範を示し、生徒をして之に倣はしめる所の教式である。通常說明、講話のみで十分に理會せしめ難い教材の際に用ゐる。劍道科に於ては師が先づ完全なる模範を兩三回示して、然る後は學習者をして之を模習せしめるのである。示範的教式適用上、注意すべき要件は次の通りである。

1、示範は學習者の發達の程度に應じ、分解して示すべき場合と全體として示すべき場合とがあるが、餘りに分解するは宜しくない。

2、示範は原則として完全でなければならぬ。說明は如何に巧妙でも、百聞は一見に及ばないことがあるからである。

3、技能科は教師の模範が巧みなのに依つて、益々其の實績を高めるのである。示範を完うするには、教師自ら先づ其の技に秀でることが其の第一義である。

第四節　講演的教式

講演的敎式とは敎師が講話して、學習者をして靜粛に聽かしめる敎式である。此の敎式は多く問答を行ふことの出來ぬ敎授の際に行ふもので、劍道に於て至理の講話の時或は先哲の德行を說敍し或は先哲の眞劍試合等を敍述する場合である。蓋し示範的敎式は多く視官に訴へるを主とし、之は聽官に訴へる所のものである。其の適用上の注意は次の通りである。

1、講話は秩序整然として亂れず、要點には殊に力を注ぎ、枝葉は極めて簡略にし、巧みに比喩實例等を引用して、學習者をして恰も其の現實中の人のやうに思はしめることが必要である。

2、講話は學習者の程度を斟酌して或は詳かにし或は簡にするなどして適切でなければならぬ。

3、特に音聲、言語、身振等の藝術的要素に注意し敎材の性質に依つてそれ〴〵變化のあるやうにすること。

4、講演長きに失する時には、倦怠を招く虞れがあるから、豫めこれを適當に分節し或は時宜に依つて、他の敎式を混入する等も宜しい。

第五節　問答的敎式

問答的敎式とは敎師と學習者との質問に依つて、敎授を進める敎式である。此の敎式に三種の別がある。復習的問答式、試驗的問答式、發展的問答式である。復習的問答式とは、既習事項を復演する時に用ゐられるもので、試驗的問答式とは、既に授けた事項が眞に理會せられたか否か、如何なる程度まで徹底したか等を試みる際に用ゐられるものである。又發展的問答式とは、學習者の知識を開發する場合に用ゐられる。即ち個々の事實を一般原理に歸納せしめ、一般原理を個々の事項に演繹せしめる場合である、問答に關して特に注意せねばならぬは、發問の方法と答の處理とである。

甲、發問上の注意。

1、發問の範圍は明確なること。若し範圍不明瞭なる時は其の答に甚だ苦しむのである。

2、發問は決定的發問を避けること。決定的發問とは、發問それ自身の中に、既に答となるべき語句を含み又は其の可否を決定せしめるか又は其の中の一を選定せしめるが如き性質の問である。

3、發問に依つて學習者を概念法則等に導く時には、一步一步順序を追うて進み、一躍其の論決に進むことを避けねばならぬ。

4、發問は全學習者に對して行はねばならぬ。一學習者を指名して發問する時は、他の學習者は之に對して注意を怠ることゝなる。

5、發問は其の濫用を誡しめねばならぬ、愚問連發は、學習者の思想界を混雜せしめるのみである。

乙、答の處理。

1、答は明瞭なる言語で、簡にして要を得てゐること。

2、發問に對して一學習者の解答が正しくても、直ちに教授を進行せぬこと。これ全學習者に理會せられたか否か速斷することが出來ないからである。

3、答は必ず理會に基くものでなければならぬ。若し理會に基かないものがあるなら、更に之を追及して其の眞相を確かめねばならぬ。

4、發問に對して何等の答がない時又は多數の者が正しい答をすることの出來ぬ時は、其の原因を探究せねばならぬ。是れ發問に缺點あるか又は學習者の不注意に依るかである。

5、答の意義は正しくても、其の發表に於て不完全の箇處のある時には、適當に指導して其の答をして完全ならしめること。

6、答は之を利用すること。之を利用して教授の進展を圖る時は、教授をして活氣あらしめ、其の效果大なるものがある。

7、級決教可の濫を避けること。級決教可とは全學習者の擧手起立等に依つて、教師之を可とすることである。

第六節　課題的教式

課題的教式とは、教師から問題を提出し、生徒をして自ら工夫解釋せしめる教式を謂ふのである。故に課題式は原則としては、全然指導干渉を爲さず、生徒各自をして自由に活動せしめるものである。課題には教授時間中に課するものと、家庭の課業として課するものとがある。而して後者を通常宿題と稱する。課題的教式の適用要件は次の通りである。

1、課題は趣意を明瞭に理會せしめること。

2、課題は學習者の心身の發達程度、知能の優劣程度、學習者の家庭に於ての勤勞事情等に依つて、これを斟酌せねばならぬ。

3、課題は規律正しく遂行せしめねばならぬ。

課題を遂行し來つた時は、其の勤勞に對し承認と滿足とを表することを要する。

第四十九章　劍道教授上注意すべき要件

1、教師の模範は教育上、百事成功の根源である。殊に劍道の如き實行的教科に於ては然りとするのである。されば教師は常に自省自奮して、完全なる活模範を示し、以て教授の完全を圖らねばならぬ。

2、劍道は其の特質が鍛錬的練習であるが故に、他の發育的、矯正的特質を有する身體練習卽ち體操等と相待つを要する。今後其の工夫の一層切要なるを覺えるのである。

3、學校並に諸團體に於ては、劍道教授は團體的に授けることが多いが、各個人の性質身體を考察して、之に適當なる方法を用ゐねばならぬ。身體强健なる者に之を練習せしめる時は一層强壯になり、虛弱なる者も、其の指導宜しきを得る時は身體强壯となる。又不活潑なる者に對しては、力めて勇壯活潑に導き、粗暴なる者に對しては、愼重細心の注意が必要である。

4、教授中の號令の目的は、學習者に其の行ふべき方法を示し、之に從つて演武せしめるにある。故に教師の態度は至誠、親愛、剛勇等の精神を發表して、其の意志の貫徹を圖り、隨つて其の號令に依つて、自ら引立てられる感がなければならぬ。

5、急激に稽古を始める時は、呼吸の困難及び心悸の亢進を來し、身體を害することがある故に、稽古前には必ず準備運動を行ひ、之を徐々に進め又常に衛生上に注意せしめ手拭、稽古着、袴其の他の用具を清潔にし、尚道場内の通氣、採光に注意し、稽古後は直ちに安息せず、整理運動を行ひ或は呼吸運動を行つて、安靜に復するを可とする。

6、總て用具の取扱ひを鄭重にし、且つ能く整理して破損のないやうにし、殊に木刀、竹刀は實刀と心得しめ、其の精神を明かに自覺せしめることが大切である。又竹刀の修理方法に就いては、一通り授け置かねばならぬ。

7、敎授中、姿勢態度のみを重く視る時は、技術の進歩が遲く、之に反して技術のみを重視する時は、他の一方に缺陷を生ずるは自然の理である。故に一方に偏することのないやうに注意せねばならぬ。

8、敎授中は、敎授者は學習者に常に擊込むべき機會を與へて、種々の技術を縱橫に試みさせ、且つ敎授者と學習者との間に、大なる懸隔の無いやう興味を以て敎師に向はし、勇猛果敢に練習せしめることが肝要である。若し敎授者から遠慮なく擊出す時は學習者は精神萎縮して業が出ない。されども學習者に一度惰氣、慢心を生じた場合には、十分に引締めて授けねばならぬ。

9、初心者は無用の所に力を入れて、手足を堅くするものである。敎授者は間合の遠き者は近く、近き者は遠くし、踏み出して擊たしめ或は退きながら擊たしめ、常に物打から先を使用し得るやうに引立てゝ、敎授することが肝要である。

10、同一の方法を以て敎授するも、生徒の技倆は年月を經るに從つて、自然著しき差異を來すを常とする。故に平生其の進步に注意して、適當に指導せねばならぬ。又一部少數の優秀者を養成するよりは、全學習者をして相當の域に達せしめる樣に、之が指導を怠つてはならぬ。卽ち選士敎育に熱中して、他の學習者を等閑に附する樣なことがあつてはならぬ。

11、練習法に三樣ある。卽ち形、試合、擊込稽古がそれである。形は各流祖が、眞劍試合の實驗に依つて組立てたものである。往時は各流形を重んじ、初心の間は他流試合は勿論、相互間の試合をも嚴禁して、先づ專ら其の流儀の形を十分に練習會得せさせた。擊込稽古は體力、氣力を養ふもので、俗に「擊込を三年すれば一人前になる」とさへいはれた。形と擊込稽古とに習熟して、然る後に試合を許してゐた、試合は興味が多く實に劍道の活練習である。故に敎授者は以上の三者を具備並行して練習せしめ、以て其の上達を計らねばならぬ。

12、敎習練習は敎授者と學習者とが、臨機應變攻防の術を角するものであつて、學習者は無我無心になりて、敎授者に對する者であるから、敎授者の言語動作は悉く有力なる暗示となつて、大なる感化を及ぼすものである。故に敎授者は、常に快活剛毅なる精神と元氣と熱心とを以て生徒に接し、生徒の精神技術を引立てるやうにせねばならぬ。

13、基本動作及び一齊敎授は、動もすると精神弛緩して形式に流れ易く、受動的に陷り易いから、此の點に注意して各個敎授と同樣に、眞劍の下に立つ覺悟を以て動作せしめねばならぬ。

14、矯正は最も懇切周到にし、矯正の程度は一度に多數の缺點を擧げることなく、其の最も甚だしいものから第一に矯正し、其の缺點が矯正せられてから、次の矯正に移るやうにせねばならぬ。

15、新敎材を敎授するには、新敎材を十分に練習した後に、更に新敎材に移るやうにし、其の敎授は最初は出來る丈分解して說明し、說明が終つてから各自に自習を命じ、稍々會得するを俟つて、然る後に號令を下して一齊に實施するがよい。要は易から難に簡から繁に入り、其の效果を決して急いではならない。

第五十章　劍道成績調査

第一節　成績調査の目的及び時期

各學科の成績調査は、一日も等閑にすることは出來ない。劍道の成績調査も、亦一日片時も忽にすることは出來ない。之に依つて一つは學習者の眞摯なる學習態度を養成し、一つは教師の教授の反省の資とし又一つには進級を決定する資料とするのが其の主目的である。故に教授者は毎日劍道の時間には、學習者の發達狀態を見て、之に對する適當なる方法を講じなければならぬ。併し一學校數百人、合併授業の多人數或は一學級五十人の如き、多人數を一人で擔任する時には、一見何人であるかを悉く知る事は甚だ困難なことである。又他の學習者との比較研究も成績調査上甚だ大切なものである。

各學科に於て日課考査を行つては、生徒平素の自學自習が徹底してゐるか否かを驗し、教師の教授反省の資料となし又共通考査を行つては、學年を平等に考査して、公平を保つてゐる。或學校に於ては臨時考査と學期學年考査とを設けてゐる。劍道に於ても亦平日に於ても學習者の成績を調査するは勿論、一定の時期を定めて之が調査をなさねばならぬ。劍道の學科方面に於ては、稽古時間の前後に問答式に依つて其の成績を調査し或は臨時に時を定めて問題を提出し或は學期學年末に於て他の學科と同樣に考査を施行するもよい。技術方面は毎日の稽古時間に於て特に注意すべきであるが、連續稽古の後か又は大會小會の後に一齊に調査することも亦必要である。從つて成績發表も學期學年末、若しくは大會小會の後に於てすべきである。

第二節　成績考査の標準

劍道の成績考査に一定の準繩を設け、之に依つて規定することは困難である。特に其の精神的方面に於ては最も至難とする所である。要は心身の鍛錬の實績に鑑みて、之を定めるのであるが、學科に於ては最も公平に、同一方法に依つて、其の成績を決定することが出來る。學習者の階級の上下に依つて、其の考査の方法と程度とを異にすべきであるが、三段以上の者に於ては教授法をも研究せしめる必要がある。尙學校に於ては、學級主任の教師に劍道授業の參觀を願つて、彼是を總括した學級主任の意見を聞いて、其の生徒の品性を決定することも亦必要である。

學科と對敵練習、基本練習との配點は各五十點滿點とするも可なれども、余は學科を四十點に對敵練習、基本練習を六十點とするものである。其の標準を示すと次のやうである。

- 劍道100點
  - 對敵練習 基本練習60點
    - 身體的方面30點
      - 姿勢10點
      - 巧拙10點
      - 耐久10點
    - 精神的方面30點
      - 禮義15點
      - 熱心15點
  - 學科40點
    - 日課考査20點
    - 共通考査20點

劍道は今や單に太刀の使用の巧拙のみを爭ひ、之に依つてのみ發達すべきものではなく、之に伴ふ理論も亦重大なる條件である。故に學習者の品行を調査し、形稽古を判定し、理論を試驗して、劍道の目的をより多く達してゐる者をして昇段昇級せしめるべきである。

第三節　成績

前節の基準に依つて得た成績は、之を成績簿に記入して、長く保存し又之を公示するものである。成績簿は一つは臺帳を作つて自己の手元に置き、一つは學期末に各學年の級主任に渡すべき成績傳票に點數を記入する。各主任は之を成績通知簿に記入して父兄に通知する。

左に帳簿の樣式を示すと

臺帳

學科 四十點滿點	35			
實科 六十點滿點	50			
初段	年月日			
一級	年月日			
二級	年月日			
三級	年月日	年月日		
四級上	年月日	年月日		
四級下	年月日	年月日		
五級上	年月日	年月日		
五級下	年月日	年月日		
學年	五	五		
組	何	何		
氏名	何某	何某		
番號	1	2		
備考				

年月日は昇段昇級の日附である。備考欄には生徒の性格を初め技術上に至るまで、教授の資料、操行査定の資料となるべき事項を記入するのである。

成績傳票は學校に於て之を作製するものであつて其の樣式に至つては區々である。今之を省略する、此の成績傳票の成績發表は臨時に或は學期末、學年末にするものである。

第五十一章　大日本帝國劍道形

第一節　大日本帝國劍道形の由來

劍道が中學校の正科となつたのは、明治四十四年七月で、同十二月には全國に於ける劍道界の權威者卽ち根岸範士以下二十三名の諸士に調査委員を囑託し其の結果統一せられた大日本帝國劍道形が制定せられたのは大正元年である。大日本武德會及び東京高等師範學校が相協議し、武德會が主となり全國斯道の諸大家に諮つて制定せられ、總べて十本から成つてゐる。

主査として選ばれた人には、佐賀の辻眞平、東京の根岸信五郎、本部の內藤高治、埼玉の高野佐三郎、本部の門奈正の五範士、委員としては高知の川崎善三郎、東京の中山博道、山形の小關敎政、茨城の小澤一郎、愛知の田中厚、京都の矢野勝次郎、山口の二宮久、埼玉の星野仙藏、鹿兒島の佐々木政宜、福岡の淺野一摩、新潟の上村信夫東京の眞貝忠篤、本部の湊邊邦次、京都の太田彌龍、熊本の和田傳、兵庫の高橋赳太郎、長崎の柴江運八郎、新潟の富山圓兩等にして、役員としては會長大浦兼武子爵、副會長三好成行男爵、常議員北垣國道男爵、楠正位、專務理事市川阿蘇次郎、同井上角八郎、理事仁保龜松法學博士、同雨森菊太郎等である。主査委員は數ケ月に亘り反復研鑽を重ねて原案を作成し、之を各委員に廻付して研究を求めた。此の間各委員と主査委員との間には、種々の機會に於て質問應答を重ねた後、大正元年十月十八日を以て武德會本部に正式の調査委員會を開き、會長大浦子爵親ら議長席に就き、副會長以下の役員陪席の下に議事に入り、各委員は何れも其の蘊蓄を傾け、討議する所あつて原案に數ケ所の修正を加へ、確定議となつて世に公表するに至つたものである。而して大正六年九月に至り、註を加へて實施上の便を圖つたが、爾來十數年を經て愈々一般に普及すると共に、一層詳密懇到なる註釋を增補する必要を認め、昭和八年五月、新に其の調査委員を囑託して增補加註を大成した。其の委員は左の通りである。

範士高野佐三郎、範士高野茂義、範士川崎善三郎、範士中山博道、範士小川金之助、範士高橋赳太郎、範士島谷八十八、範士持田盛二、範士齋村五郎、敎士佐藤忠造、敎士津崎兼敬、敎士宮崎茂三郎、副會長田所美治、專務理事市川阿蘇三郎。

從來各學校に於て選定せられた各流の形は、其の數が實に數百種に上つてゐる。各流皆其の特長はあるが、併し往々にして形としての意義を沒却し或は實地の試合に遠ざかり、殆ど其の意味を解することの出來ない點があるのみでなく、敎授上に於ても亦種々の不便があつた。尙之を劍道習得上から見ても或一流のみ習得することは、決して劍道修行の最善なるものではない。各流派の特長を打つて一丸としたるものを修得するを以て最善とするのである。これ往時の斯道修行者が、諸國を武者修行した所以も亦こゝに存するのである。

大日本帝國劍道形が一度制定せられてからは、從來の武德會劍道形及び文部省選定劍道形は廢するに至り、現今では斯道に志す者は皆此の形を修行してゐる。此の形は僅に十本ではあるが、之を活用すれば八十有餘本にも應用することが出來ると言はれてゐる。

第二節　形及び其の教授と修行とに就いて

形は劍道の技術中で、最も基本的の擊突法を選んで、劍道の實際を組織的に組立てたものである。卽ち禮式、構へ方、攻擊、防禦、間合、氣合、殘心等總べて基本的のものを修得せられるやうに組織してある。之を修行することに依つて姿勢を正確にし、技癖を除去し、太刀筋を眞正にし、擊突を確實にし、擊突距離を知り、動作を機敏輕捷にし、氣位を高め、氣合を錬るなど其の得る所は甚だ大である。凡そ試合や稽古に於ては、多く擊たうとする爲め或は擊たれまいとする爲め、勝たうとする爲め、負けまいとする爲めに、動もすると姿勢動作が亂れ、技癖を生じ、無理の業に陷り易いものである。又之を精神鍛錬の上から見るも、形は眞劍なる精神を以て氣合を充滿して行ふから、其の影響する所も亦決して尠くない。

形修行上の第一としては、其の形の方法、順序を正確に覺え且つ其の理法を能く理解することである。次には唯かうする時には、かうするものであるといふ形の上の動作ばかりでなく、十分に精神氣合を充實せしめて對敵の氣勢を籠め、寸毫の油斷もなく、一呼吸も疎かにすることなく、愼重確實に行はねばならぬ。形實施の重要なる點は、實に其の精神にある故に、是れの籠らないものは如何に輕妙巧緻でも舞踊に過ぎない。打太刀と仕太刀とは精神がピタリピタリと常に合致せねばならぬ。次に形は形として之に熟達するのみでは、其の得る所も少いから、能く之を實地の稽古や試合に應用することに努力せねばならぬ。

次に形を敎授する上に於て、注意せねばならぬ事項を述べよう。

1、形を敎授するには、稍々劍道の基本、應用、實地稽古に習熟した後に、先づ最初に仕太刀ばかりを一本一本徐

々に確實に教へ、然る後に打太刀ばかりをまた徐々に確實に、一本一本と教授するがよい

2、或る點までは一齊に號令に依つて教授することが出來るが、併しそれでは形の眞を傳へることは困難であるから、教師自ら一人〳〵の相手となつて教授するがよい。教授の順序は最初に構、次に動作を教へて、然る後に之を統一聯關して、活模範を示すやうにし、而して理論的方面も同時に了解せしめるがよい

第三節　大日本帝國劍道形

1、立　會

一、打太刀仕太刀劍を提げ立禮に始まる。

立會の前後には刀(又は木劍)を右手に提げ、下座で約三歩の距離に相對して正座し、刀(又は木劍)を右脇に置く。此の時刄部を内に、鍔を膝頭の線に置き、互に禮をする。次に刀を右手に提げ、刄部を上に、柄を前に、切先を後下りにして、立會の間合に進む。立會の間合に進んだ後、先づ正座に向つて敬禮を行ひ、然る後に相互に禮を爲し、刀を左腰に帶び、左手を鍔元に添へ拇指を鍔に懸ける。木劍の時は左手に持換へると同時に、拇指を鍔に懸け腰に執る。天覽台覽の場合には、最初刄部を下に、柄を後に、切先を前下りにして、右手に刀の栗形の所を握りて提げる。

一、立間合の距離は凡そ九歩とする。

但し互に大きく三歩づゝ踏出し、蹲踞しながら劍を拔き合す。其の構は稍々右足を踏出し、右自然體となるを度として立上り、劍尖を下げ互に左足から小さく五歩退き、其の條項の構をする。

一、最終の禮は最初に同じ。

最終の禮は先づ相互の禮を爲し、次に正座に向ひ敬禮して、退場するを順とする。

小太刀は太刀に準ず。但し構へる場合は、拔き合はすと同時に左手を腰に執り、（太刀の場合は、栗形の部分を輕く握り拇指を前にし、木劍の場合は拇指を後にする）劍尖を下げると同時に左手を下す。

2、懸　聲

一、ヤー、トーの二聲となす事。

3、劍

一、正式には白刄（刄引）を用ゐる。

一、練習には木劍を用ゐる。其の寸法は左の通りである。總尺、三尺三寸五分。但し鍔、切羽の間五分。柄八寸。

小太刀、一尺八寸、柄四寸五分。

注　意

イ、仕太刀は主位、打太刀は客位にあるもので、仕太刀は專ら自己の意に從つて動作し、打太刀は仕太刀の動作を助けるのである。打太刀は師の位、仕太刀は門人の位であるとせられてゐる。

ロ、太刀を左手に執つた時、太刀の鍔の上を拇指の指紋部の所で輕く押へることを忘れてはならぬ。これは何かのはずみに刀が拔けるのみではなく、敵に自己の刀を拔かれる恐があるからである。又何時でも鯉口を切ることが出來るやうにする爲めである。

ハ、蹲踞の際は足の踵を臀部に固定しないやうにする。若し踵に臀部が乘ると、自然體が潰れるのである。

ニ、自己の眼は常に敵の眼に注がねばならぬ。
ホ、劍尖を下げるとあるは、劍尖は自然に相手の左膝頭から一二寸下(下段の程度)左斜に下げ、刄はやゝ左斜下かに向く。
ヘ、其の條項の構とは、次に行ふべき構であつて、此の場合は必ず一旦中段に構へた後に構へること。

第四節 第一本

1、形

打太刀諸手左上段、仕太刀右諸手上段にて互に進み、間合に接するや、打太刀は機を見て右足を踏み出して仕太刀の正面を打つ。仕太刀は左足から體を少し後方に拔き、打太刀の正面を打ち、左足を踏み出し上段に冠り殘心を示す。打太刀は劍尖を下段のまゝにして左足から二歩退き、下段から劍尖を中段に着けるを、仕太刀も同時に上段を下ろし、相中段となり劍尖を下げて元に復する。

2、順序方法

打太刀	仕太刀
互に中段に構へてゐる。	
左足を右足の前に出して、諸手左上段に構へて、氣合を計り機を計る。	右足を少しく前方に出して、諸手右上段に構へて氣合を計り機を計る。

氣合滿ち機熟するや、打太刀は左足から、仕太刀は右足から、互に先の氣位で三歩交互に前進

する。此の撃突距離の間合に接すると、仕太刀は撃突の氣勢を十分に示す。

先の氣位にて進み、機を計つて、右足を左足の前に出しながら「ヤー」の懸聲と共に、仕太刀の構の上から正面に體諸共に斬り込む。斬り込んだ時は、左足も右足に伴うて出で、兩足の距離が近くなる。仕太刀が己の正面に斬込む時には、劍尖は地に向いてゐる。

下段の構のまゝ、後足の左足から一歩退く。

下段の構のまゝ、後足(左足)から更に一歩退く。間合の度に依つて退き方に大小がある。「參つた」の氣分で、刀を下段から中段に着ける。

此の時こそと、體を左足から半歩後方に自然體にて退くと同時に、諸手も亦後方に引き、劍尖を下げることなく十分に打太刀の劍尖を拔いて、打太刀をして空を撃たしめ、打太刀の體勢が聊か崩れた處を、隙さず「トー」の懸聲と共に正面に斬込み、十分なる氣位を以て打太刀を壓しながら、己の劍尖を打太刀の面の中心に着ける。

打太刀が後方に一歩退くに連れて、劍尖を兩眼の間から上げて、左足を踏出して諸手左上段に構へ、十分なる氣位を以て殘心を示す。

打太刀が中段に着けるので、仕太刀も今出した左足を、右足の後方に退きながら中段に構へる。

互に構を解いて劍尖を下げ、前に三歩で前進した處を、左足から五歩小股に交互に退いて元の位置に復する。

3、注意事項

(イ)、打太刀と仕太刀と上下に分けて書いてあることは同時に行ふのである。以下同樣。
(ロ)、「互に」とあるは、互に共通の動作を行ふのである。以下同樣。
(ハ)、前進する時劍尖を左右に動かさぬやうにすること。

第五節 第二本

1、形

打太刀、仕太刀相中段にて進み、間合に接するや、打太刀は機を見て仕太刀の右籠手を打つ。仕太刀は左に左足を拔き、大きく右足を踏出し、同時に右籠手を打ち、相中段となり劍尖を下げて元に復する。

2、順序方法

打太刀

互に中段に構へて、氣合を計り機を計る。

互に機熟するや、先の氣位にて右足から三歩大股に前進する。仕太刀は擊突の氣勢を十分に示す。

擊突距離に接するや機を見て「ヤー」の懸聲と共に、仕太刀の右籠手に斬込む。

仕太刀

此の時こそと、左足を稍斜左後に退き、右足も之に伴うて斜後方に退きながら、劍尖を下げて打太刀の刀の下にて半圓を畫く心待で、打太刀の斬込んで來た刀を拔いて空を斬らしめ、直ちに右足から大きく一歩前進し、左足も之に伴うて進み「トー」の懸聲と共に、一足一刀の法で、太刀を眞向に振り被つて、打太刀の右籠手に斬込む。

互に向き合ひ中段に構へ打太刀は左足から、仕太刀は右足から。刀を拔き合はした位置に歸る。仕太刀は前に打太刀の右籠手に斬込んでから、爰に至る迄は常に殘心を示し、少しでも敵に動く色があるならば、直ちに擊突を加へる氣勢を示し、打太刀を飽く迄壓迫することが肝要である。互に構を解いて劍尖を下げ、前に三步で前進した處を、左足から五步小股に交互に退いて、元の位置に復する。

3、注意事項

(イ)、第二本目の殘心は、特別の動作に現はさぬだけそれ丈困難であるから、心の活動を旺盛にして、特に此の點に注意せねばならぬ。

(ロ)、劍道の如く精神敎育に重きを置くものに於ては、特に禮節を正しうすることは、今更呶々を要しないが、立會の場合同一の人が數本の稽古を爲す時に、一本一本に最初の立會の場合と同一の禮式を繰返す必要はない。試合に於て一本一本の勝負に、同一の禮式を繰返すことが間違つてゐるのではない。却つて結構である。最初の立會の場合に、一定の禮式の下に立會つた時には、其の勝負が打太刀、仕太刀の孰れにせよ、引續いて試合する時には、其の儘劍尖を取直して構へればよいのである。劍道形に於ても大太刀七本を引續いて立會ひ一本一本の禮式を省くのである。

第六節　第　三　本

1、形

打太刀、仕太刀相下段にて互に右足から進み、間合に接するや、打太刀は機を見て劍刄を少し仕太刀の左に向け、諸手で仕太刀の胸部を突く。仕太刀は之を入れ突に流すと同時に、打太刀の胸部を突く。打太刀は此の時右足を引き、仕太刀の劍尖を右へ抑へ、左足を引くと同時に、又左に劍尖を押へるを仕太刀は左足右足より位詰にて、やゝ二三歩右足から進み、後相中段となり、劍尖を下げて元に復する。

2、順序方法

打太刀	仕太刀
互に中段に構へる。	
互に下段に構へて、氣合を計り機を計る。	
互に機熟するや、相下段にて先の氣位で右足から、大股に三歩交互に前進する。	
互に撃突距離に接するや、既に心と心との衝突を來し、何事をか起さうとする結果、知らず識らずの間に劍尖を合せて中段の構となる。	
こゝに於て打太刀は、仕太刀が氣勢を以て壓迫する爲め、已むを得ず機の熟するを見て、「ヤー」の懸聲と共に右足を一歩前進し、左足をば後に殘しなが	此の時こそと、打太刀の右の心に對するに、仕太刀は綿の心で、仕太刀は左足から一歩大きく體を退きながら、其の刀身を物打の鎬を以て輕く萎し、相互

ら、刃をば己の右に向け、諸手で鎬を以て摺込んで、仕太刀の水月を見掛けて突く。此の突いた時、打太刀は手をば手元に戻さずに、突出したまゝにして置くと、仕太刀は入れ突を行ひ易い。

仕太刀が入れ突を行へば、打太刀は之を防ぐ爲めに、右足を左足の後方に一歩退きながら、己の刀をば、仕太の刀の下を右から左へ潜らせて、諸手を稍々伸して左自然體の構となり、劍尖は仕太刀の咽喉部に着け、仕太刀の刀を物打の鎬にて左から右に押へる。

かく仕太刀が猛烈に攻め來る故に、左足を右足の後に退き、己の刀をば今潜つて來た路を逆に通らせ、體を稍々左に向けながら、鎬で仕太刀の劍尖の峰を右から左に押へて己の咽喉部から外し、我が劍突を仕太刀の咽喉部に著ける。

仕太刀が復た右足を前進して、己の咽喉部に劍尖

に刀身の縁の切れない様に、打太刀の突を入れる。流すは萎す意である。若し體を退かずに手ばかり引く時は、仕太刀が再び突き返す時の間合に於て、其の正確を誤る故に、打太刀の進む度合に應じ、十分なる注意を要する。

打太刀の突を入れ之を流すと同時に、仕太刀は右の心で、刃が下に向いたまゝ、右足を前に、左足は之に伴つて一歩大股に前進して「トー」の懸聲と共に、打太刀の胸部を突いて勝つ。入れ突を行つた時に、其の突いた諸手を、己の手元に引かず突いたまゝにして置く時は、打太刀は其の劍尖を外し易い。

打太刀が押へて居るにも構はず、左足を右足の前に一歩出して、打太刀の咽喉部へ劍尖を着けて、氣勢を以て壓迫する。

透さず我が劍尖を打太刀の咽喉部に著けたまゝ、

を著けようとする。打太刀は幾度仕太刀の劍尖を外しても、直ちに劍尖を己の咽喉部に著けられて壓迫せられるので、已むを得ず愈々「參つた」の氣分で構を解きながら、左足から交互に左右左と數歩速かに退く。

中段に構へて互の間合を取り、右足から交互に數歩前進して、刀を拔き合せた位置に歸る。

右足から交互に速かにしかも小足に數歩攻め込む。此の際劍尖は　胸部から次第に上げて面の中心に着ける。十分に殘心を示しながら、所謂位詰の氣位で、何處までも打太刀を壓迫するのである。

打太刀が「參つた」の氣分を示すから、互に中段の構のまゝ間合を保つて、左足から交互に數歩退いて刀を拔き合せた位置に歸る。

互に構を解いて劍尖を下げ、前に三歩で前進した處を、左足から五歩小股に交互に退いて、元の位置に復する。

3、注意事項

(イ)、第三本目は外見容易に見えて、なか〳〵困難な形である。特に兩者の心が合致して居ないと、全く死物に終るのである。十分の練習を要する。

(ロ)、此の形に於ては「ヤー」「トー」の懸聲を掛けぬ人もある。

第七節　第四本

1、形

打太刀八相、仕太刀脇構にて、互に左足から進み、間合に接するや、打太刀は機を見て八相から仕太刀の正面を打つ。仕太刀も同時に、脇構から打太刀の正面を打つので相打となり、打太刀は劍刄を少し仕太刀の左に返し、右足を進めると同時に、諸手にて仕太刀の胸部を突く。仕太刀は左足を左へ轉ずると同時に捲き返し、打太刀の面を打ち相晴眼となり、劍尖を下げ元に復する。

2、順序方法

打太刀	仕太刀
互に中段に構へる。	
左足を右足の前に出して八相に構へ、氣合を計り機を計る。	右足を左足の後に退きながら脇構となり、氣合を計り機を計る。

互に機熟するや、左足から交互に心持小足に三歩前進する。

互に間合に接するや、打太刀は機の熟するを見て、左足に右足を揃へながら、八相から眞向上段に冠り、仕太刀もそれと同時に、同様に右足を左足に引寄せながら眞向上段となり、更に互に右足を左足の前に出しながら、諸手を十分に伸ばして、共に敵の鼻筋を目掛けて斬り込む。

こゝに於て相打ちとなり、鎬を倒る様に劍を切結ぶ。

互に切り込んだ後は、相互の刀身は、鎬を倒る如くにして自然中段となる。其の間雙方共に、同等の氣位が肝要である。

打太刀	仕太刀
打太刀は、機を見て刄を己の右に向けながら、右	打太刀が押へて突いて來た力を利用して、形に負

足から一歩前進し、仕太刀の刀を捲くやうにして抑へて「ヤー」の懸聲と共に、諸手で仕太刀の胸部の右脇を突く。」

けて心に勝ち、左足を左横一文字に踏み開くと同時に、己の刀を捲かれながら横にし、刄を打太刀の右方に向け、右足を左足の後方に轉じて體を拔きながら、刄を前方に向け、刀を右から大きく旋廻して、應じ返しに「トー」の懸聲と共に、打太刀の體の崩れ屈むに乘じて面に斬込み、後の先で勝つ。殘心を示し直ちに面の中心に著ける。

左足から少しく後に退きながら、體を退き參つたの氣分で中段に構へる。

左足を右足の後方に退いて、中段の構となり劍尖を合せる。

互に構を解いて劍尖を下げ、前に三歩で前進した處を、左足から交互に小足に五歩に退き、元の位置に復する。

構の説明

八相

左上段の構からそのまゝ(刀を執つた形)右拳が右肩の邊まで下つた形。(刀を執る位置は、鍔を口の高さにして口からほゞ拳一つはなす)。

脇構

右足を後に左半身となり、刀を右脇に刀尖を後にし、刄は右斜下に向け、刀尖は下段から少し下つた位置にとつた形。(構へる時は、右足を退きながら刀を中段から大きく右脇に執る。特に刀身が相手から見えない樣に構へるべきである)。

(イ)、互に正面に斬込む際に、若し擊突距離が近過ぎると知つた時には、打太刀は振り冠つて兩足を揃へた後、左足から一步退いて正面を擊つのである。

3、注意事項

(ロ)、第二本の殘心と同じく、形に表はさないだけそれ丈、殘心に注意せねばならぬ。

(ハ)、上段に冠る度合は、兩腕の間から相手の體の見えるを度とす。

(ニ)、總じて第四本は大業を示したものであるから、大きく伸びるを可とするが故に間合の度合は最も注意を要す。

第八節　第五本

1、形

打太刀左諸手上段、仕太刀晴眼にて互に進み、間合に接するや、打太刀は機を見て右足を踏み出すと同時に、諸手上段から仕太刀の正面を打つ、仕太刀は其の劍を摺り上げ打太刀の正面を打ち、右足を引き左上段に冠り殘心を示す。打太刀が劍尖を晴眼に著けるので、仕太刀も左足を引き劍尖を晴眼に下ろし、相晴眼となり劍尖を下げ元に復する。

2、順序方法

仕太刀	打太刀

互に中段に構へる。

左足を右足の前に出して、諸手左上段に構へ、氣合を計り機を計る。

機熟するや、先の氣位で左足から大股に交互に三歩前進する。

間合に接するや機を見て、右足を左足の前に踏み出しながら「ヤー」の懸聲と共に、諸手左上段から仕太刀の正面に斬込む。

下段の構となつてゐる。

參つたの氣分で晴眼に構へる。

刀を少しく前に出し、刄を少し己の左に向けて、晴眼に構へ、氣合を計り機を計る。

機熟するや、先の氣位で右足から大股に交互に三歩前進する。

左足から半歩後方に退きながら、鎬を以て打太刀の斬込み來る刀を摺上げ「トー」の懸聲と共に、右足から一歩前進して、打太刀の正面に斬り込んで勝つ。

劍尖を徐に打太刀の面の中心に著け、次に右足を左足の後方に退いて諸手左上段に構へて殘心を示す。

打太刀が晴眼の構となるに對して、左足を退いて晴眼に構へる。

互に晴眼に構へたまゝ、打太刀は左足から、仕太刀は右足から小足に三歩で、刀を抜き合した位置に歸る。

互に構を解いて劍尖を下げ、前に三歩で前進した處を、左足から交互に小足に五歩に退き、元の位置に復する。

3、注　意　事　項

イ、前進して攻撃の氣勢を示すのは比較的易いが、退いて之を現はすことは頗る困難であるから、十分なる注意を要する。

ロ、摺上げは、兩腕の間から相手の體が十分見えるのを度とする。

第九節　第六本

1、形

打太刀晴眼、仕太刀下段にて互に右足から進み、間合に接するや、仕太刀は機を見て、下段から劍尖を晴眼に著けるを、打太刀は右足を引くと同時に左上段に冠る。仕太刀は晴眼のまゝ大きく右足から一歩を進める。打太刀は直ちに晴眼となり、機を見て仕太刀の右籠手を打つ。仕太刀は其の劍を摺り上げると同時に、左足を左に披き、右足を踏み出して右籠手を打ち、左足を踏み出して上段に冠り殘心を示す。打太刀は劍尖を下げ左足から少し引き、相晴眼となり劍尖を上げ元に復する。

2、順序方法

打太刀	仕太刀
互に中段に構へる。	
晴眼に構へ、氣合を計り機を計る。	下段に構へ、氣合を計り機を計る。
互に機熟するや、先の氣位で右足から大股に交互に三歩前進する。	
仕太刀が中段に上げるを、打太刀は之に應ずる心	間合に接するや、機を見て下段から劍尖を起し、

持で、劍尖を下げて押へる。

仕太刀の刀と合しようとする刹那、氣勢を外す爲めに、右足を左足の後に退くと同時に、諸手左上段に冠る。

仕太刀の氣勢に壓迫せられて、上段の構に堪へられず、左足を退いて直ちに晴眼の構となる。

仕太刀の氣位に壓迫せられて、已む得ず機を見て「ヤー」の懸聲と共に、仕太刀の右籠手を斬る。

下段に構へながら、左足から大きく左斜に一歩退く。

「參つた」の氣分で晴眼に構へる。

兩拳の中心を攻める氣勢で晴眼に著ける。打太刀を十分に壓迫する氣勢を示す。

晴眼のまゝ透さず、右足から左足も之に伴つて、大股に一歩前進して、已の劍尖を打太刀の左拳に附けて、益々氣位を以て攻める。

其の構のまゝ愈々氣位を以て攻める。

こゝぞとばかりに「トー」の懸聲と共に、敏速に應じ籠手の擊ち方で、左足を左横一文字に開くと同時に、打太刀が斬込んで來た刀をば、劍尖八寸の處で下から半月形に鎬を以て摺上げ、右足を前に踏み出しながら、打太刀の右籠手を斬り、後の先で勝つ。

劍尖を咽喉部に著け、次に左足を右足の前に出して諸手左上段に構へて殘心を示し、飽くまで攻勢の氣位を以て、打太刀を壓迫する。

打太刀の晴眼に構へるに伴つて、左足を右足の後に退いて晴眼に構へる。

互に晴眼に構へてから、兩者の間合を保ちながら、刀を拔き合した位置に歸る。

互に構を解いて劍尖を下げ、前に大股に三步で前進した處を、左足から小足に交互に五步で退いて、元の位置に復する。

3、注意事項

(イ)、打太刀は刀を少しく下げて、仕太刀の刀を押へて壓迫しようとするが、仕太刀の氣勢が强く動もすれば附入られようとするので、直ちに右足を左足の後に退くと同時に、諸手左上段に構へるのである。右足を退くことを忘れてはならぬ。

第十節　第七本

1、形

打太刀、仕太刀相晴眼にて互に右足から進み、間合に接するや、打太刀は機を見て、仕太刀の胸部を諸手にて突く。仕太刀は諸手を伸ばして劍尖にて其の劍を押へ、互に相晴眼となり、打太刀は左足を踏み出し右足を踏み出すと共に體を捨て諸手にて仕太刀の正面に打込む。仕太刀は右足を右に拔き、左足を踏み出して體を摺り違ひながら諸手にて打太刀の右胴を打ち、右膝を蹲踞脇構となし殘心を示し、相晴眼となり、劍尖を下げ元に復する。

2、順序方法

打太刀	仕太刀
互に中段に構へる。	

互に刄を少し右に向け、刀を少し前に出して左晴眼に構へ、氣合を計り機を計る。

互に機熟するや、先の氣位にて右足から交互に大股に三歩前進する。

間合に接するや、機を見て右足から少し前進し、左足も之に伴ひ、體を稍々出し、劍刄を少しく仕太刀の左に向けて、諸手を以て鎬で摺り込みながら、仕太刀の胸部を突く。

互に徐ろに劍尖を下げて晴眼に構へる。

急に左足を踏み出し、次に右足を大きく踏み出すと同時に、體を捨てゝ諸手で「ヤー」の懸聲と共に仕太刀の正面に斬り込む。

前屈みの姿勢で劍尖を下げたまゝ、眼を仕太刀の方に向ける。

打太刀は上體を起し、左足を右足の後に退きながら、體を左に廻轉して仕太刀の方に向ひ、刀を上か

打太刀の進む度合に應じて、左足から退いて、手を伸ばし物打の鎬で、打太刀の劍を左に支へるのである。從つて雙方の劍尖は稍々上る。

打太刀が面に斬込み來る瞬時、仕太刀は右足左足と右斜前に踏み出し、殆ど兩者が其の位置を交換する位に前進して、摺違ひながら「トー」の懸聲と共に、諸手で打太刀の右胴を斬り、右膝をつき後の先で勝つのである。諸手は十分に伸し、刀は手とほゞ平行に右斜前方にとり、刄は右に向く。

左膝を立て右膝をついて、刀を反し脇構に執つて刄を左上に向け殘心を示す。

居り敷いたまゝ、右膝を中心として左に廻轉し、刀を上から大きく中段に構へ打太刀に對する。

ら大きく冠つて中段に構へる。

仕太刀が十分なる氣勢で立上るが故に。打太刀は透さず攻める必持で、右足を大股に一步踏み出して立ち、晴眼に構へる。

左足から後に退きながら晴眼に構へる。

互に劍尖を咽喉部に着け、相互に緣の切れない樣にして。徐々に油斷なく左足から右に廻りながら、約三足で刀の拔き合した位置に歸り相對する。

互に蹲踞しながら刀を納めて立ち、前に大股に三步で前進した處を、左足から交互に小股に五步に退く。

（互に刀を鞘共に腰から拔き、最終の禮を最初の時のやうに行ふ。以上を以て終りとする時）。

3、注意事項

イ、第三本と同じやうに、「ヤー」「トー」の懸聲を掛けない人もある。

說明

第一本　相上段は先の氣位で互に進み、先々の先を以て仕太刀が勝つ意である。」

第二本　相中段は互に先の氣位で進み、仕太刀が先々の先で勝つ意である。

第三本　相下段は互に先の氣位で進み、仕太刀が先々の先で勝つ意である。」

第四本　陰陽の構で互に進み、仕太刀後の先で勝つ意である。

第五本　上段晴眼互に先の氣位で進み、仕太刀先々の先で勝つ意である。」

第六本　晴眼で互に先の氣位で進み、仕太刀の後の先で勝つ意である。

第七本　相晴眼で互に先の氣位で進み、仕太刀後の先で勝つ意である。

第十一節　小太刀、第一本

1、形

打太刀上段、仕太刀晴眼半身の構へ互に進み、仕太刀入身となるを、打太刀は上段から仕太刀の正面を打ち下ろす。仕太刀は體を右斜に披くと同時に受流し、打太刀の正面を打ち、左足から一歩引き上段に取り殘心を示し、後相晴眼となり劍尖を下げて元に復する。

2、順序方法

打太刀

刀を腰に帶びたまゝ蹲踞して待つ。

仕太刀

長刀を小太刀に持ち替へる。

互に立つて右足から大股に交互に三歩前進する。

互に蹲踞しながら刀を拔き合せる而る後に立つ。

互に構を解いて(打太刀は劍歩を下げて構を解き、仕太刀は右手に小太刀を持つて劍尖を下げ、左手は腰から下ろす。)前に大股に三歩進んだ處を、左足から小足に交互に五歩に退く。

打太刀：左足を右足の前に出して、諸手左上段に構へて氣合を計り機を計る。

仕太刀：晴眼半身の構となる。これ天の構で、顎を右肩に着け小太刀を少し斜にして、刃は斜右前に向け、劍尖を稍々高くして上段に對して備へる。

打太刀：機熟するや、左足から交互に大股に三歩前進する。

仕太刀：機熟するや、千鳥足に半身の構を崩さないやうに兩者が撃突距離に接するや、仕太刀が直ちに已が手元に入り込まうとするので、已む得ず機を見て右足を出しながら、上段から諸手で「ヤー」の懸聲と共に正面に斬り込む。此の時仕太刀が右に開くに從つて、已が刀を移動させてはならぬ。

下段に構へたまゝ、左に約四十五度向つて仕太刀に對する。

「參つた」の氣分を現はして時限に構へる。

右足から前進する。

打太刀が正面に斬り込み來る時、刄を後方に向け右足を右斜前に左足は之に伴つて、體を右斜に開きながら共の太刀を左鎬で受流すや否や、直ちに「トー」の懸聲と共に、打太刀の正面に斬り込み、後の先で勝つ。

後足の左足から一歩退いて、右片手上段に構へて殘心を示す。

刄を敵に向けて入の構となる。

互に劍尖を咽喉部に着けて、打太刀仕太刀共に左足から、間合を保ちながら刀を拔き合した位置に歸る。

互に構を解いて、左足から小足に交互に五歩に退き、元の位置に復する。

３、注　意　事　項

イ、此の形を眞の形ともいふ。

ロ、小太刀を持つ者は徒手の者であつて、之に依つて敵を凌ぐ者があつてはならぬ。迅速に敵の手元に入つて、勝つ心得が必要である。

ハ、小太刀は受留めるのではなく受流すのである。流さない時には折られるものである。流すのは鎬で流す。決して刄で流してはならぬ。

第十二節　小太刀　第二本

1、形

打太刀下段、仕太刀晴眼半身の構。互に右足から進み、仕太刀が入身とならうとするを打太刀は脇構に披き、仕太刀が再び入身となるを脇構から正面に打込む。仕太刀は左足を左に前進し、體を左へ轉じ、其の劍を受流し面を打ち、打太刀の二の腕を押へ、劍尖を咽喉部に著け殘心を示す。後相晴眼となり劍尖を下げ元に復する。

2、順序方法

打太刀

一度中段に構へて、然る後に下段に構へ、氣合を計り機を計る。

機熟するや、下段の構で右足から交互に大股に三歩前進する。

互に撃突距離に接するや、仕太刀が直ちに已が手元に附入らうとするので、下段から晴眼に構へて之を防ぐ。

仕太刀の入身を防ぐ爲めに、右足を左足の後に退

仕太刀

晴眼半身の構となる。即ち入の構で、刃が敵に向ひ劍尖を敵の咽喉部に著けて下段に對して備へ、左手は腰に當てる。而して氣合を計り機を計る。

機熟するや、千鳥足に半身の構を崩さないやうに前進する。

打太刀が晴眼に構へて防がうとするから、其の刹那上から押へる爲めに、少し刀身を下げて自ら入身とならうとする。

其のまゝ透さず、一歩前進して攻める。

いて脇構に變ずる。

仕太刀が再び入身とならうとするから、已む得ず機を見て脇構から變じて上段に冠り「ヤー」の懸聲と共に、右足を左足の前に出して、仕太刀の正面に斬り込む。上段に冠る度合は、兩腕の間から相手の體の見えるを度とする。

「參つた」の氣で晴眼となる。

打太刀が斬り込み來る時、右拳を頭上に上げながら刄を後方に向けて、左足を左斜前に一歩出し、右足を共の後方に引き附けて、體を左に轉じて之を受流し、直ちに「トー」の懸聲と共に、打太刀の正面に斬り込み、後の先で勝つ。而して直ちに左手で、打太刀の關節を上から押へて腕の自由を制し、腰に當て劍尖を打太刀の咽喉部に著けて十分に殘心を示す。

打太刀が晴眼の構となるから、左手を打太刀の關節から離して己の腰に當て、左足を退いて人の構となる。

互に劍尖を咽喉部に着け、打太刀は左足から、仕太刀は右足から、間合を保ちながら、刀を拔き合した位置に歸る。

互に構を解いて、左足から小足で交互に五歩に退き元の位置に復する。

ろ、注意事項

イ、此の形を行の形ともいふ。

第十三節　小太刀、第三本

1、形

打太刀晴眼、仕太刀下段半身の構、互に右足から進み、仕太刀が入身とならうとするを、打太刀は晴眼から仕太刀の正面を打ち下ろす。仕太刀は其の劍を右へ摺り落すを、打太刀は直ちに仕太刀の右胴を打つ。仕太刀は左足を左斜に踏込むと同時に、小太刀の鍔元で打太刀の鍔元を抑へ、入身となり打太刀の二の腕を抑へて二三歩進み、劍尖を咽喉部に着け、後に晴眼となり劍尖を下げ元に復する。

2、順序方法

打太刀

晴眼に構へ、氣合を計り機を計る。

機熟するや、右足から交互に大股に三歩前進する。

打太刀は、立間合から三歩前進する時、右足左足

仕太刀

人の構となり、次に地の構である下段半身の構となり、氣合を計り機を計る。卽ち先づ人の構となり、次に劍尖を下に向け、右手で右足の前に刀を持ち、右足と約四十五度の角度を保つ。右腕に力を入れないやうに無刀の考で構へ、左手は腰に當てる。

機熟するや、千鳥足に半身の構を崩さないやうに前進する。

打太刀の斬込む力を利用して、其の刀を下から一

と進み、次に右足を踏み出すと同時に、晴眼から上段に冠り而して仕太刀の正面に斬り込む、

直ちに左足を右足の前に出して、仕太刀の右胴に斬込む。

仕太刀から抑へられた刀を外さうと思つて、右足から交互に右左右と三歩退く。

「參つた」の氣分を現はして、晴眼に構へる。

且摺り上げて而して打太刀の右斜へ摺り落す。

左足を右足の左斜前に出して、體を少しく右に向けながら、胴に斬込んで來る打太刀の刀を、己の小太刀の左鎬を以て摺り流し。其のまゝ左鎬で更に打太刀の鍔元に摺込み、小太刀の双部の鎺にて制し、入身となり、左手で打太刀の關節の上を稍々横から抑へる。

其のまゝ左足から左右左と交互に前進して、後に刀を己の右腰に當て、劍尖を打太刀の咽喉部に向けて、氣勢を以て壓迫する。

打太刀の「參つた」の氣分が現はれると、打太刀の刀を抑へたのを解いて左手を腰に着け、左足を退いて入の構となる。

互に劍尖を咽喉部に着け、打太刀は右足から、仕太刀は左足から、間合を保ちながら。刀を拔き合した位置に歸る。

互に蹲踞して刀を納める。

互に立つて左足から交互に小足に五歩退いて元の位置に復する。
右手で刀を鞘諸共に拔いて提げる。
互に立禮し、後正座に向つて立禮し、相互に座禮を行ひ、退場するを順とする。

3、注意事項

イ、此の形を草の形ともいふ。
ロ、地の構即ち下段半身の構は、敵に十分面を譲つて構へ、殊に身を捨てゝ敵に入る考である。
ハ、打太刀が仕太刀の刀を外す爲めに、三歩退く時は、打太刀、仕太刀の調子が、特にぴたりと合致せねばならぬ。

第五十二章　審　判

第一節　審判の意義と其の權威

審判とは事件を審問して判斷する意味で、兩者の勝負を決することをいふのである。或は檢證とも云つてゐる。凡そ實戰に於ては、其の勝負は相互間に決せられるものであるが。普通の練習試合に於ては、第三者の審問判斷に依つて、之が裁決をなすものである。其の第三者を名づけて審判官或は審判員、審判者と云ふ。審判員は敎師若しくは比較的技倆の進んだ者が其の任に當る。

審判者は、試合者に對して絶對の權威を有し、其の審判は神聖にして犯すことの出來ぬものでなければならぬ。試合者も、亦其の命には絶對服從の覺悟を有し、たとひ其の判決に於て多少の懸念があつても、或は之に依つて不平を漏し或は之に對して抗議を申込むことがあつてはならぬ。其の命に絶對服從するところに、劍道の一美德が涵養せられてゐることを忘れてはならぬ。審判員の裁決に於ても、神ならぬ身、時には過失があるかも知れないが、併し其の誤審は已むを得ないのである。こゝに於てか益々審判員は出來る丈人格上、技術上に於て立派なる人物を選定することが肝要である。凡そ審判は、審判員の精神、技術に相當した丈の審判が出來るのである。されば下級の者が上級の者の審判を行ふことは困難である、同等の業を有してゐる者も亦同樣である。併し審判の豫備敎育と　しては、重要なる試合を除いては、相互間に練習せしめるのも亦よい。審判は特に公平嚴正を要するものであるから、苟も依估偏頗の行爲があつてはならぬ、萬一不正の審判が行はれる時は、其の審判に何等の權威がないばかりではなく、斯道の進步發展を阻害し、延いては實に自己人格の不完全なることを公衆に示すのである。

第二節　審判者の心得

審判は神聖にして犯すことの出來ぬ者であるから、それ丈之に當るものは自己の全生命を擧げて、其の明確を期せねばならない。試合者の勝負は一つに此の審判員の一言に依つて、決せられるものであるから其の責任を重んじ、聊かも他人の容喙を許さず、他人の言に依つて、其の裁決を二三にするやうなことがあつてはならぬ。審判者は公平嚴正の態度を持して、最も自己の言動を愼しみ、試合者に隙を敎へることの不可能なるは勿論、妄りに試合者を批評するやうなことがあつてはならぬ。一度其の人の審判を見れば、略其の人の人格は窺はれるものである。以下木下壽德の檢證心得を經として、審判者の必ず守らねばならぬ事項を示さう。

1、無　我

裁決は最も公平無私でなければならぬ。吾人は我執の念があるが爲めに、常に其の中正の道を失ふのである。或は自己の弟子或は知人の審判に於ては、往々にして依估偏頗の處置を見ることがある。假令故意でなくても、其の太刀には心が引かれ易いものである。されば常に我が心を清淨無垢、明鏡止水にして之に向ひ、其の裁決に心服せしめねばならぬ。然らざれば公平無私の審判をなすことは不可能である。

2、果　斷

果斷は事を處する上に、缺ぐことの出來ぬものである。殊に審判に於ては果斷を必要とするのである。果斷のない時には、裁決の機を失つて勝者も判明せず、觀る者をして疑惑の念を懷かしめ、遂には勝負も負者となり、負者も勝者となり、兩者をして五里霧中に彷徨せしめるものである。されば果斷は最も必要である。

3、勇　氣

審判者の態度、氣勢は、試合者に感化影響する所極めて甚大であるから、其の態度を嚴正にし、氣勢を充實にし、試合者と同じ心を以て之に向ひ、寧ろ試合者兩人を對手として、戰はうと欲する勇氣を內に蓄へて、之に向はねばならぬ。若し此の勇氣のない時には、其の姿勢態度に弛緩を來し、活氣を失ふ。活氣を失ふ時は、勝負も亦自ら勢のないものである。審判十組以上に亘る時は、勇氣自ら衰へ易く又眼光も疲れ誤審に陷り易いこともあるから、十組以上の場合は交替することが必要である。

4、明　確

審判員は試合者及び採點者、其の他の者に對して、面ならば面、籠手ならな籠手と明瞭に示し、而して又的確でなければならぬ。的確でなくては心服しない。審判者の裁決の聲は試合者に告げ、擧手は採點者に示すものである。審判の裁決は、單に擊突の命中ばかりを以て行はず、試合者の氣勢、態度、擊突の正否等を明かにして之を顧慮し、然る後に行はねばならぬものである。試合者の氣勢は、我と試合者とが一心同體となり、我が心は明鏡止水に至る時は、自ら我が心に感ぜられるのである。

5、記　憶

審判者は自己の裁決した試合に就いては、其の兩者の長處短處及び其の勝負に於ての情況等を記憶して置かねばならぬ。かくして試合後に試合者から質問ある時には之に答へ或は其の試合の勝つた技、負けた技、勝つた源因、負けた原因を說明し、更に進んでは長處は之を稱揚して益々發展せしめ、短處は之を矯正改善して、其の進步に資する所がなくてはならぬ。又記憶力のない時には、時に誤審に陷ることもある。此の意味に於ても、一人の審判者で十組以上を審判することは無理である。

第三節　審判裁決上の注意

1、擊突は氣勢の充實したものを最も尙ぶ。氣勢が充實してゐなくては、十分の功を奏するものではない。

2、刄筋の正しい業でなければならぬ。掌中の作用に注意し、峰擊、平擊を見て裁決せねばならぬ。殊に橫面、胴は平擊になり易いものである。

3、法に適つた姿勢から出た業でなければならぬ。不正なる姿勢では、功を奏することは出來ぬ。

4、敵の擊突に應じて施した業は、確實なものでなければならぬ。

5、互に相擊突した場合は、攻勢に出たものを有利とし、互に攻勢に出た場合は、其の確實なものを有利とする。

6、試合中轉倒したり、太刀を落したりした場合には、審判者に於て適當に裁決すること。

7、接近して施した擊突は、確實なものでなければならぬ。

8、十分でない擊突を合せて一本としたり又は輕き業を預りおくなどのことをしてはならぬ。

9、試合者に於て身體動作が動かず、氣合の拔けた時には、一言を以て之を激勵し已むを得ない時には之を引分けとする。

10、試合者が互に骨身を惜しまず活動しても、尚勝負が決しない時には、双方各々一本を得た時、氣合を測つて引分けとする。之は賞讃すべきものである。

第四節　審判の方法

1、審判者は相向ひ合つてゐる試合者と。殆ど直角となるやうに對する。

2、審判者は姿勢を正しくし、下腹部に力を入れ、立つて之を行ふのである。若し椅子に倚る時は、椅子に半分腰を掛け同様の姿勢で、兩足は少しく開いて自然に垂れ、爪先を輕く板に附け、兩手は力を入れず股と直角になるやうに屈げて股の上に置く。必要に應じては椅子を離れて、審査に遺漏のないやうにせねばならぬ。

3、審判者は試合者が、互に敬禮して蹲踞し刀を拔き合せた時に、一本勝負ならば「勝負一本」と腹の底から聲を出して明瞭に呼び、三本勝負ならば「勝負三本」と同樣に明瞭に呼ぶ。

4、審判者が判決する時には、勝つた者の方へ自己の手を擧げ、且つ其の擊突の個所を呼ぶ。手を擧げる程度は股の高さより少しく高く擧げる。餘りに高いのは見苦しい。さうして勝を採點者に知らせる。呼び方は例せば「面アリ」「籠手アリ」「胴アリ」「突アリ」等と呼ぶ。さうして勝を試合者に知らせるのである。

三本勝負の時は一本を得る每に「面アリ」(籠手、胴、突皆同樣)と聲を掛けて、一本を得た者の方に手を擧げる。更に「二本目」と言つて試合を繼續させる。先に一本負けた者が一本を得た時には、同樣にして其の者の方に手を擧げて判決した後、更に「一本一本、勝負」と呼んで試合を續行せしめ、更に孰れかゞ一本を得た時には、前と同樣にして判決した後に、「勝負ソレ迄」と呼んで試合を終る。何時までも勝負の決しない時には「引キ分ケ、ソレ迄」と呼んで試合を終る。又試合者の一人が一本を得て居る時も、引き分けとすることがある。

5、審判者が表裏の二人ある時には、表審判が專ら裁決を掌る。表審判に於て若し疑ひを生じて決し難い場合には裏審判に其の意見を徵せねばならぬ。表審判に於て見落し或は錯誤等のある場合は、裏審判が之を訂正する。裏審判は主として、試合者の道具、太刀の破損、紐の解けた時等事故の生じた場合に之を整理するのである。此の時は「待テ」と呼んで試合を中止させ、整理が終つてから「始メ」と呼んで試合を繼續させる。誤審を防止する爲めには、表裏二名の審判員を置くことが必要である。

例一、　「勝負一本」　「面アリ」　「勝負ソレ迄」

例二、　「勝負一本」　「引分ケ」　「勝負ソレ迄」

例三、　「勝負三本」　「面アリ」　「二本目」「籠手アリ」「勝負ソレ迄」

例四、「勝負三本」「突アリ」「二本目」「胴アリ」「一本一本、勝負」「籠手アリ」「勝負ソレ迄」
例五、「勝負三本」「胴アリ」「二本目」「籠手アリ」「一本一本、勝負」「引分ケ」「勝負ソレ迄」
例六、「勝負三本」「胴アリ」「二本目」「引分ケ」「勝負ソレ迄」
例七、「勝負三本」「引分ケ」「勝負ソレ迄」

第五節　大日本武徳會劍道試合審判規定

第一條　劍道ノ試合ニハ通例一名ノ審判員ヲ置ク。

第二條　試合ハ特ニ指定スル場合ノ外、三本勝負トス。但審判員ハ試合中臨機一本勝負、若シクハ引分トナスコトアルベシ。

第三條　審判員ハ試合者禮畢リ、互ニ氣充ツルヲ機トシテ「勝負三本（又ハ一本）」ト聲ヲ掛ケ、勝負アル毎ニ擊突ノ部位ヲ宣言シ、同時ニ手ヲ以テ何レガ勝者ナルカヲ表示ス。

第四條　擊突ハ左ノ部位ニ限ル。

斬擊ノ部位、面（顳顬部以上ニ限ル）。胴（左右）。右小手（揚小手、上段ノ場合等ハ左小手ノ斬擊モ有效トス）。刺突ノ部位、喉（面垂レ）。

第五條　擊突ハ充實セル氣勢ト刄筋ノ正シキ業及ビ適法ナル姿勢トヲ以テ爲シタルヲ有效トス。

第六條　擊突後、備ヲ崩シ、氣勢ヲ弛メ、殘心ナキ動作ヲ以テ試合ヲ中斷スルハ、違法ノ引揚トシテ之ヲ禁止ス。

若シ違背スルトキハ、審判員ニ於テ注意ヲ與ヘ、尙違背スルトキハ試合ヲ停止スルモノトス。

第七條　違法ノ引揚ヲ爲シタルトキハ、有效ナル擊突アリトモ之ヲ勝ト認メズ。此ノ場合却テ相手者ヨリ擊突セラレタルトキハ、後ノ擊突者ヲ勝トス。

第八條　片手ヲ以テスル擊突ハ、正確ニシテ最モ有效ナルモノニアラザレバ勝ト認メズ。

第九條　刀ヲ落シ又ハ落サレタルトキハ、透サズ對敵動作ヲ爲スベシ。但シ審判員ハ組打ヲ差シ止メテ仕合ヲ爲サシム。

第十條　試合中非禮又ハ陋劣ノ言動アルトキハ。審判員ニ於テ注意ヲ與ヘ、其ノ甚ダシキハ試合ヲ停止ス。擊突有效ナルモ非禮又ハ陋劣ノ言動アルトキハ勝ト認メズ。

第十一條　第六條、第十條ニ依リ試合ヲ停止シタル時ハ、其ノ相手者ヲ勝トス。

第五十三章　試　合

第一節　試合の目的と精神

試合とは試合者が互に相闘つて、其の技倆を比べ合ふことである。試合は實に斯道修行法の最も大切なもので、劍道の價値は、一つに此の試合に於て發揮せられるものである。平素の基本動作も、應用動作も、實地の稽古も、皆此の試合を完全に行はしめようとする準備教育に外ならぬ。殊に精神の鍛錬の如きは、此の試合に依つて遺憾なく達成せられるものである。されば適當なる時期を選んで、時々之を實施することは、斯道の進步修養上に於て有益なる方法である。

凡そ試合をなすに當つては、最も禮節を重んじ、終始一貫、對敵觀念を持し、瞬時も油斷があつてならぬ。自己の渾身の氣力體力と全技術とを盡して、一擊一突、道に適つて行ひ、苟もすることなく又自己の技術の巧妙を衒はず、單に勝負の末に心を奪はれず、眞劍の下、死地に臨む覺悟を以て、强敵に逢つても臆することなく、卑怯未練の行爲や、侮蔑、輕卒、粗暴、卑劣の振舞があつてはならぬ。所謂正々堂々と戰はねばならぬ。劍道の試合は、決して萬一を僥倖に恃むべきものではない。試合中に於ては、固より千變萬化の懸引きを要するが、これは唯敵の心身上の缺點を誘發せしめる爲めの手段であつて、譎詐の手段と同一視することは出來ない。されば勝負は時の運のみではなく、畢竟精神、技術等の實力の戰である。故に自信力を强めて、勝負に拘はらず、修行上大なる刺戟を受け、發奮努力の精神を振興するものである。試合に於ては精神の緊張、平日の稽古に數倍し、心身一致の修鍊をなして、其の心身鍛錬上に於て、一大效果を來すものである。殊に勇氣、沈着、剛毅、機敏などの精神を養ふことは極めて大である。孔子曰く「君子爭ふ所無し。必ずや射か。揖讓して升り下つて飮む。其の爭や君子なり。」と。これ其の爭の禮儀正しく道に適ひ、勝負共に態度の美はしきを言つたものである高野佐三郎先生は其の著劍道に於て「紳士の爭や劍か」と云はれてゐるが當にかくあるべきである。

第二節　試合の要訣

夫れ試合に當つては、我が殺氣驀然端的に敵の心魂に貫沖するを以て、最も肝要とするのである。我劍を執つて敵を攻擊しようとすれば、敵も亦進んで我を擊突しようとする。こゝに於て我が支體を傷けず、身命を全うしようとする意志胸中に生じて、初めに當り敵を一刀の下に鬼としようとした念力、氣焰も遂に斷滅し、反て顧望逡巡、徘徊躑躅して、唯敵が我を害することのみ恐れて、敵を制することは困難である。かくては到底敵の心膽に透徹することは不可能である。

然らば如何にすべきであるか。一度劍を執つては精一無雜、必死三昧となることは、恰も餓ゑた鷹が雀を搏し、餓ゑた虎が獸を攫むやうに、毫髮も疑懼怯退の意があつてはならぬ。こゝに至つて殺氣貫冲のことは思ひ半ばに過ぎよう。又兵法に「善く戰ふ者は人を致して而して人に致されず」と、これ鬪戰の第一義である。世間普通に傳へていふ功手には負け、拙手には勝ち、對手には兩敗するとこれ一理あれども、眞に此の言の如くであるなら、生涯工夫を盡すも畢竟無徭のことである。宜しく此の技藝の巧拙の境界を脫却して、獨立獨行の地位に超出すべきである。然る時には心廣く體胖にして、自然の妙用を得るに至るのであらう。孫子云ふ「死地に陷れて而る後に生く」と識者の翫味せんことを望む。

孟子曰く「梓匠輪輿は能く人に規矩を與ふれども、人をして巧ならしむること能はず」と。君子の人を敎へるに當つては、言を以て傳へることの出來るものがあり、又言を以て傳へることの不可能なものがある。故に孟子は之を喩したのである、規矩は法度の告げることの出來るものであるが、巧は則ち其の人に在るもので、大匠と雖も之を如何ともすることの出來ぬものである。劍道も亦此の意で、運劍の法は規矩で、試合は巧である。此の規矩である運劍の法は、師から之を弟子に傳へて敎へることが出來るが、巧である試合勝負の得失に至つては、門人自らの工夫に依つて自得すべきものである。

第三節　試合の勝負

凡そ勝を好み負を厭ふは衆人の心であるが、眞の勝を得ようと思ふなら、負けることを厭うては爲すことは出來ぬ。徒らに勝負を爭ひ、勝ちては一たび喜び、負けては一たび憂へるが如きは、誠に拙劣の心である。平生の稽古は非常の時の習はしであるから、唯勝負に拘らず、唯道に遊ひ術を守りて學ぶべきである。古人も「死生の別れは己を正しくして、順道に達するに在り。徒らに勝負を爭ふが如き拙劣の心ある者は、己の業を現はし難し」とつ云てゐる。

平生の稽古は皆試合の爲めである。試合に於ては最初の一本が最も大切である。勝負の數は最初の一本で岐れる。先々の先を以て勝つことが肝要である。三本勝負ならば、後の二本を得れば勝であるから、初めの一本を負けても沈着にして最後の勝を得ることを勉めねばならぬ。試合の勝負は實力の勝れて居る者が勝を得、實力の劣つてゐる者が敗れるは當然であるが、併し必ずしもそれにばかりは因らない。勝負の分れる點を大別すると武器、地の利、天の時、技術、經驗、精神等であらう。就中精神が其の最たるは勿論である。經驗とは晴れの場所を多く重ねてゐることである。何事でも經驗を積んで、愈々自得するものである。斯道の試合も如何に實力があつても、試合に慣れなければ爲すべきことを忘れて、唯勝たうとのみ思ひ、前後の分別もなく總身堅くなり、手足も動かず、十分に實力を發揮しないで、見苦しい敗を招くに至るものである。宜しく勝たうとする心を去らねばならぬ。場數を多く踏むとこれに慣れて自信を生じ、相手を恐れず、場所を呑んで掛り、自然に沈着に、自由の業を發揮することが出來るのである。

兵法に勝心と云ふ病あり。先づ之を除き去つて幻化空心となるを要す。此の勝心病となつては、種々無量の人我が起るのである。苟も此の心を除き去つたならば、終に負ける理はない。劍道に於て負けるは皆此の心の起るに因る。此の心の起らない時には、敵が爲す所は皆我が所作となつて勝が得られるのである。經に曰く「心生ずれば種々の法生じ、心滅すれば種々の法滅す」と。有相に著しては種々の迷を生ずるが、我が心空と相應ずる時は毀られるも憂へず、譽められるも喜ばず、我が身空と相應ずる時は、刀鑊も苦しとせず、香塗も樂しまず。兵法も妙手の地に至るに從ひ、人の毀譽に關せず、己の心を以て善惡を自己に求める。拙手の者程毀られるを憎み、譽められるを喜んで進む。處世の術も亦此の意を會得して、始めて綽々として餘裕がある。特に戒しめねばならぬことは勝つも驕る心なく、負けるも落膽することなく、勝つては兜の緒を締めよとの古人の訓を守り、敗れては自ら己に反求して益々奮勵努力すべきである。

第四節　敵の得意を知るを要す

敵の業の特徴、缺點、强弱及び其の氣質、性格等を察知することは、初學者には困難な事ではあるが、若し一度之を知り、更に進んでは敵の心中をも知悉すれば、勝を得る道が多い。卽ち敵の得意を知れば、我から業を施して先を取り或は場合に依つてはわざと敵が擊たうとする處を與へ、敵が其の處に來るを直ちに引外づし、切落して勝つことあり。或は敵が出ようとする處を察した時には、さうすればかうするぞと、敵に先んじて心を抑へる事が肝要である。

武夫の心にかけて知るべきは

勝つに勝たれぬ敵の色あひ　（卜傳百首）

「彼を知り己を知れば百戰殆からず。彼を知らずして己を知る者は、一たびは勝ち一たびは負く。彼を知らず己を知らざれば、戰ふ毎に必ず敗る」とは孫子の言である。名人達人の試合は別として、試合は時に依り、敵によつて千變萬化の方法を取らねばならぬが、一般には退嬰的、防禦的の受太刀よりも、攻撃的に能く機先を制し、後の先の業よりも先の業で勝を占めるがよい。敗れないことを期するよりも勝つことを期するがよい。

例せば敵の得意が諸手突なる時は、我は敵に先んじて諸手突を出し、敵をして其の業を施すに苦しめ又敵の得意が片手突なる時には、我から敵の太刀を拂ひ、捲き或は張つて面を撃たうとする意を示して、敵をして其の技を振ふに遑なからしめれば、我が業は自在を得て容易に勝を得るのである。又敵の得意を知るも、何故らに知らぬまねをして、敵に隙を見せて敵の撃突を待ち或は之を切落し或は之を外して撃突を施す時は、前法に優つて勝を得ることがある。これ等の事は實際に工夫を凝して、熟練の度を重ねることが肝要である。若し然らずして敵が旣に撃突を出して後之を防がうとする時は、最早困難を覺えるのみではなく、自然受太刀となつて退縮するものである。之を知るには敵の撃突の起る源、卽ち其の切先及び拳を視て起りを制し、心中を洞察して之を未然に防ぐことが最も必要である。

千葉周作が野州佐野驛に於て、無念流の劍士木村定次郎と試合をした時に、周作は木村の得意は上段であることを知り、自ら故らに上段に構へて其の先に出たので、木村は已む得ず星眼に構へたが、不得手な爲めに忽ち失敗を招き、上段に構へなかつたことを後悔したといはれてゐる。其の後五年にして、木村の門下天比子理太郎と試合した時も亦先に出て上段を以て撃挫したことがある。他流試合に於て敵に對應する手段は多々あるが、就中敵の得手を察知することに熟して常に其の先に出で、能く敵氣を制することが肝要である。

第五節　殺活機に在り

「來れば迎へ、去れば則ち送り、對すれば則ち和す。五となり、十となり、二八十なり、一九十なり、是を以て和すべし。虛實を察し、陰伏を識る。大は方所を絕し、細は微塵に入る。殺活機に在り、變化時に隨ふ。事に臨んで心を動かすなかれ」と。

右は吉岡鬼一法眼が。鹿島神宮に奉納したと傳へられてゐる一書である。來る者は拒まず去る者は追はず、明鏡の萬象を映すに依估なきが如くに、花が來れば花が現じ、鳥が來れば鳥が現じ、彼が五を以て來れば、我亦五を以て之に對し、彼二なれば我は八を以てして、其の足らないものを補ひ、彼一を以てすれば我九を以てし、此の自在あつて常に相和することが出來るのである。かくして其の虛實を明察し、陰伏を隱れてゐる間に識る。此の伎倆は大は方所を絕して四方に至り、細より微に入つて極小も洩さず、殺さうと思へば卽ち殺し、活かさうと思へば卽ち活かす。時に隨ひ機に應じて、變化して毫も心を動かさない、これ恰も明鏡が萬象に應接しても、毫も其の本體を汚すことのないのと同樣である。此の妙用こそ眞に劍道の要機、處世の妙、社交の訣で、又禪の妙諦である。易經にも「幾を知るは其れ神か」と云つてある。能く物事の機微のきざしを見て、事をなし吉を得る者は、それ聖にして知ることの出來ぬ神であるか。凡人は到底幾を知ることは出來ぬものである。事の成るには必ず先づ兆す所があり、其の敗れるにも亦必ず其の由つて興る所がある。これ皆幾である。

古人が勝負は間際、權際、氣際の三者を以て之を決すると云つてゐる。彼も來なければならず、我も往かなければばならぬことを間際と云ひ、彼も我も位を取る之を權際といひ、彼に氣あり、我にも氣あつて、機といふ刹那をなすのが氣際である。卽ち勝負の機とは如何なるものかといへば、古人之を解して氣と形と一緒に發するを云ふのであると。

第六節　擊突構法の變換

良將は二度計らずとは兵家の言である。劍道も亦同樣に、敵の同じ所を數回擊突するは、拙劣なる方法である。一本二本は同じ構法、同じ太刀にて擊突を加へて打勝つても、三本四本に至つては、構を變じ太刀を換へて、擊突するを利とする。卽ち下段或は靑眼にて十分に打勝つても、三四本の後には轉じて上段に執り又打勝つこと二三本に及んでは、更に下段若しくは正眼に移り、時々構法を變換して戰ふことが肝要である。若し然らずして打勝つこと三四本に及んでも、尙構法を變化しない時には、敵は遂に我が劍意を覺り、防禦と擊突とに工夫を運らして終に我は敵に勝を制せられるものである。故に時々擊突構法を變換して、敵をして我が劍意を覺り、防禦刺擊の工夫を運らすに、遑がないやうにせしめねばならぬ。敵が山と思ふ時は海と仕掛け、海と思ふ時は山と出でゝ、常に敵の意表に出で、其の隙に乘ずることが必要である。我が習熟した道を以て三度試みても、尙功を奏しない時には、間合を遠くして徒らに我から勝を求めずに、敵の誤る所、虛隙を待つて然る後に、猛然として擊突を加へるがよい。これ一般の心得であつて、決して常規ではない。擊突の要は機に臨み、變に應じて適宜の處置を取つて、誤らないことが最も肝腎である。

第七節　合氣を外す事

古來松風の教がある。是れ合氣を外すことをいふのである。敵が強く荒々しく懸り來るに、我も亦強く荒々しく立向ふ時は、實に對するに實を以てしたもので、善い勝を得ることは困難である。敵が弱く攻め來るに、我も亦弱く之に對する時には、亦善き勝を制することは出來ない。恰も石と石とを打合せ、綿と綿とを衝き合せるやうなもので、相撃となつて勝は得難い。それ故に敵が強く來れば弱く之に應じ、敵が弱く來れば強く之に對し、敵が晴眼に來れば、下段の構で拳下から攻め、又敵が下段に來れば、晴眼で上から太刀を押へるといふやうに、合氣を外して戰ふ事が肝要である。一刀流に傳書に鸚鵡位之事に就いて次のやうに記してある。

敵の事を以て我が事とし、敵の利を以て我が利とす。是を鸚鵡位と云ふなり。强きを强く、弱きを弱く、撃つ者を撃ち、突く者を突き、千變の事何れも此の如し。是れを敵の事に向ふと云ふなり。强きを弱く、弱きを强く、撃つ者を請け、受くる者を外す。萬化の利何れも此の如し。是を敵の利に隨ふと云ふなり。實を以て來る者には實を以て向ひ、虛を以て來る者には虛を以て隨ひ、敵よりして能はざることを示す時、我も能くして能はざる事を示す者なり。術は實を備へて虛に變じ或は虛を示して實に轉ず。敵に向ふ時愚にして先づ負くるは謀の利なり。誠に兵は詭道なりと孫子も云へり。故に一偏に是を心に得る者は、敵に因りて轉化すること能はざるものなり。

第八節　身を捨てゝ戰へ

試合に臨んでは、未だ戰はない時に我が心に身を捨てゝ、敗れるも死するも、念願に置かない覺悟のあることが肝要である。これ平生死生を脱し、膽力を養ふ修錬から出て來るものである。スパルタ武士の妻は其の子を勵まして「汝の劍の短いことを嘆くなら、一歩を加へてこれを長くせよ」と云つてゐる。凡そ擊突は一足を躍らして、深く一刀に擊突を施さなければならぬ。若し敵の切先に恐れ、疑懼して業を施す時には、必ず其の目的を誤つて、自ら敗を招くに至るものである。古歌の訓に

切り結ぶ太刀の下こそ地獄なれ
　踏み込み見ればあとは極樂

山川の瀨々に流るる栃殼も
　身を捨てゝこそ浮む瀨もあれ

是れ愛我の念を去つて、始めて安樂の境地に至ることの出來ることを敎へたものである。身を捨てゝ一歩大膽に踏み込み得ないが爲めに、擊突は其の功を奏しないで、却つて敵に切られるのである。身を惜しまず一歩を踏込んで、却つて安全なる境地が得られるのである。又卜傳百首の中に、

武士のまよふ所は何ならむ
　生きむ生きむの一つなりけり

武士は生死の二つ打捨てゝ
　進む心にしくことはなし

相下段若しくは相晴眼の場合に、敵の面を擊たうとするには、敵が切先を下げる瞬時に擊込まねばならぬ。然らずして敵が太刀先を上げた時に擊込めば多く相擊となる。然るに敵の切先の上下に關せず擊込み或は擊突の際に餘

りに大きく振冠つて、却つて敵に襲突の好機を與へるやうなことがあつてはならぬ。若し好機あるも之に乘ずることを知らず又慢りに攻撃を試みるが如きは、所謂劍を弄する者で劍を學ぶ者ではない。

第九節　形に負けて心に勝つ

形に負けて心に勝つと云ふことは、我が心の中に負けないやうに専念し、何れから撃ち來り如何に攻め來るも、心を動かさず心廣く大きく持ち、恐怖の情を去つて向ふ時には、如何なる强敵に會うても驚くことがない。形を敵に渡して、己は心にて我が身を守り敵を撃つをいふ。身體の大小、力の强弱は人によつて各々異なつてゐる。其の身體の弱小にして力の弱き者は、外形に於ては何人にも勝つことは困難であるが、心に於ては何人にも勝つことが出來る。心に於て勝つことが出來るなら、如何なる大敵に對しても、勝利は期して得られるものである。之を身を捨てゝ心に勝つとも云つてゐる。

身體長大の敵と對する場合、通常の心得を以て襲突を施す時には、我が太刀は敵に觸れ難く、勝を得ることは容易でない。是れ長大の者は襲突の際、少しく其の身を仰向けると、巧みに我が太刀を避け得る利があるからである。故に身の高い者と戰ふ時には、我が太刀は平常よりも五六寸短き心を以て、襲突を施さねばならぬ。然る時は屆かぬことなく、强く敵に當るものである。所謂長短の敎と云ふ劍法はこれである。又身體同等の人と戰ふ時も、此の劍法を用ゐて常に之に慣れると、襲突に過誤がなく、刀勢に一層の强鋭を加へるものであるから、常に習熟することに努力せねばならない。

第十節　英氣を避けて惰氣に乘ずべし

敵が英進の氣勢に鋭い時には、間合を遠くして、强ひて敵に襲突を加へようとしてはならぬ。かくする時には敵は自然に其の氣勢を失つて、惰氣を生ずるものである。此の時に乘じて鋭く擊込んで勝を制せねばならぬ。之を松風とも云つてゐる。敵に氣勢を張らしめる時は、假令我が業が敵より優れてゐても、意外の失敗を招くことがある。又敵の氣勢を挫く時には、我が業がたとへ敵より劣つてゐても、十分の勝を占め得られることがある。故に我が剛强の眞勇に依つて敵勢を挫き、敵をして畏怖の念を起さしめることが肝要である。たとへ敵が弱い者であつても、決して侮つてはならぬ。苟しくも敵に衰退の兆候、虛隙の色が現はれるを見たならば。寸毫も猶豫することなく。一氣に打破らねばならぬ。然らざる時には、如何なる禍を招くやも計り難い。宮本武藏は敵と立合ふや最初の一太刀を以て、唯一擊に敵を斃すを常としてゐた。

明天皇の御製に

つもりては拂ふが難くなりぬべし
　　なにばかりなること〻思へど

又古歌に

降ると見ばつもらぬ內に拂へかし
　　雪には折れぬ青柳の枝

第十一節　始めは靜かなるべし

試合に當つては間合を遠くして自己の身を固め、敵若し進む時には我は之に應じて退き、敵若し退く時には我は之れに應じて進み、進退敵に應じて自己の隙をも愼しまば、試合は終日の長きに亘るも、失敗を免れるのであらう。未だ勝負の間合に入らないのに、早くも勝たうとする心のある時は、大事の間合に至つて後れを取ることがある。故に未だ適當の間合に入らない時には、靜かに備へて心を以て敵を制するのである。かく自ら自己を固め、自己を愼むといつても。寸時も注意を怠ることなく、若し敵に虛隙の萠が現はれ適切の間合に入つた時には、其の機に乘じて電光石火よりも速く。無念無想、十分に延びて擊突を彼に施して、勝を得ることが緊要である。かくの如きは、其の始めに於て靜かにするにあらざれば、速に出づる事は出來ないのである。

史記司馬遷の語に「兵は正を以て合ひ、奇を以て勝つ。之を善くする者は奇を出すこと窮りなく、奇正還りて相生ずること環の端無きが如し。夫れ始めは處女の如く敵人戶を開く。後には脫兎の如く敵距ぐに及ばず」と。

卽ち兵は本軍を以て正しく敵と合戰に及び、奇兵を側面から放つて勝つものである。戰の上手なる者は奇を出すこと窮りなく、或は奇を用ゐるかと思へば正、正を用ゐるかと思へば奇。其の循環して生ずるは丁度環の端のないやうである。夫れ始めは軟弱なる樣子で處女の如く、敵が油斷して戶を開く時は、網を脫れた兎が勢激しく飛出すやうに敵は拒ぐ間もない。又兵書に「鷙鳥將に擊たんとするや、必ず翼を收む」と。

第十二節　敵に注意を奪はるゝ勿れ

敵が常に見馴れない異様の構をなして、我に虚勢を示し或は殊更に虚隙を示して、我が隙を誘發しようとし或は某所を襲突しようとする氣勢を見せ或は懸聲によつて我が氣を挫からうとする。是れ劍道に於ての懸け引きであつて、若し其の敵の色に附いて注意を奪はれる時には、忽ち我に隙を生じて敗を招くに至るのである。若し敵が我に虚勢を示すことがあれば、毫も恐れるに足らない。斯くの如き人に對しては寧ろ甚だ畏縮した態度を示して、先づ敵の驕心を高くし、徐ろに其の虚隙を窺つて、一撃を以て一時に敵氣を挫くことが必要である。故に我に於ては誠に好機會である。然れども眞勇ある者に對しては深く自ら愼しみ、自己の防禦を專一にして、十分に敵の虚隙を見定めない以上は、漫りに襲突を加へてはならない。

第十三節　敵の撃つ氣を撃つべし

敵を襲突しようとするには、先づ敵の襲突の氣に先んずることが其の祕訣である。次に其の要領を述べると。

1、彼我間合にある時は、各々其の動靜の看破に意を注いでゐるのである。此の時に敵が襲突の意を起し、形體を變じて我が刀尖を或は拂ふ場合には、我は一意傾倒、敵が太刀を動かす瞬時に進んで、其の氣先を制することが肝心である。

2、敵が我が太刀を押して、なほ襲突することを躊躇してゐる瞬時に於ては、我は敵が押す力を利用して、先づ其の力を避け、直ちに業を施すのである。

3、接觸の場合、敵が我が太刀或は體を押し來る場合には、我が體を何れかの方向に變化せしめて、敵の充溢してゐる力を避け、敵が自ら體を崩し狼狽する時、之に乘じて業を施せば、容易に我が目的は達せられるのである。

4、敵が撃突を施さうとして、尙ほ其の箇處を選定思案する瞬時、即ち敵がこゝをと思つて、太刀を振上げ或は構へた儘撃突しようとする時、我は一氣に撃突を施すのである。

5、敵が我が太刀を或は押へ或は拂ひなどして、攻撃防禦の業に出て、尙ほ目的を達しないで、再び構へようとし或は退却する時は、之を追込んで撃突を加へるのである。

第十四節　敵を脅かし心を移らすべし

敵を脅かすといふは、敵が豫想しないことを仕懸けて驚かし怖れしめることである。或は物音で驚かし或は懸聲で驚かし或は動作で脅かし或は太刀を以て脅かすのである。凡そ人は驚き怖れることがあると、其の瞬間には必ず其の事に注意が奪はれるのである。一方に注意を向けると他方には隙を生ずる。此の機を逸せずに撃込んで勝を制せねばならぬ。

人は他人の動作に暗示せられて、知らず識らずの間に之を眞似するものである。例せば居睡、欠伸などは人から人に移つて行くのは之が爲めである。劍道に於ても、我から身も心も悠々と構へて敵に對すると、敵の心も之に影響せられて自然に弛む所を生ずるものである。其の機に乘じて先々の先を以て勝つのである。或は敵をして退屈ならしめ或は沈着を缺かしめ或は弱くならしめるも同樣である。

第十五節　試合場に臨む注意

試合場に臨むに先だつて最も肝要なるは、精神の沈着と用意周到なる身仕度とである。

蟻のはふ音の聞ゆるほどにまで
心すまして場に出づべし

といふ態度を持せねばならぬ。試合に當つては能く時刻を嚴守し、決して遲刻するやうなことがあつてはならぬ。時間に後れる時は一般の迷惑となるは勿論、我が心に於ても焦躁して沈着を失ひ、失敗を招くことがある。又完全なる身仕度をなし、試合中に面紐、胴紐等の解けるやうな失態があつてはならぬ。かくして登場し先づ神殿上座に向つて敬意を表はし、次に敵と禮を交はして然る後に試合を初める。往時の他流試合に於ては、特に支度の遲速に就いて意を用ゐたものである。我若し道具着用が早きに失する時には、敵は故らに其の着具を遲くして、我が氣合を鈍らせ或は我が心を苛立たせる。又我が着具が餘りに遲い時には、敵は速かに着具して我に立合を促して、我が心をして急遽ならしめ、我は知らず識らず事を急いで、沈着を失ふものである。故に敵が若し速かに着具して、我に立合ふことを促す時には、我は急遽之に應ずることなく、悠然と着具を完了して敵の意圖を制し又我に於て早く着具し了つた時には、悠然靜坐して默々の裏に敵に着具を促して、敵をして沈着の度を失はしめることが肝要である。宮本武藏は數々此の手段を用ゐた。佐々木巖流と試合した時は、態と甚だしく遲刻して敵を怒らして勝を得、吉岡又七郎と鬪つた時は、敵の意表に出て早く場に到つて之を打破つた。上手と下手とは太刀を取り打合つて始めて知れるものではなく、其の平生の心掛けにても察することが出來、又其の支度振りなどにても大體は判別せられるものである。

　試合は豫て慣れた場所で行はれることもあるが又全然慣れない場所で行はれることもある。試合の際は能く其の場所に注意し、先づ試合前に場所の廣狹、下地の狀態、周圍の模樣を十分に觀察して、其の場所を有利に使用することが必要である。自己の後方には相當活動の餘地を存し、直後に壁或は參觀者があつて、之が爲めに體を崩して意外の敗北を招くことがあつてはならぬ。又室の明暗を審にして、日光の射す方に向くが如きは避けねばならぬ。

第十六節　勝負の附け方

勝を附けると云ふのは、確かに自己が勝つたと思ふ時に、試合に一區切りを附ける事である。勝の附け方に就いては是非の議論もある。其の方法に就いても別に一定してゐるのではないが、試合に於て自己の擊突が正確で、確に勝を占めたと思ふ場合に、構を解いて勝を附けるのが普通である。

勝の附け方は、太刀を兩手にした儘か或は片手にした儘、自己の構を解いて體勢を崩すことなく、眼を敵に附け、心を殘して。敵が如何なる業に出ようとも、其の變に應じ得るやうな態度をとることが肝要である。

勝の附け方に於て特に注意すべきは、自己の擊突が不正確なのにも拘らず、勝を附けることで最も戒しむべきである。或は勝を附ける際に自己の態度を崩して横を向き、殊更に跳歩いて體裁を作り、太刀を以て床板を叩き、其の甚だしき者に至つては、太刀を片手にして一回轉をなし或は審判者の方を窺つて其の判斷を催促し、其の他見學傍觀者に對して、媚びるやうな言語動作をすはことは、最も愼しまぬばならぬ事である。

第十七節　眞劍の覺悟にて戰ふべし

太刀を執つては、眞劍の如く生命を斷つ覺悟がなくてはならぬ。流汗、ヤー、エイと擊突を施す間にも熟慮、愼獨、謙讓に富み、一呼吸の間にも寸毫の油斷なく、一振一擊も苟もすることなく、膽力氣力を以て戰ひ、敵を壓滅する確信を以てせねばならぬ。啻に劍道のみではない、處世の術も亦然である。死生の間に往來する覺悟がなくては、遂に世間から蹶落されてしまふのである。眼前に死が迫る時、一刀兩斷の心膽がないなら、悲慘な目に遇ふのである。孰れの方面を問はず、其の死生の間を往來した者にして、始めて確乎不動拔くことの出來ぬ心膽氣力が保持せられるのである。生命を賭する劍道修行に於て、此の覺悟がなくては、一つの舞踊を練習すると何の選ぶ所があらう。然るに世間往々にして、此の使命を誤る者のあるを見るは、最も遺憾とする所である。其の試合練習は唯肉體上の擊突に止まつて、形式の末に流れてゐるのみである。かくては如何にして至大至剛の大精神が養ひ得られようか。先師が屢々余を戒めて云はれた言に「平素の練習試合に於ても、立向ふや先づ最初に我から一本を必ず取る心根が必要である。これ斯道の大精神である」と、亦此の精神に外ならぬ。沈着苦慮幾百千回となく練習する時には、靈感に依り一道の光明を認め、益々確乎たる信念を胸中に築き、美德の燦然たるものが得られるのである。

渡邊昇子爵の壯年時代の逸話がある。先生が勤王說を唱へて、京都に流浪してゐた當時、鎖國攘夷の議論は囂々として民心恟々天下は鼎の沸くやうであつた。勤王の同志は此の機を窺つて、生野銀山の快擧を謀つて、幕府の隙を覗つて居たが、幕府は之を知つて或は捕縛し或は斬首したので、同志は寔に白刄を踏むやうな思であつた。或日、先生は京都の北野天神に同志の評議があつたので、田舍武士に裝うて出掛けたが、早くも幕吏は之を知つて、三條大橋から先生の跡を尾行した。併し先生は素知らぬ體で天神を指して急いだ。當時の天滿天神の道は、鬱蒼たる松樹が千古の綠を湛へて、晝尙ほ暗い處であつた。一町餘り來ると、松樹の木蔭から二人の武士が「渡邊待てつ」と大喝一聲、勢鋭く斬込んで來た。あつと思ふ間もなく先生は體を斜に交はし、拔く手も見せず之を受け止めて、透さず曲者の横面に斬り付けた。電光影裏に一人の首は宙を飛んだ。同志が倒れるのを見た、他の一人は一目散に逃げ出した。先生は靜かに刀を納めて宿に歸つたとのことである。後年先生は此の當時を追懷して、時々門下の者に對しての茶話とせられた。そして先生は常に門下に向つて「たとへ平生の稽古でも眞劍と思つて戰ひ、一つ撃つにも大事をとり、弛みなく油斷なくせねばならぬ」と訓誨して居られた。先生が奸佞なる幕吏を斃し、死生の境に往來して天業の素志を貫いたのも、實に平素の鍛錬せられた所を遺憾なく發揮せられたものである。

第十八節　試合上の注意

一、試合前の注意

1、太刀は平素使用の者よりは少しく輕くして、柄の短く且つ稍々細い者を使用すること。
2、食物は試合直前には決して攝つてはならぬ。少くとも四十分以前に少量のパンなどを攝ること。
3、正坐して自己の順番を待つ時は、最も安樂に身體をして時々足の拇指を屈伸すること。
4、準備動作を行つて各關節を自由にすること。
5、正坐して自己の順番を待つ時は、丹田調息の法に依つて時々深呼吸を行ふこと。
6、道具は本書に示すやうに正確に著け又服裝に於ても遺憾なきを期すること。
7、試合の十分前迄には必ず大小便を排泄すること。
8、精神を最も沈着にし、意氣旺盛にして、試合前既に敵を呑む氣概を有すること。
9、正坐して自己の試合の順を待つ時には、前者の試合を徒らに傍觀するが如きことなく、見學の態度を持して反省の資とし、前轍を踏まないやうにすること。

10、試合の前後に於て、審判員の前方を通行してはならない。必ず其の後方を通行して試合場に出入すること。
11、前後の敬禮は最も敬虔の態度を持して正しく行ふこと。

二、試合中の注意

1、試合者は禮節を重んじ、規律を守り、無法卑劣の動作或は敵を侮蔑するやうな言動を弄することなく、常に武士的精神の涵養に努めること。
2、試合者は自己の全氣力、全技術を發揮して、豁達勇壯に動作すること。
3、試合の動作は威儀厳然として、決して異様の姿勢を取り、拙劣の態度をなさぬこと。
4、常に我が心を明鏡止水に保ち、敵の虚隙に對しては直ちに撃突を施すこと。
5、常に心氣力の一致を計り、敵を殪さねば已まぬと云ふ剛健なる意志を以て、絶えず敵を突く心意から總ての動作を起すこと。
6、撃突は勇猛果敢に攻勢に出で、常に已を捨てゝ行ひ、若し功を奏しない時は、躊躇することなく直ちに次の撃突を行つて敵を壓倒すること。
7、敵の動作を察知して、撃突する機會を逸せず常に機先を制すること。
8、撃突の後には必ず殘心を表はし、其の體勢を崩さぬやうにすること。
9、勝を附ける時などに、審判者の顔を凝視し又は手を擧げ後を向くやうな陋劣の動作をしないこと。
10、敵が撃突不確實なる時或は陋劣なる動作に因つて引上げた時には、直ちに撃込んで勝を制すること。
11、自己の撃突が效を奏しても、決して氣力を緩めることなく、直ちに次の變化に應ずることの出來る周到なる用意のあること。

12、自己の撃突が輕いと思つた時には、更に正確なる二の太刀を以て敵を制すること。

13、足搦み、體當りは、適切なる時機に施して勝を制すること。

14、奮鬪の結果力が盡き、術が盡きるも、斃れて後に已むといふ覺悟を以て最後まで戰ふこと。

15、審判者の判決命令に對しては、決して違背せず欣然として之に服從すること。

三、試合後の注意

1、試合が終つては舊位置に復し、面を脫して互に會釋して、謙讓の言を交はし未知の者も此の時から知己の情誼のあること。

2、勝つても誇ることなく、負けても挫けず卑屈に陷らぬこと。

3、互に術を賞して常に恭謙の德を持し、武士的人格の發揚に努めること。

4、整理運動を行ふこと。

5、道具の整理を完全に行ふこと。

6、自己の試合に對しては、其の勝負の由る所を考究して、更に工夫鍊磨を怠らぬこと。

7、自己の試合と他人の試合とを比較對照して、後日の資となすこと。

第十九節　夜間試合

古人の訓に、「闇夜に戰ふ時には敵の形を透して或は太刀の光に注意し、又月明かなる時は、我は陰に居て敵を月向はせ、我は隱れて敵を顯はし又日や風に向つて戰ふは不利であるから、敵をして之に向はしめるやうにし、我は之を後若しくは右方に取ることが肝要である」と。是れ天の時を利用することを敎へたものである。闇夜の試合に就いては劍法祕訣に次のやうに敎へてゐる。

「闇夜果合の時は、なるべく我が身を遠ざけ、先づ敵の刀鋒等を探るを以て緊要とする。故に我は先づ我が刀鋒を凡そ三四分程鞘に納め入れて、其の鞘の先を以て敵を探るがよい。敵が之に觸れる時には敵は必ず切込むものである。其の敵が鞘に觸れたのを、合圖に鞘を脫して擊込まねばならぬ」。

第二十節　眞劍勝負

隈元實道の武道敎範に記す所を述べると「敵に皮を切られて我は骨を切ると云ふ術語は、決心激發を云ふものである。互に双場に抜き合せ、鎬を削つて相戰つても、未だ一刀兩斷するに至らず、小疵を受けるに及んで、最早是れ迄と思ひ切つて踏込み、一刀兩斷することが出來るといふ。舊藩(鹿兒島)は或る一件の爭ひに於て年々三四回づつは、果合ひチウ武强の餘弊、明治八年迄は現にあつた。其の生存者に就いて太刀の前後を問ふと、其の答に曰く『互に抜き合せ支へ合ひ、腕に薄手を負はせられて激憤決前、唯々チェイと切り殺した』と。其の事實は何人も一徹に出て、現場の模樣も事實に符合してゐる。故に眞劍は踏込み踏込み、確實に切込まねばならない」と。柳生宗嚴は「鍔を以て敵の頭を打碎く悟覺があつて、始めて敵を斬ることが出來る」と云つてゐる。

又劍法祕訣には『眞劍勝負に於て拳を截られる時は、假令之を切斷せられないでも、十分に欛を握ることが出來ない。又之を握り得ても十分に刀を運用することが出來ないから、進退に忽ち谷まるものである。故に平生の練習の際にも、努めて拳撃ちを學び又敵の拳撃を避けることに熟練することが必要である」と述べて千葉周作が遊歴の途次上州に至つて、賭博の親分に面會して親しく聞き得た一小話を載せてゐる。又同書に簡易必勝の法として「手術及び構法の如何に頓着せず、立合ふや直ちに敵の手の內に切り込み、其の儘腹部を目懸けて突き行く時は必ず勝利を得る」と敎へ又「眞劍の際は特に怒を生ぜしめ、其の心神を亂す時は、我に利甚だ多く、容易に勝を制し得られる」と敎へてゐる。

又劍道に左の例に就いて述べてある。幕府の名士近藤勇は、眞劍勝負に當つては、必ず進んで敵の刀を押へ試みて、刀にねばりある者は何れを斬るも過つことがない。然るに或る時數十人斬つた中に、一人ねばりのない武士に遭つたので、刀を携げて逃げたといふ。又俠客淸水次郞長は眞劍鬪爭するこ幾回なるかを知らない。老後人に語つて云ふには「先づ立合の初め我が切先で敵の切先を動かして見よ。其の切先の固くして動かないものは恐れるに足らないが、我が切先の觸れるに從うて動く者は用心せよ」と戒めたといはれてゐる。切先の固くしてねばりのある者は未熟であるか、心が臆してゐるものである。先づ之を試みる膽力のある者は勝を得るであらう。

第五十四章　試合の種類

第一節　番組試合

甲と乙、丙と丁、戊と己と豫め其の伎倆の相等しい位の者を選んで、組合せを作つて、其の上に1、2、3の試合順序の番號を附して、一番から順次に試合を行ふ方法である。比較的伎倆の劣つてゐる者を初めに置いて、漸次伎倆の勝れてゐる者に及ぶやうにするが通例である。試合は一本勝負を本體とする、或は三本勝負を以てするも宜しい。

劍道番組試合番組

1	2	3
甲	丙	戊
乙	丁	己

第二節　紅白試合

一つに源平試合とも云つてゐる。全試合者を二組に分けて、大體伎倆の劣つてゐる者を初めに置き漸次に技倆の優つてゐる者に及び、かうして伎倆の劣つてゐる者から順次に試合を始める。負けた者は勿論戰鬪力を失ひ、勝つた者は自己が負けるまでは、敵の次の者と試合を繼續して行ふ。さうして最後の者が試合に勝つた組が勝となるのである。普通一本勝負を本體とする。引分けは出來る丈避けるがよいが、萬已むを得ない場合には引分けを宣言して、更に兩組から次の試合者を出して戰はしめる。

イ　ロ……………試合者名
傍線（）…………對抗のしるし
○…………………勝のしるし
×線………………引分しるし

剣道紅白試合番組

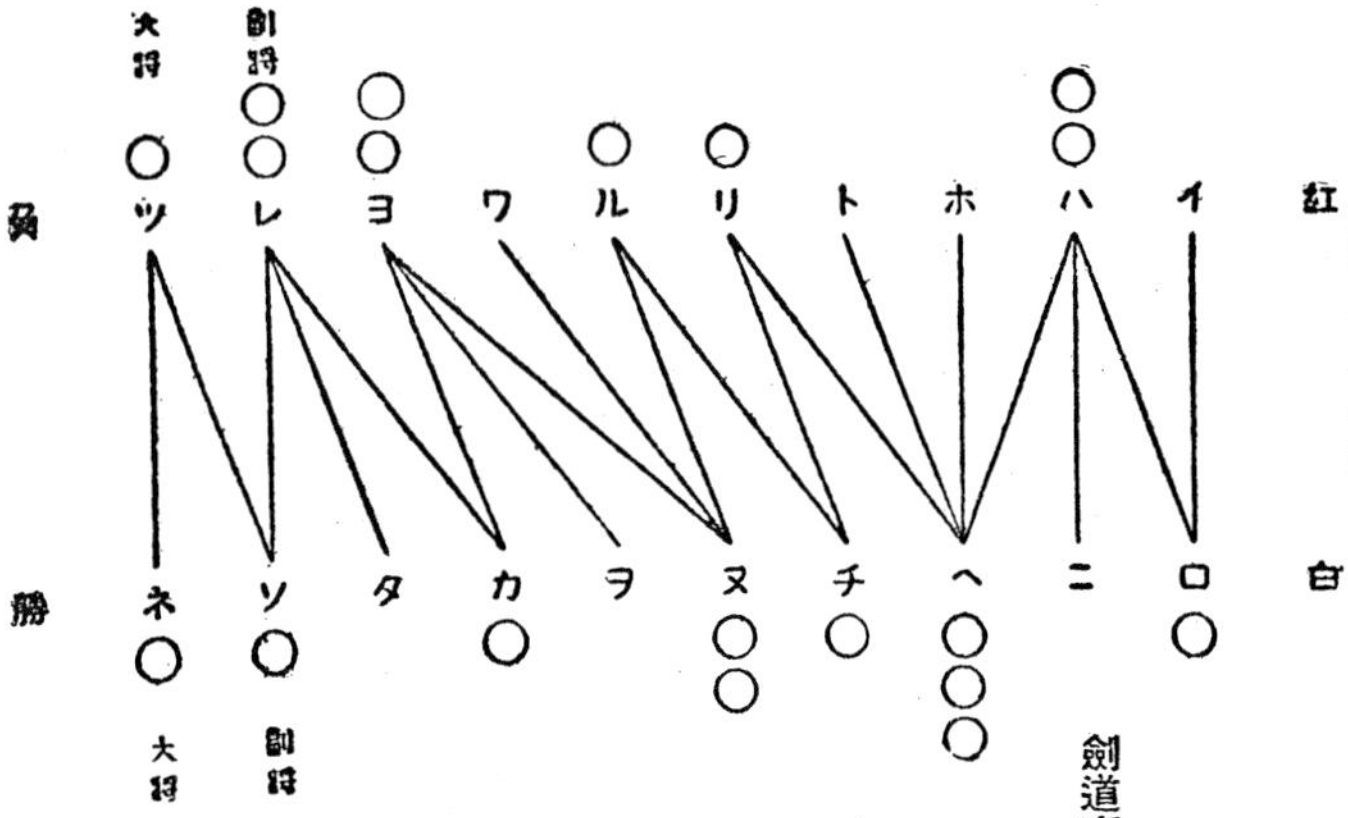

第三節　高點試合

試合者の順序を抽籤で定めて番號順に列べ、番號の初めの者から順次に試合をする、負けた者は勿論戰鬪力を失ひ、勝つた者は自己が負けるまで試合を繼續して行ひ、一人に勝つた時は一點とし、而して最も多くの點を得た者を優勝と定める。抽籤の結果最後の試合に出た者で、其の試合に勝つた時には、復た番號の最初の者から出して、其の者が負ける迄試合を行ふのである。一本勝負を以て本體とする。之を表に示すと。

剣道高點試合番組

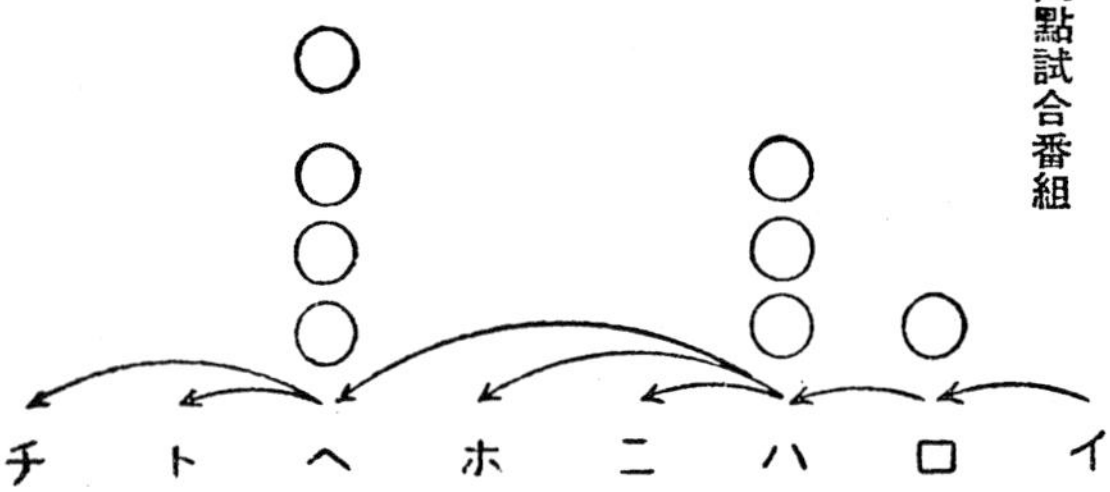

ロはイと戰つて一點を得、ハはロと戰つて一點、ニと戰つて一點、ホと戰つて一點、合計三點を得。ヘはハと戰つて一點、トと戰つて一點、チと戰つ

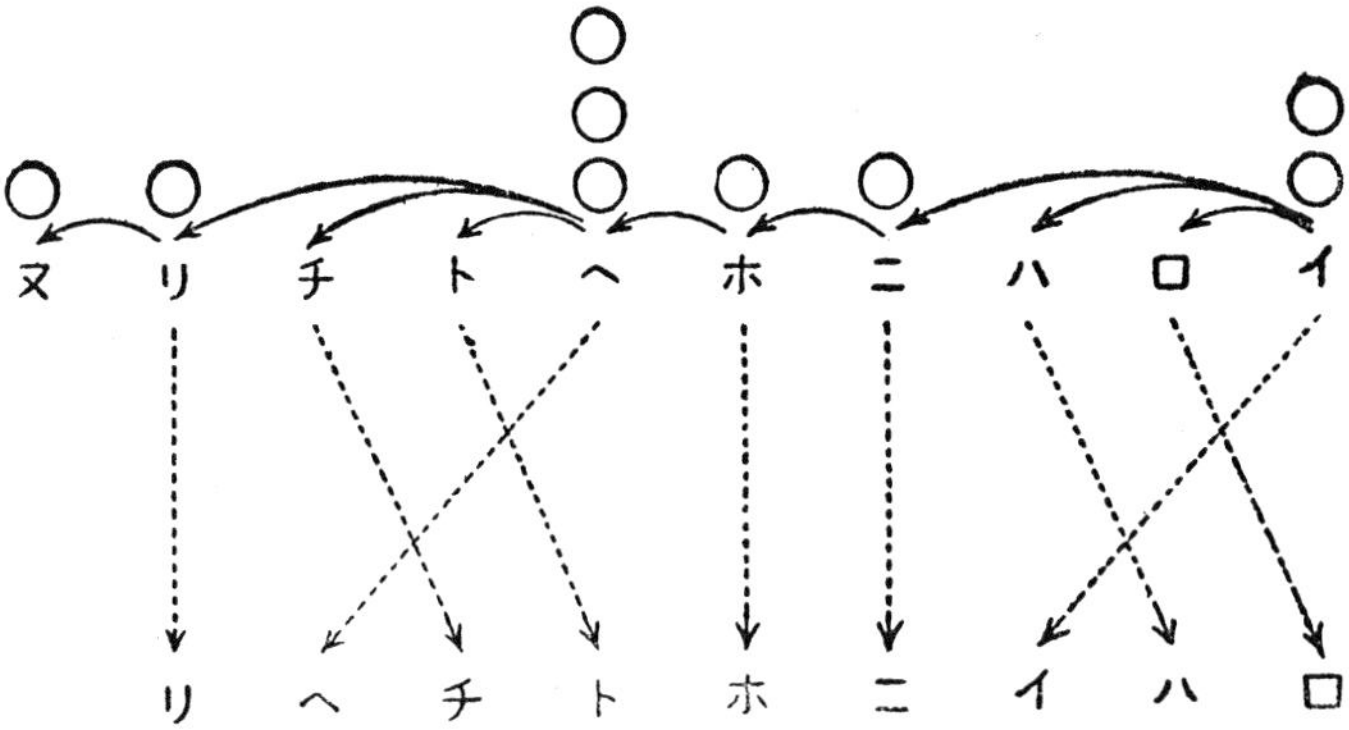

て一點、合計三點を得。ハとヘとは同點であるから、優勝を決する爲めに戰つてヘの勝となり、ヘは合計四點を得て最高點となり、優勝者となる。

第四節　昇座試合

高點試合と同性質のもので、先づ抽籤に依つて順序を定めて、其の番號順に坐らせ、初めの番號の者から試合を行ふのである。負けた者は、試合を行ふ爲めに、自己の席を離れてゐる其の席に入つて坐るのである。さうすれば最初の者が二人に勝つた時には我が座席は二つ昇る。其の次からは一人に勝てば其のまゝとなり、二人に勝てば一つ我が座席が昇る負ければ我が座席は降る。かうして幾回となく行つてゐる内には、最上の席を占めた者が誰よりも優秀なのである。

傍線（—）は對抗を示す　　點線（…）は行くべき座席を示す。

第五節　跳拔試合

跳拔試合とは試合者が一人を倒し、更に直ちに他の者に向つて試合を行ふ練習である。次の圖のやうに一人の試合者を中央に置いて、之に對抗して試合を行ふ者は、其の中央の試合者に半圓を畫いて、各々太刀を拔いて構へさせ、互に「禮」の號令で微禮を行ひ、禮が終ると外圓にある者で、試合しようとする者は「ヤー」の掛聲と共に進み出て中央に居る者と試合を行ふ。其の時勝つた者は中央に止つて居て、外圓に在る者は、中央に居る勝つた者に向つて直ちに試合をする。

注意

1、試合に負けた者は、中央の試合者の後方で見學せしめること。或は負けた者も尙半圓内に入つて、直ちに構へて次の試合に出るやうにしてもよい。

2、試合者が、半圓の者と、後向になつて勝つた時には、半圓内の者は直ちに進んで後から撃込んでもよい。

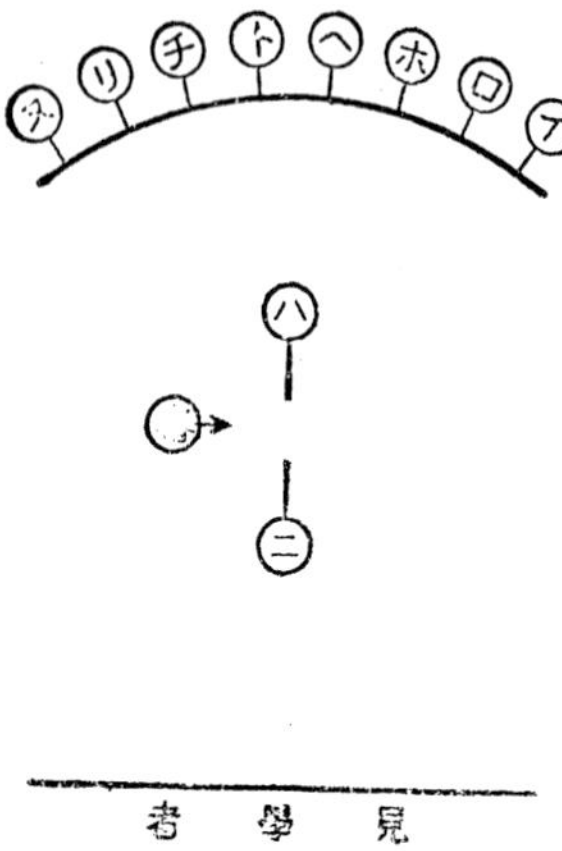

3、半圓内の者は中央の試合者をして一瞬も休息せしめることなく、直ちに跳り出て試合を挑むこと。

4、審判者は多少不十分でも、正確に撃つものは之を採つて勝負を迅速にし、試合者をして弛緩の氣を起させないやうにすること。

5、審判者は、試合に出るのを躊躇する者があるから之を督勵すること。

6、試合者は一本勝負として、五人或は七人拔いた者は、之を優勝者として試合を休ませること。

第六節　團體跳拔試合

團體跳拔試合とは試合者を兩軍に分けて、適當の距離に圖のやうに線を引き、試合者以外はそれから前には少しも出ないので、唯試合者のみが兩組とも、一人づつ出て試合を行ふのである。若し敵が自己の線内から撃たれる所の近距離に來た際には、線内の者は之を撃つてもよい。其の時試合者が撃たれたら負である、其の他は大體跳拔試合と同樣である。

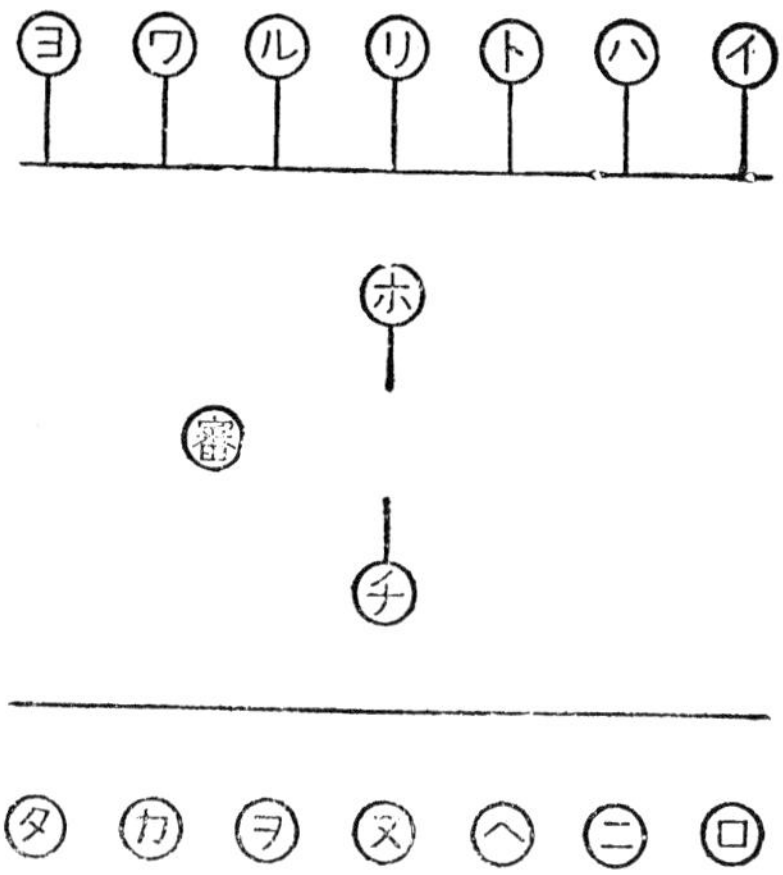

第七節　何人掛試合

比較的伎倆の優秀な者を選んで、之に何人かゝ例せば三人又は五人を向はせて、試合を行はしめる方法である。全部の者に勝つた時には勝とし、若し何人目かの者に負けた時は、其の者は負けとする。掛つた方の者は敵に勝つた者を勝とする。

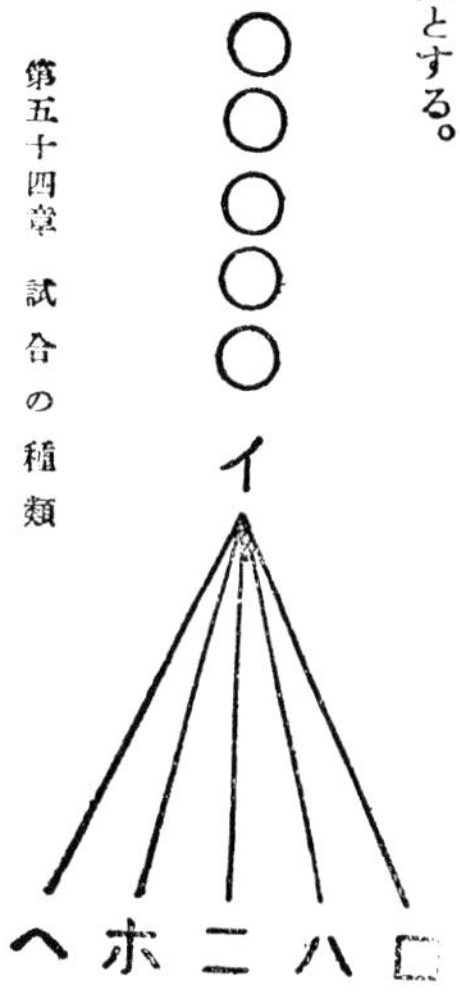

イロハニホへの五人を掛け終つて勝つたのである。

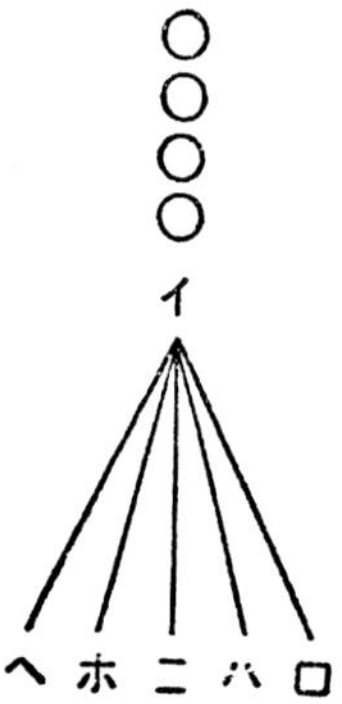

イロハニホの四人には勝つたが、最後のヘに負けたので結局負となる。
ホは勝となり、ヘは不戰となる。

第八節　野試合

試合者を二組に分けて野原或は運動場のやうな廣い場所で、時間を定めて一齊に試合を行はしめるのである。而して其の方法には種々あるが、今其の一つに就いて述べよう。

兩軍を互に判然と區別する事の出來る樣にする爲めに、腕に三四寸の紅白の布を卷く。又勝負を明かにする爲めに、面金の最上部に、厚さの薄い竹筒を長さ三寸位に切つて、其の中に五色の小紙を入れ、紙で其の左右を蓋したものを附ける。それを附けるには、竹筒に最初に二つの穴を穿つて紐を通し、此の紐で面金の最上部に結びつける。

以上の用意が終つて、先づ大將と之を守る四天王(持國天王、增長天王、廣目天王、多聞天王)を定めて、各々其の役印を附ける、そして之を守る守備軍、中軍、先鋒を定める。

先づ試合開始の合圖と共に先鋒の軍が互に戰ひ、其の戰の勝負が大體決する頃、中軍が進んで戰ひ、各軍共に守備軍を衛いて戰ひ、大將を攻撃するのである。法螺貝太鼓を以て進軍戰鬪に合せると、宛ら往時の戰爭を思はせるものである。併し萬一之を下手に行ふと、武道本來の精神に戻り、お祭騷ぎになるから、其の衝に當る者は、最も注意せねばならぬ。

注意事項

1、兩軍の進軍は圖に示すやうに、先鋒から順次粛々として進み其の部署に著く。
2、審判員は各軍に少くとも一名以上數名を要する。
3、一人に幾人掛つてもよい。攻撃の時敵に遭つた時には、直ちに之を攻撃して、我が軍に近づけぬやうにする。攻撃は面上の竹筒を目標とする。
4、頭上の竹筒が破れて五色の小紙が出ると、其の者は已に戰鬪力を失つたのであるから、直ちに其の場に蹲踞すること。審判員は竹筒の破れたのを知らないで、戰つてゐる者に注意を與へて蹲踞せしめる。
5、四天王は主として大將を守るのであるから、大將の側方を離れぬやうにすること。
6、大將が敗けたら其の軍は敗けた事になる。それで一方の大將が敗れた時には、其の軍の審判員は笛を以て戰鬪終りの合圖をすること。
7、兩軍の勝負がなか〳〵定まらぬ場合には、笛を以て戰鬪中止の合圖をして、負者の數に依つて、其の多い方の軍を負とする。
8、兩軍各部署に整頓し終つてから、審判員の合圖で兩軍は一禮を交はし、戰鬪開始の合圖で「ヤー」の掛聲と共に進んで、先鋒の軍から戰鬪を開始する。
9、戰鬪が終ると、兩軍は先鋒は先鋒、中軍は中軍、守備軍は守備軍と其の位置に整列し、禮の合圖で互に禮を交はして、先鋒から順次元進んで來た路を、粛々として歸り元の位置につく。

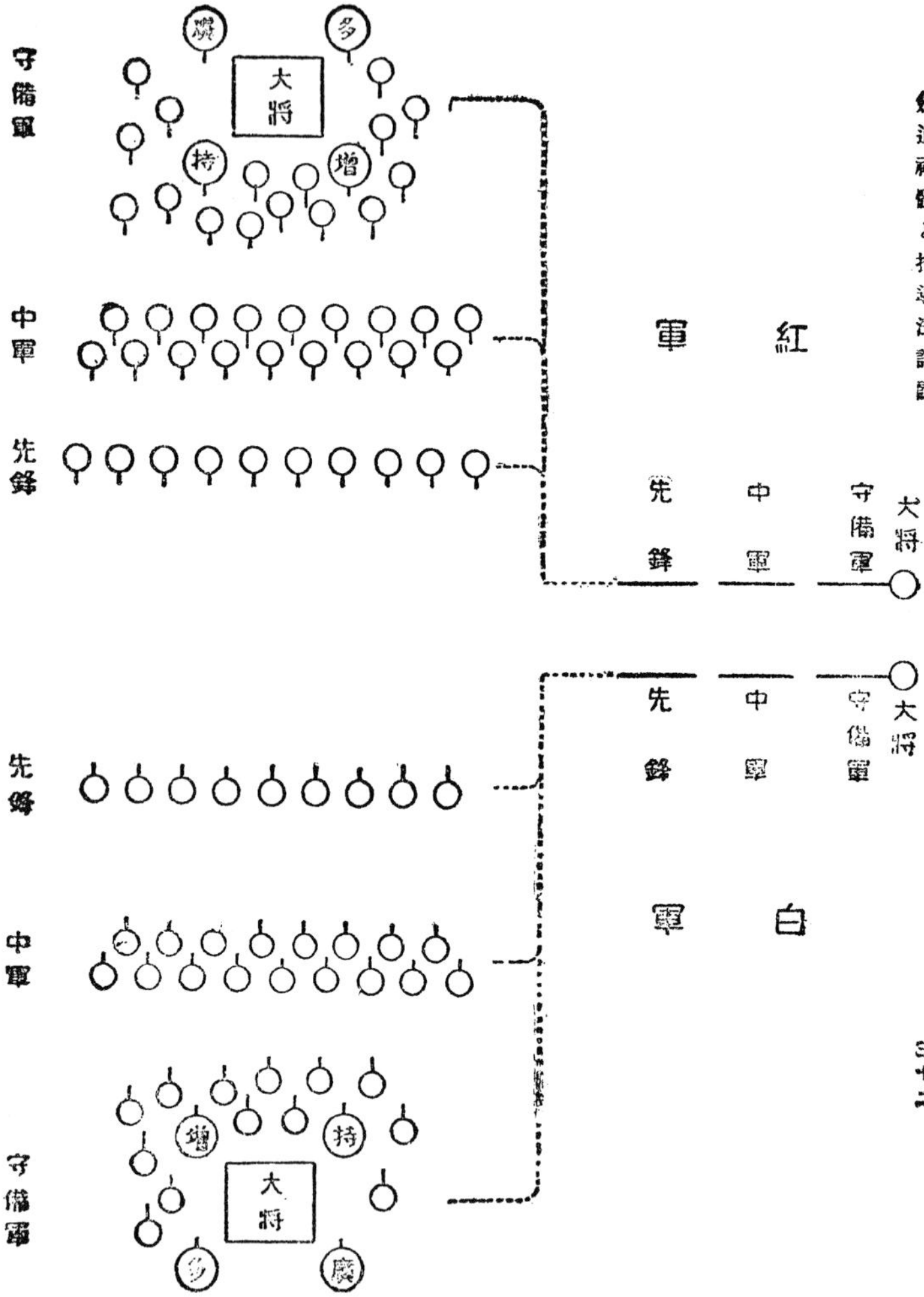
紅軍
大将
守備軍
中軍
先鋒
大将
持
増
多
白軍
大将
守備軍
中軍
先鋒
大将
持
増
多

第九節　其の他の試合

一、負け殘り勝負

負けた者には勝つまで試合を繼續せしめるのである。そして勝つた者は直ちに自己の席に歸るのである。

二、旗倒しと旗奪ひ

野試合の樣に、全部を兩軍に分けて各々部署を定め、各軍二三間の竹竿を立て、其の先端には、紅軍には長さ約六尺の紅の旗を附け、白軍にも同樣に白の旗を附け、戰鬪開始の號令と共に、攻擊軍は敵の旗に近づいて、隙を見て之を倒すのである。旗が倒れて其の先端が地に着いた時は其の軍は負である。又一定の時間內に旗が倒れなかつたらなら引分けである。旗奪ひは旗を倒す代りに奪へば勝となる。

三、譽れ試合

前と同樣に兩軍を分けて、試合者の腰には、二三寸四方の板に紐を通して之を附ける。勝つた者は負けた者の腰の板を貰つて已の腰に附ける。審判員は能く之を注意することが必要である。負けた者は其の場に蹲踞する。かうして一定の時間後に、敵軍の板を多く取つた者を最優勝者とする。軍としては敵軍の板を多く取つた軍を勝とする。

第五十五章　團體優勝試合方法

數團體が互に他の團體と試合して、最優勝の團體を決定する方法である。例せば縣當局が主催となり或は武德會支部或は學校が主催となつて、縣下の中學校又は縣下の青年團の優勝を決するやうなものである。

第一節　大會に關する協議事項

優勝試合を行ふに先んじて、各團體の代表者が一堂に會して、大要左の各項に就いて、協議打合せを行ふことが必要である。代表者は劍道に心得あるものを選ばねばならぬ。

1、試合の期日。なるべく日曜祭日を選ぶがよい。十月十七日などに、一定して置くと都合がよい。

2、試合の場所。武德會支部のない土地で縣或は支部が主催の時には。市の學校が輪番にするがよい。

3、申込み期日及び申込み場所。申込み期日は、試合當日前少くとも一週間前迄とする。

4、申込書規定、申込書には必ず封筒に武道大會選士名と明記すること。

5、審判員。審判は神聖公平を要する故、なるたけ參加團體に關係のない武道家若干名。

6、委員。時間係、記錄係、呼出係、受付、招待係、賞品賞狀係、其の他必要に應じて、其の他の役員囑託の件及び其の員數、劍道に心得あるもの。

7、審判規定。大體大日本武德會審判規定に依る。

8、採點規定。(イ)勝一點。引分半點、負零點。
(ロ)勝二點、引分一點、負零點。

9、時間規定。全員三分或は長くとも五分まで。時間係の合圖があつても、審判員が中止を宣言しない限りは試合を續行する。

10、選士の資格及び其の員數。

11、補缺員の資格及び其の員數。

12、試合組合せ方法、抽籤。月日午前何時武德殿に於て參加學校委員及び生徒代表を以て之を行ふ。

13、試合の順序。

14、賞品賞狀に關する件。(イ)賞品は授與しないことを本體とする。
(ロ)賞狀は三等迄授與する。優勝戰に勝つた團體を一等、敗れた團體を二等、準優勝戰に勝つた團體を三等、優勝戰が引分となつた場合には共に一等。

15、諸費用の件。(イ)主催者全部負擔、此の時は輪番に主催すべきもの。
(ロ)各校等分に分擔。

16、試合者心得事項等、印刷領布。(イ)選士の順位變更不能。補缺員の規定。
(ロ)同一選士二回の出場を得ない事。

第二節　申込書

第一表

順位	氏名	階級	年齡	身長	體重	學年	學科平均點	操行	備考
第一選士									
第二選士									
第三選士									
第四選士									
第五選士									
第一補員									

團體名

引率者氏名

第二表

劍道選士順番記入表

順位	第一補員	第二補員	先鋒	次員					副將	大將
團體名	選士氏名									

第三表

劍道選士順番得點記入表

得點										合計點
順位	第一補員	第二補員	先鋒	次員			副將	大將		對抗團體名
團體名	選士氏名									對抗團體合計點

第三節　得點記入法

左の三方法に依るを可とする。

1、勝二點、負零點、引分一點。

2、勝一點、負零點、引分半點。

3、勝一點、負マイナス一點、引分零點。

負をマイナス一點(－1)とするは可なれども、負と引分とを同一視して零點とするは、理の宜しきを得たものではない。又採點に於ても個人を標準として採點するか又は團體を標準として採點するかに分れるが、前記は個人を標準としての採點法である。個人を標準としての採點は、聊か煩瑣ではあるが正確明瞭である。團體標準は簡易はであるが、如何なる程度の差を以て、勝負を決したかが明確ではない。故に個人標準の採點に依つて、其の團體の總點を示して、其の勝負を明かにすることが必要である。左に其の表を示さう。表は豫め用意して、團體の勝負決定毎に記入するものとする。

勝は二點、引分は一點、負は零點として採點する。

甲團體は乙團體と戰ひて、甲團體は六點を得、乙團道は四點を得、次に甲團體は丙團體と戰ひて、甲團體は三點を得、丙團體は七點を得、かうして記入するのである。若し合計に同點の團體二組ある時には、其の代表を出して試合を行ひ優勝を決定する。

次に二團體の試合に於て個人の得點を明確に知る表を示さう。勝一點(○)、負零點(×)、採點記入は前表と同樣。

團體名	甲對	乙對	丙對	丁對	戊對	合計	順位
甲		6	3	7	4	20	2
乙	4		8	6	1	19	3
丙	7	2		5	4	18	4
丁	3	4	5		4	16	5
戊	6	9	6	6		27	1

選士名	對イ	對ロ	對ハ	對ニ	對ホ	合計	順位
イ		○	○	×	○	3	2
ロ	×		○	×	○	2	3
ハ	×	×		×	×	0	5
ニ	○	○	○		○	4	1
ホ	×	×	○	×		1	4

第四節　組合せ

第一　組合せ方法

1、團體名、甲、乙、丙、丁。

2、選士名、イ、ロ、ハ。

3、試合順序、1、2、3、4……(抽籤に依るも宜し)。

4、甲の第一選士は他の乙、丙、丁の第一選士と戰ふ。第二選士は他の第二選士と、第三選士は他の第三選士と戰ふのである。若し選士が他の全部の選士と戰ふ時には、多大の時間を要するのである。今之を表に示せば、次の樣である。

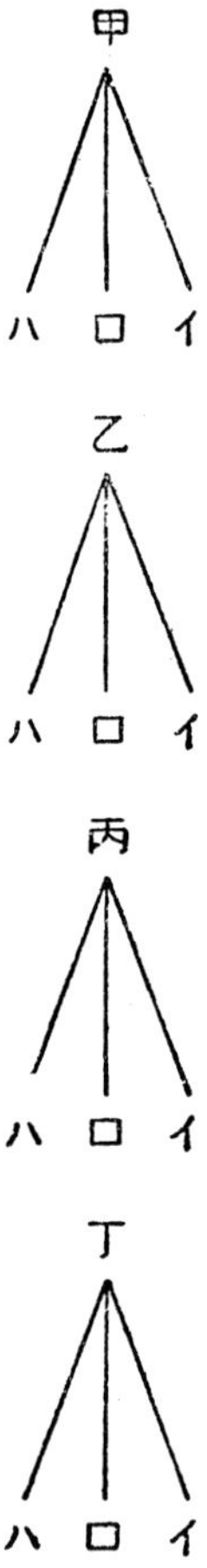

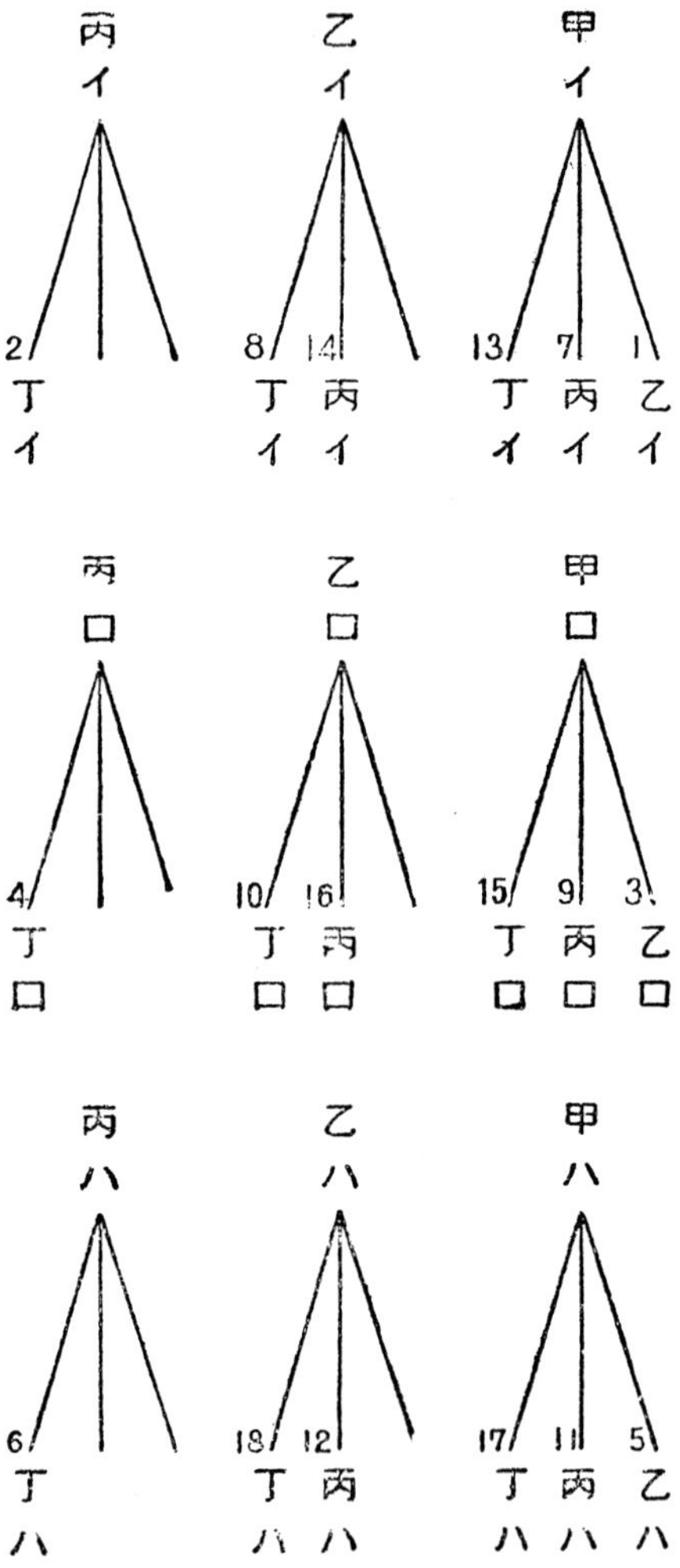

更に之を書替へて組合せると。

回		
1	甲イ	乙イ
2	丙イ	丁イ
3	甲ロ	乙ロ
4	丙ロ	丁ロ
5	甲ハ	乙ハ
6	丙ハ	丁ハ
7	甲イ	丙イ
8	乙イ	丁イ
9	甲ロ	丙ロ
10	乙ロ	丁ロ
11	甲ハ	丙ハ
12	乙ハ	丁ハ
13	甲イ	丁イ
14	乙イ	丙イ
15	甲ロ	丁ロ
16	乙ロ	丙ロ
17	甲ハ	丁ハ
18	乙ハ	丁ハ

即ち甲團體の第一選士イは、第一回に乙團體の第一選士イと戰ひ、第七回目に丙團體の第一選士イと戰ひ、第十三回目に丁團體の第一選士イと戰ふのである。

第二組合せ方法

團體數が多い場合には、次の方法に依るがよい。

1、團體名　イ、ロ、ハ、ニ、ホ、ヘ、ト、チ、リ、ヌ、ル、ヲ。

2、試合順序　1、2、3、4、5、6。

同番號の籤を二本づつ作り、同じ番號を引き當てた團體が、番號の順序に從つて試合を行ふ。敗けた者は戰闘力を失ひ、勝つた者ばかりで試合を行ふ。第二回戰からは抽籤することもあり。又抽籤を行はずに順序に行ふこともある。かうして戰つて勝つた團體を優勝とする。若し團體數が奇數の場合には、抽籤して二組を選出し、之に負けた者を斜いて組合せて行けばよい。

第一回戰

1	イ勝	ロ
2	ハ	ニ勝
3	ホ勝	ヘ
4	ト	チ勝
5	リ	ヌ勝
6	ル	ヲ勝

第二回戰

1	イ勝	ホ
2	チ	ニ勝
3	ヲ	ヌ勝

第三回戰

1	イ勝	ヌ
2	ニ	イ勝

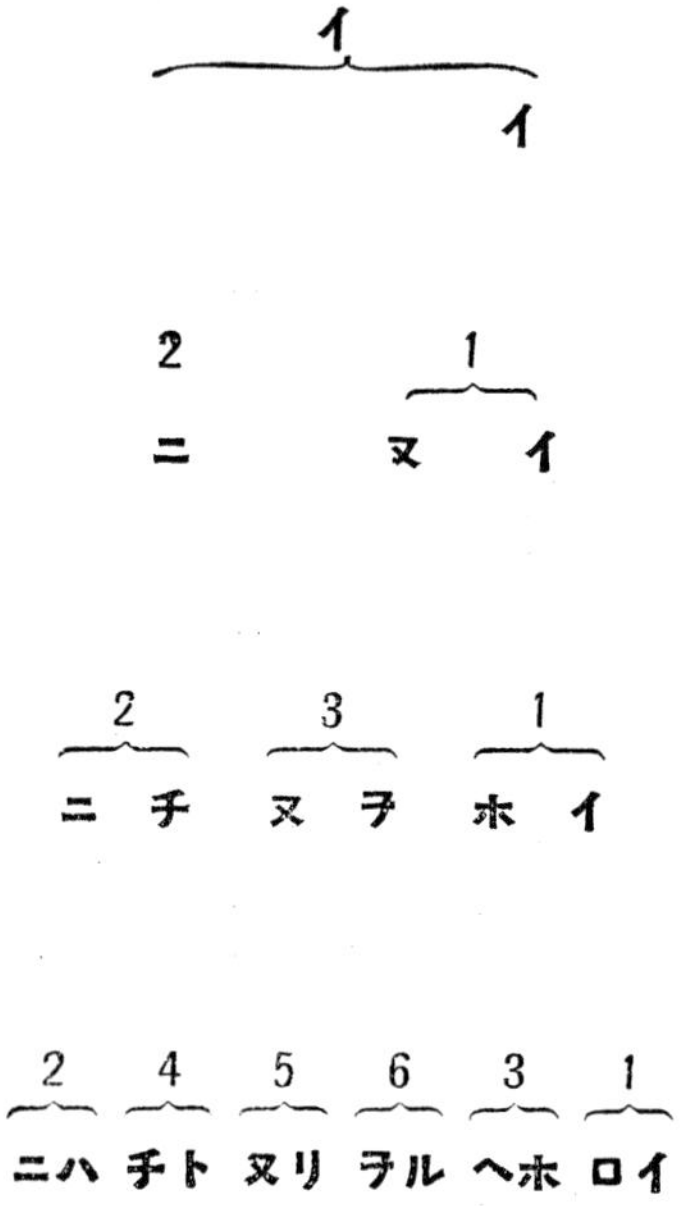

第五十六章　劍道會

第一節　劍道會の目的と其の種類

一、劍道會の目的

劍道會は、劍道修行者が一所に會合して、自己平素の鍛錬に依つて得た精神技術を以て試合稽古を行ひ、之に由つて自己の發達の程度を知り又他人の試合を視或は先輩の批評訂正を乞うて、自己修養の資となし又一面には斯道に趣味を有し或は研究する者をして試合稽古を參觀せしめて、益々劍道の進步發達を促し、且つ之が普及を計るを以て目的とするのである。

二、劍道會の種類

劍道會を大別して大會小會とする。小會は何かの機會ある每に行ふものであつて、主として連續稽古の終りなどの樣に、一段落のついた時に實施するのである。學校では此の外每學期の中間若しくは每學期の終りに此の小會を開き、さうして其の主催團體のみで開いて、外部の劍道家有志家を特別に招待しない。大會は通常年に一回若しくは春秋の二回行ふものであつて、其の主催團體ばかりでなく、其の地方の劍道家及び有志者を招待して、盛大に擧行するものである。或は主催團體ばかりが主とならず、數團體が聯合して聯合大會を開くこともある。

第二節　劍道會に於ける番組作成

劍道小會に於てはさまでの準備はなく、唯會に出席の有無を豫め調査して、完全なる番組を作成することが肝要であるが、大會に於ては、其の日より少くとも二週間前に、大體左記の外部の者に招待狀を發して、其の出席の有無の回答をば、遲くも一週間前までに受取り、出缺席回答の受付締切り後、直ちに番組を作成するのである。さうして番組の中には試合の月日、時、場所、開會、閉會の時刻、大會の順序、審判規定、試合注意事項、審判員、各掛りの役員及び其の徽章色分等漏れなく記す必要がある。

招待すべき者

1、各中等學校。
2、地方國民學校。
3、地方劍道家及び地方道場。
4、官公衙及び軍部關係。
5、在鄕軍人會。
6、青年團及び青年學校。
7、少年團。
8、各會社大商店。

以上は選士の招待であるが、此の外に招待すべき者としては、

1、地方有志名望家。
2、地方先輩有力者。
3、新聞社。

第三節　案内狀及び申込書

主催者に於て招待狀を作る時には、來賓、講師、審判員等に對しては特に禮義を失せぬやうに注意せねばならぬ。來賓、講師、審判員に對しては、豫め招待交渉を終つて置かねばならぬ。招待狀には大體左記事項が必要である。又申込書も其の樣式を一定して、主催者側で之を作つて置くと甚だ便利である。申込書中身分の欄には特別の位階ある者の外は、生徒青年等を明かにすること。今次に之を示すと、

案内狀

拜啓時下嚴寒の折柄愈々斯道に御精勵の段奉慶賀候
扨今般本校第何回劍道大會開催致し度候間別紙要項に依り選士御派遣成下され度此の段御案内申
上げ候　敬具
一月十日　何校劍道部
何校劍道部
御中

案內要項

會場	本校道場
期日	一月二十五日
開會の時刻	午前九時
閉會の時刻	午後三時の豫定
來賓(知名の士)	氏名
講演者演題	氏名
審判員	氏名
選士人員	五名
試合種類	番組試合、高點試合
申込期日	一月十七日迄
申込書送附所	本校の劍道部宛

昭和　年一月十日

何校劍道部

何校劍道部御中

切　取　線

申込書

氏名	武道種類	階級	年齢	身長	體重	身分	學年	學科平均點	操行	備考
氏名	劍道					生徒		85	甲	
氏名	居合									
氏名	薙刀									

引率者職氏名

團體名其の他の名

昭和　年　月　日

何校劍道部

御中

第四節　劍道會の順序

1、開會の辭。會長若しくは劍道の部長。學校ならば學校長若しくは劍道部長。

2、來賓の講話。劍道講話、儒教講話、佛教講話、神道講話其の他劍道に關係ある講話。

3、昇級昇段者の證狀授與。
4、劍道の目的或は試合上の注意事項。劍道部長若くは劍道教師。
5、下級者一本(三本)試合。試合は普通番組、紅白、高點試合であるが、孰れを選ぶも可。
6、上級者一本(三本)試合。(都合により午後になる時には形の次に入れる)

晝　食

7、地稽古。時間の都合により時に省く。
8、大日本帝國劍道形及び其の他の劍道形。
9、居合又は薙刀其の他の形。
10、薙刀銃劍兩刀等の試合。
11、高點試合。有段者の多い時には、有段者無段者を區別する。
12、模範試合。伎倆優秀の教師の試合。普通には勝負を定めない。
13、賞品賞狀授與。
14、講評。教師或は地方劍道家(高段者)。
15、閉會の辭。會長若しくは副會長。

第五節　劍道會場

劍道會場の神聖でなければならぬことは言を竢たない。華美な裝飾よりは、寧ろ質素にして其の間に嚴肅の氣を漂はしめることが肝要である。華美に過ぎる時には、嚴肅の氣は自ら失せて、寧ろ興行場の觀がある。會場の正面には神酒を供へ、場に入る者をして先づ自ら襟を正して、敬虔の念を興起せしめる。入口には受付を設けて番組を渡し、出席人員を調べて、係員に報告して招待する。接待係員は、豫め各着席すべき者の名を記した紙を席の前面に貼付して置いてそこに案內する。組合せ係員は出席人員に依つて、組合せの變更を行ふ。常に各係員の間は連絡統一があるやうにする。

會場の附近には一般劍士控室、來賓控室、師範審判員控室、會長副會長部長控室を設ける。特別來賓のある時は又別に控室を設ける。學校團體では生徒及び團體員と一般劍士席とは別にする。各室には何控室と記した紙を其の入口に貼付して置き、而して火鉢、湯、茶菓子等を準備する。

會場は廣い室で、なるたけ日光の直射しない處がよい。普通は道場、道場の狹い時には學校では講堂が最もよい。萬已むを得ずして屋外で行ふ時には、地面に砂を敷き又劍柔道道同一場所の疊の上で行ふ時には、少しく疊を潤すがよい。會場を圖示する。

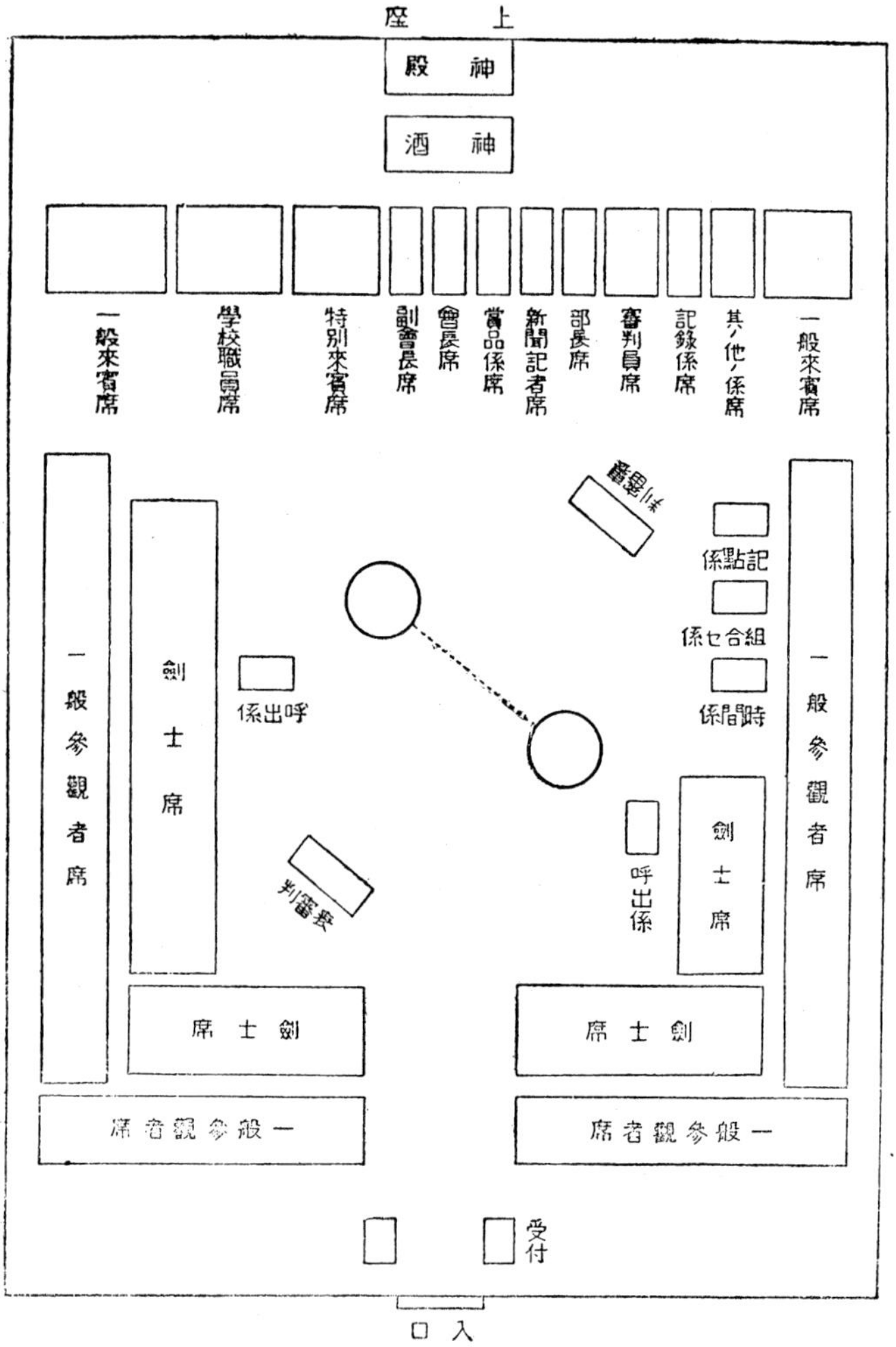
上座
神殿
神酒
一般來賓席
學校職員席
特別來賓席
副會長席
會長席
賞品係席
新聞記者席
部長席
審判員席
記錄係席
其ノ他ノ係席
一般來賓席
審判員
記點係
組合セ係
時間係
呼出係
一般參觀者席
劍士席
呼出係
劍士席
一般參觀者席
審判員
劍士席
劍士席
一般參觀者席
一般參觀者席
受付
入口

第六節　役員

1、會長　一人
2、副會長　一人
3、部長　一人
4、審判員　數人
5、賞品係　一人
6、組合せ編成係　數人

7、記錄係　數人
8、呼出係　數人
9、受付係　數人
10、接待係　數人
11、看護係　數人、醫師一人、看護二三人
12、時間係　數人

第五十七章　劍道講習會

講習會は講習する者をして一處に集合して、短日月の間に講習科目を修了せしめるものである。講習會を開くに當つては、先づ大體左の各項が必要である。

第一節　主催者側の任務

1、期日の決定

講習會を開くに當ては、先づ主催者側の關係者は一地に會合して、以下の事項を打合せねばならぬ。

時期。何時を選ぶべきか。夏休、冬休、春休、農事の閑暇の時。

時間。午後一時頃からか、或は午前六時頃か、或は夜か。

期間。一週間か、十日間か、二週間か、一ケ月間か。

以上は講習者が學生であるか、青年であるか、女子であるか、專門家であるか、土地は都會であるか、農村であるか等に依つて決定せられるものである。

2、場所の選定

何處で開くべきかを定める。支部か、分會か、中學校か、小學校か、青年倶樂部か、地方青年ならば小學校がよい。多くは其の村の中央に位してゐるから。他の管理者のある場合には交渉に遺漏ないやうにすること。支部分會ならば設備が完全してゐるから最もよい。

3、講師の選定

主催者が講師を選定するに當つては、出來る丈立派な人を招かねばならぬ。立派なる人とは人格あり、學問あり、技術ある人である。假令短時日の間と云つても、其の人の人格から受ける精神上の影響は恐るべきものである。又學問がなくては其の理に通じ難く、技術が優秀でなくては業の上達は困難である。此の三者を備へた人でなくては、眞に師として崇敬し師事するには足らないのである。併し三者兼備の人は割合に少い。講師の選擇は一面には經濟方面からも考へねばならぬ。

4、會員の會費決定

主催者が一つの團體であつて、講師招待に經濟上何等支障のない時には、會員から會費を徴集する必要はないが、若しさうでない時には、講習會員が幾等かの會費を出さねばならぬ。又會員でも一團體から選抜せられて派遣せられる時には、特別であつて會費は其の團體から支出すべきである。又會員の費用としては講習期間に於ける一切の費用、例へば宿泊料一日何圓、或は一日の室料、或は一日の食費等を定める。

5、會員の資格決定

時に依つては會員の資格を定めねばならぬ。例へば三級以上とか初段以上とか。若し無級者や有段者が混同してゐては、講習者の困難苦痛、講師の困難苦痛又進度上に大なる影響を及ぼすものである。

第二節　主催者側各掛の決定

イ、總務委員。委員長一名を置いて、各委員の連絡を計り之を統一すること。

ロ、講師交渉委員。講師が主催者中にある時は其の必要もないが、他から招く時には交渉委員が必要である。講師に對しては敬意を失することなく、諸種の交渉をせねばならぬ。例へば講習期日、期間及び時間、講習科目、招待費用、旅宿。

ハ、募集委員。會員が各地方の青年團、學校等の團體から選抜派遣せられるのなら、募集委員の必要はないが、若しさうでない時には、打合せ終了後は直ちに募集に取掛らねばならぬ。其の方法は地方劍道修行者に對して或は團體に對して、往復葉書或は書面或は廣告ビラ或は新聞雜誌等に依つて、次の項目を明瞭にして募集せねばならぬ。

期日、期間、場所、講師名、講習科目、授業時間、會費、會員資格、劍道具持參、名士の講演(演題)。

さうして少くとも講習員をば、講習會開催一週間前には確定せねばならぬ。卽ち返事到着講習參加の申込みを、一週間前に締切り受領すべきである。

ニ、庶務委員。講習會の出席者が決定したなら、それに依つて出席簿を作製して、講習會中は出席者の有無を點檢すること。又講師の都合其の他の催しに因りて授業時間を作り、且つ會に必要なる用具を準備すること。又講習が開始せられては、時に起るべき時間の變更委員ともなる。

ホ、會計掛。講習會の始めから終りまで會計の一切を行ふ。

ヘ、受付招待掛。講師來賓者の招待及び講師講習員の宿舍。講習の終りには出缺簿に依つて精勤、皆勤、賞狀等を作成すること。

第三節　開　會　中

開會中は各掛は專心盡力して其の任を全うし、互に協調協議して圓滿愉快に講習を實施することが大切である。

1、開會。第一日目

イ、開會の辭、(主催者の挨拶)

ロ、講師の紹介、

ハ、講師の挨拶、

ニ、各掛の紹介、

ホ、講習中の心得、

2、閉會。最後の日。

イ、主催者の挨拶、

ロ、精勤、皆勤證書授與、

ハ、資格證書授與、

ニ、主催者の經過報告、

ホ、講師の講評、

ヘ、來賓の感想、

ト、講習員代表の挨拶、

チ、閉會の辭、

尚資格を與へる時には其の證書に必ず講師名を入れること。さうして資格試驗を行つて資格を與へる時は、最後の日から一日前に行つて諸設備を終へ、最後の日に發表する。又最後の日は午前中一二時間行つて閉會式を午前中に終るやうにし、各掛は其の後始末を行ふ。又閉會後に講師の慰勞會又主催者に對する慰勞會を開くこともある。

第四節　講師の講習科目

一、講習科目の決定

イ、劍道の實地。基本動作の教授、手法の教授、大日本帝國劍道形の教授、居合の教授、薙刀の教授、地稽古。

ロ、劍道の講話。劍道の理論、劍道の特質、劍道生理學、劍道史、四書(大學中庸論語孟子)、呉子孫子、六韜三略等、佛教、神道、書道、刀劍、劍道研究參考書類。

右は劍道の實地練習と劍道講話とに大別して、講習期間の時間數に因つて之を分つて教授しなければならない。古來多くの劍道講習は、單に劍道の實地を教授するばかりに止つて、劍道講話を行ふものは稀であるが、理論と實際とは並行せねばならぬものである。劍道の實地を教授するかたはら劍道に關する講話をなし又時には歴史上の古蹟を尋ねて、精神上感化を與へることは極めて大切なことである。

2、講習科目の分擔

講師が一人の時には此の問題はないが、二人以上の講師のある時には、右の講習科目を分擔し、受持時間を決定するが便利である。

第五十八章　太刀の長短輕重

抑々劍道の教は、すべて眞劍勝負の實驗に基いたもので、常に之が實用をば忘れなかつたが、昌平が打續くに隨つて眞劍を試みる機會もなく、皆木劍竹刀の練習となり、次第に實用に遠ざかり、外見の美を專らにするやうになつた。其の結果長竹刀が流行した。天保年間豐後柳河の藩士、大石進が長竹刀を提げて、全國を修行した事は世人の知る所である。之が當代の劍道界に大革命を及ぼし、劍道史から見逃す事の出來ぬ結果を生ずるに至つた。卽ち大石進は六尺の竹刀(刀身四尺柄二尺)を携へて、全國を廻歷して各藩の道場を破竹の勢を以て破り、勢に乘じて江戶に入り、當時の三傑と稱せられた北辰一刀流の開祖千葉周作と試合した。其の時大石は其の長刀を用ゐ、千葉は四斗樽の蓋を拔いて鐔として之に應じ互に奮鬪したが終に勝負を決することは出來なかつたといふ。江戶の三傑さへも、長竹刀に對して、苦心する事は斯くの如くであるから、他の劍客が如何に之に苦しめられたかは推して知ることが出來る。當時は多く竹刀の寸法は三尺二寸乃至三尺六寸を以て普通としてゐたが、こゝに於て劍客は擧つて長劍に利あるを思つて、短劍を捨てゝ皆四尺乃至六尺の長刀を用ゐ、各自が思ふがまゝに手に合つた長竹刀を作り、身體の矮小な者は鳥刺竿のやうな細長いものを作つて用ゐるに至つた。こゝに至つて各流各派の始祖が工夫し且つ長く傳來した各流の竹刀の寸法は全く破壞せられて、劍道も一個の遊戲と化し去つてしまつたのである。

諸流滔々として其の赴く所を知らない時に當つて、世の潮風に隨はず、古法の眞理を知つて、一世に嶄然頭角を表はした劍客があつた、卽ち忠臣山岡鐵舟である。其の說く所を見るに「上古より劍の寸法は十拳を以て定寸となす。十拳は我が半體なり。劍と我が半體とを合すれば、敵に向ひ我が全體となる所以なり。又八拳の劍あり。八拳は十拳を減殺するものにして、敵に向ひ我が精神を銳進する所以なり」と其の所信を述べて更に「諸流の修行者多く古法の眞理を知らず、世の風潮に隨ひて竹刀の長きを以て利ありとなす、其の淺學無識歎ずべきなり。苟くも劍を學ばんと欲するものは、虛飾の勝負を爭ふべからず。當時浪人師匠と稱し、此の術を以て名を衒ひ口を餬する者、勝負の甚だ道場の冷暖に關するを懼れ、竟に竹刀を長うするの弊害を生じたり。今や劍道を恢復せんと欲せば、宜しく先づ竹刀を作るに古法を以てし、眞劍實地の用に當らんことを要すべし」と其の當時の弊害を歎息し劍道の恢復を希つた。更に當時の他の識者も亦之と感を同じうしてゐた。藤田東湖の東湖見聞偶筆の中に「川路曰く、近來試合劍術盛んに行はれ、一世形劍術の中に、甚だ長きしないもて片手にて突刺を專らとすること流行せり。試合もかくなりては又實用に遠く、形劍術と同一の論なり。(中略)彪も亦嘗て憂を同じうする故に共に慨嘆せり。嗚呼川路は識者と謂ふべし」と。川路聖謨といひ、藤田東湖といひ共に當代文武兩道に熟達した識者で、永遠に名聲の傳はるべき大人物である。幕府に於ても亦かやうな狀態を其のまゝ放任して置くことも出來ず、遂に安政三年四月には講武所規則覺書の中に「撓は柄共は總長さ三尺八寸より長きは不相成云々」といふ禁令を發するに至つた。昭和の今日普通には三尺八寸の寸法のものを用ゐるは、恐らく講武所規則に其の標準を取つたものであらう。

古來竹刀の長短輕重に就いては、其の說く所は區々として一定しない。或は長きを可とし、或は短きを是としてゐる。今香川輝氏の說を述べると。「敵と相對して彼から擊突を試みる時、我が身を飜して敵鋒を避ければ、旣に業に敵は我が手中に在る。これ短劍の利とする所。又左右兩手で長劍を執れば或は雙手の氣勢合一を缺き、突擊の效が顯はれ難く又切先の勢微弱に陷るが、兩手で短劍を執れば、氣勢の合一全きを得、先々の勢が强い。これ短劍の利とする所。又己の左手は敵の右腕、若しくは右脇を抑持して己の右手に握る刀を以て敵體を刺擊すれば、其の效は必ず顯著である。これ短劍の利とする所である。短劍を用ゐるには、身體の動作、刀の操作は最も機敏迅速なることが特に必要である。併し多數の敵に對して長時間の決戰には、長劍が長ずる所であることは論を俟たない」といつて短劍の有利を說いてゐる。其の他短劍を利とする所は、眞正の刀に近きを要する點に於て又長竹刀を執れば自ら後方に避けながら單に竹刀のみで敵を擊ち或は防がうとする弊に陷つて、身を以て敵に當るといふの氣力を失ふが短劍には其の弊害がないといふ點に於てである。

太刀は、我が間隙ない心と勇猛の氣と身體の力とが一致作用して、一振一擊の間に生死を決すものであるから、心身を離れた太刀なく、太刀を離れた心身もなく。融合一致、始めて能く神出鬼沒の動作をなし得るのである。されば太刀の輕長も亦身體の活動上に關係を及ぼす事が至大であるから、次ぎの心得を以て之を使用すべきである。元來劍道の技術は間一髮に行ふ動作であるから、餘りに重きに失した太刀では、要實を全うすることは出來ない。左に其の輕重の利害を比較して述べよう。體力に不想應なる重い太刀を使用すれば、全身に無理不想應なる力を用ゐ、敏捷果敢の動作を失ひ、技術も亦巧妙快速となり難く、隨つてそこに無理の動作を生じ或は死物となる。併し精神は自然沈着となり、打ちは確實となる。又輕きに失すると精神は自然輕佻に傾き、技術も亦輕卒纖巧に陷り易い、併し輕いものは動作の間に於て身體の緩急をとり、臨機應變の活動をなし、心氣は轉換して滿身の氣合を缺ぐことなく、身體の耐久力を保持するものである。勿論輕いといつても、固より麻幹の如きものをいふのでない。

太刀の長短輕長は以上の通りであるが、練習の巧を積むに隨つて體力も加はり、從前に重く感じた太刀も次第に輕くなるものであるから、平素の稽古には稍重き太刀を用ゐ、試合の時は之よりも稍輕いものを用ゐれば、動作は自在である。現今普通には三六といつて三尺六寸、三八といつて三尺八寸、三九といつて三尺九寸のものを用ゐ、無刀流では三尺二寸を定寸としてゐる。併し太刀の長短輕重は萬人一樣に定めるべきものではない。先づ其の人の年齢、身長、伎倆、力の强弱等を考慮して定めねばならぬ。强ひて太刀の長短輕重を示すと。

九　歳—十二歳	三尺—三尺二寸	七〇匁—一〇〇匁
十三歳—十五歳	三尺二寸—三尺四寸	一〇〇匁—一一〇匁
十六歳—十八歳	三尺四寸—三尺六寸	一一〇匁—一三〇匁
十　九　歳　以　上	三尺六寸前後	一三〇匁—一五〇匁

古書には、初心者の長さは二尺五寸乃至七寸で、柄は三束三伏などといつてある。鐔と先との割合は大體に於て七と三とである。卽ち現今使用の三尺八寸とすれば、先は約二尺六寸六分、鐔は一尺一寸四分位である。

窪田清音は刀劍長短論を著して、刀劍の長短は各自身體の强弱如何と伎倆の巧拙とを以て定めるべき事を詳論して居る。尙伊藤一刀齋の一刀流劍法口傳書中の劍有長短事附一味傳授の條には次のやうに論じてある。

劍刀に長短の分ち是れあり、我長なる時は、體を以て利を寫し、我短なる時は體を以て利に移る。長短等しき時は則ち移寫其の機に因りて變化すべし。然りと雖も彼と我と事理平等にして其の得失を考ふるに長は短を利するに適せず、短は長を打つに適せざれば及ばず。その形に一得備はるが故なり。事は形を以て本とするが故に、その形に一得備はるものは事の變化行ひ易きときは、その利も又自ら正し。然りと雖も長短は自己の手に應じ、心に得るを以て是れを用ゐて可なり。故に我が傳に劍刀の長短寸尺に定法なし。長は利たりと雖も、我に不應の者は是を用ゐて全 利なし。短は及ばざるの利たりと云ふとも、我是を得る時は却つて利あり。故に長にして短を欺かず、短にして長に奪はれざるを長短一味傳授と云ふなり。然るを劍刀の長短に拘はり或は其の刄を選ぶ、その品に拘る時は術の本心を失す。我が心に吹毛の劍を帶する者、何ぞ刀劍に拘らんや。假令利劍を提ぐとも肉を切らざれば是れ鈍刀なり。鈍刀を提ぐとも骨を碎く時は是れ即ち利劍なり。一心清淨の刄を能く磨く者は、提ぐる所の刀劍は即ち吹毛の劍なり。是れ本來具足の一刀、刹那も心身を離るゝ事なし、時に隨ひ活殺自在なり。

　夫れ長は勝ち短は負く。長短等しき時は一度は勝ち一度は負く。足らざるには勝ち、及ばさるには負く、相對は或は負け或は勝つ是れ理の順なり。然るを己が分限を知らず我堅固にして他を害せんと欲す、是れ非道なり。勝負の根元は自然の理にして、是非全く計り難し。思はざるに勝ち、量らざるに負け、勝つべきに負け、負くべきに全く勝つ。或は倶に死し或は倶に生ず。善は善にして又善にあらず。惡は惡にして又惡にあらず何れに向ひて勝つことを樂しみ、何れに向ひて負くる所を悲しまんや、人間無常の習ひその得失は唯々天道自然の妙理なり。故に敵に向ふ時勝負の是非を思はず、一心生死を措きて、命は天運に任せ、義を守りて臆せざる時は十方に敵なし。敵なき時は何を以てか負けん。是れ千刀萬劍の祕密なり 能く之を知るは智なり。能く之を行ふは勇なり。智勇と術と相備はる者を當流劍法の明達と是れを云ふなり。

此の説は斯道に相當達した人の執るべきもので、初學者の直ちに取るべき説ではない。

第五十九章　技術的鍛錬

第一節　姿勢

姿勢は劍道修行上に於ける動作の基礎であり、根源であるばかりでなく、實に體育上等閑に付する事の出來ぬ重要なる事項である。

劍道修行の本は、姿勢を正しくするに在る。其の正しき姿勢とは如何、各人が常に歩履する所の姿勢、即ち是れ天賦の形で自然の體勢である。即ち足の踏み方を正しくし、體は伸々と眞直に保ちて前後に傾くことなく、顏は仰かず俯かず左右に傾くことなく、肩にも腕にも力を入れず、下腹部に氣力を充たし、膝は殊更に力を入れ或は伸ばし或は屈げる等のことなく、體重をば兩足に同じやうに託し、各部とも凝るところなく、恰も富士山の泰然堂々たるが如き、雄偉なる姿勢を保たねばならぬ。此の姿勢を保つて始めて動作は敏捷自在に、且つ品位も自ら加はり勇氣を増し、威嚴を備へるに至る。然るに人は各自の氣から形に病を生じ、此の天賦の自然の體勢を失ひ或は偏り或は歪み、下腹部の力は脫け、腰の座は宜しきを失ひ、手足の動作も亦意の如くならず、四肢の均衡を得ないで、各處に癖を生ずるものである。

劍道の如き微妙なる技術を修鍊するには、全身の均整的發達と强健とは固より肝要であるが、若し姿勢に於て正しきを缺ぐ時は、動作が不自由なのみではなく進歩することも随つて遲い。身體の凝り固まるのは活動の自由を缺ぎ、體勢の前に傾くのは體當りには有利であるが、敵の動靜が十分に見えないのみでなく、敵から擊突され易く且つ自ら攻擊するのには困難である。仰ぐものは防禦上は有利であるが、敵の動靜覗ひ難く、敵の體當りに對して抵抗力を減じ攻擊に不利である。

精神と形狀とは密接なる關係を有し、其の互に影響する所は甚大である。姿勢端正にして始めて精神の正しきを得、威風堂々として始めて精神も剛强となることが出來るのである。斯道修行者は其の影響する所の斯くの如きを思はねばならぬ。

以上述べた所は主として外形的であつて、なほ姿勢に於て盡し得たといふことは出來ない。嘗に香川輝氏の說の如く姿勢を分つて心勢、體勢、劍勢の三つとなし、此の三者合一整肅にして、始めて其の姿勢を得た者といふべきである。三者の中其の一つが整整を缺ぐときは、姿勢肅正なる事は出來ない。姿勢が肅正でないのは敗蹟の始めである。馬に善く騎る者の姿勢は人と馬とが二分に分れず、人馬一體一物の觀がある。劍を學ぶ者も之に鑑みて、劍と體と離れて、二物とならず、劍は臍下から生じた磐石の如く、前後左右の進退開闔に於て、二者互に影の形に從ふやうにせねばならぬ。而して之に加へるに妄念內に萠すことのない心勢を以てしたならば、百萬の敵も亦如何ともすることは出來ぬ。山岡鐵舟が刀を揮つて場に立てば、犯し難い姿勢があつて勇威滿場を壓し、其の面を仰ぎ觀る事さへ出來なかつたとの事である。

第二節　足の踏み方

足の踏み方の一般に就いては、既に第二十二章に述べたやうに、其の姿勢動作に關係する所甚大であるから、十分に意を注がねばならない。踏み開き方は、各人の身體の長短、小等に從つて尺寸を定めるべきで、決して一定すべきものではない、自然の歩履のまゝでなければならない。概して言へば、左右足の横の足幅は、不動の姿勢の約六十度の足の開きの角度から、左右足の足蹠骨を中心として、兩踵を左右に開いて兩足を平行にした間隔、即ち一足の足幅を左右足の間に入れた隔りである。さうして左右足の前後の隔りは、其の足踏みのまゝから右足を踵から踵の間、約半歩の距離に直前せしめ、兩足先は前方に平行に向つた形である。而して體重を等しく兩足にかけ、兩脚の關節を和らげ、僅に膝を屈し、左右の足の爪先に力を置いて、(更に力を入れて踏みつけるのでもなく又求めて輕く履むのでもない路を歩む時と同樣である)踵を浮かした足踏みを以て、最も確實自由なるものとする。左右足の兩側を一直線上に置くといふが如きは、最も不安定不自然なる形であつて、動作も隨つて不自由である。古來足踏みには定法があつて、前後六三の法を稱へてゐる流がある。即ち前の幅即ち足の大指から大指までの間は六寸、後の幅即ち踵から踵までの間は三寸の謂である。

古から、足の裏と床板との間に半紙一枚を敷いた心持になれよと敎へてゐる。これは足を輕く踏んで、前後左右、進退の自由をいつたのである。又水溜の水面を渉るやうにせよとも敎へてゐる。兩足の開きが過ぎてゐるのは進退不自由で、前は强いが横が弱く背も低くなり、殊に蹴込む時に當つても業が伸びず、氣力も調はない。之と反對に狹く踏む時は、身體の安定を缺ぎ抵抗力を弱める。又兩足の方向に就いて云へば左は稍左斜に向くのが常である。故に之を正しく向けるには左踵を少しく内に捻らねばならぬ。兩足が撞木のやうに丁字形となる撞木足又は鈎の形になる鈎足は、背體を横斜にして姿勢も整はず、動作も自由を缺ぎ皆嫌ふ所である。撞木足は正面は强いが動作に不自由である。鉤足は脆く且つ不自由である。兩足が前方に平行してゐるのは、踏込む時跳躍力が大であり又體當りをなし或は受けるに當つても其の力が大で且つ安全である。古來浮足、飛足、跳ね足、踏すうる足等は皆嫌つたのである。

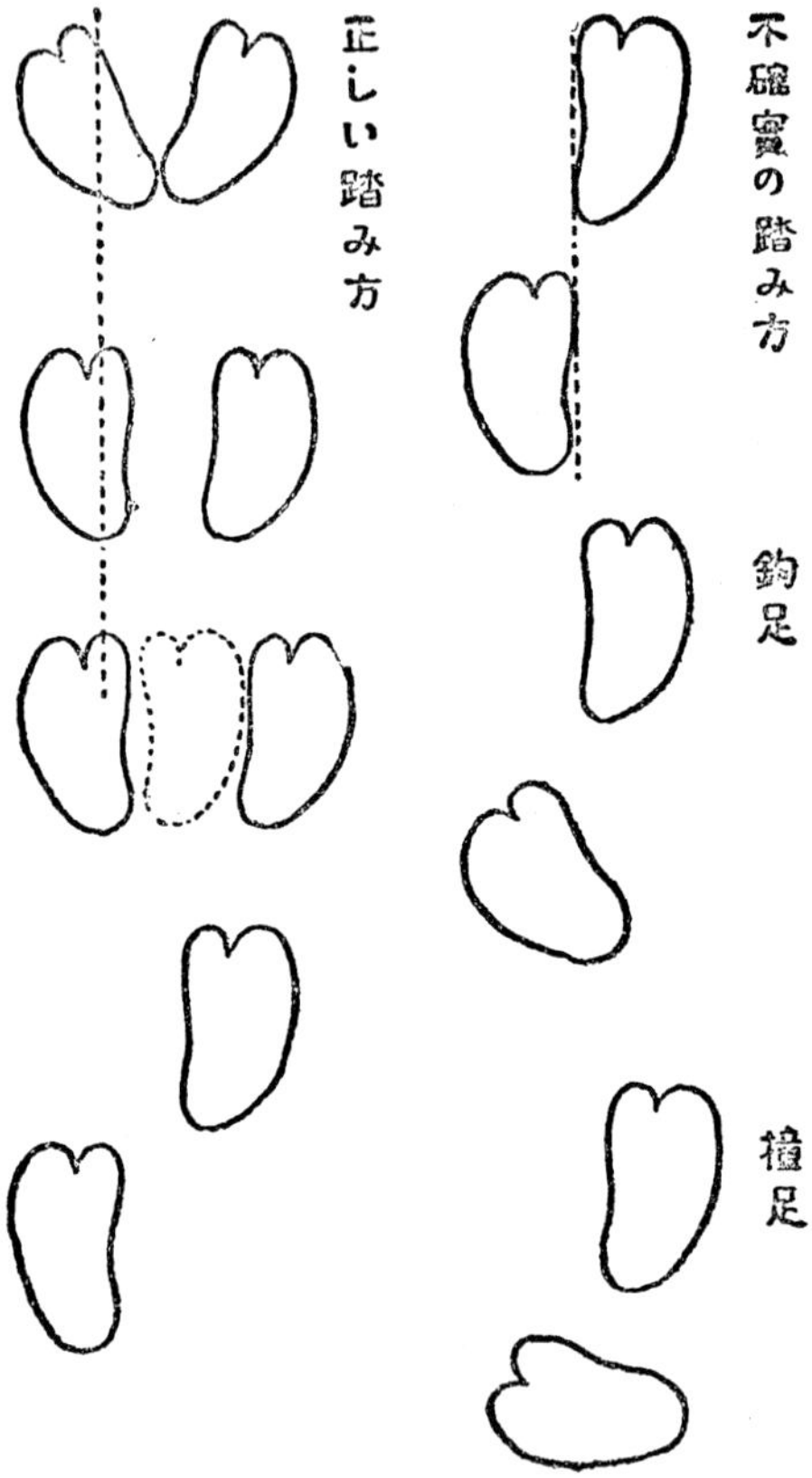

第三節　體の進退運用

體の進退運用とは、身體の運用を練習する方法で、即ち自然體を保つ手段である。古來手心足の一致、心氣力の一致、氣劍體の一致の必要を說いてゐる。此の三拍子が一致して、始めて進退は自由に、動作は敏捷になることが出來るのである。されば劍道の修行に於ては、此の體の進退運用が亦大切で、諸動作の基礎となるものである。身體の運用によつて、其の人の修行の程度が窺はれるとさへ云はれてゐるのである。

振りかざし撃込む太刀の連れ足は
　波間に走る兎とや知れ

といふ歌のやうに、四方八方に轉々颯々、輕妙敏捷な運用をせねばならぬ。

身體の運用を巧妙にするには、先づ足の踏み方を前節の如く正しくせねばならぬ。足の踏み方が不正な時には、如何に上體、手元の働が巧妙であつても、勝を制することは覺束ない。足の踏み方と同じく大切なものは、姿勢の端正である。姿勢と體の運用とは、離れることの出來ぬ關係がある。如何に前後左右に進退轉化しても、一絲も亂れない端正なる姿勢を保つことが肝要である。又姿勢の端正を失うては、體の輕妙自在の運用が出來ぬばかりでなく、總て動作を妨害することが甚大である。

身體の運用の方法に就いては、既に動作の基礎一般の章に述べた通りに、進むには右足から、退くには左足からして、左足右足を之に連れて進退せしめるのが本體である。併し時に左足を踏み出し或は右足を退く事もあるが之は特殊の場合である。吾人の步行は、步行すべき方向に左右足を交互に運ぶのが自然の理であるが、劍道に於ての足の活動は一定であることが必要である。構に於ては既に右手を前方に出し、上體の中心活動等の關係から右足を前に踏み出して居る故に、必ず右足から進み左足から退くのが當然である。而して其の動作を速かにせんが爲めに左踵を浮べ右踵を稍々浮べて摺足にて輕く進むのである。此の時下腹部に氣力を充たし、腰と腹との均衡を得、上體を伸ばし姿勢を正しくして、漸次動作を速かにし、恰も一脚の如く捷輕にする事が大切である。右足は常に敵を踏み潰す氣力を以て進撃し、左足は自ら之に一致して進退せねばならぬ。右足若し進むに躊躇し或は左足之に後れる時は、自己の氣力が調はないのみでなく、却つて敵から制せられるのである。又左足右足が後方又は左右側に動作するのは變則である。之を左足右足と交互に行ふことすら困難を感ずるのに、それを追足にして行ふ時は、其の輕捷を缺ぐのは當然であるから、左右足交互及び送り足は孰れも緩徐に且つ爪先を踏みて輕く狹く練習し、次第に之に慣れる事が肝要である。而して此の時體の前後の動搖なきやう注意せねばならぬ。體が前後或は左右に傾いて重心を失ふ角度は、各人の身長と前後の足幅及び左右の足幅に因つて定まるものであつて、萬人一樣に定めることは出來ぬが、凡そ前後は十七度强、左右は九度强になると既に體の重心を失ふのである。此の體の運用は接近働作即ち鍔糶合の時又は體當り、足搦みを防ぐに於ても最も有效である。

第四節　刀の握り方

既に第二十二章に述べたやうに、刀の握り方の如何は盤突、切味、勝負等に影響する所が甚大で、斯道修行上重要なる基礎事項である。其の握り方に就いて更に之を詳說しよう。

我々が器物を握るには、手首と前膊とを同方向に向け、掌を上にして手の諸の指の爪は皆上向きにして握るのが自然である。然るに刀の構造は扁平であつて、斬撃の際に刀刃の方向を正しく保つ爲めに、柄も亦扁平に作つてある。故に以上の握り方で刀を握る時は、扁平な柄は掌中に安定しないばかりでなく、十分なる力も入らず且つ刀刃が左右に動搖して意の如くにならず。たとへ當つても十分に斬る事は出來ない。されば之に適した握り方をせねばならない。之を知るには先づ刀の性質を熟知することが必要で、居合術は此の點に於ても亦最も有效である。

其の握り方は臍下約二寸（薦骨岬の二センチ前方が全身の中心點）の處で、且つ其の前方に約一握の距離に置き、小指が柄頭に半ば掛るやうにして、劍尖を咽喉部の高さにして刀を持ち、次に右手は鍔の下約五分を隔てゝ食指と拇指と鍔とで三角形を作り、且つ兩手共に手首を輕く折り、拇指と食指との別れ目が柄の上方になり、兩拇指の爪は下側方、其の他の爪全部下方に、兩手の甲は左側右側に向けて握るのである。尙小指と無名指には少し力を入れ、中指は輕く、人指指は唯々添へるやうにして、次第に指の力を弱くし、肱は伸び過ぎることもなく、屈み過ぎもせず、兩腕の各關節を寬げ、握りは輕く柔かにして、鷄卵を握る氣持で握り、左右の兩握りは、丁度濕れ手拭を四つ折にして縱に持ち、之を絞るやうに內側に輕く絞るのである。即ち

右をさき左をうしろやんはりと
　手拭しぼる心にて持て
執る太刀のにぎり調子は柔かに
　しめずゆるめず小指はなさず
太刀先の上れる人の手の內は
　右よりかたき握りなるらむ

と古歌に教へてゐるやうにするのである。

兩手は何れかの一方が其の正しきを得ない時は、全身活動の用を爲さないものである。兩手の活動が一致して、始めて完全なる目的を達するものである。吾人の兩手は各々其の職分を異にして、先づ構に於ては左手は自己を守るものにして、右手は敵を制するものである。自己を守るものは、その本體の中心を失つてはならぬ。一たび中心を失ふ時は、自已を守り或は防ぐことは難くして、却つて敵に破られるものである。されば左手は正中線の上に、各自の臍下約二寸の前方の處に置かねばならぬ。右手は攻擊防禦直ちに應ずる用意が必要である。若し右手攻擊主腦の任務を忘れて自己を守る時は、必ず體に隙を生ずるものである。故に敵に應じ變ずる時には、右手から働いて左手は之に和し又守る時は左手を主として、右手の力を調和するのである。

擊突の時の手の裏は締め、擊突が終れば直ちに弛め又構へて居る時も弛め又敵の擊突を受けた時は締めて留め、後は直ちに弛めねばならぬ。其の緩急は業に隨つてするのである。併し其の緩急は吾人が平素箸を執ると、同樣に殊更に心を用ゐないで、自ら其の程度を得ねばならぬ。殊更に緩急を爲さうとしてするのは眞の道ではない。

手首に二種の格がある。其の一つは切手で、手首に伸び縮みがなく能く締つてゐるのを云ふのである。構の時及び擊突の時は此の切手でなければならぬ。其の一つは敵の太刀を我が太刀で受留める時の形で、手首を縮めた時の態で、之を請手(留手)といふのである。又手首に三つの病がある。卽ち延び手といつて手首の締りがなく、切手よりも延び過ぎてゐるもの。又詰り手と稱して請手のやうに寛かでないもの。又柄は上方から握るべきものを、橫から握つてゐるものである。拇指食指に力を加へると延手となり、又小指に殊更に力を加へると詰るものである。

世俗の所謂力は法術に妨げがあつて、業を助けるものではない。初學でない者も拳に力を用ゐる爲めに、手の裏が滞り左右の手に優劣を生じ、力は死物となり、刀の利も現はれず、勢氣も亦劍に渉らないのである。心と氣とを以て柄を取るべきである。古人は手を天とし、地を足とし、體を人とし、手の裏の調はないのは、恰も天の晴れないやうなものであるといつてゐる。

手の内が堅い者は修技が多くは遲鈍で、進歩が甚だ遲く、手の内が堅柔に偏しない者は、多くは敏捷で進歩が甚だ速かである。

第五節　目付の事

眼の著け方の一般に就いては既に述べた如く、己の眼をば大體敵の顔面に注ぐのが常である。これ自然の理であつて、我々が人に對しては先づ其の面を見るものである。然れども敵の顔面に固定することなく、古人の敎の如く遠山を望むと同じく、接近した敵をも遠方を見ると同じ眼で見、爪先から頭上、手先の末に至るまで、一擧一動瞭然として己の眼中に映ぜしめるのである一部分のみに注目する時は其の部分はよく見えるが、全體の擧動を知ることが出來ない。必要に應じて一部分を見ながら全體を見、全體を見ながら一部分を見逃さないやうせねばならぬ。

目付に就いては、古來各流派に因つて其の説を異にしてゐる。圓明流では「心は顔面に表はれるものであるから、目の付け處は顔に及ぶもの　はない」といひ、又一刀流では二つの目付と稱して、敵を一體に視る中にも特に重きを置く處が二つある。一つは劍尖に目を付け、一つは拳に目を付け、又我を忘れることなく、彼我二つに目を付ける必要あるので、旁々之を二つの目付といつてゐる。又四つの目付の敎もある又見當の目付の事がある。或は又擊突の意志は、悉く眼に現はれるものであるから、敵の眼に目を付けて一擧一動を見拔くといひ或は之と異なつて擊與の意志は眼に現はれる故に、敵の眼と我が眼を見合せないで、わざと臍の邊などに注目して迷はす流がある。之を脇眼付或は帶の矩といつてゐる。其の他腕に眼を付け足などに付ける流もある。

昔からまた觀と見との教がある。觀の目は强く、見の目は弱い。觀の目は敵の心を見、其の場の位を見、大きく目をつけて其の戰のけいきを見、折節の强弱を見て正しく勝つ事。

古語に「眼を開けば則ち誤る」と云つてゐるが、これは其の視る所に著するの謂である。吾人の注意は注目する所に惹かれ易く、注目する所は變化あるものに惹かれ易い。眼で視る時は其の視る所に著して迷を起す事となる。即ち敵の手を視れば心は手に惹かれ、足を視れば足に偏るものである。敵の色に付き、動作に心を奪はれては意外の失敗を招くに至るから、宜しく大觀して偏見すべきではない。敵の色と形との觀察を忽にすることなく、之に應じて動靜し、進退すべきであるが、併し斯道の極意は斯くの如きものではない。無聲に聽き、無形に見、敵の意志が色形に現はれない先に我が心に感じ、我が耳に聽き、我が眼に視、我が鼻に嗅ぐものである。山岡鐵舟は心を以て心を擊つと云つてゐる。斯くの如きは長年月の工夫鍛錬の後にこゝに達するもので、一朝一夕にして企て及ぶべきものではないが、平素此の心掛けを以て練習すべきである。

第六節　懸け聲

凡そ懸聲は、力を要す場合に皆之を用ゐてゐる。是れ之に依つて精神を緊張し、心身の勢力を集注するからである。故に兵家は都べて聲を重んじ、其の所と時とに依つて聲を掛けた。聲の速い時は氣は速く盡き、遲い時は勢氣が之に乘らない。是を以て劍道の教習にも互に聲を掛け。之を重んずるのは古來の法則である。此の發聲に依つて、意志の集注が行はれ、襲突は容易となり、勇氣を增し、擊込む太刀に勢を加へ、敵を壓迫し威嚇し、己が氣勢を增すことが出來る。併し妄りなる聲を發する時には、一助となるべき聲が却つて氣を漏らす端となるのである。故に其の聲に習があつて妄りにすべきものではない。

懸け聲は氣合の發露であつて、氣合が充實すれば自然之に伴つて出るものである。發聲は心氣力が充溢一致して、其の餘勢が掛け聲となるものである。時に心氣を充溢する爲めに發することもある。場合により、動作により或は擊つ聲、留める聲があり或は進む聲、退く聲があつて、昔から流派に因つて、其の用法を異にしてゐる。三つの聲といつて、初、中、後の聲に掛け分けるのである。即ち戰の初めに掛ける聲は威勢をつけて聲を懸け、戰の間は調子を低く腹の底から出る聲で掛け、勝つて後は大きく强く聲を掛ける。是れである。或は古傳にヱイ、トウ、シ、ホウ、ヤ、ソレの七聲がある。併し其の普通に用ゐれてゐるのはイヤ、ヱーイ、トーの三聲である。イヤーは我が體勢が完備した事を示し或は敵の勢を挫くなどに宜しい。ヱーイは確實なる決意を以て動作する時或は襲突の時に用ゐる。又トーは受け留める時に用ゐる。此の發聲がなくして不意に擊つことを古來啞擊と云つて。之を嫌つたものである。

掛け聲は敵の心を挫くまで
成るべく高く勇ましくせよ

との訓の如く、機に應じ、業に連れ、氣合に伴つて、全身の活力を籠め、なるべく大きく力强く且つ威力あるやうにせねばならぬ。殊に初心の間は自然の發聲が困難であるから、力めて之を出して、自らを勵まし、敵を威壓すべきである。面を擊つた時は面と呼び、籠手を擊つた時は籠手と呼び、胴の時は胴、突の時は突と腹の底から、活發强大に呼ぶのである。昔は道具を著けずに稽古したから、先づ「面」と呼び或は「籠手」と呼んで豫め注意を惹いて置いて、然る後に撃込んだものである。

懸け聲は前述のやうに之に依つて、敵の氣を摧き、敵の動作を制し、自己の意志を振起し、業に氣勢を加へ又は業の手段を敵に見拔かれない一方法ともなる。併し輕卒なる無用の懸け聲をなし或は作爲した奇聲を出し或は敵を侮蔑する意味を含む掛け聲を發し或は無用の多言を弄し或は擊つた後數回勝を呼ぶ等の如きは、一切之を避け且つ禁ずべきである。

劍法祕訣には劍道の三種の發聲を唱へ、範士高野先生は其の著劍道に三つの聲として、次のやうに述べて居られる。

1、勝を示す聲。勝つて後大きく聲を懸ければ、敵は其の聲に驚き、其のまゝ畏縮して續いて擊出すことの出來ぬものである。

2、敵を追込んだ時に、大きく聲を懸ければ、敵は最早逃れぬ所と思つて、苦しさの餘り無理な動作をするから、之を受け或は外づして勝を得るのである。

3、敵から追込まれた時、敵の擊突の氣色が見えた時、直ちに大きく聲を懸けると、敵は已の施さうとする動作が看破せられた者と疑ふものである。其の疑ふ所を、速かに我から擊突して勝を制するのである。

掛け聲も好機に乘じ、巧に之を用ゐれば、亦一種の武器となり得るのである。眞劍勝負の時大聲を發する者が、敗を取ることは稀であるといはれてゐる。

古歌に

業位進みし上は氣を込めて

や聲なりとも出すべからず

と敎へてゐる。業が進み、氣位が高くなつて來れば、餘り聲の出るものではない。大聲を出して勇氣を助けたものが、一步を進めて內に勇氣を蓄へようとするのである。外に現はれる勇氣は疲れ易く、內に潜めてゐる勇氣は容易に疲れることがない。されば呼吸は鼻に於て之を行ひ、常に口角を閉ぢ、無聲無言であることが肝要である。口を開いて大聲疾呼する時には、臍下に收蓄した氣力を喪つて、敵に乘ぜさせる隙を與へ、空しく自ら疲勞するのみで、長時間に涉つて鬪ふことは出來ない。初學者は前述の大聲で練習し、漸次有聲から無聲の境地に入るやうに努めねばならぬ。

第七節　拍子の事

何事にも拍子と云ふものがある。譬へて云ふなら亂舞の道、管絃の道、乘馬の道、仕官の道、商賣の道、皆拍子調子といふものがある。諸藝諸能に於ては此の拍子に背いてはならない。殊に劍道に於ては、劍道の拍子鍛錬といふことが肝要である。

先づ合ふ拍子と違ふ拍子とを辨へ、其の大小遲速の拍子の中にも、中る拍子を知り、間の拍子を知り、外れる拍子を知ることが必要である。若し中る拍子のみを知つて、外れる拍子を辨へなかつたならば、則ち敗を取るのである。戰に於ても其の敵の拍子を知り、敵の思ひも寄らない拍子を以て、實の拍子、智慧の拍子から發しなければ、勝つことは困難である。

敵を撃つに一拍子といふことがある。敵に中る程の位を得て、敵の辨へぬ内に、我が身も動かさず、心も附かず、いかにも速く打つ拍子である。敵が太刀を引くか、外すか、撃つかと思ふ心のない内に、撃つのが此の一拍子の打ちである。又拍子の間を知るといふことがある。これは敵に因つて速いものもあり、遲いものもある。敵に從ふ拍子である。又二の越しの拍子といふことがある。我から打ち出さうとする時、敵が速く引き張り退くやうな時には、我撃つと見せて敵の張り手弛む所を撃つのが二の越しの撃である。

第八節　間　合（其の一）

間合は一つに場間、場合ともいつて敵と我との距離をいふのである。或は間と間合とを區別して、間合とは兩者互に間に入るべき位置を取るをいひ、彼我の間を合すことではない。古來劍道には三つの間合の教がある。即ち其の一つは初心の者を相手にする時は、間合を近くして種々の技術を試みて之を錬磨する。これは有益なる方法である。次に其の二は同格の者に對する時には、一足一刀の間合を取つて、心を殘さず、失敗をも顧みず、十分に働き即ち廢たり廢たりして稽古する。一足一刀の間合とは彼我劍を執つて相對峙し、一步踏込めば敵を撃突することを得、一步退けば外づれる間合であつて、我が太刀下三尺敵の太刀下三尺、合せて約六尺の距離をいふ。次に其の三は大事の試合眞劍勝負などの場合に於ては、殊に間合を遠くして、撃突の屆かぬ位置に在つて敵の起る頭、退く頭、外づれる頭に撃込み、敵が出れば我は退き、敵が退けば我は出るといふ如くにすれば、容易に撃たれる事はない。かくして敵の盡きた所、隙を窺つて勝を制する事が肝要である。

然れども間合は、決して一定する事の出來るものではない。各人の體格の大小、技術、太刀の長短、場合等に因つて異なるものである。先づ間合を二つに分ち、我が執る所の劍鋩から、我が體に至る空間は我が間に屬し、又敵劍の鋒顚から其の敵體に至る空間は敵の領する間である。常に此の間合を保つ事を得れば、敵から容易に撃込む隙もなく、敵の缺點を看破して之を攻撃することが出來る。若し一度我に隙を生じて、敵劍我が間に侵入する時は、我が守備は全く崩れ、唯萬一を僥倖し得るのみである。之に反して我より敵の隙を見て、進んで敵の間に進襲する時は、勝は我が手中に在りといふことが出來る。故に一進一退も忽にすることなく、己が間を犯されないやうにする事は、兩刄鋒を交へた時に於ての至緊至要の事である。然れども我よりも劣つてゐる者は、常に我が間に迷ひ來つて、我に勝を與へるのが常である。

吾人平生の稽古に於ては、間合はなるべく遠く離れてゐるのを可とする。敵よりは遠く我よりは近く戰ふ事が必要である。常に上手の者の立合ふを視て、以て我が模範とすべきである。以上は主として表面に現はれた形式的の間合であるが、精神的の間合のあることを忘れてはならぬ。間合を知らないで、妄りに或は進み或は退き或は止つて入らない者は、尚劍道に暗い者である。

第九節　間　合（其の二）

間に入れば互に勝を得るなれど
　　竹刀は危機のむづかしきかな

竹刀稽古に在つては、敵の間に入つても往々敗を招くことがある。これ敵が畏怖せない爲めで又竹刀稽古では道具に身を固め、少し位の打は頓著しないからである。木劍試合に於ては斯くの如き奇觀を呈することなく、達人に於てもかゝる窮鼠却つて猫を嚙むの觀はない。昔時木劍試合の時代には、最も間合を重んじ、勝負は一つに其の間に入るや否やにあつた。若し間に這入られた場合に、負けない時には往々にして腕を折られ或は面を打たれて氣絕することさへあつて、負けるよりも更に大なる苦痛を嘗めることは珍しくなかつた。

互に間合に入つた時は、呼吸さへ容易にする事は出來ぬものである。宮本武藏と吉岡兼房との兩雄の試合の如きは、間合を取り兎の毛の隙さへなく、終に兩者の額から血汐を絞り出したと傳へてゐる。又嘗て帝國大學の師範であつた木下壽德氏は次の如くに記してゐる。

余は五十年以降、上手の者の試合を見た事は、其の數が知れない位であるが、間に入るべき間合を見たのは唯前後一回である。それは故伊藤博文邸に於て、劍道を天覽に供した際、久留米の人松崎浪四郎と佐倉の人逸見莊助の兩名の試合に、間に入るべき間合を取つて相對峙すること、凡そ三十分、遂に逸見から色を見せ、敵が之に乘ずる時に機を得ようとしたが、流石は松崎で逸見が色を見せた其の機に乘じて、逸見の籠手を斬り美事に勝を制した。

敵を侮つて我から出る者は、却つて敗を取るものであるから、其の技術の相伯仲する時は勿論業の劣つてゐる者に對する時も、愼重なる態度を取らねばならない。

一刀流傳書及び一刀流兵法十二箇條目錄には次のやうに記してある。

勝負間積之事

勝負の要は間なり。我利せんと欲せば、彼も利せんと欲し、我往かんとすれば彼亦來る。勝負の肝要此の間にあり。

故に我が傳の間積りといふは、位、拍子に乘ずるを以て間と云ふなり。敵に向ひてその間に一毛を容れず、その危亡を顧みず、速に乘じて殺活の當的能く奪ふの本位に至るべき者なり。若し一心間に止る時は變を失す。我が心間に拘らざる時は、間は明白にして其の位に在り。故に心に間を止めず、間に心を止めず、能く水月の位に至るべき者なり。無理無事の一位を水月の本心と云ふなり。故に求むれば是れ水月にあらず。一心清淨にして曇りなき時は萬方皆水月なり。至らずと云ふ所なし。古語に云ふ、「無二遠慮一則必有二近憂一。」故に遠近の差別なく、その間を守らず、その變を待たず、人に致されずして疾く其の位を取るは、當傳の一的なり。若し夫れ血氣に乘じて無二落著する者は、我が刄を以て獨身を害するが如し(一刀流傳書)。

間之事

間とは敵合の間の事なり。自分の太刀下三尺、敵の太刀下三尺と見て六尺の間なり。一足出さねば敵にあたらぬ故、打つも突くも當流一足一刀と教へたり。此の間合の大事、常の稽古に自得すべき所なり。又曰く間は周光容間など云うて、敵の隙間次第に入つて勝つの意味あり。

第十節　地形の事

古から人君國を守り勝を制するに缺くことの出來ぬ要件が三つある。曰く天時、地利、人和是れである、孟子の言に「天の時は地の利に如かず。地の利は人の和に如かず。」と軍隊と軍隊との戰鬪にも、一騎打の格鬪にも、地形によりて利不利を生ずることは多いのみでなく、天時に疎なる時には勝ち易い場合にも勝ち難い。古來日輪向背の傳といつて、假令劍法の達人でも太陽に向ふ場合には勝ち難い、必ず之を背にし之を左右に避ける。又雨雪大風に向はないやうに工夫を要するは是れ古人の訓である。天時の忽にすることの出來ぬは明かである。然れども地の利あるに及ばないのである。爪先下りの地を順地といつて、敵を下瞰しに勇氣を増し、進み易くして顚倒の虞がない故に、闘ひ易くして且つ利が多い。之に反して爪先上りの地は、敵を仰ぎ進退が困難で不利が多い。之を逆地といつてゐる。併し高い處で坂下などに敵を受けた場合は、我が足を拂はれ易く退くに難いものがある。又戶外にあつては山林、川澤、田野の際又室内ならば其の構造等に意を用ゐて運劍の動作をなさない時には、刀鋒は之に觸れて不覺を取ることがある。平生道場の練習に於ても、敵を追込んで利がない場合もあるが、戶外の試合に於ては足場の善い地を求め、敵を足場の惡い地に追込むことが最も肝要である。今日に於てはかゝる事は蛇足のやうに思はれるが、斯道修行者の心得ねばならぬ一端である。況んや國民皆兵實戰のあるに於ては特に然りである。

孫子の語に「險形には我先づ之に居り、必ず高陽に居りて以て敵を待つ。若し敵先づ之に居らば引きて之を去らしむ。從ふことなかれ」と然れども又謂つてゐる。「夫れ地形は兵の助なり。敵を計り勝を制し、險阨遠近を計るは上將の道なり。此を知つて用て戰ふ者は必ず勝ち、此を知らずして戰ふ者は必ず敗る」と、此を以て孟子の語を觀れば相映發する所があらう。

一刀流兵法

地形とは順地逆地の事なり。爪先下りの地を順と云ひ、爪先上りの地を逆といふ。順は勝地とも云うて敵を眸下りに打つ故利多し。逆はあせ地と云うて敵を見上ぐる形なり。あふむく故負くべきの地とは云はん。風雨日月などに向ひて損あるも是に籠れり。場所により逆地にありとも、進退かけ引きして敵を逆地におけと云ふ事なり。

第十一節　先　（其の一）

何事に限らず機先を制することは必要であるが、殊に劍道に於ては、最も機先を制することを尊ぶのである。機先を制して勝を得ると否とは、全く先を得ると得ないとに因る。勝負を爭ふに當つては千變萬化の掛け引きを要するといつても勝は此の先に依るの外はないのである。

先を取れ先を取らるな先を取れ

身を捨てゝこそ浮ぶ瀨もあれ

敵に對した場合、擊たう突かうとの氣分を以て、機を見て先を掛ける事が必要であつて、防がう受留めようとする心を起してはならぬ。

先に就いては古來其の說を異にして或は三つの先或は五つの先を說き、其の二者に就いても亦說が一致してゐない。劍法祕訣に曰く他流で先先の先、我が流にて後の先と云ふ劍法がある。是は我から擊たう突かうと思ふ所へ、敵が却つて其の先に出でゝ擊突し來るを或は受止め或は拂流し或は切落して、當初の所思を失はずして擊突して勝つ事を謂ふと。

今宮本武藏の五輪の書と高野先生の劍道の說及び木下壽德の劍法至極詳傳の說とに就いて述べよう三つの先とは一、先々の先。二、先。三、後の先で其の大要次の通りである。

一、先々の先　一つに懸の先ともいふ。これ我から敵にかゝるが故である。彼我劍を執つて相對し、勝敗を爭ふ時に當つて、敵の起りを早く機微の間に洞察して、直ちに擊込んで機先を制するをいふのである。敵の先よりも更に先んずる先であるから先々の先といふ。是れ未だ聲もなく、息もなく、形もなきに覺つて我から形に現はすもので、斯道修鍊の極こゝに至るものである。

二、先　一つに先前の先ともいふ。敵が我の隙を認めて撃込み來るを、敵の先が效を奏しない前に早くも我は先を取りて勝を制するをいふのである。敵よりも懸り、我からも懸り、相對抗して勝つ故に對の先ともいつてゐる。例へば摺上げて撃ち、應じ返しに撃ち、體をかはして撃つなどはこれである。

三、後の先　一つに先後の先ともいふ。敵から撃込み來る太刀を切落し、太刀を凌いで後に、敵の氣勢の萎える所を強く撃込むをいふのである。

或は先を別つて五とし一、止心の先。二、眼光の先。三、先先の先。四、後の先。五、先。即ち是で其の大意は劍法至極詳傳に次のやうに記してある。

一、止心の先　一つに心の先ともいふ。兩者互に何等の計畫もなく相對峙してゐる際、忽ち敵が或る箇處を撃たうと心に計畫す。此の時我から撃つのをいふ。心を以て心を撃つこと。

二、眼光の先とは色の先で、人は或る箇處を撃たうとすれば先づ眼に現はれるものである。之を速に看破して敵に撃込むをいふ。色を以て色を撃つこと。

三、先先の先に二つある。即ち有形の先先の先と無形の先先の先とである、有形の先先の先とは、我から仕向けて敵が之に應じて來る時、それをば外しなどして撃つことである。無形の先先の先とは即ち氣の先で、所謂匂の先である。敵の動作の起りが現はれると同時に、其の敵が撃たうとする箇處が、我が胸中に匂ひ來るものである。其の敵の撃たうとする之を撃つのである。匂を以て匂を撃つこと。

四、後の先とは敵が撃ち來る太刀を、確に外して撃ち、掠めて撃つので、起りが術に現はれた處を撃つのである。

五、先とは單に術となつて撃ち來る先を撃つのをいふ。術の先を撃つこと。

第十二節　先（其の二）

先後不止之事　附邪正一如位

事に利を持つを先を守るといふ。利に事を持つを後を守ると云ふ。先に止まれば則後に利なく、後に止まる時は則ち先に利なし。事理先後に止らざるを術の主要とす。故に先後は敵に在り。我之を守るにあらず。先後一事の傳授と云ふは、全く先にあらず後にあらず。先なる時は後も是に兼ね、後なる時は先是に備はる。強弱輕重、諸の所作何れも同じ。其の事一にして而も二なり。二にして又一なり。天に在るかと見れば忽ち地に發し。地に發するかと見れば端的天に在り。靜かなる事山の如く、動くに至りては雷電石火も及び難し。是れ一心先後に止まらざるが故に、一理萬事に通應する者なり。然りと雖も事は自己の心身に能く得たる所ある者なり。故に先の事を得たる者は專ら先を守りて利を得、後の事を得たる者は專ら後を用ゐて利を得る者なり。強弱輕重の所作何れも然るなり。理を以て是を見れば偏たりと雖も、其の事能く心身に得る者は外に求むる利なし。他に向ひて是を求めず。一心所作に轉ぜず。是れ卽ち先後不止の道理に叶ふ者なり。能く術に達する者は、先に止まりても先に奪はれず、後を守りても後に取られず、事を守りても心其の事に染まらず、理に着しても事利に取られず、形あるかとすれば全く形なく、形無きかと見れば正に形あり。是を邪正一如位といふなり。理を離れて勝つを術の達者といふなり。蓋し究竟の窮極は軌則を存せずと云ふ。是を心に得是を手に應ずる者は、心は心、事は事、我は我、敵は敵、何に向ひても何かを求め何をか捨てん。一事の祕傳と云ふも、一事の位に至るべき道なり。至りては誰か其の道を守らん。若し守りて之を學ぶ者は、未だ至らざるが故なり。然りと雖も未だ至らざる者は、學ばずんば事に至る事能はず。故に事の祕傳を以て先後不止の道理を示す者なり。

先有體用事

先に體用の二つあり。其の備へ不變にして無事を以て攻むるを體の先と云ふ。既に其の位變じて處に隨ひて形を現ずるを用の先と云ふ。傳に體の先は體を以て攻め用を以て守る。是れ敵の利を奪ひて、備へを破り合するを以て攻む。其の理を表とし其の事を裏とするなり。用の先は用を以て攻め體を以て守る。是れ敵の備へを破つて其の事を奪ふ。離するを以て攻む。其の事を表とし其の理を裏とす。若し體用攻守の事理を知らず、妄りに乘じて勝たんと欲す者は首を延べて討たれ、手を出して斬らるゝと同じ。能く鍛錬すべし。

後有體用事

後は敵の體と用とを利するに二つあり。敵體を以て利せんと欲せば、その志す所に隨ひてその用を殺すべし。用を以て勝たんと欲せば、其の現はす所に應じて其の體を破るべし。來りて殘る者を末に應じ、殘らざるものを本に隨ひ、本動き末靜かなる者を其の本を利し、其の本正しうして末亂るゝ者を殘して是に應じ、本末俱に動ずる者はその過を殺し、本末共に靜かなるものはその誤りを利すべし。然りと雖も其の形に隨ひて其の色を追へば奪はるゝ理あり、事理共の先に奪はるゝ時は後に利なし。故に我が傳の後は其の形に向ひてその色を殺すものなり。向殺の二つは一體一用の事なり。向を以て殺し殺を以て向ふものなり。劍刀の發り、當りの强弱、劍勢本末の備、劍體前後の口傳、その得失は皆事の專行なり。劍心不異の全體に至りて臨機應變の事自らなり。此の理微妙にして傳へて之を示し難く、學んで是に至り難し。實に以心傳心の妙理なり。その寒溫自知する者は、先師一刀齋の骨髓に符節を合するが故なり。

第十三節　懸待一致

攻中に守ありとは兵家の金言である。初心の者は往々にして、敵が撃込む太刀をば受け留め、受け流すのみを以て能事了るとなし或は單に猪突して攻撃するのみを以て、斯道の業を盡し得たものとしてゐるが、甚だ誤つたものである。互に太刀を執つて相對峙するに當つては、懸命に撃突に意を注ぐは當然のことであつて又敵の撃突の太刀を防禦することも肝要であるが、併しこれは敵を撃突する一階段に過ぎないのである。されば交すも、張るも、外すも、切落すも、受けるも、捲落すも、其の太刀は同時に突く太刀、斬る太刀でなければならぬ。又我から撃込む太刀は、勿論受ける太刀でなければならぬ。切落すとか、張るとか、捲落すとかいつても切落して然る後に敵を斬るのではない。切落すと同時に、何時の間にか敵に當るので、切落すと斬るとは一拍子となることである。石火の位とも間髪を容れずともいふことを心得ねばならぬ。即ち攻撃は自ら防禦となり、防禦は同時に攻撃となるのである。敵に打懸るに專らなるときは、心氣一方に偏して守り難く又我が起りに先んじて敵から撃込む故に之に應ずること困難で、敵に斬られるか相撃となるかである。又守ることを以て專らとする時には、自ら之に泥んで敵の隙を見ても速に撃込むことは難く、撃込まうとすれば已に後れて、彼の虚は實に變じて、復た撃込む事は出來ず、我が太刀は全く死太刀となるものである。されば一方に偏せず、雙方を兼備して進退合離の際を會得し、懸る中に待つことあり、待つ中に懸ることあるやうに心掛け、懸待一致して遂に懸もなく待もなき境に至ることに努力すべきでこれ懸中待、待中懸の教である。玆に至つて始めて敵の千變萬化に應接して、勝を制することが出來るのである。

一二應對之事

事の利と云ふは我一を以て敵の二に應ずる所なり。例へば撃つにて請け、外すしにて斬る。是れ一を以て二に應ずる事なり。請けて撃ち外して切るは一は一、二は二に應ずる事なり。一を以て二に應ずる時は必ず勝ち、一を以て一、二を以て二に應ずる時は或は勝ち或は負く。一を二と行く時は忽ち負くる者なり。强弱、輕重、順逆、遲速、進退何れも同じ。千刀萬劍の事その得失邪正は玆にあり。能く之を考へて守行すべし。

第六十章　精神的鍛錬

第一節　精神的鍛錬の必要

古歌に

　わけのぼる麓の道は多けれど

　　同じ高根の月を見るかな

と詠じてゐるやうに、總ての術の奥義は一に歸するものである。されども其の奥義に達するのは容易の業ではない。精神の錬磨を十分にしないでは、到底其の奥妙を極めることは出來ないのである。殊に劍道に於て然りとするのである。劍道の極致は敎外別傳、不立文字、直指人心、見性成佛の禪と相通じ、其の境界に達した者に對してのみ、以心傳心之を傳へることが出來るのである。古來秘傳と稱して、容易に人に傳へることを許さなかつたのは、一つには斯道を尊重する餘りに出で、一つには之を授けようとしても、其の境地に達した者でなくては、解することが出來ないのに因るものである。劍道は丁度心經の摩訶と云ふ梵字と同一で、其の容易に解することが出來ない爲めに、梵語を以て示してある。摩訶は大多勝と云ふことである。大と解すれば多勝を失し、多と解すれば大勝を失し、勝と解すれば大多を失して、其の功力の如何が說かれない。劍道も之と同一で其の功力修行は說明することは困難である。

劍道は一見手足の業の樣に思はれるが、其の精神に關することは至大である。單に身體四肢の動作は輕妙自在に、太刀の運用は巧妙迅速でも、未だ之を以て奧義に達したとは言はれない。技術は枝葉であつて、精神は其の根柢である。勝負の決する所は實に精神の妙用にあるので、斯道の奧義祕傳といふものは、實は技術上よりも寧ろ精神の消息にあるものである。若し精神の鍛錬を顧みない者は幾年間道場に出入するも、到底名人の位に至ることは出來ない。壯年の體力强健なる時代に於ては、道場内に在つて元氣橫溢し如何にも達人のやうに思れるが、精神の根柢のない者は、一旦五十の年を迎へて體力稍衰へるに至つては、多年の修鍊も其の用をなさず又事に臨みては失神狼狽して、其の術も施すに術なきに至るのである。之に反して精神の修養を積めば、かゝる患は免れられる。而して其の修養に依つて其の進路は著しく、遂には奧妙を極めることが出來るのである。

古語に祕事は睫といふ語がある。睫は自己の目の側にあるけれども、自らは之を見ることは出來ない。鏡を取つて照して始めて知ることが出來るのである。世間に祕傳と云ふ事も聞いて見れば別にむづかしい事ではないが、習はなくては知り得ないことを言つたのである。祕事祕傳は之を言語に傳へ動作に示すことの出來るものは、卑近の事のみであるが、劍道の奧義妙理に至つては、既に言語動作に表はし難いものである。

極意とは己が睫の如くにて

近くあどれも見つけざりけり
妙の字は少き女の亂れ髮
いふにいはれずとくにとかれず

縱令言語動作に於て表はし得るとして、千言萬語を費しても、其の境地に到達した者でなくては悟り得ないのである。要は自己自ら多年修養して、工夫發明する所あるを待つのみである。

第二節　柳生重兵衞と澤庵和尙

劍道の名人となるには、如何に精神修養が大切であるか、其の實話を示さう。

德川三代將軍家光の寬永年中の事である。彼の有名な柳生流の祖柳生但馬守の長男に重兵衞と云ふ劍道の名人が居つた。奧義に達して其の技術は但馬守よりも秀でゝ殆ど天下無敵であつた。然るに技術に勝れてゐる事に慢心を起し、天下無雙と傲慢の鼻を蠢めかしてゐた。其の當時高德の譽ある澤庵和尙が、之を聞いて重兵衞を訪うて「子に五人の剛者が掛るなら之を如何にして斬られるか」重兵衞は答へて曰ふには「五人十人は唯一刀の下に斬り斃すのみである」と。更に問うて「二三十人の時は如何にせられるか」と。答へて曰ふに「前後左右に斬り拂ふのみ、どうして心を勞するに足らうか」と。然らば五六十人の時は如何」と。「是れまた一上一下、前後左右に斬り廻るのみである。どうして騷ぐに足らうか」と。「然らば二三百人は如何」と。「隱れる所があるなら身を隱し、隱見出沒斬り捲り戰ふのみである」と。こゝに於て和尙は哄笑して曰ふには「僅か二三百人の敵を以て、足るとする程の微弱なる技術で、能事畢るとする子の心事は寧ろ憐むべきである。斯くの如き武術なら論ずるに足らない。

學ばない方がよい」と。重兵衛は大いに怒つて曰ふには「然らば千萬人に對して意を勞しない底の武術があるか。有るなら與り聞かう」と反問した。乃ち和尚は左の一首を詠んで之に示した。

たゝずむな行くな戻るなゐすはるな
勝つな負けるな知るも知らぬも

此の歌にして能く解することが出來たならば千萬人は愚か幾萬幾億の强敵に對しても意とするに足らない。予は果して解し得られるや否や、予が解し得られるまでは我は幾日でも待つて居らう」とかうして兩人相對して默座すること二晝夜に及び、重兵衛は叩頭して謝して曰ふに「予は是迄の迷雲は旣に去つて、胸中自ら愉快を覺えるに至つた。予が是迄の武術は論ずに足らなかつた」と。

第三節　不動心

不動心とは如何なる場合に臨んでも、泰然自若として毫も心を動すことのないのをいふ。人は平生と異なる場合に臨む時には、必ず心に變動を生ずるものである。公衆の前又は畏敬する人物の前に在る時は、動悸打ち或は顏色變じ或は身體戰き、精神狼狽顚倒し、言語澁滯して適宜の處置を失ふは、吾人の等しく經驗する所である。斯道を學ぶ者が劍を執つて衆人環視の間に立ち、互に勝負を爭ふ時には、自ら平生の心を失つて改まるは、常人の免れ難い所である。況んや眞劍を持して、生死の岸頭に立つた時に於てをやである。此の境を脱しようとするには、不動心を養ふことが必要である。此の心を養ひ得たならば、危難も恐れず、安易も喜ばず、吾が握る所の劍の動かない事は山の如く、突くも突かれず、撃つも撃たれず、恰も嵎を負ふ虎、淵に據る龍のやうなもので、敵も我が利劍に對しては、如何ともする事は出來ないのである。卽ち焰々たる火中に從容屹立する蓮の如くになるを得て、始めて好手と稱せられ、此の靜形を損しない時には、則ち其の氣勢は將に天を衝かうとするのである。

　磐珪禪師は近世の高德の人である。嘗て伊豫の大洲候が、槍を把つて盤珪禪師に擬した。此の時禪師は平然として曰ふには「槍が未だ動かないのに、公の心が動いてゐる」と。徐ろに槍頭を拂つて、禪要を說いたと云ふことである。劍道に於ては、聊かにても他に注意を惹かれ、感情を動かす等の事があれば、之が爲めに靈妙なる精神の働を失つて、必ず隙を生じ、破綻を引起すに至るのである。法に明かに、業に達し、心を錬つた後は窮りない變化に對することは、水が影を移すやうなものである。假令法を知るも業に達しなければ迎へ難く、法も業も共に得たやうでも、心を錬ることが足らないなら、疑惑を生じて十分に應じ難い。それ故に旦暮に心膽を錬り、物の爲めに動かされないことを怠りなく工夫すべきである。

第四節　平生心

　人は常と異なる場合には、心の必ず變動するものである。況んや眞劍を以て生死を爭ふ時に當つて、平靜なる心を保つは至つて難事である。これ斯道の最も戒しめる所で、之が爲めには精神の活動の全きを失ひ、遂に失敗を招くに至るものである。何となれば劍道に於ては、精錬せられた心身の極めて靈妙な働を要するものであるから、聊かでも他に注意を惹かれ、感情を動かすが如き事があつてはならぬ。此の故に物事に心を止めず、氣を張らず、弛めず又構へた時も心は靜かに固定することなく、活動の時も心は忽卒に陷らず、廣く直く靜かに保たねばならぬ。

　平生心とは又平等心とも云ふことがある。又妙手の事をも謂ふのである。劍道の妙手になると、其の心は通常の人よりも平易となり、何事をも思はないで、晝夜となく、緩急となく、平生心を以て勝つのである。之を妙手とも忘敵とも云ふのである。かくして斯道を修行する者は其の修行の益々上達するに從うて、外見凡夫の如くであるが到底他人の測り知る事の出來ぬものがある。古人も「君子は盛德にして容貌愚なるが如し」と云つてゐる。然るに未熟の輩に至つては、却つて表に知惠を見はし、其の行も目に立ち、人と異なるが如くに思はせるものである。其の淺薄なるは知ることが出來る。宮本武藏五輪の書の中に兵法心持に就いて述べて曰く。

兵法の道に於て心の持ち樣は、常の心に替る事なかれ、常にも兵法の時にも、少しも替らずして心を廣く直にして、きつくひつぱらず、少しもたるまず、心の片寄らぬやうに心を眞中に置いて、心を靜かにゆるがせて其のゆるぎの刹那とゆるぎやまぬやうに能々吟味すべし。靜かなる時も心は靜かならず、何とはなき時も心は少しもはやからず、心は體につれず體は心につれず、心に用心して身には用心せず、心のたらぬ事なくして、心を少しもあまらさず、上の心は弱くとも底の心を强く、心を人に見分けられざるやうにして、小身なるものは心に大なる事を殘らず知り、大身なるものは心に小さき事を能く知りて、心を大身も小身も直にして、我が身のひいきせざるやうに心を持つ事肝要なり。心の內にごらず廣くして、廣き所へ智惠を置くべきなり。智惠も心もひたとみがく事專也。智惠をとぎ天下の理非を辨へ、物毎の善惡を知り萬の藝能、其の道を渡り、世間の人に少しもだまされざる樣にして後兵法の智惠となる心也。兵法の智惠に於てとりわけちがふ事有るものなり。戰の場萬事せはしき時なりとも兵法の道理を究め、動きなき心よく〱吟味すべし。

これ平常心是れ道にして獨劍道に於てのみではない。處世萬般此の心の外はないのである。唯思ふに任せぬものは心程甚だしいものはない。唯幾度も鍛錬を加へて始めて得られるのである。

第五節　柔能く剛を制す

刀を執り兩々相對するに當つて、敵の剛强なる撃突を避けて、却つて其の力を利用して敵を屈服せしめるは、これ業に於て柔能く剛を制するもので、劍道の業の眞價である。

柔の能く剛を制するは實に天理の妙用である。然れども柔は必ずしも剛に克つものでなく、剛も亦必ずしも柔に克つものではない。其の勝負は唯々奇正、變化、運用の巧拙に存するのである。人に陰陽があり、天地に陰陽がある。古人も陰が極まると陽になり、陽が極まると陰となることは、四時の流行の樣であると。春は冬の陰が極つて陽に復る時で、此の際草木の新芽が發生する力は、表面は柔弱の樣に見えるが、併し之を抑止することは出來ぬ。夏は陽で萬物生育し、其の形は剛强の樣に見えるが、已に秋の凋落の陰に復らうとする季で、到底其の勢を止めることは出來ないのである。かくの如く機には必ず轉化があつて、其の勢の變ずる時と其の赴く所とに從へば、柔能く剛を制するのである。劍徵には次のやうに說いてゐる。

尉繚子十二篇　勝兵は水に似たり。夫れ水は至つて柔弱なる者なり。然れども觸るゝ所の兵陵、必ず之が爲めに崩る。異しむこと無きなり。性專らにして觸るゝ誠なればなり。

言は敵に打勝つ所の軍は水に似たり。觸れ當る所皆碎け破るゝなり。其の水と云ふ者は至つて柔弱なる者なれども、觸れ干す所は兵陵の岡も之が爲めに崩るゝ者は、水の性が一途なる者にして、觸るること又純一なる故なりである。武人是れに於て感悟すべし。今の技藝をなす者は、敵に對するや否や右と見せて左を打ち、裾と見せて首を打つ。一切皆だましすかすことにかかれり。故に吾が殺氣當て敵の胴腹に透徹と貫かず。由つて敵も何とも思はず居る故に又自由自在なることをするぞ。悲哉。悲哉。如此にして生涯霜辛雪苦すると云ふとも、畢竟醉生夢死の場にしてうだつのあがる事はなきなり。冀くは水の性專にして觸るゝこと誠なれば、丘陵之が爲めに崩潰するの義に由つて、脫然として醒悟し、實心を以て實事を行ひ、獨立自在の妙境に至らば、眼光所ㇾ射敵人不ㇾ能ㇾ對ㇾ面、殆ど朝日の人目を眩耀するが如くならむ。

老子亦「天下の柔弱は水に過ぐるはなし。而して堅强を攻むる者は之に能く勝つことなし」と云つてゐる。卽ち凡そ天下に柔弱なる者が多いが、水程柔弱なる者はない。而して堅强なる者を攻めるに、水より愈つてゐる者はない。大にしては則ち大船を覆し、大石を漂はし、大厦を流し、堅城を陷れ、高陵をして池とならしめ、深谷をして丘と化せしめ、小にしては則ち金を鍜へ、玉を磨き、革を鞣すは皆水の力である、柔の剛に勝ち弱の强に勝つ所以は明かである。

第六節　物外和尙

備後尾道附近に濟法寺と云ふ寺がある。其の寺の和尙物外は、膂力絕倫、柔道に達し、劍道槍法の極意を得てゐた。世人は其の名を呼ばないで、拳骨和尙と云つて、天保安政頃にかけて、頗る武道家の間に喧傳せられてゐた。其の腕力は底が知れなかつた。片手で寺の釣鐘を外して持ち、片手で塵はたきをかけ、片手で持つたまゝ之を元の處に懸けて置くのを常とした。又杖ついて步く錫杖は、如何にも輕さうに見えたが、或時商店に立て掛けてあつたのを、店の小僧が掃除の爲めに他に動さうとして、兩手で抱いても動かすことが出來なかつた。又其の拳骨の堅固なことは最も有名で、或日、此の和尙を安藝の劍客河內一滴齋が訪ねた。和尙が云ふには「何の爲めに來たか」と。

一滴齋答へて「和尙の拳下に殺されんが爲めに來た」と。和尙は呵々大笑して心要を說き、一滴齋の歸るに當つて、

　　雷公の力も蚊帳の一重かな

の句を與へた。これ實に柔能く剛を制し、防がないことを以て防ぐものである。亦劍道の極意である。次に此の和尙が斯道に達してゐた一例を示さう。

和尙が嘗つて京都に遊んで、偶々新撰組の驍勇近藤勇の道場を過ぎて、門前で勇の門人が稽古してゐるのを見て居た。すると氣早の若侍は「出家の身として武士の道場を覗く以上定めて心得があらう、試合をせよ」と云つて引入れた、和尙は固辭するがなか／＼聽入れない。それのみか矢庭に竹刀を以て打ち掛つて來たので、和尙は已む得ず手に持つてゐた鐵如意を以て、之に對し終に之を打ち据ゑた。最前から之を見てゐた近藤勇は「武士の道場に亂入、その無作法、出家とて容赦はせぬ。さあ某と眞劍の試合をせよ」と威丈高に言ひ罵つた。和尙はさま／＼に言ひ分するが許さない。遂に眞槍をすごいて向つたので、和尙も「然らば御相手致さう」と決心の色を示した。勇は「得物は何なりと望まれよ。太刀にても槍にても用立てよう」と「いや出家の身それには及ばない。此の應量器にて事足る」と行李の中から飯具を出し飯椀と汁椀とを以て天地に構へた。勇は小癪な賣僧の一言、一突にして吳れようと怒火心頭に發して突き出した。すると和尙は持つてゐた兩椀を以て、槍の先をぴたりと挾んだ。勇は引けども、押せども、少しも動かない。勇は益々苛つて渾身の力で突込んだ。所を和尙は機を見て兩椀を離すと共に大喝一聲はずみを打たれた勇の體は、二三間先へのめりを打つた。和尙は此の時「これでよからう」と一言を發した。其の力量に感服した勇は無禮を謝して其の名を問ひ、世に名高き拳骨和尙であることを知り、大いに慚愧したとの話である。

第七節　錬氣養心の事　（其の一）

兩刄鋒を交へて苦辛慘憺の活動に依り、生死の問題を解決するに當つて、其の氣を失つてゐる者は、如何に巧妙なる活動と云つても意義のないものである。間合を取つた時は、勝負の決する迄、應變を繼續することは一氣を以てし又其の起つて直ちに變に應ずるのは、氣の移りに由つてせねばならぬ。體の變化する所は其の氣が移るのであり。氣の移る所に隙を生ずるのは自然の理である。其の氣の移りは、敵氣の先を掛けるにある。これ移りの活動である。敵に對して勝負を決するは、實に此の氣の移寫に因るものであるから、間合に於ける進退は尤も愼重にし、寸時も粗暴輕卒があつてはならぬ。

氣の迷はない事は劍道に於て最も大切なことである。氣が迷ふ時は恰も鏡の明かなるものが、塵埃の爲めに掩はれて、其の明を失うたと同樣である。其の塵埃を去ると舊に仍つて瑩徹するものである。氣の止まらない時は、敵の形狀に氣の止まるが故で、又氣が止まる時は自己の活動する體を失うた時である。是れ皆活動の誤りである。氣を一途に集中すれば、自ら敵の全體及び其の活動を察知して、敵の活動に氣止まることなく、能く其の活動に應じ又敵の活動の外に、超然として攻擊することが出來るのである。一點の隙のない事を氣が充つと謂ひ、充氣を美と謂ひ、充實して光輝あるを大と謂ひ、大にして化する之を聖と謂ひ、聖にして測り知られぬ之を神といふ。こゝに至つて一劍能く萬劍に應ずる事が出來るのである。これ宇宙の至大と心と相和したものである。

凡そ敵を攻擊する時は寸毫も邪念なく、自己的慾望を斷滅することが最も肝要である。邪念慾望一度動く時には心に隙を生じて自己の安定を缺ぐ。故に無我心想の境に入らねばならぬ。無我は入神の境界にして、心海一切の善惡を捨て、頭腦透明であるから、離合進退、道を離れることがないのである。然るに初心者の練習は變化の際、其の形狀に氣を注いで、自己の動作を忘れ、揣摩臆測を以て自己の心身を苦しめ、七情に制せられてしまつて、神聖なる自性に歸り、其の本然を守ることが出來ないのである。されば自己的慾望、邪念の斷滅に努め、意馬心猿の妄動を防ぎ、寛雅豁達の氣象を養つて、無我の境に入ることが出來る。劍道の修行は實に生きた坐禪である。

第八節　錬氣養心の事　(其の二)

内觀冥想の工夫は、我が心身を淸澄にし、平生思念する所に悟入の機を得るもので、平常心之と離れないが故に、豁然として大悟し、悟り了つて妙手に至る。司馬承禎の存想の說にいつてゐる。

「存は我が神を存するをいふ。想とは我が身を想ふといふ。目を閉ぢて、即ち自己の目を見、心を收めて、即ち自己の心を見よ。心と目と皆我が神を傷めんとすれば、即ち存想の漸なるものなり。凡そ人の目は終日他人を視る故に、心已に外を逐うて去る。終日他事に接す。故に目も亦外を逐うて視る。營々たる浮光未だ嘗て内を照さず。いかんぞ病み且つ夭せざらんや。之を以て根に歸するを靜といひ、靜を復命といふ。成性存々は衆妙の門、これ存想の漸にして學道の功半ばす」。

と、もと劍道に就いて語つたものではないが、併し道に二途なく、劍道諸派の祖が內觀冥想に依つて、技一段を進めるものは外を逐ふ眼をして、內に向はしめたものである。されば白隱禪師も、

「人の心の眼は竪につき、横につき筋違ひにつくが故にさま〲の迷を見出すなり。唯目なしとならば人我の思索なく、本心の自性の光り明かにして、見ずして一切の物を見、學ばずして萬事に通ずべし。此の所を一休和尚も目

なしどす／＼聲についてなしませと申されけん。脚下に眼をつけて目なしになるべし」。と、心眼を開くの要は存想に在るのである。又漆園の言に

「眞人の息は之を息するに踵を以てし、衆人の息は之を息するに喉を以てす。許浚が曰く、蓋し氣下焦にあるときは、其息遠く、氣上焦にあるときは其の息せまる。上陽子が曰く人に眞一の氣あり。丹田の中に降下するときは一陽また復す。若し始終初復の候を知らんと欲せば、暖氣を以て之が信とすべし。大凡生を養ふの道は上部は常に清涼ならんことを要し、下部は常に溫暖ならんことを要す」

と。白隱は之を學んで心身の健康を得た。此の白隱の門に東嶺和尙がある。此の和尙に參じて禪を得た者に寺田五衞門宗有がある。卽ち之を兵法の上に應用したのである。

第九節　白井亨の妙技

白井亨は鳩州と號し、備前の人である。膂力絶倫、頗る劍道に長じ、諸國を遍歴して江戸に行き、先づ寺田宗有と技を較べ、未だ戰はないで已に其の敵し難いことを知つて之に師事した。時に宗有が戒めていふに、「凡そ待つ所のある者は、之を失ふ時に至つて窮するものである。唯待つ所がなくして始めて自在の境が得られる。今子の待つ所の者は力である。力は年と共に衰へるが技は決してさうでない」と、亨は其の言に服したが、積習の久しき力を恃んで技が進まなかつた。そこで宗有は更にいふに「力は子の長ずる所であつて又一面子の短とする所である。更に幾段の工夫を要する」と。こゝに於て亨は自ら鐵槌を揮つて肩を打ち、刀を以て筋を切つたので、力は忽然として去り、技は始めて大いに進んだ。宗有感歎して言ふには、「技は既に神に入る。子と吾と何の異なる所もない。

子は即ち吾、吾は即ち子である」と。これ宗有の說く所の心法は、東嶺和尙から傳へられたもので、「血氣の勇を避け、心氣を丹田に收めて能く外氣と相和する時は、其の人の身體中から英氣が出て他をして害せしめない。鋒尖の活機を感得して、以て敵を服するに足るとした。養生訣の著者平野革谿は此の鋒尖の機を是認して、養氣の效果は須らく此の如くなるべし」と云つてゐる。

老子は出生入死の章に於て攝生の要を論じ、世人が生を貪りて却つて生を損する惑を解いてゐる。其の一節に、「蓋聞く能く生を攝する者は、陸行して兕虎に遇はず。軍に入りて甲兵を被らず。兕も其の角を投ずる所なく、虎も其の爪を措く所なく、兵も其の刄を容るゝ所なし。夫れ何の故ぞ其の死地なきを以てなり」と。善く生を攝して身を保つ聖人は陸を行つても兕とか虎とかの猛獸に出會ふことなく、軍中に入つても兵刄の害を被ることがない。無欲にして心に少しの隙がない故に、兕も其の銳い角を觸れる所がなく、虎も其の利き爪をむき出して引掛ける所がなく、能く切れる刄物も其の刄を加へ容れる所がないのである。莊子に古の眞人を論じて「水に入りて濡はず、火に入りて熱しとせず」とあるも此の意をいふ。それ何が故に然ることを得るか、即ち聖人は無我無心にして私欲に動かされず。柔弱にして物に逆はない故に、其の身は常に安泰であつて、危い死地がない故である。以て虛無の道を體して私欲を除き去ると、身を保つことが出來。私欲が多い時は身を喪ふ。身を愛することが其の厚きに過ぎる時は、却つて身を害する所以の理を悟ることが出來るのである。

第十節　生死を明かにすべし　（其の一）

「劍道は生死の道を明かにするの道なり」とは古人の言である、然れども言ふは易くして、行ふは甚だ困難である。須らく思を潜めて工夫すべきである。

禪門に入つて大死一番、大安樂の田地を得ようとするには、妄想分別の自我意識其の儘で、何等の死に切る底の修錬なく大死一番することもなくして、大活現成即ち精神生活が得られるものと思つてゐるのは誤である。かくては愈々葛藤窟裡に投入し、却つて我見妄想の無繩自縛を重ねるのみである。一大自覺を得ようとする高士は、妄想分別の識波心浪頭に於て、光明を求めようとする無謀を捨てゝ、赤裸々となつて専心一向に修錬すればよいのである。赤裸々になれば直ちに活禪三昧である。一日眞に其の意を守り得るならば、其處に大解脱が活現成するのである。其の意を守るとは大死了底のことである。其の意とは意馬心猿とまで云はれる程、煩腦心は刻々に千變萬化するものである。之を統制することを守ると云ふのである。統制すると云ふことは、流動的の精神を固定せよと云ふのではない。囚はれる心、即ち物事に執着することを誡しめるまでのことである。一日は姑く措いて、縦令一刻半時でも眞に大死了すれば直ちに大復活する。否一刹那も眞に自己を忘却すれば即ち大悟徹底する。十牛の圖の頌に「昨夜金烏飛んで海に入り、曉天舊きに依つて一輪紅なり」とある。世間出世間の法、凡て一度は海に入り去る。即ち何事に依らず一度は窮しきる事が必要である。一度窮しきり死にきれば、必ずそこに始めて活路が見出される。大死一番して始めて大活現成を見るのである。其の窮することが深ければ深い程、一輪紅の復活も盛大である。窮すれば變ず、變ずれば通ずとは、此の間の消息を示したものである。

上杉謙信が嘗て宗謙禪師に問うて曰ふには「兵を進めるには神速を規矩とする。法を弘めるの方便如何」と禪師答へて兵を進めるには死を先にする、法を弘めるにも亦死を先にする。今日當體生を知りて死を知らない」と。

古歌に

雨霰雪や氷とへだつれど

解くれば同じ谷川の水

と然れどもこれは未だ極意を得てゐない。生中に死を見る。次の歌に至つて生死一如、當體解脱の理を其の中に視る。

如何なれば雪や氷とへだつらむ

とけぬも同じ谷川の水

第十一節　生死を明かにすべし（其の二）

猫の妙術の著者樗山子に天狗藝術論の著がある。其の中に次のやうに言つて、劍禪の關係を述べてゐる。

問ふ古來劍術者の禪僧に逢うて、其の極則を悟りたる者あるは何ぞや。曰く禪僧の劍術の極則を傳へたるにはあらず。只心に物なき時は能く物に應ず。生を愛惜する故に却つて生を困しめ、三界窠窟の如く一心顚動する時は、此の生を誤ることを示すのみ。彼多年此の藝術に志し深く寢席に安んぜず、氣を錬り事を盡し、勝負の間に於て心猶未だ開けず、憤懣して年月を送る所へ、禪僧に逢うて死の理を自得し、萬法唯心の所變なる處を聞きて、心忽ち開け神定り、恃む所を離れて此の自在をなすものあり。これ多年氣を修し事を試みて其の器を爲したるなり。一旦にして得たるにはあらず。禪の祖師の一棒の下に開悟したりといふもこれに同じ、倉卒の事にあらず。藝術未熟の者、名僧知識に逢ふとも開悟すべきにあらず。

石平道人鈴木正三は通稱を九太夫と云ひ、徳川家康に仕へて武勇の名高く、晩年剃髮し心を禪要に傾け、仁王禪

を唱導して心膽の鍊養を說いた、嘗て盲安杖を著はして、生死を知る樂しみを述べてゐる。其の中の一說に、

武士の生涯は生死を知らずばあるべからず。生死を知る時は自ら道あり。知らざる時は仁義禮智もなし(中略)。武藏國太田道灌と云ふ人は深く道に入つて、歌道も達者の人なり。最後に敵槍をつけて常の達道ならば、歌よめと云ふ時、言葉の下より、

かゝる時さこそ命の惜しからめ
　かねてなき身と思ひ知らずば

又蜷川新右衛門の辭世と云ふ歌に

生れけるその曉に死しぬれば
　けふの夕は松風ぞふく

又一休和尙の歌といふに

過去よりも未來へ通る一休み
　風吹かば吹け雨降らば降れ

此の人々の樂しみはかりがたし。かやうの人も初めは迷の人なれども、一度道に入りてつとめ行ぜし故なり。

同じく其の著である驢鞍橋に、

一日僧問ふ「一陣に進むと云ふは、平生人に手を出し負けまじと思ふ心なりや」師曰く「それは我慢と云ふものなり。只我が身をつゝんと打捨て懸る入心也。果眼といふも死をきつと定めたる機なり」。

と抛身捨命以て生死の關捩子を打破すべきを力說したのである。

第十二節　驚懼疑惑

驚懼疑惑の四念は、斯道の四戒と稱して、古來兵法家の忌む所であつて、吾人の常に服膺すべき金言である。凡そ人は豫期しない俄かな出來事に、出會ふと驚くものである。事物に驚く時には、一時心身の活動が混亂し、心は正當なる判斷を失ひ、身は適當なる處置に出る事が出來ず、其の甚だしきに至つては、茫然自失するに至るものである。又恐怖の念が一度心中に起ると、精神の活動は澁滯し、其の甚だしきに至る時には、四肢震慄して其の働を失ふことがある。高い梁木を通過し、獨木橋を渡る時に、地上に歩むやうに濶歩することの出來ないのは、讀者の經驗する所であらう。又惑ふ時は精神昏迷して、敏速なる判斷輕快なる動作をなすことは出來ない。試合の際にまた立合はないのに、何となく敗を取る氣のするのは、奥義を極めない限り、何人も免れ難い事であるが、かゝる時は寧ろ櫻花が嵐に散るやうに、潔い最期を遂げる覺悟を以て戰はなければならぬ。さうすれば或は心機一轉、禍を轉じて福となすことが出來る。又業に依つて心を迷はすは、是れ自ら大敵を作るもので、所謂敵に兵を貸し、盗に糧を齎らすと同樣である。世の修行者に肩を怒らし體を曲げ或は異樣な姿勢をなす者を見るが、是れ皆迷想の致す所である。虚勢を見て畏縮退怯するは私心の爲めである。此の私心を打破する時は、果敢敏捷の勇は勃起するのである。恰も飢ゑた鷹が鳥を撃ち、餓ゑた虎が獸を搏するやうで、其の勢は自ら止める事は出來ない。殆ど峻坂に圓石を轉ばすやうなものである。又必死に覺悟を決定すれば、畏懼の念は盡きて勇猛剛强の心が自ら生ずるものである。是に於て進退は皆節に當り機に會し、我からなし得て獨斷の妙境に至る。どうして疑惑の累があらうか。凡そ我が心が外物の爲めに動かされない事は、恰も山の泰然たるやうに又時機に應じて自在に變化することは水のやうに、來往自在であれば、驚懼疑惑の境涯から脱し得て、安心は漸く決定するのである。

されば苟も四戒の一が心に起る時は、敵に臨みて其の機先を察し、全勝を得る事は出來ない。弱者が能く剛者に勝ち、遲術が能く速術を制する所以のものは何であるか。卽ち活潑敢爲の精神に富み、常に此の四戒を脫し、思慮深奥にして進退活機の洞察に鋭くして、能く敵を機先に制する事を得るからである。故に勁敵な鋒刄に搓かうと思ふ者は、其の意を腕力の一點に注ぐことなく、勉めて驚懼疑惑の念慮を去つて、思慮深奥、活潑敢爲の精神を養はねばならぬ。

第十三節　色　形

一刀流兵法に「色付とは敵の色に付くなと云ふ事なり。常になれざる構など見るとその構に取りつき或は縣聲などになづむは、皆色に付くと云ふものなり。たとひ何樣の構なりとも、已の修し得たる所の横竪上下の規矩にはづれずば、あやふき事なかるべしとなり」とあり。假初にも狐疑を出すことなく、敵をして此方の色に付けしめることが肝要である。是れ心の位である。と本目錄に敎へてある。又孟子が人を觀る法を說いた語に「人に存する者は眸子より良きは莫し。眸子は其の惡を掩ふことを能はず。胸中正しければ則ち眸子瞭かなり。胸中正しからざれば則ち眸子眊し。其の言を聽きて、其の眸子を觀れば、人焉んぞ廋さんや」と劍に志す者の味ふべき言である、凡そ吾人の胸中に深く藏して居る思も、瞳に現はれ次第に姿勢に現はれ終に音聲言語に判然と現はれるものである。劍を學ぶは者は審かにこれ等を觀察せねばならぬ。敵の色に因つて圖を外さずして突擊し、敵の形に因つて機に後れず刺擊して、敵の動作に後れることなく、たとひ後れることがあつても、平生の手練を以て敵に先んじて之を制し、我が目的を達するやうに努めねばならぬ。されば敵が色々の目付を爲すに當つては、觀察を忽にすることなく、其の詐瞞權變の術に陷つてはならぬ。未熟なれば未熟なるほど色が大きい爲めに、敗を招くに至る。故意に色を表はして敵を誘ひ或は迷はすことがあつても、上達の人に向ふ時は却つて容易に看破せられて何等の效を奏しない。故に劍を用ゐてゐる者は常に色なく、心に業が萌すと同時に何等の躊躇もなく、一から十迄總て素直に發出すやうに練習せねばならぬ。

斯くの如くに敵の色と形とに依つて、動靜進退すべきであるが、併し斯道の奧義に至つては出づるに跡なく、入るに色なく、常に無聲に聽き無形に見るのである。敵の思が色形に現はれるに先つて、吾が心に感じ、吾が耳に聽き、吾が眼に見、吾が鼻に嗅いで、常に敵に先んじて動靜し、敵をして奔走に勞れしめるものである。是れ先先の先である。山岡鐵舟も心を以て心を擊つと言つてゐる。又淮南子主術訓に「兵は心より憯なるは莫し。而して莫邪も下るとを爲す」と。これ我が精神を以て、敵の心魂を碎く程鋭いものはない。莫邪の名劍も及ばない事をいつたのである。斯道修行者の心を潛めて考究すべきところである。

第十四節　狐疑心の事

驚懼疑惑は斯道の四戒と稱し、大なる病弊として古來戒められてゐる。是れ此の四念が生ずる時は、心は之に惹かれて隙を生じ、且其の動作も亦必ず遲疑逡巡するが爲めである。吳子にも「用兵の害は猶豫が最も大で、三軍の災は狐疑に生ず」といつてゐる。狐疑の心は一つに猶豫の心とも云つてゐる。猶は獸の名で、上手に木に登り性疑多く常に山中に居る。忽ち聲を聞く時は人の來つて我を害するかと恐れて、每に豫め樹に上り、久しくして人なければ始めて木より下り須臾にして又上る。かくすることが屢々である。故に人の決しない者を猶豫といふのである。狐の性も亦疑心多くして、氷河を渡る毎に速に渡ることをせず、且つ聽き且つ渡るのである。他の獸は直ちに渡つて害がないが、疑つて後れる時には、氷も釋けて愈々渡ることは出來ない。兵法に之を狐疑の心といつて大いに嫌つてゐる。又佛法王法に於ても、智慧を以て商量する者は、皆狐疑の病を荷ひ又口に佛法の作略を唱へ、殊勝を裝ひ、利發を示し、人を驚かす類は之を野狐の精魅と稱し最も嫌ふ所である。又教相にも五蓋の貪欲、瞋恚、睡眠、調戲、疑惑を棄てるといつてある。

面を撃たうと思ひながら籠手を撃ち、籠手を撃たうと思ひながら胴を撃つが如きは、所謂二兎を逐ふもので、一頭さへ得ることは出來ぬものである。總て行くべき處を行かず、打つべき處を打たず、突くべき處を突かずにとかくしてゐる中に、敵の心は變化するので、終ひに勝つことが出來ない。疑ふ時は注意心中に凝滯し、敵を見て見定めなく、我が心に決斷が出來ないのである。若し心中僅かに狐疑猶豫の心を生じた場合には、僅に敵の刀鋒は我が身體を截斷するに至るのである。宇野金太郎は常に一撃にして走鼠を斃してゐた。これ鼠が飛走の刹那、狐疑心を挿むことなく木刀瞬撃、彼の頭上に加へたのである。功は、一度決した以上は、猶豫しないといふ點に在る。是を以て疾電耳を掩ふに及ばず、迅雷目を瞑ぐに及ばないが故に、之に赴けば驚き、之を用ゐれば狂ひ、之に當る者は破れ、之に近づく者は亡びるのである。漢書蒯通傳に「猛虎の猶與は蜂蠆の致に如かず、孟賁の狐疑は童子の必死に如かず」と。斯道の修行者は玆に悟らねばならぬ。今死生の場に立つて、兩人劍を交へるに至り、遷延却退し或は回顧躑躅するは皆此の類である。此の境を脫し得て始めて神武の域に至るであらう。

一刀流兵法に

狐疑心之事

狐疑心とは疑心を起すなと云ふことなり。狐は疑多きものなり。狩人などにおはれぬれば、此處彼處と止まり見返り居るうち、脇よりまはりて終にうたるゝものなり。是れ疑心深きが爲めなり。一筋に逃れ往かば遁るべきを、劍術も亦如斯、其敵に對して斯くしたならば、かうやあらんかくやあらんと疑ひ居る內に、敵にうたるゝと云ふ意味なり。

第十五節　心氣力一致

南總の森景鎭は千葉周作の門人である。其の著す所の劍法撃刺論に心氣力の一致は、予が師千葉周作成政先生の始めて說き置かれたものとして、心氣力の一致を說いて、孟子の養氣說及び宋儒の理氣說或は禪旨を博引旁證盛んに提げ來つて、劍道の極意を說いてゐる。次に古今の諸說を斟酌して述べよう。

單に劍道を問はず武道に於て、心氣力の一致といふことは、古來大切なる教であるが、心氣力其のものに就いて精細に視れば、人々其の見解を異にしてゐる。心とは精神活動の靜的方面をいふ。知覺し判斷するは皆心である。古歌に

年毎に咲くや吉野の櫻花
　木を割きて見よ花のありかを

と詠んでゐるやうに、未だ形に現はれないものである。氣とは心の一部の活力で、心の判斷に從うて意志の決行を補助するものである。孟子の所謂志は氣の帥なり、氣は體の充てるなりと。此の定義に據れば、氣は吾人身體に

充滿してゐる活力のことである。意志と氣との關係は、兵卒の將校に於けるやうなもので、意志は氣の將校であつて、氣は意志の兵卒である。將校の向ふ所に兵卒が從ふやうに、意志の趨く所には氣は附き隨ふ。卽ち意志の働に伴ふ一種の活力を氣といふのである。氣に客氣あり、血氣があるが、皆一時の空元氣である。眞正の氣は道義化せられた氣力、氣魄で、孟子の所謂浩然の氣である。力とは身體の力である。數年稽古の上太刀の切先まで滿ち亘るもので、是を業から出る力といふ。之れが現はれては技術となるのである。力と云ふものは、心と氣との相合ふ所に隨つて活動を顯はすものなれども、氣の充ちる時には力は强いものである。氣が臍下丹田に充ちるときは、一毛髮までも力の充ちないことはない。心氣力の三者を譬へて見るなら、心は水のやうな靜的のもので、氣は風のやうな動的のもので、力は波のやうなものである。風が靜かな水に接觸すると、忽ち波瀾を生じて起伏萬狀、變化窮まりなきに至るものである。心氣は理で、力は業で、是れ亦事理の二つにある。心氣力三者の關係はかくの如く密接である。心氣力の一致とは、眼に視、耳に聽く所直ちに精神の働となり、其の精神の働に應じて咄嗟の間に技術に現はれ、其の間圓滑迅速にして何等の扞格する所のないものをいふ。此の三者能く一致活動して、始めて臨機應變勝を制することが出來るのである。此の心氣力の三者が別々になる時は、かくの如き妙用を爲す事は出來ない。譬へば火藥のやうなもので、硫黃、白硝、灰と別々の時は其の勢は至つて弱いが、三品混合一致する時には、實に天地をも震動するやうな勢力を現はすものである。畢竟間髮を容れずとも、電光石火とも、猫が鼠を捕へるとも、鷹が鳥を搏つとも又敵の未發の機を擊つともいひ或は心形刀の一致一眼二心三足といひ、劍術三要と稱するのも、皆其の敎は心氣力の一致をいふのである。

第十六節　事理一致（其の一）

剣道は事理一致の修行である。事理一致とは何か。これ亦其の流派に因つて、其の解く所を異にしてゐる。或は理は氣と同體異名で、外に在つては理といひ、人間胎中に受けては氣といふ。此の氣は臍下に在つては心を載せて行く者である。故に氣は心の用である。氣を錬る時は心も平かで、剣道は此の氣を錬ることが專要である。氣が内に明かなれば、外の理も亦明かであるとこれ理の說明である。或は事理一致を說明して、事とは何か凡そ剣道に大强速輕と云つて、大にして强く、速にして輕いと云ふ此の四者を以て根本とするのである。併し四者各々厭ふべき弊がある。大なるものは遲く、强いものは固く、速かなるものは小さく、輕いものは弱いと云ふ傾がある。此の弊のないのを眞の大强速輕と云ふのである。これが事とも正とも云ふので卽ち正道を失はないことをいふのである。理とは如何なることを云ふか事と云ふ表に於て其の裏を指すのである。卽ち奇で奇卽ち理である。所謂正を以て合せ奇を以て勝つ。正を以て奇とし、奇を以て正となすので、これを事理一致といふと。或は事とは事實でわざである。卽ち手足心體の働である。理とは理論で、其の行やうの筋であると。或は事は動作で理は心であると解してゐる。

剣法擊刺論に

夫れ壯夫の劍を學ぶの術は、事理の二つにあり。事の根元は理を知るを以て初めとして學ぶべきなり。根元を知らずして學ぶを盲劍といふ。熟し得たりとも狼戾暴戰の類にして、心術の劍法にあらず。又理は天より稟け得たる本分なり、よく〳〵會得すべきことなり。是れ則ち天地造化の妙用にして、人々圓具したる所なり。理は根なり。

事は枝葉なり。本末明かならざれば、始終全きこと能はざるなり。天地の一元氣人に具足するときは心性といふ。此の心性の根本明かなるときは、枝葉隨つて繁茂す。其の意を平日究得すれば發達悟得すべし。自性はもと無形のものにしてさとし得がたいといへども、天理を分別することなり。天理心性明かなるときは、氣も亦勇猛なり。氣勇猛なるときは耳目自ら分明なり。耳目分明なるときは四肢自ら神速なり。四肢神速なるときは劍法擊刺の法も亦銳疾なり。業銳疾なるときは心體動止自由自在にして一塵も障るものなし。是れ寂然として動かざる所より生ず。乃ち佛家の所謂是れ不動明王の智なり。然るときは世界に恐るべきもの更になし。是れ則ち生死の境を離れたる人傑といふべし。と

劍道には準據せねばならぬ法則がある。若し之に據らない時には徒らに勞多くして、其の要諦を得ることは困難である。併しながら之に泥む時には、業は神妙自在に至ることは出來ぬ。眞の法則、劍道の奧義は法則のない所にある。卽ち法則を超越しなければ、本當の法則を體得することは出來ない。法則破棄ではなくして、法則超越の境地をいふのである。格に入つて格を出ないものは狹く、格に入らない時は邪路に走る。格に入り格を出でゝ始めて自在を得るのである。古來法業心の敎がある。法に明かに、業に達し、心を錬つて然る後に敵の窮りない變化に對することは、恰も水が影を寫すやうなものである。たとへ法を知つても業に達しない時には迎へ難く又法も業も共に得てゐても、心を錬らない時には疑惑を生じて十分に應じ難いことをいつたものである。

第十七節　事理一致（其の二）

事理不偏之事

夫れ當流劍術の要は業なり。業を行ふ者は理なり。故に先づ事の修行を本として、强弱、輕重、進退の所作を能く我が體に得て、而して後其の事、敵に因りて轉化する所の理を能く明らめ知るべし。假令事に功ありと云ふとも理を能く知らずんば勝利を得がたし。又理を能く明め知りたりと云ふとも、事に習熟の功なき者は、何を以てか勝つことを得んや。事と理とは車の兩輪、鳥の兩翅の如し。事は外にして是れ形なり。理は内にして是れ心なり。事理習熟功を得る者は、是を心に得、是を手に應ず。其の至るに及びては事理一物にして内外の差別なし。事は即ち心なり、理は即ち事なり。事の外に理なく、理を離れて事もなし。然るを術を學ぶ者事一片に止まりて理の邪正を知らず。或は理に著して事の得失を知らざること是れ偏なり。事理偏着する時は、敵に依つて轉化すること能はざるものなり。故に當流の劍術先師一刀齋より以來、事理不偏を主要として、劍心不異に至る所の傳授を祕書とす。

理有虚實本末事　附必勝位

理は事よりも先だちて、體は劍よりも先んず。是れ術の病氣なり。佗に向ひて其の事理を求むるが故なり。臨機應變の事は、思慮を以て轉化するにあらず。自然の理を以て、思はざれども變じ、量らざれども應ずる者なり。我に應ずる所の一理を徹して思慮分別を發せず。一心不亂に勝利を疑はず能く本分の正位に認得すべし。此の法を學ぶ者一心の執行如此なり。高上に至りては一心不亂といふ沙汰もなく、一理徹する差別もなし。内外打成一片にして善もなく又惡もなし。千刀萬劍、唯一心に具足し、十方に通貫して轉變自在なり。是れ一心の執行を以て傳授を離れ、別傳の位に至る所なり。事にて利を先だてざる術と云ふは、水月を能く守りて邪氣を生ぜずば、千變は其の一より轉ず。一は無形の全體なり。譬へば水の如し。水に常の形なし。故に能く方圓の器に隨ふ。體を先だてざる習は劍前體後の傳授なり。此の術は其の刄を以て利をなす法なり。故に劍あれば事あり、事あれば利あり。心は事の本なり、體は劍の本なり、其の本裏にありて、末表にあるを實といふ。是順なり。末裏に在りて本表にあるを虚と云ふ。是逆なり。實は必勝の位、虚は不定の勝なり。理、事よりも先んずる時、事何を以てか變に應ぜん。體、劍よりも先だつ時、劍何としてか人を害せん。故に能く其の本を正して其の末を治むべきものなり。劍體本末の正に至ることは事理執行の功に在り。

事有虚實本末事　附殘不殘位

事外に現はるゝものは、外に應じて其の內を利し。事を內に持つ者は、內に隨ひて其の外を勝つべし。內外の緣に因りて其の好む所に應じ、其の惡む所に隨ふ。其の虚實を能く見て、本を攻めて末を勝ち或は末を攻めて本を勝ち或は本末倶に攻めて本末倶に勝つ。故に事を以て是を攻むる時は理是れを守り、理を以て是を攻むる時は事是を守る。內外專ら攻むる時は過表に在り、內外全く守る時は過裏にあり。攻むる是れ守る所　あるが故なり。守るも亦攻むる利有るが故なり。故に攻むるも攻むるにあらず。攻めざれば勝利を得ず。守るも守るにあらず。守らされば勝利なし。是れを殘不殘の傳授といふ。皆事の行なりと雖も、本を能く正さずんば何ぞ宜しからむ。本末倶に能く正しき者は、千變自由にして萬化心に求めずとも、節に中りて自ら變化すべし。

第十八節　殘心

殘心とは讀んで字の如く心を殘すことである。敵を撃突した際、安心して心を弛め後を顧みないやうなことなく尙心を殘して敵が如何なる動作に出るも、十分に之を制し得る用意をいふのである。換言すれば撃突が功を奏しても、決して氣力を緩めることなく、次の敵の變化に應じ得る心の狀態をいふのである。卽ち撃突後に油斷なき心を殘すことである。これは最も大切なことであるが、初學者は動もすると試合の際に撃突した場合、早くも氣を許し或は體勢や構を崩すものである。最も愼しまねばならぬ。

打つ太刀に心殘りのなかりせば
斬りたる太刀は死物となる

心に弛緩ある時は、敵は再擧し來つて我が間隙に乘じ、却つて我は敗を取るに至る。敵は寧ろさういふ場合を覘つてゐるのである。若し移り香を殘すことが出來ない時には、斬つた太刀も却つて死物となるのである。

又殘心とは撃突の際に心殘りなく、廢たり廢たり撃つことをもいふ。心を殘すことなく全心の氣力を傾注して撃込む時には、こゝによく再生の力を生ずるものである。心を殘さず撃つて、其の太刀は其の儘捨てると、自然敵に對して油斷のない心が殘るのである。若し心を殘す心があつて撃てば、既に其處に心は止まつて、隙を生ずるものである。又撃つ時に心を殘して幾分でも疑の心があると、間髮を容れることの出來ぬ妙技はなく、效を奏することは困難である。故に心を殘さず危き所を勤めて練習すれば、眞の勝を會得するであらう。

以上述べたやうに殘心には二つの意義があるが或は殘心を三つに別つ者もある。即ち

一、撃つ時に心殘りのなきやう。
二、撃つた時心殘りのあるやう。
三、撃ち過つた時心殘りのあるやう。

是を完全に遂行するには、撃突したならば直ちに次の動作に移られる構をなすことが肝要である。是れ未だ達し得ない者の爲めに說く所であつて、達人に至つては寸毫の隙がないから、之を說く必要はないのである。

殘心とは心を殘さず打てと云ふ事なり。あたるまじと思ふ所など、態と打つなどは皆殘心なり。心を殘さねばすたるなり。すたれば本にもどると云ふ理なり。斯く云へばゆきすぎて腰身になるやうなれども、斯くあやふき所を務めねば、狐疑心になりて手前ををしみ、間髮を容るべからざる業の神妙に至ることは叶はず。是を以て勝つ所に負けあり。負ある所に勝あるべし。其の危き負ある所を務めて、自然に勝あることを會得すべし。自然の勝とは節を打つなり。鷹の諸鳥を取るに皆節にあたる。劍術も亦然り。節にあたらざるは勝の勝にあらず。節にあたれば百勝疑ひあるべからず。善をすてゝ惡を務め、惡を務めて善を知る。當傳を捨てゝ又本の初心の一にかへり、怠慢なく務むべきことなり。心を殘さねば殘ると云ふ理もあり。もどるの心なり。たとへば茶椀に水を汲み、速かにすて又中を見れば則一滴の水あり。是すみやかに捨てたるゆゑにもどる。是れを以てをしまずすたることを當流之要とす。是ぞ奥義圓滿之端緒口になり、終にみがき玉のはしなき如きの時に至るべしとなり。(一刀流劍法口傳書)

第十九節　氣位

氣位も亦微妙なる精神の働きであつて、之を詳說することは困難である。

明月をおほへる雲の知らぬ間に
とほく消えゆくありさまにして

一首の意は位を示したものである。色欲、迷疑、驚懼其の他の暗雲が附着して居るが、それが修錬を重ねるに隨うて心自ら明かに、物に動ぜず且敵も容易に當ることの出來ぬ威嚴を備へることは、恰も黑雲を排して中天に懸る皎々たる明日の如きに譬へたのである。

かく氣位は技術が圓熟し、精神の鍛錬を極めて、然る後に自然に備はる者である。之を短簡に說明すれば、氣位とは自信から生ずる氣品威嚴であるといふ事が出來よう。技術のみ如何に熟練しても、精神鍊磨の足らない時には氣位は備はらないものであつて、第三者から見るも亦見劣りのするものである。我に不撓不屈の精神があつて、自ら犯し難い尊嚴の威風が備はり、敵の精神技術を機先に洞察して之を制し又敵をしては畏怖疑懼の念を生じて畏縮せしめるものである。一つは高山を仰ぐが如く、深淵に臨むが如く、一つは高山に登つて、丘陵山川を悉く指顧の間に俯瞰するが如きものである。

氣位は精神技術共に修錬せられて、始めて備はるものであつて、故意に模倣しようとすれば、却つて敗を生じ見苦しきものである。然れども時として故らに位を取るといふことがある。それは弱者に對して自己の威信を示し、以て弱者を屈服する手段に止まるのみであつて、自己より精神技術の進んだ者に對しては、施すことが出來ないのである。

上述の自信と慢心とは大いに異なるものであつて、慢心一度生ずる時は斯道の進歩は頽廢に歸する。故に最も之を忌むのである。斯道に志す者は精神技術の修養に精進することが肝要である。

第二十節　氣合（其の一）

氣合は其の意義が深遠であつて、單なる言說を以て、之を明かに說明することは甚だ困難である。古來世に氣合祕歌として歌つたものに、

氣合とは風を握つてそのまゝに

足をとゞめて鼻によくきけ

とある。頗る模索し難い所に、妙旨を得へようとするものである。然るに斯道に志す者は、日常に氣合と云つてゐるが、之を領會してゐる者は多くない。或は單に大聲を出して元氣よく動作するを氣合と心得又掛聲を單に眞の氣合と思つてゐる者は、其の誤れるも亦甚だしい者である。

或は氣合とは自他の精神が合致することで、自己の精神氣力が敵の精神氣力を牽制して、殺活自在にするの謂である。而して之を他面から説明すると精神を或る一事の上に集注することである。されば技に心の全力を傾倒すれば、自然氣合を養成することが出來る。彼の機先を制すると云ひ、敵の未發を打つと云ふも又先の先を取り、後の先に出るも皆此の氣合である。此の氣合に靜的と動的との二狀態がある。即ち敵の隙を窺ふ時は、心に何等の碍滯も邪念もなく、弛緩も恐怖もない。これ靜的狀態である。一つは敵に相和し遲疑逡巡することなく、一刹那に勇往邁進することで、これ動的狀態であると。

氣合をば有心の氣合と無心の氣合とに分つてゐる人もある。即ち有心の氣合とは、自ら作る所の氣合であつて、其の價値は極めて少く、例へばヤー、エイの掛聲を出して滿身の力を籠め、精神を或る物に移すのである。これは眞の氣合ではないが、併し此の氣合が漸次錬磨せられて、無心の氣合に至るものである。無心の氣合は自然に發するもので、無念無想と合して、劍道は其の至極に達するものである。

氣合を平易に説明すれば、氣力が滿身に充實して、他から犯されることもなく、善く人を制する一種微妙なる心身作用をいふのである。氣合に充ちてゐるといふのは、氣力が渾身に充滿して毫も油斷なく、何時でも機會があれば、直ちに發しようとする潑溂たる有樣をいふのである。心は明鏡止水の如く、無念無想に、心氣力が一致して發する時は、無礙自在、神速彊大なる力を現はすものである。かく錬磨せられた精神が、隨時隨處に微妙に働き出づるを、氣合の妙用といふのである。これ眞の氣合であつて、多年錬磨の結果こゝに至ることが出來るものである。古來劍術相傳の場合には、仕合の際阿吽の呼吸相合する刹那に與へる一語を以て、心より心に傳へたものである。精神を錬磨してこゝに達しない以上は、到底之を會得することは出來ない。氣合の根本は精神の錬磨であるから、氣合を體得しようと思ふなら、飽くまでも精神を鍛錬して、敵の精神の虛を洞察する術に長じなければならぬ。

氣合を盈滿する方法としては、眞の姿勢を保つて妄心を去り、心勢、體勢、劍勢が齊うて、臍下丹田に精氣を充實集注し、頭髮から手足の爪先に至るまで、如何なる部分も心と一致して離れず、他顧の念を生じないやうにするのである。此の眞勢の構が確立して動かず、我から敵に擊込むことを思はず又敵から擊突を受けることを考へず、其の他一切の事物に秋毫も思慮の念を及ぼすことなく、己の毀譽褒貶は勿論、生死存亡までも更に顧慮することなく、純一無雜、英氣臍下に集注して、敵に對する時に當つては、敵は先づ此の氣合に打たれ、鋒を交へるに先だつて逡巡するのである。假令敵が妄擊亂刺を敢へてするも、それは空しく彈ね返されるのみで、突けども突かれず、打てども打たれないことを思はしめるのである。

第二十一節　氣　合（其の二）

夫の伊藤一刀齋瓶割の故事は、實に氣合の妙用を敎へたものである。神子上典膳の如く技術の精妙を極め、飽くまで精神を錬磨した者も、かくの如き重大なる場合に臨んで、かく一心になつて、始めて眞の氣合を會得したのである。

維新の少し前に若菜神刀齋の門人に、若菜清心といふ劍道家があつた。淸心流の一派を立てゝ、多くの門人を取立てゝゐた。或日若菜清心は所用の爲め、八王子の方に出掛け、夕方急勾配の坂に差し掛つた。折しも騒ぐ人聲と共に、車の軋る音を耳にして、天蓋に手を掛けて看ると、坂の中程を大荷物を積んだ牛車が、ごろり／＼と後戻りをして來てゐる。牛追ひは周章てゝ頻りに牛を勵ますが、下り初めた車は到底引上げられさうもない。往來の人は左右に避けようとするが、路が狹い爲唯周章して神色を失つた。之を見た若菜清心は、武士として逃げ隱れも出來ず、さりとて目前に迫る刻一刻の危險、あはや荷車の下に轢き倒されたかと思ふ一刹那、腰なる一刀拔くより早く、エイと大喝一聲正眼に構へた。すると今迄轉又一轉、下へ下へと轉がつて來た牛車もピタリと止まつた。其の時清心の拔いた眞劍の切先と牛車との間は、一尺に滿たなかつたといふことである。如何に若菜清心といつても、一刀で善く車を止め得たのではない。勿論牛が車を止めたのである。目前に迫る危險に我を忘れて、エーと拔打ち樣に正眼につけた無心の氣合に、後退りをして來た牛も之に感じて、ウンと一足張つたのである。これ無心の氣合の作用である。

前述の氣合の法に於て、修錬其の功を積む時には、敵に立ち向へば、敵は忽ち其の氣勢に呑まれ、鼠が猫に向ひ蟆が蛇に對するやうなものである。山岡鐵舟が劍を執つて敵に向ふ時には、精氣敵を壓し、敵の撃出す太刀は、磐石に當つて碎けるかのやうに感ぜしめた。又宇野金太郎は箸を以て蒼蠅を捉へるに妙を得、一匹も逃れることは出來なかつた。

古來氣合の術に秀でた者は、其の人に乏しくない。又有名な話で漢の將軍李廣は、驍勇にして騎射を善くしてゐた。

嘗て出て、獵をして草中の石を見て虎と思ひ、之を射て命中し矢を沒した。近づいて之を見ると石である。他日更に復た之を射たが終に石に入ることは出來なかつた。其の石に矢の入つたのも、此の精神のよく現はれた一例である。

第二十二節　水月の位

剣道にまた水月の位と云ふ語がある。古人の句に「物に應じて形を現はすこと、水中の月の如し」と云つてゐる。一輪の明月が天に懸つて、萬水に落ちると、月影は萬水に浮ぶ。月光を分つて水に與へるのでもない。水がなければ影がない。亦水を得て初めて月に影があるのでもない。又萬川の水が一壺に入ると、一月が唯浮ぶのみである。萬川に映る時も、一水に映る時も、其のうつらない時も月に於て加損はなく又水の小大を選ぶこともない。此の時月に於て自ら浮ぶ心もなく、水に於ては月を浮べてゐる心もない。故に月影は水に入つて跡なく、其の浮ぶことの速かなるも亦譬へるものがない。又月光が扉に入るも無心なるが故に、扉が開くと共に入る。而して其の速かなることは言語に述べ難い。卜傳百首といはれる中に

映るとも月も思はず映すとも
水も思はぬ猿澤の池

といふ歌がある。實に無心自然の應用を示したものである。月に若し速く水や扉に入らうとする心があるなら、かくの如くに速かなることは出來ない。其の速かなるは水も月も無心なるが爲めである。寂の躁よりも速く、無心の有心なるに勝り、無爲の有無に勝ることを知らねばならぬ。「雁長空を過ぎて、影寒水に沈む。雁に遺蹤の意な

く、水に留影の心なし」と古書にも云つてゐる。學者須らく之を以て心體の用を悟るべきである。「千江水あり千江の月、萬里雲なし萬里の天」これまた禪の妙用であらう。

敵に心が生ずると、之が本體の明かなる心境に移るものである。嘗て柳生光嚴が小野忠明に向つて云ふには「公の術は水月の如く、吾が太刀を打出す處がない」と。其の外柳生の門弟等は忠明の術は、唯水を切り空を捉むやうで、其の木刀に當れば彈ね返つて耐へられないといつてゐる。

或日、山岡鐵舟門下の高足で當時滋賀縣知事であつた籠手田安定が、上京して鐵舟の春風館を訪れた。鐵舟は久濶を述べた後、安定に一個の鍔を示しながら「これは大石良雄が吉良邸に打入りの際、帶びた刀の鍔であるが、今之を君に與へよう」と云つて差出すと、安定は幾度も謹謝して去つた。兩三日を經て再び安定は鐵舟を訪れた。すると鐵舟は之を座に引いて徐ろに「君は昨日芝高輪に參つたのであらう」と尋ねると、安定は怪訝な顏をしながらも「參りません」と答へた。鐵舟は「否々君は高輪泉岳寺に詣つて、余が與へた鍔を大石良雄の墓前に捧げて禮拜したに相違ない」と。現場を見屆けたやうにいへば、安定は隱すに由なく「先生の御明察の通りです」と頭が上らなかつた。鐵舟は「君が必ず此の擧に出ることを洞察したからこそ鍔を授けたので、夙に余には此のことが映射して居つた。卽ち水月の位で魔神も到底欺くことは出來ないのである」と。鐵舟が善く無心の靈鏡を保ち得たからこそ、かくの如く觀通自在なるに詣り得たのである。要は無心の境に入ることである。

移寫之事　附、棒心位殘心位水月位

移とは月の水に移るが如し、是を棒心位と云ふ。事に著く事なり。寫とは水の月を寫すが如し。是を殘心位と云ふ。離るゝの事なり。理を以て是を示す時は、水月の傳授と云ふ事にて、是を傳ふる時は移寫と云ふなり。眼を以て見る所を目付と云ふ。理を以て守るを移と云ふ。事にて攻むるを寫と云ふ事なり。水月に遠近差別なし。若し遠近を攻めんと欲する者は、却つて移を失す。是を移に心を取らると云ふなり。心は水月の不變に至り、事は敵に因りて棒殘宜しきを用ふるときは、勝たずと云ふ事なし。月無心にして水に移り、水無心にして月を寫す。內に邪念を生せずば、事能く外に正し。語に云ふ「一月は一切の水に現じ、一切の水は月に攝す」と。

第二十三節　止心

止心とは心を止めること、即ち注意が或一事物に奪はれて、他の必要なる事柄には注意せられないこと。これ心理上の原則である。斯道に於ては最も忌む所である。心は常に河水の流れて息まない樣に、一事が來り一物が至るも、其の退き去つた後には、毫も痕影を留めることなく、次に來るものに直ちに心を移さねばならぬ。敵と對峙する時に當つては、敵が我に刺擊を加へるであらうか、我から敵に擊突を行はうかと、執着して思慮を煩はすことがあつてはならぬ。故に敵の數十百の擊突は、之を回避して更に知らない者のやうに、己の數十百の刺擊は之を行うて忘れたもののやうに、其の間に聊かの遲疑猶豫の念を挿むことなく、次から次へと淀みなく移り往つて、復らぬものに思を留めることなく、滅して生きないものに心を及ぼすことのないやうにせねばならぬ。

夫の止水は腐敗して汚蟲を生ずる。心が一たび凝滯する所があると、邪念妄想が犯し來つて、忽ちにして敵に乘ぜられて、吾が身は兩斷せられるのである。之に反して已は流水奔轉の沮滯なき心を以てして、敵の止水澁滯の機に投ずる時は、これ百戰必勝の法である。然るに初心者は、事々に心が止まつて、一心一刀に敵を擊つことが困難である。劍道に於ては金剛經に「應無所住而生其心」と云つてゐるやうに、流水の如く萬事に應接して、凝滯ないことを理想とする。

何處にも心留まらば住みかへよ
ながらへばまたもとの故郷

澤庵禪師が、柳生宗矩に與へて兵法を論じた不動智神妙錄の一篇は、禪の心要を以て劍を語ること頗る懇切を極めてゐる。其の中に心の住地を語つていふ。

物毎に心の止まるを所を住地と申し候。住は止まると申す義理にて候。止まると申すは、何事に付ても其の事に心を止むるを申し候。貴殿の兵法にて申し候はゞ、向ふより切る太刀を一目見て、其の儘にそこにて合はんと思へば、向ふの太刀に其の心が止まりて、手前の働が拔け候て、向ふの人に切られ候。是れを止まると申候。打つ太刀を見ることは見れども、そこに心を止めず、向ふの打つ太刀に拍子合せて、打たうとも思はず、思案分別を殘さず、振上ぐる太刀を見るや否、や心を卒度止めず、其の儘付け入つて向ふの太刀にとりつかば、我を切らんとする刀を我が方へもぎとりて、却て向ふを切る刀となるべく候。禪宗には是を還把二槍頭一倒二刺人一來と申し候。鎗はほこにて候。人の持ちたる刀を我が方へもぎとりて、還て相手を切ると申す心に候。貴殿の無刀と仰せられ候事にて候向ふから打つとも、吾から打つとも、打つ人にも打つ太刀にも、程にも拍子にも卒度も心を止めば、手前の働は皆拔け候て、人に切られ可申候。敵に我が身を置けば、敵に心をとられ候間、我が身にも心を置くべからず。我が身に心を引きしめて置くも、初心の間習入り候時の事なるべし。太刀に心をとられ、拍子合に心を置けば、拍子合に心をとられ候。我が太刀に心を置けば、我が太刀に心をとられ候。これ皆心のとまりて手前拔け殼になり申し候。

と又いふ。

不動明王と申すも、人の一心の動かぬ所を申し候。我が身を動轉せぬことにて候。動轉せぬとは物事に留まらぬ事にて候。物一目見て其の心を止めぬを不動と申し候。なぜなれば物に心が止まり候へば、いろ〳〵の分別が胸に候間、胸のうちにいろ〳〵に動き候。止まれば止まる心は動きても動かぬにて候。譬へば十人して一太刀づゝ我へ太刀を入るゝも、一太刀を受流して跡に心を止めず、跡を捨て跡を拾ひ候はゞ、十人ながらへ働を缺かさぬにて候。十人十度心は働けども、一人にも心止めずば、次第に取合ひて動は缺け申間敷候。若し又一人の前に心が止まり候はゞ、一人の太刀をば受流すべけれども、二人めの時は手前の働拔け可申候。千手觀音とて手が千御入り候はゞ弓を取る手に心が止まらば、九百九十九の手は皆用に立ち申す間敷、一所に心を止めぬにより手が皆用に立つなり。觀音とて身一つに千の手が何しに可有之候。不動智が開け候へば、身に手が千ありても皆用に立つと云ふ事を人に示さんが爲めに作りたる容にて候。假令一本の木に向うて、其の內の赤き葉一つを見て居れば、殘りの葉は見えぬなり。葉一つに目をかけずして、一本の木に何心もなく打ち向ひ候はば、數多の葉は殘らず目に見え候。葉一つに心をとられ候はゞ、殘りの葉は見えず。一つに心を止めねば、百千の葉は皆見え申し候。是れを得心したる人は、卽ち千手千眼の觀音にて候。

第二十四節　明鏡止水

勝海舟の嘗ての言に「心は明鏡止水の如しといふことは、若い時に習つた劍術の極意だが、外交にも此の極意を應用して、少しも誤らなかつた。かういふ風に應接し、かういふ風に切拔けるなど、豫め見込みを立てゝ置くのが、世間の風だが、これが一番惡いよ。おれなどは何も考へたり、目論したりすることはせぬ。たゞ一切の思慮を捨てゝしまつて、妄想や雜念が靈智を曇らすことはないやうにして置くばかりだ」と。

是れ海舟が外交に就いての用意を語つたもので、殺活自在、與奪縱横なるものも此の明鏡止水から出るものである。凡そ敵に對すれば何人にても、必ず先づ心の奥には、敗けまい、勝たうとする心が生ずるものである。敵に勝たうとし或は負けまいとする心のあるのは、既に一つの故障である。如何に思慮分別を廻らしても、愈々其の場に臨んでは種々樣々の變化を生じて、意の如くになるものではない。寒山が拾得に贈る心持を古歌に、

拂ふべき塵もあらぬに其の箒
　持つは心に塵のありてか

拾得の心を返歌に、

拂ふべき塵もあらぬといふ塵を
　拂はむための箒なりけり

と面白い問答で、まだ無念には至り得ぬことをいつたものである。されば思慮分別は戰はない前のことで、戰に臨んで此の念の起るのは負ける基である。唯心を明鏡止水の如くに磨き澄して撃つべき機會の來た時には電光石火の如く敵も知らず、我も知らず機に臨み變に應じて撃つべきである。是れ明鏡の勝であつて、懸待一致の妙技に達した達人は、心に何等の觀念もなく、唯無念無想敵に依つて轉化するのみである。

明鏡止水は、莊子の德充符に見えてゐる語で、心の本體が虛明なるにいふのである。心の本體とは、大學の明德といふに同じで、天から得て身に備へたものである。朱子は「虛靈にして昧からず、衆理を具へて萬事に應ずるものなり」といつてゐる。

第二十五節　無念無想（其の一）

有るかと思へば無く、無いかと思へば有る。無いとすればそれは枯木死灰に同じく、有るとすればそれは餓鬼畜生に異ならないものは心である。其の有無の境を離れ、生死の巷を逃れ、物外に超然として人欲を解脱し、利劍も斬る事が出來ず、猛火も燒く事を得ず、深水も溺らす事が出來ず、寒冷も凍らす事の出來ぬものがある。これ眞の心である。

其の心は邪妄なる思ひは勿論、如何なる考も萠さず。實に靈光不昧で、明鏡の曇りないやうに、未だ何物も反映しないものであつて、己が敵を擊たうとする心もなく又敵に擊たれようとする心もなく、天地萬物の樣に安然不動の本體である。此の曇りない本體をば、何物も汚すことは出來ない。

其の前に形を顯はし來る者は、忽ち之に映じて殘す所なく又其の物が經過し去つた後には、毫も其の痕跡を留めることなく、恰も拭ひ去つたやうである。皎々たる月輪中天に懸る時、清澄にして濁りなき水には、必ず其の影が映るのである。これ卽ち水月の位である。敵に心が生ずれば、吾が明かな本體に悉く映射することは之と同じである。心を明鏡止水の如くせよといふのも、心を止むる勿れといふのも、皆無念無想となれよといふに外ならない。

劍道と禪との關係は此の點に存してゐる。これ多年鍛錬の結果遂に此の心境に到達して、自得すべきものであつて實に斯道の極致である。精神が此の境に至つて、始めて技術も亦神髓を得るのである。

高野先生は其の著劍道に於て、無念無想の妙用を次の三項に概說して居られる。

一、我が心身の働が無碍自在を極める事。

二、敵の動靜が鏡に照すやうに明かに見える事。

三、我が動作の起りを敵が窺ひ知る事が出來ぬ事。

敵に對しては生死を忘れ、彼我を忘れ、妄心を去つて明鏡の本體に歸るときには、能く萬事に應接して、變轉極まりなき妙技を發揮することが出來る。敵に從つて勝てと敎へてあるのは、無念無想の處から敵に隙があるなら、直ちに之に乘じて勝つ事をいふのである。擊つに心なく、擊たれるに心なく、敵も知らず我も知らず、傍から見ても知れぬやうに擊つのである。所謂視れども見えず、聽けども聞えず、食へども共の味を知らずといふのは、何事かに注意を惹かれ心が止まり居る故である。一事に注意すれば他の何物にも十分の注意を拂ふことの出來ぬは、心理上の原則である。心に何物もない明鏡にして、能く萬物を照し得るのである。未だ色に現はれず、形に發しない間に、能く敵の心を洞察し得るは、我が心の無念無想なるが故である。暗夜に霜を聞くといふ敎は、此の妙境をいつたのであらう。

武士の心の鏡曇らずば

立ちあふ敵うつし知るべし

內に思あれば、必ず外に現はれるものである。無念無想、唯敵に從つて轉化すれば、敵は遂に窺ひ知ることは出來ないのである。所謂入るに跡なく、出づるに形なく、九天の上、九地の下に出入するが如く、此の無念無想の堺には聲もなく、香もなく、鬼神も窺ふことは出來ず、狐狸も魅する事が出來ないのである。其の間隙に狐疑猶豫の心を生ずる時には、敵の刀鋒は忽ち我が身體を截斷するのである。宇野金太郎は常に一擊にして走る鼠を斃した。飛走の刹那狐疑心を挿むことなく、木刀一閃、彼の頭上に加へたのである。

敵もなく我もなぎさの海士小舟
　漕ぎ行く先は波のまにまに
思ひなく巧みもあらぬ夢想には
　　虎さへ爪の置き所なし

夫の劍を學んで此の境に詣る者は、復た體勢如何と擊刺の得失とを問ふを要しない。總べて修得したことは臨機應變、劍頴に萃り至るのである。凡そ人は如何なる場合に於ても、己の名を呼ぶ者のある時には、純誠正直の心を以て、直ちにハイと答へるべきである。人常に此の心を心とし、悠々自適、生死情欲に煩はされる事のない時には、風幸自ら優倚に、其の事を成すや、必ず高遠巣倚の績を彰はすであらう。

宋の祖元禪師が元兵に斬られようとした際、泰然自若、乾坤無地卓孤筇の一偈に依つて、元兵は刀を收めて去つた

又山岡鐵舟が戊辰の際、單騎、千軍萬馬の間を往來して功を奏したのも、皆此の妙用の現れである。人は勿論禽獸も亦感應するものである。昔盲者某が琵琶を學んで京都に行き、遂に檢校の官を拜した。歸途箱根を過ぎるに當つて、多數の狼が來り近づいた。檢校は死を免れないことを覺悟して、今世の思出に一曲を彈じた。其の音鏘々朗々、妙絕神に入り、群狼は恰も俛首俯伏して喜び聽いてゐるものゝやうであつたが、終に害を加へる事なく散じ去つたといふことである。

古人が仁者に敵なしと云つてゐるやうに。生死を外にし無心無欲には爭ふ者もなく、敵する者もなく、猛獸も感喜するものである。嗚呼無念無想の德たる實に偉大なものである。

第二十六節　無念無想（其の二）

無眼流の開祖、反町無格は諸國修行の途に山間を過ぎて、谿間に一つの獨木橋を架けてあるのに出遇つた。之を渡らうとすれば橋が揺ぎ、脚下を瞰ると懸崖千尋、水は激して岩を嚙み、渡る事が出來ずに躊躇してゐた。折しも一人の盲人が來た。如何するかと視てゐると、盲人は橋の袂で下駄を脱ぎ、之を杖に通して帶の後に差し、匍匐して何の苦もなく渡り過ぎた。之を視終つた無格は、つら〳〵思ふに眼が開いてゐる者は、心がその爲めに動かされ恐怖の念が内に滿ちて、渡ることが出來ないのである。眼のない者は他に動かされる者がない爲めに、虛心坦壞にして膽力を養ふことが出來るのである。自分も亦盲人のやうにして渡らうと、決心して渡り終つてから大いに悟る所があつて、終に一流を工夫して無眼流と名づけたといふことである。これ所謂無念無想の趣を得たものである。

天保二三年の頃、神戸に山本南龍軒といふ祭文語りがあつた。身長五尺九寸、體重二十七貫といふ大兵肥滿の者であつた。或日南龍軒は同じ仲間の者に、日頃の考を述べていふには「拙者は毎日かうしてデロレンデロレンと僅かな鳥目を貰つて生きてゐる事が餘り情ない。せめて何商賣でもして、日本全國を廻つて見たいものである」之を聞いた仲間の者は「それは貴公なら何でもないことである。差當り劍客になることだ。貴公の體格ならそれで立派に通る。先づ一人分道具を求めて、日本全國の劍客を片端から訪ねて歩き、大先生に一手合お願ひ申すと斯う云ふのだ。すると何處の道場でも、最初に數人の門人を立合せてから、先生が出るに極つてゐるから、若し先方で先づ門人數人の御相手をと云うた時には、是非先生にといふのだ。さうすると先生が立合つて呉れる」。「冗談ではない劍術を習つたこともない者に、そんな藝當が出來るものではない」。「いや劍術を知りさしでは、却つて襤褸が出るから知らないに限る。君が何時の祭文の時に手眞似をするやうに、青眼に構へて動かないのだ。さうすると先生が面とか籠手とかに撃つて來るから、撃たれたが最後、竹刀を前に置き、下に退いて平伏し『とても拙者の如き未熟者の及ぶ所ではございません』といつて禮をするのだ。有り難い事には劍客は相互とあつて、草鞋錢を呉れ、一晩宿めて出立させて呉れるのである。かうしたならば立派に日本全國は歩けるではないか」と勸められた。南龍軒は、それは誠に面白い方法だと考へ、そこで早速武者修行の用意を整へ、袴を穿き道具を擔いで、厚い芳名錄を風呂敷に包んで腰に下げ、名も山本南龍軒と藝名其の儘を用ゐて、神戶から漸く江戶に入つた。既に二年以上も經過してゐるから、芳名錄も各地の劍客の名で埋つてゐた。當時心形刀流の名人三宅三郎といふ旗本が、麴町番町に大道場を開き全盛を極めてゐた。南龍軒はこゝに訪ねて先づ玄關で、例の「頼まう〳〵」といふと門弟が玄關に出て來て之を見、其の大兵肥滿で强さうなのには驚いた。南龍軒は何時ものやうに「私は諸國劍術修行の者であるが、是非先生に一手合をお願ひしたい」といつて大樣に腰から芳名錄を取つて各地の先生を示した。之を見た門弟は愈々驚き其の旨を先生に傳へた。すると先生は「粗忽のないやうに道場に通して置け」と言つて一方では高弟を集めた。三宅三郎は南龍軒に向つて「それでは最初に門弟兩三名と御試合下さるやうに」と云へば南龍軒は「いや私事武者修行をして、既に二年有餘になりますが、未だ一回も其の道場の門弟と試合した事はなく、皆先生に直々に御手合を願つて來ましたのに、先生の道場ばかりで、門弟方と最初に御手合せを願ふといふことは、行く先芳名錄の手前にも甚だ迷惑致しますから、是非先生と一手合せを御願ひ申します」と述べたので、三宅三郎も「それでは拙者が御相手致さう」といふので十分に用意をして、道場の中央に出て互に禮を終り、三宅三郎が晴眼に構へると南龍軒も青眼に構へた。南龍軒は既に二年以上も毎日、各地の變つた道場で試合をして、十分に經驗も積んでゐるから少しの隙もない。三宅三郎は心中竊に愕き、如何にしたものかと頻りに焦り、敵を誘うて隙を見せるけれども撃込んで來ない。退いても、進んでも、切先に觸れても、南龍軒は平氣で青眼に構へたまゝ少しも動かない。かうして暫く睨合つてゐたが、三宅三郎は思ひ切つて、南龍軒の切先を拂ひ様に面に撃込んだ。併し面金に當つたか、當らないか位の所であつた。南龍軒は早速竹刀を前に措き、下に退つて「參つた」と平伏した。流石の三宅三郎も之には閉口した。觸れたか觸れぬかの面でかうせられては却つて心中恥しく思ひ、今一度御立合をお願ひしたいといふけれど、南龍軒は「先生の腕前とても拙者の如き者の遠く及ぶ所ではありませぬ」といつて承知しないので「然らば門弟に是非一手御教授をお願ひ致したい」と云つたがそれも承諾しなかつた。そこで酒肴の用意をして厚く饗應し、改まつて三宅三郎は南龍軒に向つて、何人に就いて學ばれたかと尋ねられたので、南龍軒も隱すに由なく、其の一切をありのまゝに話した。三宅三郎は膝を打ち大いに喜んで、「嗚呼今にして始めて無念無想の術を悟つた」と言つたとの事である。

第六十一章　劍道修行反省資料

木下壽徳は嘗て帝國大學の劍道師範であつて、其の著劍法至極詳傳の中に木下傳書と稱するものがある。左の百ケ條は傳書中の劍法地之卷心眼術氣力對照である。之を讀めば斯道修行に於て一段の興趣を覺えるのみでなく、精神の鍛錬と技術の錬達との上に益する所が甚大である。

心眼術氣力對照

一　擊込むべき個處の見えながら擊てぬことあり。

一　來る太刀の見えながら受けることの出來ぬことあり。

一　擊たうと思はぬに何時か擊つて勝つことあり。

一　心に擊たうと思はぬに、敵恐れて近寄らぬことあり。

一　强く擊たうと思はぬに、甚だしく强く敵に當ることあり。

一　十分に擊込まうとしても輕きことあり。

一　擊込むべきことの出來た處を擊込むことあり。

一　進まんとして進むこと能はざることあり。退かんとして又同じ。

一　何時か進みて擊込むことあり。

一　知らぬ間に退いて敵の太刀を避けることあり。

一　二の太刀の行くべき處ありても手の動かぬことあり。

一　知らぬ間に擊込み來る太刀を制することあり。

一　知らず拍子に合ふことあり。合はせんとして合はぬことあり。

一　擊たれることの出來ぬ場合を、擊たれて負けることあり。

一　手足が著しくきゝて手足の動かぬことあり。

一 輕く擊てども敵にいたく感ずることもり。
一 強く擊てども敵に少しも應へぬことあり。
一 擊たうと思うて意の如く擊てろことあり。
一 如何なる强敵にも負けぬと思ふことあり。
一 擊込み來る擧動の能く分ることあり、少しも分らぬことあり。
一 我知らず手本となるべき太刀の出ることあり。
一 十分に擊つたと思うても更に當らぬことあり。
一 確に受けたと思うて擊たるゝことあり。
一 起りの善く見ゆることあり、更に見えぬことあり。
一 自分で自身を苦しめることあり。
一 響の物に應ずるが如く、拍子調子に合ふことあり。
一 自分で合つた積りで、更に調子拍子に合はぬことあり。
一 敵の太刀が非常に氣になることあり。又少しも氣に止めぬことあり。
一 太刀の調子が非常に重きことあり。非常に輕きことあり。
一 太刀の調子の善きことあり。甚だしく惡しきことあり。
一 試合中他に氣の移ることあり。更に移らぬことあり。
一 早く擊ちたきことあり。靜に構へることあり。

一　我が太刀の邪魔になることあり。又太刀を忘れることあり。
一　善き所を擊ちながら又擊ちたき氣のすることあり。
一　進む氣ばかりありて退く氣の無きことあり。又退く氣ばかりありて進む氣の無き時あり。
一　非常に愉快なることあり、甚だしく不愉快なることあり。
一　敵の間に入り得たと思うて少しも入らぬことあり。
一　間合を外さうと思うて少しも外れぬことあり。
一　入られぬ積りで何時か間に入られることあり。
一　知らず力の入ることあり。更に入らぬことあり。
一　敵の調子に變化の遲きことあり。甚だしく早きことあり。
一　白露の落つる音も聞ゆることあり。太鼓の音も聞えぬことあり。
一　弱者に恐れて强者に恐れぬことあり。
一　聊かの事に驚くことあり。危機の場合に驚かぬことあり。
一　力を入れて斬れども、更に斬りし心地せぬことあり。
一　晴天にも太刀の手の中に固く付くことあり。雨天にても少しも付かぬことあり。
一　身體の少しも動かぬことあり。又自在なることあり。
一　大なる人と雖も小さく見ゆることあり。小なる人と雖も大きく見ゆることあり。
一　敵を廣く觀ることあり。又狹く見ることあり。

一　切先に心の入る時あり。更に心の入らぬことあり。
一　幾ら足を浮さうと思うても、固く踏みしめることあり。
一　平素使ひ馴れたる竹刀と雖も、手に合はぬことあり。
一　對手人により非常に氣になることあり。强敵と雖も少しも意に止まらぬことあり。
一　試合前に工風氣の付くことあり。更に其の氣を起さぬことあり。
一　殘心の甚だしきことあり。又更になきことあり。
一　知らず敵の氣に乘ずることあり。
一　對手人により負けて遣らうと思うて、試合すると卑劣になることあり。
一　受ける氣ばかりありて、擊つ氣のなきことあり。
一　少しく打たれても甚だしく感ずることあり、善き處を强く打たれても少しも感ぜぬことあり。
一　立合はぬ先に負ける氣のして、試合すると雜作もなく勝つことあり。
一　無暗に入込まることあり。
一　掛聲の大きく出る時あり。又甚だしく小さきことあり。
一　一ケ所ばかり打つ時ありて、他の個所を打てぬことあり。
一　勝つて氣分の面白くなきことあり。負けて氣分の善きこともあり。
一　思うたより調子拍子の善きことあり。
一　敵の氣を引付けて我が物にすることあり。

一　色に應ずることあり。更に應ぜぬことあり。

一　我が劍影に敵の從ふことあり。

一　色影に一々疑を起すことあり。

一　更に色影に疑はぬことあり。

一　調子の浮く時あり沈む時あり。

一　我が劍影に恐れて無暗に打懸ることあり。

一　知らず敵の劍影に釣込まるゝことあり、又我が調子に敵を釣込むことあり。

一　負けて非常に感ずることあり。勝つて不十分と思ふことあり。

一　打たれたと思うて打を出すと、却つて敵を打つて勝つことあり。

一　敵の氣に乘じて勝つことあり。

一　香が善く應へることあり。

一　我が香が敵に善く通ずることあり。

一　目の色で打つて來る所の分ることあり。目の色の少しも分らぬことあり。

一　色の心に映り易きことあり。更に心に映らぬことあり。

一　知らず間拍子に合ふことあり。

一　道場を廣く見ることあり。狹く見ることあり。

一　間に入込まれて勝つことあり。敵の間に入つて負けることあり。

一　何となく懼れ氣を生じて敵に近づくことあり。
一　敵により内に勇氣を治めて聲を出さぬことあり。
一　撃たぬ氣合に敵の甚だしく恐れることあり。
一　思はず氣合にいたく狼狽することあり。
一　責め込む場合と責めらるゝ場合に、呼吸の出ぬことあり。
一　我が技術の著しく進みたることの知れぬことあり。
一　勉强して進まぬと思ふことあり。
一　誘ひに動くことあり。又少しも感ぜぬことあり。
一　香の手に取るやうなることあり。
一　大川一口といふ意氣込みのことあり。
一　樂に勝てる試合に負けることあり。
一　勝つ氣で試合して負けて是非なしと思ふことあり。
一　敵の粘りに應ぜぬことあり。直ぐ粘りに附くことあり。
一　試合始めに先を制せられると勝てる敵手に負けることあり。
一　氣の纏まることあり。更に纏まらぬことあり。
一　氣配の善きことあり。更に氣の止まらぬことあり。

第六十三章　劍道と婦女子

第一節　婦女子と運動

健康尊重は最近世界の大勢である。男子に健康が大切であると同様に、女子にも亦健康が大切である。男子に心身の强健が必要であると同じく、女子にも亦心身の强健が必要である。近時母性保護の諸に依つて、女子に對する社會衞生上の施設が高調せられるが、是は從來閑却せられた女性の健康が、重要であることを覺つたからである。同じ意味に於て女性に對する運動の必要も、亦認められて來たのである。

時代は健康な女性を要求してゐる。從來は女子の健康は、男子の健康ほどに重んぜられなかつた。併し女子の健康が如何に必要であるかは直ちに分る。人類の母は女性であつて、健康なる女子が健康なる男女を生むのである。又母が健康でなくては、兒は健康に育つことは困難である。故に人生健康の第一步は、女子の健康から始まる。又現前の生活に就いて考へても、近時は女子の活動、女子の勢力が追々重大なる社會的要素となつて來たので、其の健康が實社會に及ぼす直接の影響も、決して輕んずることが出來ぬ時代となつた。文明國の女性として恥ぢない爲めには、働くことの出來る體力と健康とを養成せねばならぬ。之を家庭の一員として見ても、婦人健康が、家庭の活動と繁榮とを支配する一要素であることは明かである。英國人は、活動的婦人は、男子と同樣にスポーツをやつて身體を鍛錬することに依つて、作られと云つてゐる。女性の解放とか、男女の平等とかいふ問題も、活動に堪へる體力を備へることが必要である。口ばかりではなく先づ肢體の强健を圖り、同時に腦を開發すべきである。男子の眞の好侶伴たる實力を養へば、女性の尊嚴は自然に加はるものである。されば婦人の體力の發達と健康の維持とは、社會的要求であつて、當世婦人とは體力壯健な、從つて活動的な、快活な女性である。殊に日本の女性に向つては運動を奬勵せねばならぬ。素より男女には體質の差があるから、全然男子と同一なることは望まれないが、只女子としての最大級の發育を遂げたいと思ふのである。女子は男子のやる大抵の運動は差支へはない。唯其の程度と生理的異常の際とに注意を拂はねばならぬ。

婦人運動に對しての要求は

1、心身の鍛錬上最も有效なる種類のもの。
2、なるべく全身的均齊に運動するもの。
3、興味あつて容易に行はれるもの。
4、短時間に於て十分の效果を修め得られるもの。
5、大なる設備費用を要しないもの。
6、晴雨時候に關せず寸暇に於て行はれるもの。
7、相手なくして單獨にも行ひ得られるもの。

第一節　劍道と婦女子

古來我が國には、婦女子に對して三界に家なく、三從七去と云ふ敎がある。男女同じく生を人世に禀けて居る以上、優劣を附けるべきではない。天地の相對し、陰陽の並び位するやうなものである。然るに此の說に依れば、女子は殆ど人類から取除けられて、劣等の人種の取扱ひを受けてゐるやうである。因襲の久しき習慣俗を成して、敢へて怪しまぬ者が今日に至つても尙あるが、之は果して人道に適つてゐると言へようか。既に女子も男子と平等である以上、其修得する根本の道も亦一つでなければならぬ。

凡そ宇內に人の據るべき道は、一つであつて決して二つあるのではない。神道に示された道も、釋迦の說かれた道も、孔子の述べられた道も、總べて其の歸著する所は一つなので人道、武士道、大和魂、日本精神も亦斯の一ある道に外ならぬ。劍道が旣に述べた通りの大道である以上、人類の如何を問はず、男女の別を論ぜず、修得しなければならぬ道である。斯の道に從はなければたとへ危險が其の身に逼つても、之を防禦することは出來ず、社會公衆の害を除くやうな事は、到底出來る筈はない。況んや劍道の神髓などを體得することは、夢にも出來ないのである。婦女子に於ても心身の修養鍛錬を怠らずに勤めて、始めて男子と伍して其の存立の幸福を全うすることが出來るのである。之に對しては何人も疑のない所であらう。

人道發達其の極に達し、人々慈悲仁愛の心に滿ち、强者は弱者を凌犯せず、弱者は强者の保護を受けて、皆能く其の堵に安んじ、和樂して其の生を送ることの出來る時は、到底得て望まれないのである。今や斯の如き時代と其相距ること遠く、口に仁義を唱へても內に邪惡の劍を磨き、弱肉强食の世にして、甚だしきは白晝盜賊、途に人を要して、物品を强奪し、兇漢人を殘殺する惡事、日として之を新聞に見ないことはない。兇惡を懲するには刑律があり、善良を保護するには警察があつても、戶每に又人每に之を完全に行ふことは出來ないのである。これ孰れの時代といつても免れ難い天數である。今日の婦女子は男子の間に互して、獨立能く社會に活動する時代である。されば兇惡なる强漢の豺狼の欲に遭はないとも限らない。之に抵抗すれば一身を失ひ、彼の爲すが儘にするは尙更に忍びない所である。さりとて婦女子の一人一人に、多數の壯漢を以て保護することも望まれない事である。かくいへば世或はそれは亂世の事であると、一笑に付するかも知れないが、雄辯に語る事實の證明する者のあるのをば如何ともし難いのである。然らば此の間に處して其の身を完うするには、如何なる道を選ぶべきか。女子自らをして心身の修養鍛錬をなさしめるより外、他に良法はないのである、其の修錬の法は何を以て最も勝るものとするか。柔道可なり。ピストル可なり。劍道可なりであるが、余は短刀の術を學ばしめ、尙古來の風習である薙刀を以てし、更に其の尤なるものとしては居合を以てするのである。薙刀は携帶には至つて不便であるが、高尙優雅、練習の割合に進歩速かなもので婦女子に適し又一尺內外の短刀は、帶に懷に之を忍ばしめるも自由である。居合は別章に述べてゐる通りである。婦女子にして斯の術に通じたならば、千斤の鼎を擧げる程の膂力ある兇漢も、之を如何ともすることは出來ないのである。況んや其の精神修養の效果に至つては、測り知ることは出來ないのである。故に余は女子をして居合、薙刀、短刀術を學ばしめることを强調して已まないのである。

女學生も學科修得の外に、武道の練習にも重きを置いて、決して一方に偏することなく、古人の言の如くに、文武は鳥の兩翼にして始めて完全なる人物となり、公にしては國家に盡し、私にしては一身の爲めにするは、男女青年の本分であらうと信ずる。女子は禮儀作法を初めとして挿花、點茶に至るまで、其の敎を受けるものであるが、武道に依り不變の本體を具へ、妙活の動作を完うすれば、奧義は挿花、點茶を論ずることなく、一に歸するものであるから、其の風采態度は自ら高雅となり、其の容儀形貌は自ら秀麗となり、其の坐作進退は自ら優逸淸靜となつて、死人の様な觀を呈して、人から笑を受けるやうなことはない。世間或は婦女子が武道の稽古をすると肢體が硬直となり、粗野に陷り、女性美の特色を失ふかと嘆く者があるが、巴御前は優しい女性であつた。武道に依つて得た美は完全なものである。骨格と筋肉との正しい發育に依つて、姿勢の均齊の美が成就せられ、健康に依つて女性美の耀きを增す。古代ギリシヤでは女子の肉體美を尊重して、美を獲得するためには少女は盛んに運動を行つた。アテンの女は水泳を好んだと傳へられ、運動の最も盛んであつたスパルタに最も多くの美人が出たとのことである。武道を修めた女子は啻に身體の健康を增し、血色の淸純、形貌の端麗を加へるのみではない、心氣快活となるから、女子に最も多い精神の諸病を惹起することなく、其の益する所は鮮少でない。鍊養久しきに亘り、精勵怠らない時には、主心一度命令を下すと形體は之に從つて動作することは、恰も響の聲に應ずるが如くである。女子と雖もかくして終に無敵の地步を占めるに至るのである。卽ち物質的有形の體軀は、一人にして他の一人に抗するが、靈活的精神に至つては、修養宜しきを得たならば、眼中敵なきに至り、千萬人と雖も之に對して如何ともすることは出來ないのである。

第六十三章　居合

第一節　居合の意義及び目的

居合は一つに拔刀とも書き或は拔合、拔劍、居相とも書く。但拔劍は之を劍道にもいふ。居合と拔合とは時に區別して、居合は對座の時をいひ、拔合は立勝負の上をいふ時の書法である。又時に二者を合せて居合ともいふ。居相と書いたのには深意がある。居とは强闘想理の場に心を据ゑたことをいひ、相とは常住坐臥に備を怠らぬ念想を云つたので、居想の意として居相の字を當てたのである。要は片時も武備を失はない意味である。

居合はもと腰の扱ひを以て善く長刀を電光の如くに拔放ち、一瞬に敵を斬つて敵に乘ずる隙間を與へないものであつたが、次第に研磨の功を重ねて、鞘離れの一瞬に勝負を決し、陰陽の變化は鯉口を切る所に生じ、敢へて長刀には限らない。居合の始祖林崎甚助重信は、奥州林の明神に參籠して武術を祈つて、靈夢に居合の術を得た。是から世々傳へ來た所の居合は、敵に不意を仕懸けられた際、早く拔き取合つて拔合せる術である。故に居合の歌に、

拔かば切れ拔かずば切るな此の刀
たゞ切ることに大事こそあれ

敵から不意に仕掛けられ拔いてかゝれば、早く拔き合せて切つて捨てよ。敵が拔かないのに自分から拔いて掛かるは法でないとした。然るに水野作兵衛正勝に至つて、鞘の内に敵を受けるは既に遲れてゐるとして、立向ふや否や先づ敵の手が太刀を拔き離さぬところを切ることを專要とし、佩刀の寸法をも大いに縮めて小闘口と云ひ、居合の文字をも居相と改めた。

居合修行の目的は、單にこの點に留まるものではない。實戰に於てのみならず、居常須臾も缺く事の出來ぬものである、數百年發達の間或は其の技術に於ても、精神に於ても精妙深遠の域に達し、禮儀習慣整然として備はるに至り、遂に儒敎、佛敎、神道の三道と融合調和して、實に吾人の武士的人格修養の道として、缺ぐことの出來ぬ極めて重要適切の地位を占めるに至つた。以下先賢の說に照して少しく述べよう。

第二節　居合と劍道

居合は劍道の一分科と見做されてゐるが、古人は「劍道は居合を以て其の根本となす」と云ひ又『居合は武藝の要樞である」と云つてゐる。其の究極の目的に至つては、劍道居合の二者異なる所はない。唯劍道は其の練習に竹刀を以てするが故に、時々精神の主たることを忘れて、棒振りに流れぬとも限らぬ。太刀の取扱ひ方、使用法等を辨へず、其の根本精神を忘れた時には、眞の目的に沿ひ難い。居合に於ては太刀の拔き方、納め方、擊突の方法等一擧一動、嚴格なる禮儀作法を重んじた。先哲の言に「人に對し、座に對して己の禮儀正しきは、居合の本となす所なり」と曰く「其の本暗ければ則ち見るべからず」と。又周到なる注意のもとに練習するもので、一振一擊苟もせず、眞に眞劍味が籠り、自ら精神の緊張するのを覺えるのである。竹刀と太刀とは、其の程度に於てこそ差はあるが、其の根本精神を滅却しなければ同一である。吾人は平生かゝる體驗を他の方面から得ることは困難である。居合の拔付けは、敵が不意に斬突に來た時其の先を制する業であつて、全く氣合の働きである。此の氣合と此の業とを劍道に應用したならば、先を制することは極めて容易である。居合は靜中に動があり、動中に靜がある。精神的鍛錬の方法で、劍道とは全く離れることの出來ぬ關係にあるのである。然るに動もすると居合を劍道外のものと見、或は自己の淺見から之を輕んずる風習のあるのは、斯道の爲め誠に惜しむべきことである。吾人は此の迷霧を去つて、斯道をして益々發展せしめる義務がある。

第三節　居合と修養

居合が古來如何に修養上に重きを置いてゐるかを傳書に依つて左に示さう。居合と神儒佛との關係は、既に劍道の神髓は那邊に在るかの章に於て之を述べたから今は省略する。

新以心流別傳不變の卷に「抑々當流居合を先に敎ふる事は、拔かぬ前の居合を能く勤め行へと云ふ心なり。其の居合と云ふは、第一君に忠に、親に孝に、朋友に信に、萬に禮を重んじ、他に善を讓り、已惡しきを受け勤め、行住坐臥己に反り、他の無禮は己の行の不足なりと心得え候へば、居合の本意に叶ひて天下に敵なし。敵なければ天下和順にして太平なり。若し此の心なく劍術修行あらば、本然の理を失ひて只喧嘩の稽古となるべし。世に流儀を立て劍術を他に傳ふる人多しと雖ども、唯打ち叩き勝負の論のみにして、更らに本然の理に叶ふまじと見えたり。既に居合拔き放ち、劍術に至るとも己が邪意を戒しめ、天地に形りて正直を守り、誠に無意無我なる時は則ち無敵なり故に敵の方に邪曲の意ある時は天理に背きて、敵己と正直の太刀に討たるべし。執行鍛錬の後此の理明白なるべし。

居合とは人に斬られず人切らず
　己をせめて平の道

居合とは己の心に勝つばかり
　人の非を見て人にさかふな

居合と云ふ文字は、太刀を拔きて人を切る事の様に心得てゐる人が多いが、實に嗜まざる至極である。居合は武士の居常稽古する所であつて、單に刀を拔く事ばかりを、居合と心得てはならぬ事は前に記した通りである。其の故は人をも斬らず人にも斬られず、此の心を以て自己を修養し、延いては天下を太平にする道であつて、天下和順太平の御代に居合をばするので、居合とは名附けたのである。唯我が身を省みて私欲、我が儘の邪念がある時は、速かに之を改めよと教へたのである。孔子十哲の一人曾子も吾日に吾が身を三省すと云つてゐる。平日他人との居合獨居の居合に愼しまないでは、當流儀の居合とは言へないと云ふのである。

又人は皆他人の非を見て、之を惡み之を咎めるのは凡人の常である。居合を拔いて人に勝つ事とのみ思ふ時には人の非を窺ひ、邪を狙ふ故に、我が身に邪念のある事は少しも知らないのである。かくして自己を修養しない者は緩急の際、正直なる大敵に出合つたならば、思はぬ失敗を招くのである。

更に當流後目錄極意の部に、居合の大事として次のやうに述べてある。

「居合と云ふ文は、太刀を拔く事を居合と心得たる人多し。嗜まざる至極なり。拔かぬ前の平常人と會ひ對するを居合と云ふなり。己を立て人に逆ふ時は敵となりて、居合も崩れ拔き放ち喧嘩術となるべし。常に人を立てゝ己を立てず、柔和を第一とし居合の實意を守り、禮儀を正し、人に後れて而して身を直くすれば、居合整ひ、天理に叶ひ。愈々天下和順にして其の德自ら備はるなり。又片時も油斷なく出入起居を愼しみ、遊山翫水といへども、心を靜め用心致し、日夜朝暮、心の油斷なく、心の敵を作らず、己を責めて己に克ち、居合艮今に過を改め勤むるを居合の大事とはするなり」と。

又一心流居合明傳には速心、忍心、先心、仁心、の四者を尊び極致に至る地意としてゐる。又居合には一心、二眼、三足及び間時節の敎がある。速心とは二念なく速かなる心である。決斷の善い一筋の心である。忍心とは忍ぶ心で疎忽なる事なく、落着いて物事を勘辨する穩かなる心である。先心とは理業の修行熟し極致に至ると、天下に恐れる者なく、人に畏敬せられる地位にある心で、彼を知るは先心に在りともいつてゐる。仁心とは仁愛の心である。速心、忍心の工夫熟して、先心、仁心。先心、仁心熟して一心に至る。而して此の修心法の工夫は、智仁勇の三者に盡き、智仁勇の工夫熟して先心、仁心に至るのである。之が根本となるのは仁義禮智の四者である」と。

第四節　居合の實用的效果と其の練習

劍道は太刀を拔くことを主とせず、太刀を拔き構へて然る後に術を行ふものであるが、居合は前述の如くに鞘の中から引受けて、早く拔き合せ勝負を決する術である。故に古來武士は、平日の嗜みとして心得ねばならぬものとし又斯道に於ける先輩も、居合を武士に普及することに努めた。殊に加藤清正の如きは、朝鮮役に鑑みて之を武士の間に奬勵した。又武士は之を以て公にしては君父に事へて、事ある時には忠良奉公の誠を致し、私にしては一身の危難を免かれ、平時に在つては精神の修養と身體の鍛錬とを行ふ道とした。されば武士にして斯道に心掛けのない者は、自己の恥辱として居た。更に實用的效果に就いて先賢の經驗ある言に徵すると「居合は端坐から拔き方、納め方、斬擊刺突等に至るまで、敵を眼前に假想して、動作する事が最も肝要である。かくすれば一心なるを得て、終に神に入り眞劍の場に至つても、修行丈の働が出來るものである。之に反して唯形にばかりに拘はり、技術の巧妙を以て人を驚かし、業を衒ふが如き事のある時は、如何に技術は巧妙に見えても、眞劍の時心臆して勝を制することは出來ない」と云つてゐる。昔敵討ちの行はれた時代に於ては、仇を持つ者は此の道を修めて、目的を達した者も多くある。吾人は何時如何なる危難に遭遇するかも知れない。其の時に於ては唯心身を鍛錬し、護身の術を修め得た者のみが、危害を免れて、生を全うする事が出來、大にしては國家有事の際には、古人の實行したやうに奉公の誠が致されるのである。

居合は其の練習に於ては、如何に繁劇の事務に携はる人でも容易に練習が出來る。練習は對手を要することなく、一口の太刀の外更に道具を要せず、如何なる場所に於ても、僅少の時間に卽ち十數分にして十分の練習を積み、且白刄を振るのであるから自ら緊張し、剛强不屈の男性的氣力を鍛錬する事が出來る。其の動作は身體を最も均齊的に發達せしめ、且つ强弱は各自の力量に依るものであるから、老幼婦女の强弱を問はず之が練習に適してゐる。されば寸暇を利用して之が練習を行ひ、心身の鍛錬、自己人格の完成に努力するやうに、冀望して已まないのである。余は特に家庭生活の爲めに、運動に多大の時間を割き難く、野外に出難く、多く一家內に過す日本婦女子の爲めに、之が錬磨を高調するのである。場所は八疊の部屋、時間は僅かに十數分、而して心身鍛錬上、多大の效果のある事は上述の通りである。

余は大正十年、高知市土佐中學校に奉職中劍道教士英信流居合術範士大江正路先生に就いて、劍道居合の指南を受けること僅に二年、此の地を去つて轉々流浪の生活を續け、其の間絕えず示教を受けて、練習を怠らず、大正十五年五月京都に於て更に叱敎を仰ぐ爲め再會を約したが、終に先生病氣の爲めに果さず、昭和二年四月十八日天無情にも此の恩師を奪ひ、、幽明境を異にして、復た提命を受ける事が出來ない。唯々僅に壁間に揭げて寫眞を拜するばかり、哀痛今尙心底にある。

第六十四章　英信流居合

第一節　英信流居合系統

居合は奥州の住人（或は生國は相模ともいつてゐる）林崎甚助重信と云ふ人が、兵術の望があつて同州林之明神に一百有餘日參籠し、其の滿願の曉夢中に老翁があつて、居合の術を授けたものであると傳へられてゐる。故に神明夢想流とも云つてゐる。是れ本朝居合の始めである。林崎重信は北條高時に仕へたといはれてゐる。此の術が大いに流行し、林崎重信に從つて此の道を學ぶ者が多かつた。其の中片山伯耆守久安、關口八郎右衞門氏心、田宮平兵衞業正の三人が最も傑出して各々一流を立てた。片山久安は慶長年中居合を叡覽に供して、忝くも從五位伯耆守に任ぜられ伯耆流を立てた。現今は此の流も其の人に依つて甚だしく異なつてゐる。關口氏心は三浦與次右衞門に從つて組討を學び、相交へて一流を立て是れを關口流といつた。關東の人田宮業正は長刀をさして諸州を廻つて修行し、工夫に工夫を重ねて一流を案出し、其の術遂に大成して池田勝入齊信輝に仕へ對馬守となつた。其の門人で、三代の長野無樂入道槿露に傳はつた。此の人は井伊侍從に任ぜられ、秩五百石を賜つた。其の門人で四代の百百軍兵衞光重に傳はつた。此の人は金吾中納言に仕へたとも云はれてゐる。次に五代蟻川正左衞門宗續に傳はつて、此の人は秀吉公に仕へた。六代萬野團右衞門尉信定を經て七代長谷川主稅助英信に至つた。英信は享保時代江戸に於て、居合を研究練習して其の術精妙の域に達し、土佐に歸國して大いに此の流を弘め、長谷川流の一派を興した。或は此の以前は大森流といひ、長谷川英信に至つて長谷川流と云ふ流名が起つともいつてゐる。十六代五藤正亮は、英信が熱心の餘に流名を我が名乘りとしたのであるといつてゐる。第八代荒井勢哲清信、九代林六太夫守政、十代林安太夫政詡、十一代大黑元右衞門清勝、十二代林益之丞政誠、十三代依田萬藏敬勝、十四代林彌太夫政敬、十五代谷村龜之丞自雄、十六代五藤正亮を經て、十七代大江正路先生に傳はつたものである。居合根元の卷に依れば、大黑元右衞門清勝から分れて、十二代松吉貞助久盛、十三代山川久藏幸雅、十四代下村茂市に傳つた。大江先生は此の居合の傳統をも繼がれて、こゝに集大成せられたのである。

先生は號を蘆州、字は子敬、幼名は濱田十馬と稱し、嘉永五年十月十日高知縣土佐郡須賀村に生れ、幼にして武道に志し、高知の日根辨治に從つて劍道を修行し、後藩立文武館に劍道、柔道、居合、軍太鼓を學び、慶應二年三月には、十五藏にして軍太鼓導役に召出され、明治二年三月には劍道下役導役を命ぜられ、慶應三年五月、藩の旗本隊に編入し山內容堂公の御供に加はつて、京都に出發を命ぜられ、明治元年一月三日、德川勢會津一橋兩藩伏見に兵を起した時には、直ちに出陣奮戰し又明治元年二月十五日、泉州堺に於て佛國水兵上陸して、土佐藩の守備兵に亂暴を動き、爲めに我が兵憤怒の餘之に發砲した。此の報京都に達し、直ちに隊長東野に從ひ堺に赴いた。箕浦以下憂國の烈士が屠腹の現場に臨まれた。明治三年五月、藩立文武館に於て劍道專業を命ぜられ、明治十五年には高知劍道敎習社を設立し、明治十七年からは長崎縣三菱、高島炭坑等にて坑外取締兼劍道敎授をなし、明治三十五年歸縣して武德會支部及び高知一中、二中、農業、城北等の中等學校、警察、聯隊に劍道を敎授し、明治四十二年七月、劍道精錬證を授與せられ、明治四十四年一月には、劍道敎士の稱號を授與せられ、大正九年には濟寧館に於て特別御前試合を仰付けられ、翌年には優渥なる令旨を賜はり、十年六月居合術精錬證を授與せられ、同年九月には、居合術教士の稱號を授與せられ、十三年五月には、居合術範士の稱號を授與せられ、其の間新潟、岡山、兵庫等に居合の講師として招聘せられ。昭和二年四月十八日、遂に病の爲め逝去せられた。

第二節　英信流居合の歌

横雲　おく山は嵐吹くかや三吉野の
　花は霞の横雲の空

虎一足　猛き虎の千里の歩み遠からず
　行くよりはやくかへるあしびき

稻妻　諸ともに光るは知れど稻妻の
　あとなる雷のひびきしられず

浮雲　ふもとより吹あげられし浮雲は
　四方の高根を立ちつづくなり

山颪　高根より吹おろす風のつよければ
　ふもとの木々に雪もたまらず

岩波　行く舟の梶とりなほす間もなきは
　いはほの波のつよくあたれば

鱗返　波つ波瀬のぼる鯉のうろくづは

水せき上げておつることとなし

浪返　あかしがた瀬戸こす波の上にこそ
いはほも峯もたまるものかは

瀧落　たきつ瀬のくづるゝごとく流るれば
水とあらそふ岩もなきかは

居合とは絲瓜の皮のだん袋
すつかりとして身はどつちやら

居合とは心をしづめ指刀
抜くればやがて勝を取るなり

居合とは人に切られず人切らず
唯請留めて平に勝

居合とは心に勝つが居合なり
人にさかふはひがたなと知れ

居合とは刀一つに定らず
敵の仕懸を留むるやうあり

居合をば知りたる振りしてつかるゝな

居合の道を深くとふべし

身のかねの位を深く習ふべし
　留ねど留ることぞ不思議や

寒夜にて霜を聞くべき心こそ
　敵に逢ひても勝を取るなれ

下手こそは上手の上のかぎりなれ
　返す〳〵もそしりはじすな

強みにて行當るをば下手と知れ
　鞠に柳を上手とぞいふ

鍔は唯こぶしのたてと聞くものを
　ふとくもふとくなすはひがごと

無用なる手詰の論をすべからず
　無理の人には勝ちて利はなし

抜かば切れ抜かずば切るな此の刀
　唯切ることに大事こそあれ

世は廣し我より外の事なしと
　思ふは池の蛙なりけり

我が道の居合一筋雜談に
　知らぬ兵法事をかたるな
世の中に最屓偏頗のある時は
　上手も下手も人の云ひなし
寢て居ても起きて拔き見よはなれくち
　つかれぬ事は師匠なりけり
全胎の兩部と正に見えにけり
　兵法あれば居合はじまる
師に問はず如何に大事を敎ふべき
　心をすましねんごろにとへ
物をよく習ひ修むと思ふとも
　心掛けずば皆すたるべし
後より伐るを恥づる事はなし
　聲のひびきと是をいふなり
目の前のまつげの祕事を知らずして
　兎や角せん一期きづかふ
目の前のまつ毛の祕事を知りぬれば

第三節　禮儀作法と刀の取扱ひ方

刀は其の鍔元を左手で持ち、親指を以て鍔を抑へ、刃を上に向け、刀身を斜にして提げ、右手は自然に垂れる。而して道場の下座から進み出で、直立禮で神殿に向つて約三十度に上體を屈げて敬禮をする。これは普通の作法であるが、更に鄭重に行ふには、鐔を後に切先を前下りにして刃部を後に向け、右手の甲を前に、親指を左側に、食指を正面に、殘り三本の指を右側にして、栗形の處を握り提げて出で、玉座又は神殿に向つて最も嚴肅なる敬禮を行ふのである。敬禮が終ると、靜かに右足から道場の中央に出で、神殿玉座をば己の左側にして立ち、上體を稍々前方に屈め、右手を以て袴の股に入れ、袴を左に拂ひ、更に手を返して右に拂ひ、（或は右手で袴を一度に後方に拂つてもよい）、兩膝を同時に靜かに板の間に着けて、足の親指と親指とを重ね、兩膝の間隔は稍々大きく開いて、體を安定に保つやうにして正確に坐り、刀をば左股の上に乘せ、兩臂は稍々張り眼は七八尺前方に注ぎ、丹田に充力して、十分に精神を沈着ならしめるのである。何故に神殿玉座を左側にして正坐する、卽ち體の左鞘の處を上座に向けて坐るかといへば、此の座で刀を拔く時は、上座に向つて刀を拔き付けないことになるからである。以下正面、斜、後と云ふは此の正坐した體を元として、其の體の前面を正面、其の背の方を後、左右の横を左右、前面斜を斜といふ。

正坐し終つたならば股に乘せて、左手に持つてゐた刀を右手に執つて、其の親指で鍔を抑へて、體前中央の處に刃を己の方に向けて直立する。左手は左膝の上に置く。次に其の刀をば、右膝頭から斜に五六寸を隔てた處に刀の鐺を据ゑ、それから右手に執つてゐる刀を、靜かに自然に體と平行に刃を己の方に向けて倒すのである。此の時眼は鐺から柄頭に至るまで、倒すに從つて注ぐのである。正確に刀を置き終つてから、右手を鞘から離して右膝の上に置き、兩臂を少しく張つて、最も靜かに稍々頭を下げて默禮を行ふ。此の時既に心を靜淨の境地に遊ばしめるのである。默禮した頭を靜かに上げ、右手で食指を以て鍔を抑へて鞘を握り、鐺の位置に刀を立て、其の刀を體前に直立せしめ、左手の指で鞘の中央から下へ摺り下ろし(第一圖參照)、鐺を指に掛けて、鐺から栗形迄を左腰の帶下に差し、柄頭を稍々內方右に入れ、刀身を斜とする。刀が既に腰に十分に安定すると、兩手は少しく張つた心持にして各々の膝の上に置き、四肢は安泰にして兩眼は前方七八尺の處に注ぎ、丹田に氣力を整へ、諸事を忘却し去つて無我の境界に沒入し、自然と冥合して斯道の極致に入らねばならぬ(第二圖參照)。

第一圖

長谷川流の坐り方は、左膝を折つて膝下全部を板の間に着け、左足の足裏に臀部を載せ、右足をば斜に立てゝ、上體を眞直にして坐り、兩手は親指を內に入れ、輕く握つて股の中間に置いて稍々臂を張る(第三圖參照)。

第二圖

最終の禮は、業が終つてから正面に向つて端坐し、次に左手を腰に右手は鞘を握り、親指を以て鍔を押へ、刀を腰から拔き取り、體前に立て、更に右膝頭から約五六寸を隔てた位置に立て、刄を己の方に向け、體前に横に倒し、次に一度端坐

第三圖

して兩手を膝上に置き、然る後に板間に兩手をついて敬禮を行ひ、立ち上つて左手に持ち換へ、後退して神殿玉座に向つて敬禮を行ふ。鄭重に行ふ時には、最初の禮のやうに右手に持つて敬禮する。

第四節　刀の拔き方及び其の納め方

第四圖

丹田に氣力が充實し、心身の統一が出來て、始めて靜かに左手で刀の鞘鯉口を輕く握り、其の親指を鍔に掛ける。右手は肘關節を折つて、四指を手元に親指を欛の向にして、欛を其の股に入れて、靜かに輕く握り肘を落す。此の時開いた膝頭を閉ぢ、兩足指を次第に起して兩爪先を立て、臀部を上げ、左手で鞘を少しく後に引き、右手を斜前に出し、右足を少し前に出しながら刀を靜かに拔き、刀尖三寸迄拔く。刀尖三寸殘つた處から、右足を十分前方に踏出しながら、其の殘りの三寸を一氣に拔き、右手と肩とが水平に且つ眞右に十分に伸ばし、手首を上に折ることなく、下に折る心持で握り、刀尖を稍々左に且つ少しく下げる。左手は刀を拔くと同時に、臂を稍々左に張る。此の時右足は眞直に前方に十分に踏出して立て。左足は膝頭を板の間に附け、爪先を立てゝ右足と平行に置き、胸は左右に十分に開張し、丹田に充力する（第四圖參照）。之を拔き付けと云つて、敵の首を切るか又は手等を斬る形であるから、決して輕擧妄動に遣つてはならぬ。

第五圖

此の拔き付けの態勢から、刀尖を左耳に突刺す心持で、刀峯を肩の高さよりも稍々上げて左に遣り、頭上に眞直に刀峯が殆んど背に接するまでに振冠る。左手は刀を振冠ると同時に欛頭の處を握る。これを上段に冠るといふ。冠つてから、眞直に稍々手前に引く氣持で正面に斬り下ろし、其の刀尖は板の間から八寸程の高さで止める。兩手は内方へ絞る。此の時足踏みは拔き付けよりも稍々前方に出すこともある。斬り下ろした態勢から、左手は栗形を押へると同時に、右手で掌を上にして刀を少しく平にし且つ刀尖を少しく出して、刀を右横に後に廻し、肘關節を自然に折つて頭上に刀を翳す。次に其の刀をば頭上から右斜下に一氣に下ろす。此の時後の左足は、前足は吸ひ附けられるやうに且つ輕く右足に揃へ、腰を少しく落す（第五圖參照）。之を血拭ひと云ふ。

血拭ひの態勢のまゝ、左足を後に退き、右拳を上に返し、刀峰八寸（練熟するに從つて刀峯三寸とすること）を、鯉口を握つてゐる左手の親指と食指との股に摺りながら、刀尖三寸を一氣に納める（第六圖參照）。此の時體を殊更に前方或は右に曲げ又は親指食指などを伸ばすやうなことがあつてはならぬ。刀尖三寸を納めた態勢から、靜かに刀を納めながら體を自然に下ろし、刀を全く納め終ると同時に後足の左膝を板の間に附け前足の右膝を立てる。又左足を出したまゝ刀を納めることがあるが、此の時は右足の膝を板の間に附ける。其の他の要領は同じである。

第六圖

長谷川流の血拭ひは、斬り下ろした態勢から右手は右側面に、右膝を摺るやうに出し、左手は右手と割くやうに鞘栗形に當て、下腹に力を入れる（第七圖參照）。此の血拭ひから直ちに刀を大森流のやうに刀尖三寸を納めるのである。足踏みは刀を納めると同時に、前足を以て少しく圓を畫きながら退き、納め終ると同時に、臀部を載せてゐる後足に前足の踵を揃へる。

奥居合に於ては血拭ひは速く、刀の納め方は刀身の六分迄を鞘に速く納め、殘りは靜かに體が直ると共に納め終るのである。

第五節　大森流居合

一番　前

正面に向つて正坐する。右足を出しながら刀を拔き付けて、前方の敵の首を切り、更に上段になり、同體で前面の敵の頭上を眞直に斬り、血拭ひ刀を納める。

第七圖

二番　右

右に向つて正坐する。刀を靜かに拔きながら、右足に體の重心を置き、右膝頭で左へ廻り、左足を踏出して、左の敵の首を斬る心組で拔き付ける。更に上段となつて前面敵の頭を眞直に斬る。血拭ひは一番と同じ要領で行ひ、左足を後方に退き刀を納める。

三番 左

左に向つて正坐する。刀を靜かに拔きながら、左足に體の重心を置き、左膝頭で右へ廻り右足を出して敵の首に拔き付け、更に上段に取つて、直ちに敵の頭上に斬り下ろす。血拭ひは右足を後方に退き、刀を納める。

四番 後

後へ向つて正坐する。刀を靜かに拔きながら、右膝頭と左爪先とで左へ廻り正面に向ひ、左足を踏出して敵の首に拔き付け、同體で上段から敵の頭上を斬る。血拭は左足を後方に退き、刀を納める。

五番 八重垣

正面に向つて正坐する。刀を拔きながら右足を前方に踏出し、左膝を少しく浮めて、中腰となつて敵の首に拔き付け、更に左足を前方に踏出して、兩膝を浮めて中腰のまゝ大間に上段に取り、前方眞直に敵の頭上を斬り下ろす。

第八圖

此の時右膝をつき左膝を立てる。同體にて長谷川流の血拭ひをなし、刀を七分迄納める。此の時敵未だ死なないで我が左足に斬り付け來るので、血拭ひの姿勢から急に立ち、直ちに左足を後へ開き、體を左斜構とし刀を膝の前に拔いて平とし、膝を圍みて鎬を以て敵の刀を受け、更に左足を眞直にして、身體を正面に向け上段となり、坐しながら敵の正面を斬る。血拭ひは右足を後方に退き、刀を納める。

第九圖

六番　請流し

右斜に向つて正坐する（右向でもよい）。敵が我が頭上に斬り込み來るので、左足をば右足の爪先前に横に踏出しながら刀を少しく拔き、中腰となつて刀尖を少し殘し、右足を體の後に退くと同時に、殘りの刀尖が鞘を離れて右手を頭の上に上げ、刀を顏面の處で斜として、刀尖を下げて敵の刀を受け流し（**第八圖參照**）、左足を右横に踏み開き、右足を右横へ摺り込みて、其の左足に揃へる。此の時足を踏みしめ、足踏みは三角形となる。左斜向に上體を變へ、稍々前に屈し、刀は右手で左斜の方向に敵の首を斬り下ろす。斬り下ろす時左手を掛ける。血拭ひは斬下ろした態勢の足踏みから、左足を後方に十分に退き右足は稍々前方に屈して膝頭を前に出し、其の膝上に刀峯を乘せ(第九圖參照)、右手は手の甲を上にして逆手で刀欛を握りかへ、其のまゝ靜かに刀を納めながら體を漸次に下ろし、刀が全く鞘に納まると同時に、左足の膝を板の間に着ける。

七番　介錯

正面に向きて正坐し、臀部を踵から離して、右足を少しく前に出しながら靜かに刀を拔き、刀尖が鞘を離れると同時に、右足を後に十分に退き中腰となり、刀を右手の一手に支へ、右肩上で刀尖を下げ斜の形狀とする。機を見て右足を音を立てないやうに前方に踏出し、上體を稍々前方に屈し、刀を肩上から左斜方向に眞直に斬下ろして、前の者を斬る。左手は切下ろした時に添へる(第十圖參照)。血拭は足踏のまゝ六番と同じやうにして刀を納める。

第十圖

八番　附込（俗に追切といふ）

正面に向つて正坐する。臀部を踵から離して右足を前に少しく踏出しながら刀を拔き、刀尖が鞘を離れる時頭上に冠り、右足を左足に退き揃へ直立體となり、右足から左足と追足にて、前方へ一度は輕く頭上を切り、二度目は頭上を同一の態勢で追足にて斬る。此の態勢から右足を後部へ退き、中腰となつて更に上段の構を取り、敵の生死を確めながら殘心を示す。拔き付けからこれ迄は速きを良しとする。此の殘心を示した態勢から、靜かに自然に右足の膝を板の間に着け、左足の膝を立て全體を落して、刀を前方に下ろし晴眼の構となる。同體で右手の甲を上にし、內方に向けて欛を握り、左手は左膝の上に置き、刀峯を乘せ血拭ひをなし（第十一圖參照）、刀は逆手の儘同體で納める。

第十一圖

九番　月影

左斜前に向つて正坐する。右足を踏出し、中腰で刀を高く拔き付けて、敵が己の正面に斬込み來る其の右籠手を斬り(第十二圖參照)、其のまゝ左足を出しながら上段に冠り、右足を踏出して稍々直立體にて、敵の頭上を眞向に斬り、刀尖を胸部にて止める。血拭ひは右足を引き、一番と同じ要領で刀を納める。但し直立體のまゝ。

十番　追風

直立體で正面に向ひ、數步進み出てゝ上體を稍々前に屈し、刀の欛を右手に持ち、敵を追懸ける心持で隨意前方に走り出で、右足の出た時刀を敵の首に拔き付け、直ちに左足を摺込み出して上段に冠り、右足を摺込み、左足は追足で敵の頭上を直立體にて斬り、刀尖を頭上で止める。血拭は右足を退き、中腰のまゝで刀を納める。

第十二圖

十一番　拔打ち

第十三圖

正面に向つて正坐する。對座で前の敵を斬る心組で、其の正坐から爪先を立てゝ、刀を前から（第十三圖參照）、頭上に抜き上段に冠り、兩膝から開きながら腰を起し、身體を少しく出し、前面の敵の頭上を斬る。血拭ひは長谷川流の血拭を行ひ、其の態勢のまゝ刀を納め終ると同時に臀部をば爪先を立てゝゐる踵の上に置く。而して後靜かに正坐する。

第六節　長谷川流居合

向身の部

一、横雲

正面に向つて長谷川流の坐り方に依つて坐り、刀を靜かに拔きながら、三寸殘つてゐる時右足を踏出して、一氣に刀尖を拔き付け、前方の敵の首を斬り、更に其の態勢で上段に冠り、眞直に前方の敵の正面を斬る。長谷川流の方法に依つて血拭ひを行ひ、刀を納める。

二、虎一足

正面に向つて坐する。靜かに立上りながら、左足を斜後に退いて、刀を拔き付けると同時に膝を圍ふ。此の圍は體を左向き中腰として、横構で受止めるのである。（第十四圖參照）。此の態勢から左足を眞直に向け刀を上段に冠り、正面に向きて坐しながら敵の正面を斬下ろす。血拭ひ刀納めは横雲に同じ。

第十四圖

三、稻妻

正面に向つて坐し、右足を少しく立てながら左足を後へ退き、兩膝を浮めて左斜へ高く拔き付けて、敵が己の頭上に斬り込み來る籠手を斬り、更に其の態勢から上段に冠り、左膝を板の間に着け、右膝を立てゝ敵の頭上を斬下ろす。血拭ひ刀納めは前に同じ。

右身の部

四、浮雲

左向きに坐してから、左手を刀に掛け、静かに立ち上り中腰となつて、左足を後に少し退きながら、敵が我が鐺を握つてゐる手を離す爲めに、刀をば左手で急に左横に開き、右手は垂れて力を入れる。其の開いた態勢から左足を右足の前方へ横一文字となし、右手を欛に掛けて胸に當て、一人を右手の下に入れた心持で肘を張り、少し俯き右下へ拔きながら體を右へ廻し、刀尖が三寸殘つた時體は中腰となり、右横から左へ捻り、左足を裏返しとして鞘を下げ、正面に向つて拔き付け、折り返して打ち、左手の內で刀峯を押へて伸ばし、右手は弓張とし、右足を右斜

第十五圖

に十分に退いて其の膝をつき、敵を引き倒し（第十五圖參照）直ちに右手の延長線が刀と一直線になるやうにして、刀を肩上にて豁し、上段に冠つて正面に直り左斜を斬り、左足の膝頭の外で兩手を止める。

五、颪（又山おろしとも云ふ）

左向きに坐してから、腰を浮めて右に向き、右足を踏出して柄止め、即ち兩手を掛け柄頭で敵の眼に當てる。直ちに左足を右足まで摺込み、其の踵へ臀部を乘せ、右斜向き體となり、斜刀にて筋違へに敵の胸を斬り（第十六圖參照）、折り返して打ち、其の態勢で左手は刀峯を押へ、左膝をついて左足を左横に開き、刀を右へと兩手を伸ばして引き、敵體を引き倒すと同時に、右足を右斜に退いて膝を立て、直ちに浮雲の時と同じやうに其の刀を右肩上の處に豁しながら、左足を後方に退き右足を踏出して正面に向き、上段となつて敵の正面を斬り下ろす。血拭ひ刀を納める。

第十六圖

第十七圖

左身の部

六、岩浪

右向きに坐し、腰を浮べ左足を少しく後に退きながら刀を體前に抜き、直ちに左手掌で刀尖を押へ、右膝頭の處へ着け、左足を右足に寄せ、體を正面に直し、左手と右手とを殆ど水平とし其の右足を其の儘一度踏み、全體を上に伸ばし、直ちに體を落し、左足を後に退いて左膝をつき、右手を差伸ばし、左手は刀尖を押へたまゝ伸ばして、刀を眞直にして敵の胸を突き（第十七圖參照）、右足を十分に右へ退き變へ體を右向きとし、兩手で刀を横に引いて敵を引き倒し、左足を後方に退きながら、刀を振冠つて右肩上に翳し上段に取り、更に右足を前に踏出して、敵の正面に向つて斬下ろす。血拭ひ刀を納める。

七　鱗返

右に向つて坐し、右膝を立て左足の爪先を立てゝ腰を上げ正面に向ひながら、中腰で左足を後に退いて、膝を板間から僅かに離し、敵の籠手に水平に拔き付け、更に上段に取り、坐しながら敵の正面を斬り下ろす。血拭ひ刀を納める。

後身の部

八、浪返

後に向つて坐り、左から正面へ兩足先で廻り、中腰となり左足を引きながら、正面の敵に水平に拔き付けて籠手を斬り、更に上段に冠り、坐しながら敵の頭上に斬下ろす。血拭ひ刀を納める。

九、瀧落

後に向つて坐り、徐に立ちて左足を一歩後へ退き、鞘を握つてゐる左手を其のまゝ急に膝下眞直に下げて鐺を上げ、後方を顧み、右手を膝上に置き、同體で左足を出し右手を欛に掛け胸に當て、右足を前に進めると同時に拔き、刀峯を胸部に當て(第十八圖參照)、同體のまゝ左へ轉旋して、體を正面に向け、左足を前とし、其の體のまゝ胸に當てゝゐる刀をば、右手を伸ばし刀は

第十八圖

刄を右横に平として突き、右足を出しながら上段に取り、左膝をつき坐しながら、敵の頭上を斬る。血拭ひ刀を納める。

十、眞向

正面に向つて正坐し、腰を伸ばし爪先を立て、刀を上に拔いて上段に冠り同體にて敵の正面を斬下ろす。此時兩膝を少しく進めて左右に少しく開く。血拭ひは其の態勢のまゝ刀を納め、納め終ると同時に、臀部を兩足踵の上に乘せ靜かに正坐となる。

第七節　長谷川流早拔

一、諸手早拔

立膝の部(長谷川流)橫雲、虎の一足、稻妻、浮雲、颪、鱗返、岩浪、浪返、瀧落と正座の部(大森流)請流とを上記の順序に連續して速く行ふ。

二、片手早拔(軍刀早拔といふ)

諸手早拔と同じく片手で行ふ。血振ひは斬下げと續けて大きく右上に廻す。

第八節　奧居合　立膝の部

一番、霞(俗に撫斬りといふ)

正面に向つて坐し、敵の首に拔き付け、更に體を少しく前に屈して、手を上に返し刃を左に、刀を水平にして斬返し(**第十九圖參照**)、直ちに上段に冠つて、前面の敵の正面を斬る。血拭ひは速く、刀納めは奥居合の方式に依つて行ふ。血拭ひ刀納めは以下同じ。

第十九圖

二番、脛圍

長谷川流虎の一足と同じ。唯血拭ひ刀の納め方が異なる。

三番、四方切

正面に向つて坐し、右足を右斜に踏出しながら刀を右斜に拔き、刀峰を胸の處に當て、刀を平として斜に左後に突き、受流しながら上段に冠り、右側面の横に右足を踏み變へて上段から斬り、又受流しながら上段に冠り、右足を左斜横に踏み變へて上段から斬下ろし、又受流しながら上段に冠り、右足を正面に踏み變へて上段から斬下ろす。

四番、戸詰

正面に向つて坐し、右足を右横に踏出しながら、右の敵を右手で切り（第二十圖參照）、上段に冠つて左手を添へ、其の右足を左斜横に踏み變へて、上段から左の敵の正面を斬る。

五番、戸脇

正面に向つて坐り、右足を右斜に踏出しながら刀を抜き刀峯を胸に當て左横を顧みながら右片手で左の敵を突き、足踏みは其のまゝにて上體を右横に振り向け上段に冠り、左手を添へて敵の正面を斬る。

六番、棚下

正面に向つて坐り、其の座で頭を前方に下げ、稍々腰を屈め、右足を少し出しながら刀を抜き、左膝を右踵に引き寄せながら、上體を上に起すと同時に上段となり（第二十一圖參照）、左手を添へ右足を踏出して敵の正面を斬る。

第二十圖

七番、兩詰

正面に向つて坐り、坐した處から右足を少し出して刀を拔き、欛元を臍下に當て、右足を踏出して左膝をつき、前方の敵を諸手で突き、其の姿勢のまゝ、上段にて敵の面を眞向に斬る。

第二十一圖

八番　虎走り

正面に向つて坐り、其の處から欛に手を掛け、稍々腰を屈め、小走にて數歩進み出で、右足を踏出した時、右膝を立て左膝を少しく浮べて拔き付け、直ちに上段に冠り、左膝を附けて正面を斬り、血拭をして刀を納め、二三寸殘つた時、屈めた姿勢で數歩退り、左足を退いた時、前の姿勢で中腰にて拔付け、上段に冠つて左膝を着け、敵の正面を斬る。

第九節 奥居合 立業の部

九番、行連

直立體で正面に向き、右足から數歩出で、道場の中央になつた處で欄に手を掛け、左足を左横に踏み、上體を稍々左横に寄せて避け、右足を右横に踏出すと同時に、中腰にて抜き付け上段から右手で右の敵の正面を斬る。其の足踏みのまゝ左横に體を返して、上段から中腰にて左の敵の正面を斬り、同體で血拭ひ刀を納める。立ちて血拭ひ刀を納める。以下之と同じである。

第二十二圖

十番 連達

直立體で正面に向き、右足から數歩出で道場の中央になつた處で、右横に右足を踏み出して體を右に避け、刀を斜に抜き胸に當て、左横を顧みながら刀を水平として、左の敵を突き、右へ體を變じて上段から敵の正面を斬る。

十一番、惣捲り

直立體で正面に向き、右足を少し出しながら刀を拔き、其の足を左足に退き寄せ、右手を頭上に遣り右肩上に取り、左手を掛け、稍々中腰にて右足から左足と追足で、敵の左面を斬り、直ちに左肩上に刀を取り追足で敵の右肩を斬り、再び右肩上段となつて敵の左胴を斬り、再び左肩上段となり、右足を踏み開き、敵の右腰を目懸け刀を大きく廻し、體を中腰となして敵の右腰を斬り、(第二十二圖參照)、中腰のまゝで上段から敵の正面を斬る。左面斬り込みから終りの正面を斬ることは、一連となして速いのが宜い。

第二十三圖

十二番、總留め

直立體で正面に向き、右足を踏出して刀を右斜に拔き付け、左足を出して拔き付けた刀を納める。以上の如く四五回進みながら行ひ、最後の時は其のまゝにて刀を納める。

十三番、信　夫（暗打ち）

直立體で正面に向き、數歩進み出て、左足から右足と左斜方向に廻りながら、靜かに刀を拔き、右足の出た時右足を右斜に踏み兩足を斜に開き、體を稍々右横へ屈め、中腰となり其の刀尖を板の間に着け（**第二十三圖參照**）、左足を右斜に踏込んで、上段に冠つて眞直に斬る。其のまゝ中腰の態勢で血拭ひ刀を納める。

第二十四圖

十四番、行　違

直立體で正面に向き、右足から數歩出で、右足が出た時、左手に鞘を持ち鍔を押へ、右手は欛を握つたまゝ前方に伸ばし、敵の顏面に欛當りをなし、（**第二十四圖參照**）、其の足踏みのまゝ體を左へ廻して、後方に向ひながら拔き付け右手で敵の正面を斬り、直ちに上段に冠りながら左手を添へ、前方に振り向き上段から敵の正面を斬る。

十五番、袖摺返

直立體で正面に向き、右足から數步出で、右足が出た時刀を靜かに右橫に拔き、左足が出た時、右手を上、左手を下に胸の處で組合せ、足は左右と交互的に數步出しながら兩手の肘に力を入れて、多數の人を押し分ける如くして兩手を伸ばし、肘の處を開いて左右に開き(第二十五圖參照)、直ちに上段に冠つて、中腰にて右足の出た時前面の敵を斬る。

十六番、門入

直立體で正面に向ひ、右足から數步出で、右足を出した時刀を拔き、左足を出して刀の欛の握りを腰に當て、刀峰を胸に當て、右足を出して右手を上に返し、刃を左方に向け、敵の胸部を突き(第二十六圖參照)、其の足踏みのまゝ體を左へ振り向け、後へ向きながら上段に冠り、左手を添へて上段から後の敵を斬り、其の足踏みのまゝ直ちに右へ廻り正面に向きながら上段に冠り、正面の敵を斬る。

第二十五圖

十七番、　壁添へ

直立體で正面に向ひ、右足から進み出で、中央で體を直立とし、兩足を揃へ刀を上に拔き、上段となつて爪先を立てゝ眞直に刀尖を下として、眼前の敵を斬り下ろし（第二十七圖參照）。其の態勢で刀尖を下としたまゝ血拭ひをなし、刀をば竪として納める。納め終つた時は踵を下ろして板の間に着ける。

第二十六圖

十八番　受け流し

直立體で正面に向ひ、右足から進み出で、中央で左足を出した時、其の左足を右斜に踏出し中腰となり、刀の欛元を左膝頭の下として刀を拔き、直ちに其の手を頭上に上げ、刀を斜とし右足を退き、體を左斜前から後へ捻る心持で受け流し、左足を踏みしめ右足を左足に揃へ、右拳を右肩上に頭上へ廻し、上體を稍々前に屈めると同時に、眞直に左斜を斬る。揃へた足踏みから左足を後へ、十分に退き血振ひ刀を納める。

十九番、暇　乞

正面に向つて正坐し、兩手を膝上に置き默禮し、右手柄に掛るや、刀を斜に拔き付け、上段から前面の敵を斬る。

血拭ひ刀納め。

二十番、同

正面に向つて正坐し、兩手を板の間に付け、頭を板の間近く下ろして禮をなし、兩手を鞘と柄に同一に掛け、直ちに上に拔き上段となり、前面の敵を斬る。血拭ひ刀を納める。

二十一番、同

正面に向つて正坐し、兩手を膝上に置き、默禮よりも稍々低く頭を下げて禮をなし、右手を欛に掛け刀を斜に拔き上段となり前面の敵を斬る。

第二十七圖

第十節　英信流居合の形

一、作　　法

刀は左手にて鞘を持ち、親指にて鍔を支へ、其の握りを腰部に着け、四十五度の傾斜に下げ、右手は横腹に着け不動の姿勢となり、互に十尺程の距離を取りて對向し、一禮を行ひ、更に五尺程の距離に進み、神殿に向ひ默禮をなす。更に向ひ合つて靜かに正坐する刀を右手に持ち變へ、前に五寸程離して置き、互に兩手を板の間に着けて禮を行ふ。一應兩手を膝上に置き、右手に刀を持ち腰に差し、再び兩手を膝上に置き、更に左手で鞘を握り、親指を鍔に添へ、右手を膝上に置いたまゝ、右前に出し、其の足を左足に引き揃へて直立する。直立した姿勢で後へ退くこと。左足から互に五歩とす。止まるときは右足を前に、左足は稍々五寸程退き踏む。此の構で互に進み出て、第一本目を行ふ。

二、發　　聲

發聲は相互の打合せ或は受け又は打込んだ時、其の業毎にイーヱーと長く引いて、聲を掛け合ふのである。

一、出　　合

打太刀は欛に手を掛ける。仕太刀は打太刀のやうに欛に手を掛け、双方體を前方に少しく屈め、虎走りで五尺の距離に出て、右足を出した時膝の處で打太刀は受け、仕太刀は抜打で刄を合はす。仕太刀は直ちに右足、左足と一歩摺込みて、上段から眞面に打ち込む。打太刀は左足から右足と追足で退き、刀を左斜にして受ける。仕太刀は二歩退り、打太刀は二歩出で、中段の構となり殘心を示す。これから互に後へ五歩づゝ下り、元の位置に歸り血振ひ刀を納める。

二、拳取

一本目と同じく虎走りで出で、膝にて抜き合せ、仕太刀は左足を打太刀の右足の側面に踏込み、左手で打太刀の右手頸を逆に持ち下へ下げる。打太刀は其のまゝにて上體を稍々前に出し、仕太刀はそれと同時に右手の拳を腰部に當て、刀尖を胸に着け殘心を示す。仕太刀は一歩退り、打太刀は一歩出でゝ青眼の構となる。仕太刀は五歩青眼構にて退り、打太刀は其のまゝにて位置を占める。

三、絶妙劍

打太刀は其のまゝにて左足を出して、體を斜向きに八相となり。仕太刀は青眼から左足を出して八相となる。仕太刀は八相のまゝ、右足から五歩交互に進み出で、同體にて右足を踏出して右面を斬る。打太刀は八相から左足を退きて、仕太刀の太刀を打合す。仕太刀は左足を出し、打太刀は右足を退きて、前の如くに打合せ、打太刀は左足を退いて、上段構となつて斬撃の意を示す。之と同時に仕太刀は右足を出して體を右半身とし、中腰となつて左籠手を斬る。靜かに青眼となりながら、打太刀は三歩出で、仕太刀は三歩退る。

四、獨妙劍

打太刀は其のまゝにて右足を出して八相となり、仕太刀は青眼にて五歩下りて八相となる。仕太刀は左足から三歩出で右足を踏出し、打太刀は左足を退いて三本目の如く打合せ、左右と二度打合せ、三度目に左足から右足と追足で一歩づゝ退り、刀を青眼とする。打太刀は右足から追足で仕太刀の刀を摺込みて突を施し、上體を前に屈める。仕太刀は突き來ると同時に、左足を左斜に變じ、上段に取り右足を踏變へて打太刀の首を斬る。互に青眼となり、打太刀は三歩出で、仕太刀は三歩退り互に構へる。

五、鍔留

互に青眼のまゝ小さく五歩左足から退き、打太刀は中段となり、仕太刀は其のまゝ下段となる。互に右足から三歩出で、打太刀は右足を左足に退き、上段に冠り眞直に打下ろし、仕太刀右足を左足に退き、上段となり右足を出して打下ろして互に刀合する。仕太刀打太刀鍔元を押し合ひ、双方右足を後へ退き、左半身となり刀は脇構として刀尖を低くす。打太刀は直ちに上段から右足を踏出し、仕太刀の左向脛を切る。仕太刀は左足を十分退き、上段となり空を打たせ上段から頭を斬る。打太刀は二歩出で、仕太刀は二歩退り青眼となり、互に小さく五歩退り血拭ひ刀を納める。打太刀は仕太刀の左膝を打つときは、中腰となり上體を前に流す。

六、請流

刀を腰に差したまゝ靜かに出て、打太刀は刀を抜きながら左右足と踏出し、上段から正面を斬り、體を前に流す。

仕太刀は左足の側に出し、刀を右頭上に上げ受流し、左足を踏變へ、右足を左足に揃へて體を左へ向け、打太刀の首を斬る。仕太刀は左足から左斜へ踏み、打太刀は左足から後へ踏み、退いて青眼となり、次の動作に移る。

七、眞　方

打太刀は其のまゝにて左足を出して八相となり、仕太刀は青眼のまゝ、左足から小さく五歩退き上段となり、右足から交叉的に五歩踏込んで、打太刀の眞面の物打にて斬込む。打太刀は右足から五歩出で、仕太刀を斬込むと同時に、左足から右足と追足と追足にて退り、其の刀を請留める。互に青眼となり、打太刀は一歩出で仕太刀は一歩退り、青眼のまゝ殘心を示し、互に五歩退き元の位置に戻り、血拭刀を納める。

終りの禮

刀を納めたなら互に右足から出で、四尺の距離を取つて左足を右足に揃へ、直立し同體にて正坐し、右手にて腰の刀を抜き前に置き、板の間に兩手をついて禮を行ひ、更に刀を右手に持ち竪とし、左手に持換へ左腰部に當て、右手は右膝の上に乘せ其のまゝ、右足から立ち左足を右足に揃へ、互に三歩退り直立となり、神殿に向ひ禮を行ひ、對面し三歩づゝ退り、默禮を行つて左右に別れる。

第六十五章　靜流薙刀形

薙刀、總長六尺、全體樫製で薙刀の形狀を備へたもの。

只刄、棟、切先を具へてゐる。試合には少し細くし、刀尖に毬毛を備へ、刄の部を革を以て覆うたものを用ゐる。

木刀、三尺二寸　但隨意
懸聲、ヤー、エー、トーの三聲とす。

打太刀、木刀を持つ者、上座、客位。

仕太刀、薙刀を持つ者、下座、主位。

最初の禮

仕太刀は木刀、薙刀を圖（**第一圖參照**）の如くに場の中央に置き、而して打太刀、仕太刀は、各々木刀、薙刀から一定の距離を隔てゝ直立し、次に蹲踞して兩手を板の間に附けて互に禮を交はす。後立ちて兩手を腰に附け、各々右足から木刀薙刀を把るべき地位に進み、蹲踞しながら膝まで摩り下ろし、木刀を執る者は先づ右手を柄に掛け、薙刀を持つ仕太刀の者は先づ右手に柄を執り（**第一圖參照**）、共に立ち上りて、打太刀は中段に、仕太刀も中段に構へ（**第二圖參照**）、機を見て木刀を打つ者は、劍尖を下げて右手で之を執り、左手は腰に附けて構を解き、薙刀を持つ仕

第一圖

第二圖

第三圖

太刀は、右足を後へ退くと同時に薙刀を以て大圓を畫き、兩手を以て右脇下に遣り、右手で執つて十分に後方に延ばし、柄頭を肩に附け、刄を下に向け、左手は腰に附けて構を解き(第三圖參照)、互に左足から退いて元の位置に復する。

表一本目

打太刀は右足を出して諸手右上段に構へ(如何なる構にてもよろしい)、然る後に仕太刀は退いた時の姿勢から刄を下に向けた陰の晴眼に構へる。卽ち右足を出すと同時に、右手を出して十分に延ばし、左手は柄頭の鐓から約五寸を隔てた處を持つて腰に着け、薙刀を以て一身を覆ふやうにする(第二圖參照)、氣合を計り機を計る。機熟するや互に先の氣位で右足からすら〳〵と前進し、間合に接するや仕太刀は左足を踏出して横に踏むと同時に、右手を十分に下げて掌を上に向け、左手は臂を張らないやうにして左頰の高さに上げ、刄を上に向けて、右手霞下段の構となつて掬ひ拂ひの狀をなし、腹下に向つて掻き拂ふ。打太刀は木刀を以て之を遮り止める(第四圖參照)、仕太刀は更に足踏は其のまゝにして元の晴眼の構となり、咽喉に向つて試み、右から左を横に引拂ふ。打太刀は木刀を以て之を遮り止める。仕太刀は直ちに右足を十分に踏出すと同時に、仙人が盤を捧げる勢をして、薙刀を頭上に振り冠り、右手を十分に延ばし、左手を屈し、腰を少しく下げて、刃を上に向け敵の咽喉を突く、此の時打太刀は右足を退くと同時に諸手左上段に取る(第五圖參照)。互に中段の構となり、其の間合を保ちながら中央に歸り、更に構を解いて元の位置に復する。

表二本目

打太刀が上段に構へて、然る後に仕太刀は陽の構の刃を上に向け、右足を踏出して右手下左手上の霞上段の構となつて、氣合を計り機を窺ふ。機熟するや互に先の氣位で前進し、間合に接するや、仕太刀は右足を踏出した時、右手

第四圖

第五圖

を伸ばし左手を腰に附けた晴眼にて、敵の咽喉に向つて試みる。打太刀は之を遮り止める。仕太刀は足踏は其のまゝにして、再び元の霞下段となつて掬ひ拂ひの狀をなす。打太刀は之を止める。仕太刀は更に左足を踏出すと同時に、己の左側で右手を操り下げながら、薙刀の先を以て大圓を畫き、左手を先に出して頭上に振冠り、刄を上にして敵の右脇下を掬ふ。此の時打太刀は右足を退いて上段となる。互に中段となつて中央に歸り、構を解いて元の位置に復する。仕太刀は退く時には薙刀を左脇下に取る。

表三本目

打太刀が構へた後、仕太刀は表二本目と同じ右手霞下段に構へて、氣合を計り機を窺ふ。機熟するや、互に先の氣位で右足から前進し、間合に接するや、仕太刀は左足を踏出すと同時に、左手を腰に當て右手を伸ばして晴眼の構となつて、敵の咽喉に向つて試みる。打太刀は木刀を以て之を遮り止める。次に仕太刀は霞下段となつて拂ひ拂ひの狀をなす。打太刀は之を止める。仕太刀は更に右足を踏出すと同時に、兩手の握りは其のまゝにして、薙刀を已の右側に大きく廻し、敵の正面を目掛けて斬り下す。此の時打太刀は右足を退いて上段となる(第六圖參照)。後互に中段に構へて中央に歸り、構を解いて元の位置に復する。

表四本目

打太刀が構へて然る後に、仕太刀は右脇構となる(第七圖參照)。即ち左足を踏出して、左手は左頰の處で臂を張らぬやうに曲げて薙刀を執り、右手は掌を上に向け、刄を上にして十分に後方に伸ばして薙刀を執る。氣合を計り機を窺ふ。機熟するや打太刀は右足から仕太刀は左足から前進し、間合に接すや、仕太刀は右足を踏出すと同時に、大きく右側に振り冠り敵の正面を斬り下ろす。打太刀は之れを木刀を以て遮り止める。仕太刀は次に左足を踏出すと同時

第六圖

第七圖

に、右手を繰り下げながら、薙刀の切先にて前から己の左側に大圓を畫き、左手を先にして頭上に振冠りて、敵の右脇下を搦ふ。打太刀は右足を退き上段となる。次に互に中段に構へて中央に歸り、構を解いて元の位置に復する。仕太刀は退く時薙刀を左脇下に取る。

表五本目

打太刀が構へて然る後に仕太刀は左脇構となる。卽ち右足を踏出して、右手は右頰の處で臂を張らぬやうに曲げて薙刀を執り、左手は掌を上に向け、十分に後に伸ばして刄を上にして、薙刀を執る。氣合を計り機を窺ひ、機熟するや右足から前進し、間合に接するや、仕太刀は左足を十分に踏出すと同時に、大きく左側に振冠りて敵の正面を斬り下ろす。打太刀は之を左足を踏出して遮り止める。仕太刀は更に右足を踏出すと同時に、左手を繰り下げながら、薙刀の切先で前から己の右側に大圓を畫き、右手を前方にして十分に伸ばし、頭上に振冠つて敵

第八圖

第九圖

の左脇下を掬ふ、打太刀は左足を退いて上段となる（**第八圖參照**）。次に互に中段に構へて中央に歸る。

表六本目

表五本目が終り、中央に歸つた位置で、打太刀が上段に構へてから、仕太刀は右足を踏出して、右手は右乳の處で薙刀を執り、左手を下に十分伸ばして薙刀を執り、鐓を左足の左斜外方約一尺の處に突いて右杖の構となり（**第九圖參照**）、氣合を計り機を計る。機熟するや、仕太刀は急に左足を一歩踏込むと同時に、左手を上げて鐓を以て敵の胸を突く。打太刀は木刀で之を受留める（**第十圖參照**）。仕太刀は更らに右足を踏出すと同時に、敵の正面を目掛けて切り下ろす。打太刀は右足を退いて諸手上段となる。後互に中段の構となつて間合をとる。

表七本目

表六本目が終り、中段に構へて間合を取つてから、打太

第十圖

第十一圖

刀は諸手左上段に構へる。然る後に仕太刀は左足を踏出し、右手下、左手は左乳の處で薙刀を執り、鐓を右足の右斜外方約一尺の處に突いて、左杖の構となり、氣合を計り機を窺ふ。機熟するや、仕太刀は急に右足を踏込むと同時に、右手を上げ鐓を以て敵の胸を突く。打太刀は木刀を以て之を受留める。仕太刀は更に左足を踏出すと同時に、薙刀を己の左側に大きく廻し左手を十分に出して、敵の右脇下を掬ふ。後互に中段に構へて間合を取り、各々構を解いて元の位置に復する。仕太刀は薙刀を左脇下に取つて退く。

裏一本目

打太刀が構へて然る後に、仕太刀は右手下霞下段の構で、互に氣合を計り機を窺ふ。機熟するや、先の氣位にて右足から前進し、間合に接するや仕太刀は左足を踏出して左横に向け、右膝をば突いて中段にて敵の咽喉に試みる。打太刀は之を防ぐ(第十一參圖照)。仕太刀は更に右足を踏出すと同時に、頭上に振冠つて敵の咽喉を突く。打太刀は右足を退いて上段の構となる。後互に中段の構となつて中央に歸り、構を解いて元の位置に復する。

裏二本目

打太刀が構へて後、仕太刀は裏一本目と同じく霞下段に構へて、氣合を計り機を計る。機熟するや右足から前進して、間合に接するや、仕太刀は左足を踏出すと同時に、晴眼となつて敵の咽喉に試みる。打太刀は之を防ぎ、次に右足を踏出して仕太刀の正面を切る。此の時仕太刀は左足を一歩退いて元の霞下段となる。仕太刀は更に左足を踏出すと同時に、右手を繰り下げながら、已の左側に薙刀を以て大圓を畫き左手を前方に出して敵の右脇下を掬ふ。後互に中段に構へて、中央に歸り、構を解いて元の位置に復する。

裏三本目

打太刀が構へて後、仕太刀は晴眼に構へ氣合を計り機を計る。機熟するや右足から前進し、間合に接するや、仕太刀は右足を踏出した時、右手下の霞下段となつて掬ひ拂ひの狀をなす。打太刀は之を防ぐ。次に仕太刀は左足を踏出すと共に、欄を以て斜に敵を打ち下ろす。打太刀は右足を退いて之を受留める(第十二圖參照)。仕太刀は更に右足を踏出すと同時に、大きく薙刀を廻して敵の正面を斬り下ろす。打太刀は左足を退いて之を受けるも、仕太刀は隙さず刄を已の右方にして、咽喉に附けて攻め入る。後互に中段に構へて中央に歸り、構を解いて元の位置に復する。

裏四本目

打太刀が構へて後に、仕太刀は表四本目と同じ右脇構となり、氣合を計り機を計る。機熟するや仕太刀は左足から互に前進して、間合に接するや、仕太刀は唯一打ちにと、右足を踏出して其のまゝ薙刀を大きく廻して、敵の正面を斬り下ろし、直ちに敵の咽喉部に着け、刄を已の右方に向けて、數歩攻め寄る。打太刀は之を受留め入れながら退く。

後互に中段に構へ間合を保ちながら中央に歸り、構を解いて元の位置に復する。

裏五本目

打太刀が構へて後、仕太刀は表五本目と同じ左脇構に構へて氣合を計り機を計る。機熟するや右足から前進して、間合に接するや、仕太刀は唯一打ちにと、左足を踏出して薙刀を大きく上に廻して、敵の正面を斬り下ろし、直ちに敵の咽喉部に附け、刄を已の左方にして數歩攻め寄る。打太刀は之を受留めて入れながら後方に退く。後互に中段に

第十二圖

構へて間合を保ちながら中央に歸り、構を解いて元の位置に復する。

第十三圖

裏六本目

打太刀上段に構へて然る後、仕太刀は裏二本目と同じ霞下段に構へて氣合を計り機を計る。機熟するや右足から前進して、間合に接するや、打太刀が仕太刀の正面を斬り下ろす。仕太刀は其の太刀を鎬を以て摺り上げ、其のまゝ刄を己の右方に向けて、切先を敵の咽喉に附けて數歩攻め入る（第十三圖參照）。後互に中段に構へて間合を保ちながら中央に歸り、構を解いて元の位置に復する。

裏七本目

打太刀諸手右上段に構へて後、仕太刀は中段に構へ氣合を計り機を窺ふ。機熟するや互に右足から前進して、間合に接するや、打太刀が上段から斬り下ろすと同時に、仕太刀は右足を出して、薙刀を頭上に振冠り敵の咽喉を突く。互に中段に構へて、間合を保ちながら中央に歸る。

裏七本目が終つて中央で蹲踞して、最初のやうに木刀と薙刀とを置き、立ち上りながち兩手を腰にして、元の位置に退き、蹲踞しながら手を膝に下ろし、更に板間に附けて互に禮を交はす。

最後の禮

余十七歳にして、恩師加藤新太郎先生に就いて無刀流を學び、次で身捨流居合術、靜流長刀術の指南を受けた。先生は元治元年、岡山縣久米北條郡山手公文南村に生れ、夙に海軍に志し、遠洋航海に從ふこと數回、明治二十七八年戰役には、其の功を褒賞せられて金壹百圓を賜ひ、引續き臺灣地方に軍務に從事して、復た其の功を褒賞せられ或は海軍兵學校に水雷術教員として精勵し、明治三十二年壹等兵曹に任ぜられた。三十四歳にして始めて劍道に志し、水上熊雄氏に眞心影流を學び、中井前氏に就いて身捨流居合術を修め、尋で海軍兵學校に劍道を教授し、明治三十八年大いに悟る所があつて、範士中島春海先生の門に無刀流を學び、後福山中學校に轉じ、靜流長刀術をば其の宗家、下宮祐米先生に學び、更に日彰館中學校及び女學校に轉じ、大正八年學習院の劍道教師を囑託せられ、去つて大阪高津中學校に奉職中、大正十一年十月三日、遂に溘焉として長逝せられた。余生前示教を受けること明治四十三年以來十有四年、其の間常に各地に起居の省問を怠ることなく、其の慈父のやうな溫情と懇切餘すなき敎示とは、深く余の神魂に徹して、今更敬慕の情實に禁じ難いものがある。白髮端正の下宮先生も業に世を去られ、共に其の溫乎たる風丰に接することが出來ない。今未熟をも顧みずに本篇を著して先哲の垂敎を仰ぐ次第である。

（本篇薙刀形の打太刀は劍道錬士水野尾氏で仕太刀薙刀は著者である）

第六十六章　殺人刀と活人劍

殺人刀、活人劍とは刀劍と殺活とを以て禪理を談じたものである。此の語は碧巖集第十二則洞山麻三斤の垂示に出てゐる。曰く殺人刀、活人劍は乃ち上古の風規、亦今時の樞要なり。若し殺を論ぜば一毫を傷けず、若し活を論ぜば喪身失命。故にいふ「向上の一路千聖不傳」と。

殺はこれ消極であつて活は積極である。殺人刀を振へば一切は皆空に歸し、活人劍を振へば萬象は歷然となる。卽ち一つは空をいひ一つは色をいふのである。しかも空卽是色、色則是空であつて、此の二つは二にして二にあらず、殺と活とは離れて離れず、刀と劍とは銳利で二者の間に髮を容れない。

一刀流の祕傳を錄した劍道辨知錄に殺人刀、活人劍を語つて「打つ太刀、遣る太刀とも未熟なる間は、手より先きに太刀出づるによりて、動きを敵に見られて負くべし。手足の働は悉皆心の業なり。手足に心を注がずして、體用一同に進むべし。臨濟にいふ諸方學道流の如きは、未だ物に依らずして出で來る底にあらず。山僧此の間に向つて頭より出で來くれば頭より打つ。手上に出で來れば手上より打つ。口裏に出で來れば口裏に打つ。眼裏に出で來れば眼裏に打つ、未だ一個獨脫して出で來る底あらず」と。隱より打出すとも劍先より進めば手も體も一同してはまるべし。我は切られぬ用心にて敵を切らんとするは危うきことなり。先づ我を捨つれば我を拾ふことを得。此の意を殺人刀、活人劍といつてゐる。

我を捨てゝ我を拾ふといふ歌は古來多いが其の名高いものは、「

山川に風のかけたるとちがらも
　身を捨てゝこそ浮ぶ瀬もあれ
切り結ぶ太刀の下こそ地獄なれ
　踏み込み行けばそこが極樂

正にこれ懸崖に手を撒して、絕後に復た蘇るもので、大死一番底の所である。啻に劍道のみではない處世の萬事は皆此の通りである。

又一刀流口傳書に殺人刀、活人劍の事を記してある。曰く「彼と我と分ちて思はざるに來り、量らざるに去り、待つところに來らず、行くところは防ぐ。我此の如くなれば彼も亦同じ。その思はざる處を擊ち、その量らざる處に應ず。その變無窮にして、その化無常、自然の妙理を得て萬機に應ず。是れを事の勝負といふなり。彼と我と一體一心にして、我が思ふ處彼も亦思ひ、我が量る處彼も亦量り、動寂唯一物にして、鏡に向つて影の移るが如く、玆に至りて勝つべきに事もなく、知るべきに理もなし。若し勝たんと欲せば卽ち負け、負けずんば又勝つことなし。自然の理といふも、當然の事といふも知らず事理の有無を滅却せずんば誰か是に勝たん。勝たざれば術の本心にあらず、勝たんと欲するも亦術の本心にあらず。故に術を放捨し別傳の高上に至らば、何んぞ對する敵あらんや。若し玆に來りて向はんとせば自ら殺し、向つて來らざるものは自ら滅すべし。是れ殺人刀、活人劍なり」と。

殺人劍、活人刀といつても、要は惡人を除き、善人を救ふの謂であつて、眞善美中の善を意味し、三種の神器中の劍で、智仁勇の達德中の勇に相當する事は人口に膾炙してゐるが、劍禪を語つて逸することの出來ぬものは、ト傳の無手勝流の一話である。

卜傳が阪東阪西を歴遊し、將に東に歸らうとするに當つて、近江の大津の阪本に至つて、一葉の扁舟を借りて琵琶湖を渡つた時に、乘合六七人、其の中に年の程三十七八で、容貌魁偉の一人の武士があつたが、頻りに大言壯語して天下に敵手がないと、兵法の自慢をしてゐた。卜傳は初めは聞えぬ振りをしてゐたが、あまり聞きづらく思つたものか、彼の男に向つて「我も若年の時から精を出して稽古をしたが、人に勝たうとは思はずに、只人に負けぬやうに工夫したばかりである」と。武士は冷笑して「兵法は何流であるか」と。卜傳は答へて「いや人に負けぬ無手勝流である」と。彼は更らに「然らば腰の兩刀は何の爲めの用であるか」と。卜傳は之を聞いて「以心傳心の二刀は我慢の鋒を切り、惡念の萠を斷つのである」と。武士いふ「然らば無手にて試合するに、能く勝つ事が出來るか」と卜傳は愈々靜かに「我が心性の利劍は活人劍であるが、之に對する者が惡人なれば忽ち變じて殺人刀となる」と。武士は益々怒り、船頭に向つて叱咤して「速に舟を彼の岸に着けよ。そこで勝負を決する」と。卜傳は請うて『陸は往來の巷で見物人も多いから、あの唐崎の向の離れ島で、無手勝流を御覽に入れよう。乘合の方々にも急ぎの旅であらうが、暫く見物なさい」と。其の島に舟が着くと同時に、彼の武士は三尺八寸の長刀をすらりと拔いて、岸の上に飛び上り「さあ立合へ、眞向を二つにして見せる」と罵つた。卜傳は自若として「暫く待たれよ。我が無手勝流は心を靜かにする事が肝要である」といつて、裳裾を高く挾んで、腰の佩刀をば船頭に渡し、水棹を執り向の岸に飛び上るかと思つたら、案に相違して舟を沖へ漕ぎ出した。武士は躍り上り「卑怯なり。引き返せよ」と罵つたが如何とも力が及ばない。卜傳は扇を開いて言ふには「是れが卽ち無手勝流である。執心ならば重ねてお傳へしよう」と高聲に笑ひながら立去つた。

これ殺人劍が轉じて活人刀となつたものである。

第六十七章　手裏劍

倭訓栞に手裡劍と書き、擊劍の術であると云つてゐるから、劍道の意に用ゐ又其の構の意にも用ゐた。こゝでいふ手裏劍とは、或距離から得物を投げ附けて敵を害するものをいふのである。南史蕭摩訶傳には銑鋧と云つてゐる。手離劍とも書いたものがある。手裏劍は我が國に於て何時の年代頃から始まつたかは今明かでないが、極く簡易に飛び道具を使ふ必要に迫られて出來たものである。或は源平時代に毒扇法と云ふ者が一部に流行して、非常に手剛い者をも容易に生擒し若しくは之を斃した。之が次第に形を變へ進歩して、手裏劍になつたとも云はれてゐる。此の毒扇法は源義經が熊坂長範を斃す時又辨慶を生擒りにするに當つて使用した方法である。これは敵が油斷してゐる時に、豫て懷中に忍ばせて置いた毒物を敵の面に投げ懸け、直ちに扇を取り出して、其の毒物が自己の顏に飛んで來ないやうに煽ぎ立てる。さうすると敵は前後不覺になつて倒れるのである。考へて見ると、現今戰場で毒瓦斯を使用する方法を、我が國では既に八百年前に於て、もつと手輕に使用してゐたものである。併し此の毒扇法は、善用すれば隨分役に立つが、惡用すると其の弊害が限りがない。又祕密の法としてゐたから、之を知つてゐる人も之を他人に知らしめないやうにし又之を使用する際に、扇の煽り方を誤まり或は風の方向などを考へずに使用すると、却つて自らが斃れるといふ危險があつたので、自然其の發達を見ないで止んでしまつた。その代りに弓矢の用意のない時或は用意あつても番へるに餘裕のない時、逃げる者を斃す時或は猛獸などに襲はれた時は得物を以て敵と戰ふに當つて、其の虚を突く時などの咄嗟の場合に、手輕に使用する必要上手裏劍の術が工夫せられた。

手裏劍も古來祕密としてあつた。柳生流祕書の中にも「柳生流十字手裏劍之事は、他言有るまじき事、殊に將軍たるべき者は、此の流をば用ふべきものなり」と云つてゐる。此の手裏劍は我が國よりも、支那に早くからあつて、「讀書擊劍」の文字がある。此の擊劍は斬擊刺突の法とも云つたが、前漢書司馬相如傳の顏師古の註に「擊劍は劍を以て遙に擊ちて、而して之に中つ。斬刺するにあらざるなり」と。あるのを見れば我が國の所謂手裏劍であつた。併し之は一尺五寸乃至二尺位な兩刄の切先の尖つた大きい劍で、室の一隅に標的を置いて、讀書に倦んだ時などに練習したものである。我が德川時代の初め頃には此の手裏劍が盛に行はれ、斯道の名人も輩出したが、劍道以外に別に獨立した手裏劍術として修行せられたものではなくして、劍道に附隨し、武士が隱技の一つとして密に修行せられたものである。又武士の立合ひに、飛び道具を使用するのは、卑怯な振舞であると云ふ思想もあつて、獨立して盛には行れなかつた。此の時代の武術家などは試合に當つて、人に目立たぬやうに手裏劍を用ゐたものであらう。德川の末葉殊に維新後は此の術は廢れてしまつた。

古來手裏劍は各自の好む所に從つて。色々のものを使用したから、其の形狀大小は一定しては居なかつた。片刄で小柄の樣な形に作つたもの、兩刄で一方のみが尖つたもの、兩刄で上下共に尖つたもの或は圓い錐の形の樣なもの、十文字形のものなど、時代の變化と人の好みとに因つて異つてゐた。普通に片刄で長さは四五寸位であるが、其の長いものになると、一尺乃至一尺二三寸位のものをも使用した。或は針を口に含んで吹いて敵に中てる方法もあつた。針でも劍でも昔は眞直であつて、十文字形のものは後世である。古來の名人の多くは、獨習苦心の末に自得したものである。先づ四分乃至六分の堅木で造つた的を置き、始めは一間位の距離で練習し、上達するに從つて遠くする。普通の距離は十二三間である。其の的に向つて、一定の距離を保つて身を正しくし、丹田に全身の氣を集め、敵に對する時の姿勢を作つて、さて右手の拇指を除いた四指を延ばし、切尖を我が手前に、柄を向ふに向けて、中指の腹と無名指の腹とにかけて乘せ、拇指の腹を以て之を支へて、的を睨みながら右の耳の邊まで右手を擧げて、エイの懸聲と共に投げ附ける。これシリケンの名ある所以である。其の時手裏劍は、空中に幾多の廻轉をしながら飛んで行くのである。かうして少きは六七口、多きは十二三口を左脇下に藏して置いて、中るまで之を連發するのである。それが當るも當らぬも、淺く立つも深く立つも、手練の結果で、其の極致に至つては到底言語を以つて說明することは出來ないとのことである。

常山紀談に「吉弘は黑革でをどした鎧を著、熊毛で鍬を飾つた冑を附け、三尺ばかりの刀を以て、井上と馬上で渡り合つて馬から突落されたが、脇差を拔いて手裏劍に打つた。處が井上の弓手の股に中り、其の間に引組んで吉弘が首を取つた」と書いてある。これ脇差を手裏劍として用ゐたものである。又渡邊幸庵對話に竹村武藏の子、與右衞門は父にも劣らない劍術の名人、手裏劍の上手であつた。川に桃を浮べて一尺三寸の劍で之を打つのに、常に必ず挑の核を貫いて居た事を載せてある。此の父武藏は柳生但馬守宗矩の弟子、免許印可を得た人である。奧州波奈志には上遠野《カドノ》伊豆と云ふ人が、針に上手な事を記してある。此の人は明和安永の頃、祿八百石を食んで武藝に達し、殊に工夫した手裏劍の妙手である。針を一本中指の兩脇に挾んで、投出すに百發百中である。敵に出會つた時に兩眼を潰せば、如何なる强敵も恐れるに足らないといふので、此の針の工夫をした。常に八本の針を持つてゐた。其の四本づゝを兩鬢に隱して差してゐた。或時殿樣の好みで城中の杉戸に、櫻の下に馬の立つ繪があつた。其の馬の四つ足の爪を二度打つて見事に命中させた。餘談ではあるが、此の人は手向つて來た猪に飛乗るに妙を得て、時處を見計つて脇差を拔き尻の穴に刺通し、下腹の皮を裂いて仕留めてゐた。又由井正雪は手裏劍は天下第一と稱せられ、其の門弟吉田初右衞門は矢の根を以て手裏劍に代へてゐた。又藤堂大學頭の家臣山形刑部は、鷄卵の煮ぬきを十三本の竹竿の頭に挾んで之を地上に並植し、十三間の距離に於て打つに、唯一つとして外れた事はなかつたといはれてゐる。

第六十八章　日本刀に於ける常識

第一節　日本刀と國民

刀劍は人類の武器として、最も早く且つ廣く用ゐられて之を愛重したが、就中我が國民は刀劍を以て壹個の器物とは視ないで、宗敎的、神祕的、藝術的、靈物と見做して、常に之を畏敬愛重し、之に依つて精神を鍛錬した。即ち吾人の愛刀の趣味は精神修養の一つであり、日本刀の研究は愛國精神の陶冶である。

皇室に於かせられては、傳國の寶器たる三種の神器の一として、神代以來之を傳へられ、又延喜の醍醐天皇以來壺切の御劍は、累代東宮の御守の寶物として之を承け傳へられ、其の他降つては武臣源平兩家を始めとして、大小名は勿論各家に至るまで傳家の寶刀があつて、靈的神祕的の威德あるものとして尊崇し、又一つには妖魔退散の守とした。されば古來日本刀を背景として、種々の傳說物語が描き出された。神武天皇が神劍師靈《フツノミタマ》に依つて皇運を進め、山神を除かせられたのを初めとして枚擧に遑がない。韴靈は曩に建甕槌神が高倉下《タカクラシ》に與へられたもので、更に之を神武天皇に奉り、後に大和に遷して石上《イソノカミ》神社に祭つた。かく刀劍を神體として神社に奉祀する風習は後世に至つても廢れず、中には神明自身が鍛へたといはれる刀さへあつて、世人は之を尊信した。後世村正の鍛へた刀が幾多の波亂を巻き起し、新田義貞が稻村ケ崎の崖上で、腰間の一口を海神に捧げ、近くは橘大隊長が名刀關兼光に凄壯の奮戰をした事は、吾人の耳に新しい事である。

壯烈なる日本魂の表徵は日本刀である。武士の魂である。武士の面目にかけて刀の手前といひ、武士が約束を變じない意志を表はす爲めに、兩刀の刄又は鍔を打ち合はす所の金打《キンチョウ》をした。自己の人格を表現するのは我が刀劍であつた。我が心を知らんと欲せば、我が帶びる刀劍を見よと尊重し、他人の刀劍は其の人の人格として之を尊敬した。或は君主は一口の名刀を授けて臣下を奬勵し、臣下は之を受けて後代までの面目とした。刀劍に於て既に斯くの如き有様であるから、刀匠も亦重んぜられ、元曆以後は刀匠に位階を賜ひ、一口の刀の代として鞍置馬一匹、帛三十反を贈り、鎌倉時代には知行を與へ、德川時代には一萬石加增　代りに、名刀を授けた事があつた。

吾人試みに、一度鞘を拂つて三尺の秋水に向ふ時、精神自ら緊張し、神に對すると同樣、其の威德に壓せられて、一種言ふ事の出來ぬ感に打たれるものである。實に其の世界無比の藝術品として又神秘的宗教的靈物として、精神を鍛錬したのも偶然ではない。かく道德の表現、理想の表象たる刀劍を以て、劍道を修行する者に於ては、俯仰天地に恥ぢないやうに心掛けねばならぬ。

第二節　日本刀の沿革

我が國の刀劍が鋭利比びないものとして、世界の賞讃を博したのは中世以後であるが、上古時代にも既に其の製作鍛錬に見るべきものがあり、古傳説も亦刀劍の威を語るものが多い。刀劍は其の刀身の材料から見ると、銅と鐵とに分れるが、銅製のものは鐵製のものに先立つて行はれたものが多い。上古に於ては刀劍は我が國で鍛へたものよりも、朝鮮及び支那から舶載したものが一層貴重せられた。

齊明天皇の御世は、擧國の百姓は悉く刀劍を帶び、文武天皇の時には近畿に鍛戸《カヂノヘ》二百十七戸を置かれた。當時大和に天國といふ名工が居つた。小烏丸の作者である。支那朝鮮の鍛法と我が國古來の鍛法とをよく折衷した。鍛刀の法が我が國の特色となつて、名人巨匠の續出したのは實に此の天國以後である(千二百年前)。文武天皇の時勅許のない限りは、佩用出來ぬ事となつた。併し庶人でも兵に召されたものは特に佩用を許された。刀劍の中心に銘を鐫る事は天武天皇の時の大寶令に依り、凡ての製作物は製作人に其の責任を負はすといふので、其の製作人の名前を記すことになつた。更に降つて元暦に至り、後鳥羽天皇が日本の刀鍛冶二十四人を集めて、所謂御番鍛冶といふものが出來て、前後無比と稱せられ久國、信房、國安、則宗等を初めとして許多の名工が輩出した。鎌倉時代には長光、正宗、國俊、貞宗、正家、景光等の著名の者が多く現はれたが、其の後足利及び戰國時代に至つては、刀劍の需要が盛んであるのに拘らず、有名な刀工が少い。永祿、元龜、天正の頃になると、昔の優美な風を失つて實用一方となり、古來の鍛錬法も失はれた。併し織田信長、豐臣秀吉は愛刀家で古代の作を賞美すると共に、新作をも奬勵したから、其の結果徳川時代の寛文延寶頃になつては多くの名工が現はれ、遂に一種の鍛錬法を發明するに至つた。卽ち慶長に至つては不振の極に達した鍛冶界を挽回し、其の面目を一新して、こゝに鍛冶界の一新紀元を立て國廣、虎徹、繁慶、理忠、忠吉、忠綱、眞改、助廣、助直等簇々乎として爭ひ出た。

我が國刀劍の變遷に就いて時期の區分がある。卽ち新刀古刀の別である。古刀とは慶長十六年に出來た古今銘盡大全といふ書物に押刀《オシガタナ》と鍛冶の系統を載せてある。之に載つてゐるものを古刀といひ、此の書物に載らぬ卽ち慶長十六年以後に出來た太刀を新刀といふのである。併し學者間に大いに異論がある。元和偃武以來、世の好尙文華に傾いて、上下擧つて華美を競ふ風が起り、貞享元祿に至つて益々甚だしく、所謂元祿風が起つた。刀劍も亦此の風潮に壓せられて、實用よりも刄文華美を尙ぶに至つた。文化文政以後の新々刀期に入つては、水心子正秀が出て特に鍛法復古を唱へた。元平、淸麿、正義等は有名である。

刀劍佩用の制に就いては、時代に依つて各々異つてゐるが、明治三年庶人の帶刀廢せられ、同九年軍人、警察官、大禮服着用者の外は帶刀を嚴禁せられた。されば鍛刀を業とする刀工も俄に減じて、以來有名なる者も僅に指を屈するに過ぎない有樣である。大阪の月山貞勝、東京の千代鶴是秀、石堂九代秀一等は現代に名あるものである。

第三節　刀劍の名稱と其の長短

カタナ、タチ、ケン、ツルギの區別は現代に於ては旣に解決せられたやうであるが、しかも其の說く所は各人異なつてゐる。一方にばかり刄のあるのを刀《タリ》といひ、兩方に刄のあるのを劍といひ、而して刀の長いものを太刀といひ、短いものを刀子《カタナ》(音でタウスともいふ)といひ、和名抄の說に依れば刀は劍に似て片刄なるものをいひ、その大なるを太知、小なるを賀太奈といつてゐる。一般には當を得たものとせられてゐる。然るに箋注には刀卽ち太知は物を斷ち切る義で、刀劍の總稱である。賀太奈は兩刄ならざるものを指すので、大小の區別ではないとある。新井白石も本朝軍器考に「刀劍の類制は特に多く、古に聞えて今見えぬもの、今見えて古に聞えぬもの或は其の名同じくして其の實は異なるもの或は其の名異にして其の實は同じきものもあるから、一概に論ずる譯にはゆかぬ」といつてゐる。

上古の刀劍には天叢雲劍、天之尾羽張、十握、九握、八握、韴靈等著名なものがある。而して其の刀劍の長さは十握八握の名の示すやうに、二三尺に過ぎなかつた。延喜五年の制で、太刀一口を作るに其の用鐵は十斤五兩その長さは二尺四寸と定められてゐた。然るに蒙古襲來以後は人々剛强を誇り、制に過ぎて長大なる太刀を用ゐるものが出た。元弘建武以後は益々長大なるものが流行し四尺三寸、五尺三寸、六尺、六尺三寸、因幡の人福間三郎に至つては、實に七尺三寸の刀を佩いた。越後國彌彥神社に藏する太刀は、刀身七尺四寸二分、中心三尺一寸八分である。併し使用せられた刀の中、古今最も長いのは福間三郎の七尺三寸であらう。天正年間織田信長は歩兵に令して、刀身三尺餘、其の柄の長さ四尺の刀を持たせて、之を前隊に置き、突擊に便せしめた、之が長卷である。其の後朝鮮の役には、我が兵は皆長刀を擔つたので、日光に映じ光閃々として恰も電のやうであつたから、支那朝鮮の兵は之を見て非常に驚怖した、然るに此の頃から風俗は一變して、刀劍の甚だ長いのを忌み、截斷して之を短くするやうになつた。これが上げ身である、寬文十年には、德川家綱令して佩刀の長さを定め、太刀は二尺八寸九分を以て限とし、大脇差は長さ一尺八寸を以て限とした。制に過ぎて長い刀を帶びる者には、それ〲罰を加へることゝした。寬政十年に至つては、一尺八寸以上の脇差を長脇差と名附け、之を帶する者があれば罰を加へる事とした。幕末維新に至つては、薩士は競うて長い刀を作るやうになつた。

本阿彌家に於ては刀及び脇差の區別を次のやうにしてある。

二 尺 以 上、　刀。中心の裏に銘ある太刀。

一尺七八寸以上二尺以下、　大脇差。小さい刀裏に銘あるを小太刀。
一尺三四寸以上一尺七寸以下、　中脇差。
一尺以上一尺三寸以下、　小脇差。
一　尺　以　下、　短刀。

刀剣の形状及び名所

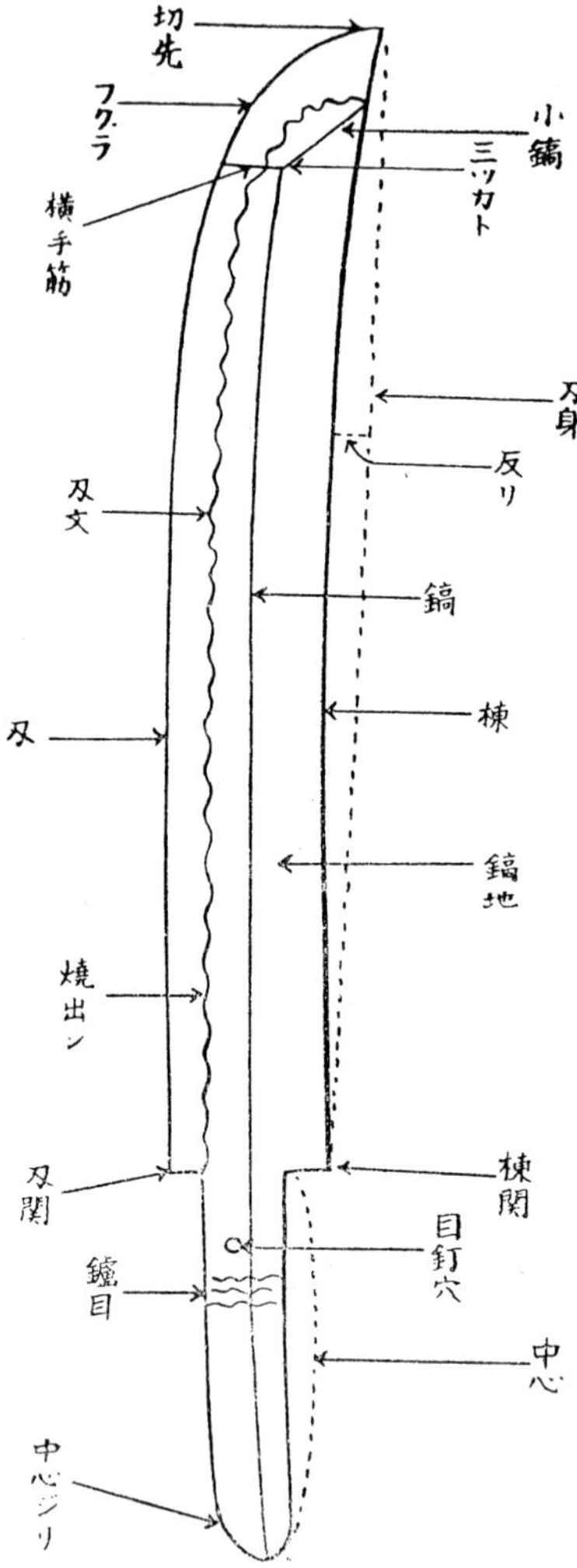

第四節　刀劍の鑑定と其の取扱ひ方

刀劍の鑑定は其の好む所に從つて、或は實用に重きを置き或は觀美を主とすれども、其の要は二者兼備を以て至上とするのである。而して其の刀の善惡、眞僞、疵の有無、刄の利鈍、屈折の患、如何等を鑑別するは勿論にして、尙其の上に無名物等に對しては其の時代、作柄等をも鑑別するのであるが、併し一度鞘を拂つて、直ちにかくの如く判別して誤らないのに至るには、多年の修養に俟たねばならぬ。刀劍鑑定の捷徑は、先づ其の刀劍に對し、其の時代を判別し得る眼識を養ひ、次に地鐵の色に依つて大體作の上中下を知り、諸國各派の特色、掟、更に進んでは各作家の特徵を諳んずる事が必要である。初めは此の刀は新刀か古刀かを判斷す。其の判別は刀身に依つて知るは至難であるが、中心に依つて判するは容易である。尙刀莖の善惡及び燒直し物をも鑑別する。次に各國の掟各派の特色を知りて、是れは相州物である。關物であると判じ、更に進んでは各作家の特色に徵して誰であると判じ、更に又其の位を味ひ得るに至つては鑑識は堂に入つたものである。目利は實物に就いて鑑識を養ふことが第一である。

次に刀劍を取扱ふに當つては、最も深厚なる注意を拂ひ勉めて鄭重にせねばならぬ。

一、人に刀を示す時は、刀の柄を己の左にし、刄方を己の方に向けて出す。或は鐔の邊を持ち柄の方を人に向けて出す。

一、人から刀を示された時は、兩手にて受取り一禮して、第一に拵を見、次に中身を見る。拔く時は、右手を以て其の柄を握り、左手に其の鞘を持ち、手の甲を左膝に載せ、刄を上にして鯉口を損しないやうに拔く。

一、鞘から脫した刀をば立てゝ其の姿を見、次に鎺元から細かに見上げ、裏を返して同樣に見下し、次に橫にして刄文、錵、匂、地鐵、鋩子等を見、最後に棟を見る。見終つた時は鞘を左手に持つて刄を上にして納める。
一、中心を見る時は一應持主の許可を得、然る後に刀身を鞘に納めたまゝ目釘を拔き、後鞘を拂ひ、右手に柄を握り刀身を稍々斜に立て、左手で右手の手首を叩く時は、刀身は自然緩み出る。此の時再び鞘に納め靜かに柄を取り外す。
一、汚れた手で柄鞘を握り或は刀身を半ば拔いて表裏に返して見或は刀身に手を觸れたりなどすることは嚴禁である。
次に保存法としては研磨を要する時は上工を選び、新に研いた時は一週に二三回づゝ、二三ケ月絶えず手入れをすることを怠つてはならぬ。其の方法は最初に奉書紙を柔かく揉み、其の紙で從來塗沫してある油を拭ひ去り、打粉を打ち他の汚れない拭紙で丁寧に拭ひ、次に新らしい油を薄く敷き、然る後濕氣のない所に保存して置けばよい。刀身及び中心に錆の來ないやうに手入れをすることが肝要である。油は丁子油か本椿油がよい。油が固着して取れない時は揮發油を以つて拭へばよい。

第六十九章　劍道と體育

我が國民は、明治維新以來、未だ百年も經過しないのに、實に驚くべき燦爛たる文化を創建した。しかしながら其の文化の花を咲かせるまでには、如何に久しい間、どれ程恐ろしい試錬に打勝つた事であらう。先づ近くは東洋全局の平和を維持するが爲に敢然起つて、當時世界の諸國から尙恐れられて居た淸國と戰ひ、海陸に連戰連勝、此の大國を破つて、諸外國をして震撼せしめた。次に北淸事變に於ては、我が軍の勇武と、紀律の嚴正とは、優に各國に秀でゝ居たので、威名は大いに揚り、世界をして我が眞價を認めしめるに至つた。次いで起つた最も重大なる事件は日露戰役であつた。夙に國民の敵愾心は起り、擧國一致して、彼の强國を以て列國に誇つて居た露國と戰ひ、海陸共に大捷を博して、世界の視聽を驚かしめ、一等國の伍伴に入つた。其の後、世界大戰役に於ては、五大强國の一つとして、世界の運命をも左右すべき地位を占め得たのである。我が國民はかうして我が國を累卵の危い處から救ひ、同時に文化の建設に向上の一路を開いたのであるが、之は國民のあらゆる努力に待つのである。しかし煎じつめると、日本精神鍛錬の賜に外ならなかつたのである。而して其の日本精神は何に依つて鍛錬せられたのであるか、それには多々あらうが、其の中樞をなして居るものは、我が武士道精神であつて、之を鍛錬するものは、武士の靈を表徵する刀劍を以てする劍道、居合であると言つても、決して溢美の言ではあるまい。

劍道、居合は實に眞善美を具備した眞の體育道である。我が國民は此の體育を重んじた。我が國民に取つては、其の體育が教育の中に最も重きをなして居たと云ふよりも、寧ろ此の體育卽ち教育の觀があつた。本來、眞善美を憧憬する事が、人間の貴い本性であり、此の本性をして益々發達成長せさせる事が、教育の根本義でなければならないのは、言を待たない事であるが、我が國民は此の體育道に依つて、此の根本義に副うた眞の教育を行はうとしたのである。而して劍道、居合は儒教に、佛教に、神道に、書道に其の力を借りて、其の深淵さを增す事に努めたのである。

劍道、居合の基調となつて居るものは生死一如であつて、自己の心操の根本問題に觸れて行くのであるから、誤魔化しがなく、權威もなく、門閥もなく、財力もなく、情實もなく、職業の差別、年齡の相違もなく、あらゆる反目障壁もなく、唯一口の太刀に自己の全生命を沒入して、死生の岸頭に立ち、體と體、力と力、劍と劍、心と心とが火花を散らしてぶつかり合ひ、こゝに安心立命を求める道なのである。しかも其の間、嚴然たる禮が一貫して存立し、人間美、文化美があらはれて居るのである。此の至純至眞にして、公明正大なる眞劍味の勝敗が、如何に我が國民性に適應したのであらう。

試みに劍道試合の光景を想像して見るがよい。先づ滿場闃として聲もなく、觀衆が堅唾を呑んで息を凝らして控へて居る。やがて選士は沈着なる精神と、用意周到なる身仕度を以て、凜々しく其の場に臨み、渾身の精力を傾注して、虛々實々、壯烈に鎬を削り合ひ、電光石火、生死の境、寸分の隙も許されない。勝つも淚であり、負けるも淚である。鬪ふ者も淚であり、觀る者も淚である。此の世智辛い世に於て、世間的の利害得失を超越して居るのは勿論、無念無想の三昧境に往來して居るのである。かやうな純眞無垢の情緒の流露した光景に接するのである。

劍道試合には個人的と團體的との別がある。個人試合に於ては、其の間に機敏、剛毅、果斷、克己、忍耐、廉恥、寛仁、沈着、快活等の德性を養ふ事が出來、また團體試合に於ては、協同一致、規律、公明正大、責任、義務等の觀念を養ふ事が出來る。是れ等が、我が國民にどれ程深い滿足と、向上の動機とを與へたかは、察するに餘りがある。

かやうな意味からして、我が國民は、體育の中で殊に劍道、居合を以て眞善美を憧憬する理想生活の中心としたのであつた。そしてまた此の有力な手段に依つて、其の理想を心ゆくばかり現實化して來たのであつた。

現今我が國の體育は、世界の趨勢に伴つて著しく勃興して來た。之は誠に悅ばしい事である。しかしながら此の高遠な理想を忘れて、徒らに技巧の末に走り、勝負の數に囚はれた體育、肉體の爲にのみする體育、職業的、觀せ物的の體育、享樂の爲の體育は、斷乎として之を排斥せねばならぬ。常に日本精神を鼓舞服膺する體育、眞善美を追求する眞劍味の體育、一擧一動人格陶冶の爲の體育、質實剛健の氣象を養成する體育、之をば全國民に厲行しなければならぬ。かくして始めて、眞に人をして人たらしめる所以の體育を實現する事が出來るのである。

第七十章　禮に就いて

禮に本があり、文がある。大綱があり、細目がある。本とは恭敬辭遜で、文とは節文度數である。大綱とは禮儀三百、細目とは威儀三千である。仁と禮とは、其の命名が同じくないと言つても、皆天理である。唯仁は其の統體で、禮は其の節文である。孔子は仁を曰ひ、孟子は仁義を曰ひ、程子は天理を曰つて居るが、其の義は一つである。

禮は理であり、敬であり、誠である。天理自然の品節文章であつて、人事當然の容儀法則である。

曲禮に言つてあるに「道德仁義、禮にあらざれば成らず。」と。聖賢の道は禮を以て本となし、聖賢の書に禮を言ふものが多い。禮は天地の大道に本づくものであつて、吾人の行爲の標準である。であるから禮と人との關係は、須臾も離れる事は出來ない。禮があれば則ち安く、禮がなければ則ち危いのである。孔子曰く、恭にして禮無ければ則ち勞す。愼にして禮無ければ則ち葸す。勇にして禮無ければ則ち亂す。直にして禮無ければ則ち絞す。と。善き行も禮を以て節しなければ、弊を生ずる事を說かれたものである。今之が通釋を試みると　孔子が曰はれるに、人に對して恭敬にすると云ふ事は固より必要であるが、餘りに極端に恭敬して、禮で調節しないと、徒らに自ら己の心身を困苦するばかりで、却つて人から侮られるものである。又事に臨んで謹愼する事は固より大切であるが、禮で制裁しないと、徒らに畏懼する（葸）所の臆病者となるのである。又剛勇も人の美德であるが、禮の節文がない時には、血氣に驅られて、尊長を犯し凌ぎ、亂暴をする樣になる。又正直も誠に善行であるが、禮で取締らないと、絞と云つて人の非を責める事が急切で、少しも假借する所がない。

聖門に於ては既に禮を貴として居る。而して禮の本は則ち何であるか、張子が謂つて居るに「禮は天に出づ。天に出づるものは決して變ずべからず。天にありては天序、天秩、人に在りては尊卑長幼。之を守るは禮を守る所以なり。而して太虛は物の性なり。故に禮を守るは性を持する所以。性を持するは本に反る所以云々。」と。又子產が曰つて居るに「禮は天の經なり、地の義なり、民の行なり。天地の經にして、民實に之に則る。」と。宋儒は「禮は天理之節文、人事之儀則なり。」と。今之に就いて詳細に述べようと思ふ。

禮者（禮の字の理を以て言ふのである。）**天理之節文人事之**

⊙禮は理である。理に必ず其の實があつて、而して後に其の文がある。文は其の實を文る所以である。文と禮とは一理で、文物上に就いて文となすは是れ理で、吾が身の行ふ處に就いて説けば、便ち是れ禮である。天理は只人事中の理であつて、心に具はるものである。天理が中に在つて而して事に著はれ、人事が外に在つて而して中に根ざすのである。人々の心中に人を敬ふ心があるのは、是は天から受けた本然性中の天理に、此の節文あるが故である。天は皆自然の理を指して言ひ、理は一定不易のものである。

節とは等級で、物事の程よき處をいふのである。文とは直截でなくて回互の貌。物事の美なるをいふのである。要するに過不及がなく、中に合ふことを云つたのである。天子の服は十二章、上公は九章、各々等數があるのは是れ節。山龍華蟲の類、飾とするが如きは、是れ文、儀式の上でも餘り儀式立つて奢が過ぎると節に反き、餘り儉約して儀式が麤に流れて見苦しい時には文に反くのである。我が固有の天理に此の節文の理があるのは、是れ禮の體である。

⊙儀とは今日人々が行ふ所の人事の容儀が、燦然として象るべき底の意あるを謂ふのである。則とはそれが準則にして確然易らない底の意あるを謂ふのである。要するに人事の容儀、行儀作法の正しいのをいふのである。禮儀三百、威儀三千と云つて禮を行ふ上の儀式は、大綱の禮儀が三百（經禮卽ち禮の大綱。冠婚、喪祭、朝覲、會同の類）、細かな禮が三千（曲禮卽ち禮の節目。進退、升降、俯仰、揖遜の類）あり、上は朝廷から下は民間まで、貴賤上下の差別があつて衣食、居室、器用等皆其の程々の儀度がある。又人と接する上にも其の程々の敬の表示がある。是れ皆禮の用であつて、天理の節文から發して事に現はれるものである。故に能く其の容儀が當然の則に合ふ事を必要とするのである。之を人事の儀則とは言ふのである。冠婚の如きは是れ人事、冠禮に三加、揖讓、升降の處あるは是れ儀、天子の冠禮は當に如何にすべきであるか、諸侯は當に如何にすべきであるかと之が則である。

禮
- 儀則
- 禮者（五禮の文物を指して言ふ。五禮とは吉禮、凶禮、軍禮、賓禮、嘉禮である。）
  - 制度
  - 品節

制度　◉制度とは法制典令を謂ふので、一國一家の定である。品とは尊卑高下の差を謂ひ、節とは

品節　界限等級の分を謂ふので、君臣父子の分、上下尊卑の別である名分を謂ふのである。

更に禮と仁義禮智信の五常とに就いて述べると。

曲禮に曰ふ「凡そ人の子たるの禮は、冬は溫にして夏は凊しくし、昏に定めて晨に省る。」と。溫凊定省の節文ある所以は、則ち仁の禮である。孟子に「徐行して長者に後る之を弟と謂ふ。」とある。徐行して長者に後れると云ふ節文ある所以は、則ち義の禮である。周旋の節文ある所以は、則ち禮である。是を是とし、非を非とするといふ事の節に中るのは、則ち智の禮である。言出でては節に中るのは、則ち信の禮である。又孟子に「仁の實は親に事ふる是れなり。義の實は兄に從ふ是れなり。知の實は斯の二者を知りて去らざる是れなり。禮の實は斯の二者を節文する是れなり。」

古學の說く禮は貴賤、上下、親疎の差別を明にして少しも上を踰越しない事をいふのである。孟子は恭敬の心を以て禮の端とした。恭敬とは、人を待つに其格式が節々に隨うて之を敬ふのである。之を端とする時は、所謂禮の貴賤、上下の等を分つて少しも不敬の行がない。天下國家の治まるは禮が明かなるに依り、其の亂れるのは禮が明

かでないのに因るのである。蓋し上は王公から下は萬民に至るまで、同じく人間であるから、誰しも人の上となつて下を役することを願ひ、人に役せられて勞する事をば好まないのである。けれども禮があつて上下貴賤の別が明かであれば、人々は其の分際を知り、身の節を辨へるのである。是れ人心に禮の端がある故であつて、人々が此の禮を守るため、國家天下は治まるのである。是れ禮の大體である。

儀式は禮の文であつて、其の時代により、其の國により、損益があつて一定し難い。故に禮の大體は、仁義と同じく萬世不易のものであるけれども、儀式の上には損益がある。禮儀に古今彼我の殊なるものはあるが、禮意に古今彼我の異なるものはない。損益とは古禮を斟酌して其の時代、其の國俗に合ふやうにするのである。而して國風に合ふ禮式を定めるには、其の德と其の位とを兼ねなければならぬ。然れども是は儀式の上の事であつて、仁義禮智と並稱する所の禮は、禮の大體であるから、貴賤、親疎の別を明かにし、恭敬を行ふ所以であつて、萬世不易の德と知らねばならぬ。

第七十一章　猫の妙術

勝軒と云ふ劍術者あり。其の家に大なる鼠出で、白晝に驅け廻りけり。亭主其の間をたてきり、手飼の猫に捕らしめんとす。彼の鼠、猫の面へ飛びかゝり喰付きければ、猫聲を立てゝ逃去りぬ。此の分にては叶ふまじとて、それより近邊にて逸物の名を得たる猫どもあまた狩りよせ、彼の一間へ追入れければ、鼠は床のすみにすまひ居て、猫來れば飛びかゝり喰付き、其の氣色すさまじく見えければ、猫ども皆尻込みして進まず。亭主腹を立て、自ら木刀をさげ打殺さんと追ひ廻しけれども、手元よりぬけ出で木刀にあたらず。そこら戸障子からかみなどたゝき破れども、鼠は宙を飛びて、其の疾きこと電光の移るが如し。やゝもすれば、亭主の面へ飛び懸り食ひつくべき勢あり。勝軒大汗を流し、僕を呼んで云ふ。「これより六七町さきに無類逸物の猫ありと聞く。かりて來れ。」とて即ち人を遣はし、彼の猫をつれよせて見るに、形りかうにもなく、さのみはき〳〵とも見えず。それとも先づ追入れて見よとて、少し戸をあけ彼の猫を入れければ、鼠すくみて動かず。猫何んの事もなく、のろ〳〵と行き引きくはへて來りけり。

其の夜件の猫ども彼の家に集り、彼の古猫を座上に請じ、いづれも前に跪き「我等逸物の名を呼ばれ、其の道に修錬し、鼠とだに云はゞ、鼬、獺なりとも取りひしがんと爪を研ぎ罷在候處、未だかゝる强鼠ある事を知らず。御身何の術を以て容易に是を討ち給ふ。願はくは惜しむ事なく、公の妙術を傳へ給へ。」と謹んで申しけり。古猫笑つて云ふ「何れもわかき猫達、隨分達者に働き給へども、未だ正道の手筋を聞き給はざること故に、思の外の事に逢ひて不覺をとりたまふ。然し乍ら先づ各々の修行の程を承はらん。」と云ふ。其の中に銳き黑猫一疋進出て「我鼠を捕るの家に生れ、其の道に心かけ、七尺の屛風を飛び越えて、少さき穴をくぐり、兒猫の時より早業輕業に至らずと云ふ所なし。或は眠りて表裏をくれ、或は不意に起つて桁梁を走る鼠と雖も、捕り損じたる事なし。然るに今日思ひの外の强鼠に出合ひ、一生のおくれを取り、心外の至に侍る。」古猫の云ふ「吁、汝の修行する所は所作のみ。故に未だねらふ心ある事を免れず。古人の所作を敎ふるは、其の道筋を知らしめんが爲なり。故に其の所作、簡易にして其の中に至理を含めり。後世所作を專らとして、兎すれば角すると、色々の業を拵へ巧を極め、古人を不足とし、才覺を用ひ、はては所作くらべと云ふものになり、巧盡きて如何ともする事なし。小人の巧を極め才覺を專らとする者皆かくの如し。才は心の用なりといへども、道にもとづかず、只巧を專らとする時は僞の端となり向ふ時の才覺却つて害になる事多し。是を以て顧みよく〳〵工夫すべし。」

又虎毛の大猫一疋罷り出で「我思ふに武術は氣然を貴ぶ。故に氣を錬ること久し。今其の氣、豁達至剛にして天地に充つるが如し。敵を脚下に蹈み、先づ勝つて然る後に進む。聲に隨ひ響に應じて、鼠を左右につけ、變に應ぜずと云ふことなし。所作を用ゐるに心なくして、所作自ら湧出づ。桁梁を走る鼠は睨み落して是を捕る。然るに彼の强鼠、來るに形なく往くに跡なし。是れ如何なるものぞや。」古猫の云ふ「汝の修錬する所は、是れ氣の勢に乘じて働くものなり。我に恃む所ありて然り。善の善なるものにあらず。我やぶつて往かんとすれば、敵も亦やぶつて來る。又破ぶるにやぶれざるものある時はいかん。我覆うて挫かんとすれば、敵も亦覆うて來る。覆ふに覆はれざるものある時はいかん。豈我のみ剛にして敵みな弱ならんや。豁達至剛にして天地に充つるが如く覺ゆるものは、皆氣の象なり。孟子の浩然の氣に似て實は異なり。彼は明を載せて剛健なり。此は勢に乘じて剛健なり。故に其の用も亦同じからず。江河の常流と一夜の洪水の勢との如し。且氣勢に屈せざるものある時はいかん。窮鼠却つて猫を嚙むといふ事あり。彼は必死に迫つて恃む所なし。生を忘れ、欲を忘れ、勝負を必とせず、身を全うするの心なし。故に其の志金鐵の如し。此の如き者は豈氣勢を以て服すべけんや」。

又灰毛の少し年たけたる猫靜かに進みて云ふ「仰の如く氣は旺なりと雖も象あり。象あるものは微なりと雖も見つべし。我心を錬ること久し。勢をなさず、物と爭はず、相和して戻らず、彼强き時は和して彼に添ふ。我が術は帷幕を以て礫を受くるが如し。强鼠ありと雖も、我に敵せんとして據るべき所なし。然るに今日の鼠勢にも屈せず和に應ぜず、來往神の如し。我未だ此の如きを見ず」。古猫の云ふ「汝の和といふものは自然の和にあらず。思うて和をなすものなり。敵の鋭氣をはづれんとすれども、僅に念に涉れば、敵其の氣を知る。心を和すれば、氣濁りて惰に近し。思うてなす時は、自然の感をふさぐ。自然の感をふさぐ時は、妙用何れより生ぜんや。只思ふこともなく、爲すこともなく、感に隨ひて動く時は我に象なし。象なき時は、天下に敵すべきものなし。然りと雖も各々の修する處、悉く無用の事なりと云ふにはあらず。道器一貫の儀なれば所、作の中に至理を含めり。氣は一身の用をなすものなり。其の氣豁達なる時は、物に應ずること窮りなく、和する時は、力を鬪はしめず、金石にあたりても能く折るゝことなし。然りと雖も僅に念慮に至れば皆作意とす。道體の自然にあらず。故に向ふ者、心服せずして我に敵するの心あり。我何の術をか用ゐんや。無心にして自然に應ずるのみ。然りと雖も道極まりなし。我が云ふ處を以て至極と思ふべからず。昔我が隣邦に猫あり。終日眠り居て氣勢なし。木にて作りたる猫の如し。人其の鼠を捕りたるを見ず。然れども彼の猫の至る處近邊に鼠なし。處を替へても然り。我行きて其の故を問ふ。彼の猫答へず答へざるにはあらず。答ふ處を知らざるなり。是を以て知る、知るものは言はず。言ふ者は知らざることを。彼の猫は己を忘れ、物を忘れて物なきに歸す。神武にして殺さずと云ふものなり。我も亦彼に及ばざること遠し。」と。

勝軒、夢の如く此の言を聞きて出で古猫を揖して曰く「我劍術を修すること久し。未だ其の道を極めず。今宵各々の論を聞いて吾が道の極意を得たり。願はくは猶其の奧義を示したまへ。」猫云ふ「吾は獸なり。鼠は我が食なり。吾何ぞ人のことを知らんや。夫れ劍道は專ら人に勝つことを務むるにあらず。大變に臨みて生死を明かにするの術なり。士たる者は常に此の心を養ひ、其の術を修めずんばあるべからず。故に先づ死の理に徹し、此の心偏曲なく不疑、不惑、才覺、思慮を用ゐることなく、心氣和平にして物なく、潭然として常ならば、變に應ずること自在なるべし。此の心僅に物ある時は狀あり。狀ある時は敵あり、我あり相對して角ぶ。此の如きは變化の妙用自在ならず我が心先づ死地に落入つて靈明を失ふ。何ぞ快く立つて明かに勝負を決せん。假令勝ちたりとも盲勝といふものなり。劍術の本旨にあらず。無物とて頑空をいふにはあらず。心もと形なし。物を蓄ふべからず。僅に蓄ふる時は、氣も亦其處に倚る。此の氣僅に倚る時は、融通豁達なること能はず。向ふ處は過にて、向はざる處は不及なり。過なる時は勢溢れてとゞむべからず。不及なる時は餒ゑて用をなさず。共に變に應ずべからず。我が所謂無物といふは不蓄、不倚、敵もなく、我もなく、物來るに隨つて應じて迹なきのみ。易曰、無レ思無レ爲。寂然不動。感而遂通ニ於天下故一。此の理を知りて劍術を學ぶ者は道に近し。」勝軒之を聞きて云ふ。「何をか敵なく我なし」といふ。猫云く「我あるが故に敵あり。我なければ敵なし。敵といふはもと對峙の名なり。陰陽水火の類のごとし。凡そ物形象あるものは必ず對するものあり。我が心に象なければ對するものなし。對するものなき時は比ぶるものなし。是を敵もなく我もなしといふ。心と象と共に忘れて、潭然として無事なる時は和して一なり。敵の形を破ると雖も我も知らず。知らざるにあらず。此に念なく感のまゝに動くのみ。此の心潭然として無事なる時は、世界は我が世界なり。是非、好惡、執滯なきの謂なり。皆我が心より苦樂得失の境界を爲す。天地廣しと雖も、心の外に求むべきものなし。古人曰く眼裏有レ塵。三界窄。心頭無事。一生寬。眼中僅に塵沙の入る時は、眼開くこと能はず。元來物なくして明かなる處へ、物を入るゝが故に此の如し。是れ心の譬なり。又曰く千萬人の敵の中に在つて、此の形は微塵になるとも、此の心は我が心なり。大敵と雖も是を如何ともすること能はず。孔子曰く「匹夫不レ可レ奪レ志也」と若し迷ふ時は、此の心却つて敵の助となる。我が言ふ所此に止る。只自反して我に求むべし。師は其の事を傳へ、其の理を曉すのみ。其の眞を得ることは我に在り。是を自得と云ふ。以心傳心とも云ふべし。教外別傳とも云ふべし。教を背くといふにはあらず。師も傳ふること能はざるを云ふなり。只禪學のみにあらず。聖人の心法より藝術の末に至るまで、自得の處は皆、以心傳心なり。敎外別傳なり。敎といふは其の己にあつて自ら見ること能はざる所を指して知らしむるのみ。師より之を授くるにあらず。敎ふる事も易く、敎を聞くことも易く、只己にある物を慥に見付けて我が物にすること難し。是を見性といふ。悟とは妄想の夢のさめたるなり。覺といふも同じ。かはりたることにはあらず」と。

明治四十四年八月二十九日寫し畢りぬ、其後屢々訂正

第七十二章　不動智

一、無明住地煩惱

一、諸佛不動智

無明とは明になしと申す文字にて候、迷を申し候、住地とは留る位と申す字にて候、佛法修行に五十二位と申す事の候、其五十二位の内に毎〻物に心の留ると申義理にて候、留ると申は何事に付ても其事に心の留るを申候、貴殿の兵法にて申候へば、向より切る太刀を一目見て、其儘そこにて合はんと思へば、向より斬る太刀に其儘心が留まり候て、手前の働が脫け候て、向の人に切られ候、是を留ると可〻申候、向より打太刀を見る事は見れども、そこに心をとゞめず、向の打太刀の拍子に合はせて打たうとも思案分別にも染めず、ふりあぐる太刀を見ると否や、心を卒

度も留めず、其の儘つけ入て向の太刀にとりつかば、我を斬らんとする刀を我方へ押取つて、還て向をきる刀と可レ成候、禪宗には是を還て把ニ槍頭一倒刺レ人來と申候、槍はほこにて候、人の持たる刀を我方へ逐取て、還て相手をきると申す心にて候、貴殿の無刀と被レ仰事にて候、向から打つとも左から打つとも右から打つとも、打人にも打太刀にも程にも拍子にも、卒度も心を留むれば、手前の働き皆脱け候て、人にきられ可レ申候、敵に我が心を置けば敵に心をとられ、我身に心を置けば我心にとられ候、我身にも心をば不レ可レ置、我身に心を引しめて置くも、初心の間習ひ入り候時の事なるべし、太刀に心を置けば太刀に心をとられ候、拍子合に心を置けば亦拍子あいに心をとられ候、我打太刀に心を置けば我打太刀に心をとられ候、是皆心の留りて手前の脱け中になり可レ申候、貴殿御覺可レ有候、佛法と引あてゝ申事にて候、佛法には此留る心を迷と申候故、無明住地煩惱と申事にて候。

諸佛不動智と申事は、不動とは、動かずと申文字にて候、智は智恵の智にて候、動かずと申て、石か木かのやうに無性なる義理にてはなく候、向へも左へも右へも、十分八方へ心を動き度様に動きながら、卒度も留ぬ心を不動智と申候、不動明王と申て、右の手に劍を握り左の手に繩をとりて、歯をくい出し目をいからして、佛法妨げん惡魔を降伏せんとて、つつ立て居られ候姿も、あのやうなる姿なるが、いづくの世界に隱れて居られ候にてはなく候、姿を佛法守護の姿を作り、體は此不動智を體として衆生に見せたるにて候、一向の凡夫は見て恐れをなし、佛法にあだをなさじと思ひ、悟りに近き人は不動智表したる所を悟り、一切の迷を霽らし、即不動智を明らめ得れば、我身則不動明王なる程に、此心法を能く修行したる人は、惡魔もなやまさずと知らせん爲の不動明王にて候、然ば不動智と申も、人の一心の動かぬ所を申候、我心を動轉せぬ事にて候、動轉せぬとは物に心をとゞめぬ事にて候、物に心をとゞむれば物に心をとられ候、毎物留る心を動くと申候、物を一目見て留も心を留ぬを動かぬと申候、なぜになれば、物に心が留り候へば、色々の分別が胸に候て、的の中色々に動き候、留まればうごき候、とまらぬ心は動かぬにて候、たとへば十人して一太刀づつ我へ太刀を入るとも、一太刀を受流して跡に心をとゞめず、跡をすて候ば十人ながら一働をかゝぬにて候、十人に十度心は動けども、一人にも心をとゞめぬは、次第に取合て働はかけ申間敷候、若又一人の前に心が留まらば、一人の打太刀をば受流すべけれども、二人しての時は手前のはたらき脱け可レ申候、千手觀音には手が千御入候、弓を持たるもあり、鉾を持たる手もあり、劔を持たる手も有、さま〴〵の手御入候、若弓をとる手に心が留まらば九百九十九の手は皆用に立申間敷候、一所へ心を留めぬにより、千の手が一も用立ぬはなし、觀音とて身一つに千の手が何しにあるべく候、不動智が開け候へば、身に手が千有りても皆用に立つぞと云事を人に示めさん爲に作りたる姿にて候、喩へば一本の木に向いて、其内の赤葉一つを見て居れば、殘の葉は見えぬ也、葉一つに目をかけずして、只一本の木に何心もなく打向候へば、數々の葉を留め候へば、其一つに心をとられ候て、殘の葉は見えず候、一所に心を留めねば、百千の葉が皆見え申候、是を得心をしたる人卽千手千眼の觀音にて候、然るに一向の凡夫は、只一すじに身一つに千の手千の目がましますと、ありがたしと信じ候、又なまもの知りなる人は、一身に千の手千の目が何しにあらん、たわ言よと破りそしる也、今少物を能く知れば凡夫の信ずるにてなし、やぶるにてもなくして、道理を得て道理の上にてたつと信じられ候、佛法は物によそへ物に表して道理をあらわすことにて候、諸道ともに加樣の物にて候、神道など別して其道理と見及候、中々道理有事にて候、此道彼道にて樣々にて候へども、極まる所は一心に落付き候、初心の住地より能く修行して不動智の位に至れば、立還つて元の住地の初心の位へ落つる仔細御入候、貴殿の兵法にて可レ申候、初は身持も太刀のかまへも何も知らぬ者なれば、身にも心の留まることもなく、人が打てば逐取合ふ計り、何の心も無し、然處に樣々の事を習ひ、身もち、太刀の取やう、心の置所、色々の事を教へぬれば、色々の所に心が留り、人を打たんとすれば兎や角やして、還て人に斬られなどして、殊の外不自由なり、如レ此不自由なる事を、日を重ね年月を重ねて稽古すれば、後は身のかまへも太刀の取様も皆心に無くなり、只先づ初の何も知らぬ何心もなき時の様になり候、是初と終と同じやうになる心持にて候、一つから十まで數へまはせば一と十と隣に成申候、調子なども、一の初の低き壹越を數へて、上無と申高き調子へゆき候へば、一の下と一の上とは隣になり申候。

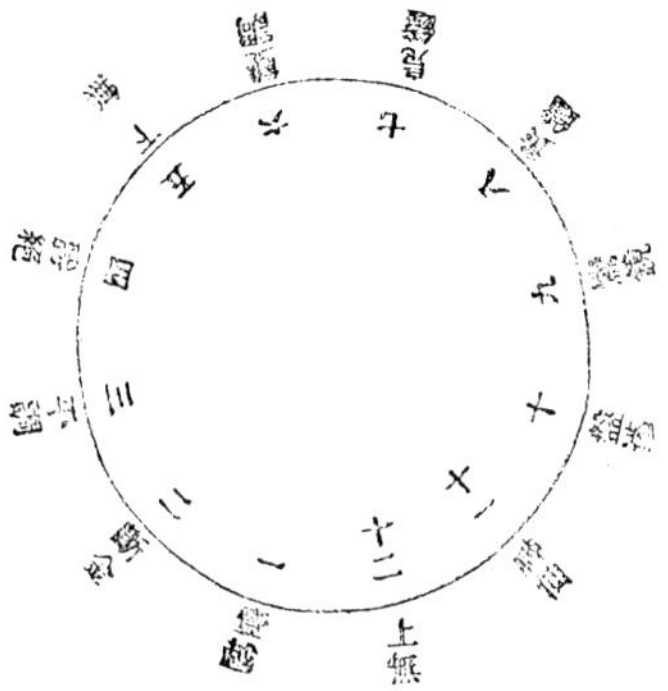

づつと高きと、づつと低きとは似たる物になり申候、佛法もづつとたけ候へば、佛とも法とも知らぬ凡夫と同じやうに成候て、物識りとは云へども、何も知らぬ人のやうなと人の見なすほどに飾りも何も無くなる物にて候、故に初の住地の無明煩惱と後の不動智が一つに成候、智惠働きの分は皆失せきつて、無心無念の位に落付き申候、愚癡の凡夫は一向に智惠がなき程に出ぬなり、又づつとたけ至りたる智者は、はや智惠がいでざるによりて一切出ざるなり、なま物知りなるによりて智惠が顏へ出申候てをかしく候、今時分の出家の作法共さぞをかしく可レ被ニ思召一候、御恥か敷候。

理の修行、わざの修行と申事の候、理とは右に申す如くに候、至り至りては何も取合はず、唯一心の捨てやうにて候、段々右に書付け候如くにて候、然ども事の修行を不レ仕候へば、道理計り胸に有りて身も手もはたらかず候、事の修行と申は、貴殿の兵法にてなれば、三箇九箇の樣々の習の事にて候、利を知ても、事を自由にはたかねば不レ成候、身持太刀のとりまわし能く候ても、理の極まり候ところ暗く候てはなるまじく候、事理の二つは車の兩輪との如くたるべく候。

間に不レ容レ髮と申事の候、貴殿の兵法にたとへて可レ申候、間とはあいだにて候、物を二つ重ね合はせたる際へは、髮筋も入らぬと申儀にて候、隙間もなきと申事にて候、たとへば手をはたと打つに、其儘ぱんと聲の出候、うつ手と聲の間へは髮筋も入り候程の間もなく聲出候、手打て後に聲が思案して間を置て出候物にては無く候、打と其儘聲は出候、此喩にて候、人の打申たる太刀に心が留まり候へば働が脱け候、心が留まるゆへにて候、向の打太刀と我が働きとの間へ、髮筋もいらざる程ならば、人の太刀は我が可レ爲二太刀一候、禪の問答に此有事にて候、佛法にては此の留まりて物に心を殘ることを嫌ひ候故に、留まるを煩惱と申候、たてきつたる早河へも玉を流すやうに、波に乘つてぽつぽと流て少も留まらぬ心を尊び候。

石火の機と申事の候、是も前の心持にて候、右をはたと打と否や、ぴかりと出候火の如く、うつと其儘出る火なれば、間もすきまもなき事にて候、是も心の留まるべき間のなき事を申候、又速き事と計り心得候へば惡く候、心を物に留めまじきと云がせんにて候、速きにも心が留まらぬ所を詮に申候、心が留まるは我が心を人にとられ候、速くせんとて思ひ設けて速くせば、思ひ設くる心に、心を又奪はれ候、西行の歌の集のうちに、

世をいとふ人としきけばかりの宿に
心とむなとおもふばかりぞ

と申歌は、江口の遊女の讀し歌を、貴殿の兵法の極意の相傳に被レ此成、歌を我と獨り心得られ候て可レ然候はんや、

心とむなと思ふばかりが心得の所たるべく候、又是にて御合點あるべく候、禪宗にて如何是佛と問へば、問聲の未だ絶えざるさきに、手をはたと打つべし、又如何是禪と問はゞ、こぶしを差上ぐべし、如何是佛法の極意と問はゞ其聲いまだ止まざるに、一枝梅花となりとも庭前の柏樹子となりとも云べし、云事のよしあしを云ふにてはなし、留まらぬ心を尊ぶべし、とゞまらぬ心は色にも香にも移らぬなり、此移らぬ心の體を、神ともいはひ佛ともたつとび禪心とも至極とも申候、くど〳〵思案して後に云出し候は、金言妙句にても住地煩惱にて候、石火の機と申候電光の機と申も、ぴかりとするいなびかりのする間に働くを申候、たとへば何右衛門と呼びかくるに、をつと答る心を不動智と申候、右衛門と呼ばれて、何の用にてか有らんなどと思案して後に、何の用など〻云は住地煩惱にて候、然れは右衛門と申者の心得やうにて、留まりて物に動かされ迷はさる心を無明住地煩惱とて凡夫にて候、又右衛門と呼ばれてをつと答ふるは諸佛の智なり、然れば佛と衆生と二つなく神と人と二つなく候、此心の明なるを神とも佛とも申候、神道歌道儒道とて道多候へども、皆此一心の明なる所を申候、然ども加様に書付申事も唯ことばにて候、心を講釋したる分にて候、此心人々我身に有りて、夜晝よき事惡き事どもに、此心のわざにより、家をはなれ國を亡ぼし、其ほどほどに隨ひ、よし惡とも心のわざにて候へども、此心をいかなる物ぞと悟り明る人なく候て、皆心に惑はされ候、世の中の心を說く人有べく候、能あきらめ候は稀にもありがたく見及候、たま〳〵明め知り候ても亦行ひ候事なりがたく候、此心を能く說くとて心をあきらめたるにては候まじく候、水の事よく講釋致し候とも口は濡れ不ㇾ申候、火を能く說けども口熱からず、まことの水實の火溢れてならでは知れ不ㇾ申候、書を講釋したるまでにては知れ不ㇾ申ㇾ候。食物を能く說くとてもひもじき事なほり不ㇾ申候、說くの人の分にては知れ申間敷候、佛道も儒道にも心を說く人候へども、其說く如くに其人の身持なく候間、心は明かに知た人と見及候へども、書の上にては知れぬ物にて候、人々我身にある一心本來の面目を説く時は、悟候はねば明らかならず候、又參學をした人が心明らかならば、參學する人は多候へどもそれによらず候、參學したる人心持みな〳〵惡く候、此一心あきらめ樣は、工夫の上より出可レ申候。

心の置所、心をいづくに置うぞ、敵の身に心を置けば敵の太刀に心をとらるゝなり、敵の身の働に心をとらるゝなり、敵を切らんと思ふ所に心を置けば、敵を切らんと思ふ心に心をとらるゝなり、我太刀に心を置けば我太刀に心をとらるゝなり、我切られんと思所に心を置けば、切られんと思ふ心に心をとらるゝなり、人の構に心を置けば人の構に心をとらるゝなり、我身の構に心を置けば我身の構に心をとらるゝなり、とかく心の置所がないと云へば、或人の曰、とかく我心をよそへやれば、心の行所に心をとり留られて敵にまくるほどに、我心を腰の下へ押込うで餘所へやらずして、敵の働によつて轉化せよと云、尤さもあるべき事也、然共佛法の向上の段より見れば、臍の下に押込うで心を餘所へやらずと云は段が低し、向上に非ず、修行稽古の時の位なり、敬の字の位なり、又は孟子が放心を求めよと云ひたる位なり、立ちあがりたる向上の段にてはなし、敬の字の心持なり、放心の事は別書にしるし進候、可レ有二御覽一候へ、その下に押込うで他所へ遣るまじきとすれば、遣るまじきと思ふ心に心をとられて、さきの用が缺けて、殊の外不自由になるなり、とにかくに此心の置所がない也、或人問曰、へその下に押込うで働かぬも不自由にして用が缺けば、我身の内にてどこにか我心を置くべきぞ、答て曰、心を右の手に置けば心を右の手にとられ、左の用が缺けるなり、心を眼に置けば眼に心をとられ、耳の用が缺くるなり、どこに成りとも心を一所に置けば、餘の方の用は缺くる也、然ればどこに置くべきぞ、我答云、どつこにもな置きそ、どつこにも置かねば我身にいつぱいに行きわたつて、全體身に延び廣ごりて大心になるなり、足の指、耳目口鼻、毛一筋の下迄行きわたらぬ所もなく、延び廣ごりて有るほどに、手の入る時は手の用をかなへ、足の入る時は足の用をかなへ、目の入る時は目の用をかなへ、其の入る所に行きわたつて有るほどに、其の入る所々に用を叶るなり、萬一若し心を一所に定めて置きたらば、一所にとられて用は皆缺くるなり、思案すれば思案にとらるゝなり、分別すれば、分別にとらるゝほどに、思案にも分別にも染めずして、心を總身に使ふべし、足の入る時は足にある心を使ふべし、一所に定めて置いたらば、其置きたる所より引出して使はんとする程に、そこに留まりて用が脫け申候なり、心を繫ぎ猫のやうにして、他處へ遣るまい〳〵とせば殊の外不自由なる事也、心をよそに留めまいとて我身に引留め置けば、又我身に心を取らるゝ也、身の内にも一所に留めずして、心を身の内に捨置け、他所へは去なぬ物也、唯一所に留まらぬ工夫是此修行也、心をばどつこにもな置きそと云ふが眼なり肝要なり、どつこにも置かねば、どつこにもあるを、心を外へ遣りたる時も、心を一方に置けば九方は缺くる也、心を一方に置かざれば心は十方に有るぞ。

本心妄心と申事の候、妄は惡しき心にて候、本心と申すは一所に留まらぬ全身全體に延び廣ごりたる心にて候、妄心は何ぞ思ひつめて一所にかたまりたる心にて候、本心が一所に集まりて凝り固まりて妄心と云ものなりて居申間、本心は失せ候、本心を失ひ候故に所々の用が缺け候、本心を失はぬ樣にするが專なり、譬へて云へば、本心は水の如くなり、一所に留る妄心は氷の如くにて候、氷と水とは一つにて候へども、氷にては手も顏も洗はれ不レ申候、氷を解かして水となし、いづくへも流し度きやうに流して、手足をも何をも洗ふべし、人の心も一所にかたまりて一事に留り候へば、こほりかたまりて自由に使はれず候、氷にて手の洗はれぬ如くにて候、心を解かして總身へ水の延びたるやうにして、用ひ度所、やり度儘にやりて使ひ申候、是を本心と申候。

有心の心無心の心と申事の候、有心の心と申すは、卽右の妄心と同事にて候、有心とはある心とよむ文字にて候、何事にても一方へ思ひつむる所あり、心に思ふ事有りて、分別思案が生ずるほどに、有心の心と申候、無心の心と申すは右の本心と同事にて候、一所にかたまり定まらぬ事なり、分別も思案も何もなき時の心は總身に延び廣まりて、全體にゆきわたりたる心を無心の心と申也、どつこにも置かぬ心也、無心とて石か木かの樣にあるにてはなし、留まる所なき心を無心と申候、留まれば心に物が有り、留まる所なければ心に何もなし、無心の心に能くなりぬれば、一事に留めず一事を缺かず、常に水湛へたるやうにして、此身に在つて用の向く時出して用を叶ふる也、一所に定り留りたる心は自由に働かぬなり、車は軸固まらぬにより廻ぐる也、内一所につまりかたまりたらば廻ぐるまじきなり、心も一所に定まれば働きかぬる物也、心の內に何ぞ思ふ事有れば、人の云ふ事も聞きながら聞覺えざる也、思ふ事に留まる故なり、心其思ふ事に有て一方へ片寄る、一方へ片寄れば物を聞けども聞えず、見れども見えざるなり、是心に物有る故なり、物ありと留まり思ふことが心に有るなり、此有る物を去りぬれば心無心にして、唯用の時計り動きて其用に當るべし、此心に有る物を去らん〳〵と思ふ心が、又心の內のあり物なる程に、是を去らん〳〵とも思はざれば、獨り去りておのづから無心となる也、常に心にかくれば、いつとなく後は獨り其位へ行く也、急に遣らんとすれば行かぬ物也、古歌に、

思はじとおもふも物をおもふなり
思はじとだに思はじや君

水上打ニ胡蘆子一、捺着卽轉、胡蘆子捺着とは手を以て押す事也、ふくべを水へ投げて、押せばひよと脇へ退き、押せばひよと脇へ退き、何としても一所に留まらぬ物也、至りたる人の心は、そつとも物に留まらぬ事、水上のふく

べを押すが如くなり。

應無所住而生其心《おうむしよぢうにせうごしん》、此文、訓に讀み候へば應《まさに》無レ所レ住《とどまる》而生二其心一と讀み申候、よろづのわざをするに、せうと思ふ心が生ぜねば、手も動かぬなり、心を生じてすれば其のすることに心が留まるなり、然間留まる所なくして心を生ずべしとなり、心が生ずれば生ずる處に留まる、生ぜざれば手も行かず、行けばそこに留まる心を生じて、其事をしながら留まる所なきを、諸道の名人と申也、佛法にては、此留まる心から執着の心起り、輪廻も是より起り候、此留まる心生死のきづなにて候、花紅葉を見ても、花紅葉と見る心は生れながら、そこに留まらぬ心を詮と仕候、慈圓の歌に、

柴の戸に匂はん花はさもあらばあれ
詠めてけりなうらめしの身や

花は無心に匂ひたるを、我は心を花に留めて眺めけるよと、身の色に染みたる心を恨めしとなり、詠めたりとも心を留めぬは咎は有るまじく候、見るとも聞くとも一所に心を留めぬを至極とはする事にて候、敬の字の主一無適と註致し候て、心を一所にとり定めて他處へ散らさず、一切のわざをするに、其わざ一つを掌りて餘所へ心を遣らず、後より拔いて斬るとも、切る方へ心を遣らぬを敬と云、尤肝要の事にて候、殊に主君などの御意を承る事、敬の字の心眼たるべし、佛法にも敬の字の心有レ之事にて候、一心不亂と說きたまふ、是敬の字の心なり、又敬白の鐘を鳴らすとて、鐘を三つ鳴らし、手を合はせて、敬んで白す夫れ佛とは唱へあげ候、此敬白の心、卽主一無適、一心不亂と同義にて候、然ども佛法にては敬の字の心は至極の所にてなく候、我心を捕へて亂さぬ樣に習ひ入る修行稽古の位にて候、此稽古年月積りぬれば、心を何方へ押放し遣りても、自由なる位にて候、敬の字の心は、心のよそへ

行くを引留めて遣るまい、遣れば亂ると思ひて、卒度も油斷もなく心を引詰めて置く位にて候、是は當座心を散らさぬ一たんの事也、常に如ㇾ斯有りては不自由なる儀なり、喩へば雀の子捕られしとて、猫を繩して常に引きつめて置いて放さぬ位にて候、我心を猫の繋がれたるやうに不自由なるにては、用が心の儘になるまじき也、猫に能くしつけをして置いて、繩をば押放いて行度所へやり候て、雀と一つに居ても雀を捕らぬやうにするが應無所住而生其心の文の心にて候、我心を放し猫の樣にして打捨て置きて、行き度所へ行きても、心の留まらぬやうに心を用ひ候、一所に定めて置きて不自由にて働かれず候、貴殿の兵法に當てゝ申候へば、太刀をば打つけよ、打ても心な留めそ、一切打手を忘れて打て、人をきれ、人に心を置くな、人も空我も空、打つ手も打つ太刀も空と心得よ、空に心は留められまいぞ。

鎌倉の無學祖元禪師の大唐の亂に捕へられて斬らるゝ時に、無學辭世に、電光影裏截㆓春風㆒と云頌をつくられたれば、太刀を捨て拜したと也、無學の心は、太刀をひらりと振上げたるは、いなびかりの如くよ、電光のぴかりとする間、何の心も何の念もないぞ、打つ太刀にも心はなし、我身にも我はなし、斬るゝ我にも心はなし、斬る人も空、打たるゝ我も空なれば、打つ人も人にもあらず、打太刀にもあらず、打たるゝ我も我にてあらず、唯いなびかりのぴかりとする内に、春の空吹く風を斬つたらば、太刀に覺えもあるまい、かやうに心を忘れきりてよろづの事をするが、上手の位なり、舞をまへば手に扇とり足をふむ、其手足をよくせん、扇を能くまはさんと思うて忘れきらねば上手とは不ㇾ申候、いまだ手足に心が留まらば、わざは面白かるまじき也、悉皆心を捨きらずしてする所作は皆惡く候。

覓㆓放心㆒、心は要ㇾ放、覓㆓放心㆒と申者、孟子が申した事にて候、離れた心尋ね求めて我が身へ返せと申す心にて候、喩へば犬猫鶏離れて餘所へ行けば尋ねもとめて我家へかへすに、心は身の主なるを、悪き道へ行きて心が留まるを、何とて覓めてかへさすぞと云也、尤もかうあるべき儀也、然るに又邵康節と云者は心要レ放と申候、はらりと變り候、かう申たる心持は、捕へづめて置きては、つながれ猫の樣にて身が働らかれぬぞ、物に心の留まらず染まぬやうに能く使ひなして、心を捨置きて、いづくへ成りとも放せと云義也、物に心が染み留まるによりて、染まするな留まらすな、我身へ求め〱返せと云ふ、いまだ初心稽古の位なり、蓮の泥にしまぬものなれば、泥にありても苦しからず、能く磨きたる水晶の玉は泥の内へ入ても染まぬ樣に、心をなして、行き度所へ遣れ、心を引きづめでは不自由なり、心を引きしめて置くも初心の時の事よ、一期其分にては上段へは遂に登らずして下段にて果つる也、稽古の時は、孟子が云ふ心を覓めよと申す心持宜く候、至極の時は邵康節が必要レ放と申すにて候、中峯和尚の語に、具二放心一とあり、此心は、邵康節が心をば放たんことを思へと云たると一つにて候、放つ心をも能く引留めて一所に置くなと申すにて候、又曰不二退轉一と云ふ、是れも中峯のことばなり、退轉せず常に替はらぬ心を持てと云義也、人たゞ一度二度は能く行けども、又繫がれて常に無いほどに、押しかためて退轉せぬやうなる心を持てと申す事にて候。

急水の上に打二毬子一、念々不二停留一と申事の候、急にたぎつて流るゝ水の上へ、手まりを投ぐれば、波に乘つてぽつぽつと留まらず流るゝなり、其の如く念の一所に留まらぬ事を申候。

前後際斷と申事の候、前の心を不レ捨、亦今の心を跡へ殘すが悪く候、前と今との際をたちきつてのけよ、今の心をあとへ繫がずたちきつてのけよと云ふ心なり、是を前後際斷と申也、際をあひだと讀み申候、斷はきると讀み申候、前後の間を切つて離せと申義也、心をとめぬ義にて候。

敬の一字は聖賢始終也、傳文心法也、主一無適の註も、又始より終り迄用ふる註なり、工夫の次第は先心を收むるを以て始めとすべし、心を收むるとは我心は常さま〴〵のことに走り出て我胸の中住る也。

著者曰く、此一節は「不動智神妙錄」になく、また左の一篇は「不動智」になし。

内々存寄候事、御諫可ニ申入一候由、愚案如何に存候得共、折節幸と存じ、及レ見候處あらまし書付申し候。

貴殿事、兵法に於て今古無雙の達人故、當時官位俸祿世の聞えも美々敷候、此の大厚恩を寢ても覺めても忘るゝことなく、旦夕恩を報じ忠を盡さんことをのみ思ひ玉ふべし、忠を盡すといふは、先づ我が心を正しく身を治め、毛頭君に二心なく、人を恨み咎めず、日々に出仕怠らず、一家に於ては父母に能く孝を盡くし、夫婦の間少しも猥になく、禮儀正しく妾婦を愛せず、色の道をたち、父母の間おごそかに道を以てし、下を使ふに私のへだてなく、善人を用ゐ近付け、我が足らざる所を諫め、御國の政を正敷、不善人をば遠ざくる様にするときは、善人は日々進み、不善人はおのづから主人の善を好む所に化せられ、惡を去り善に遷るなり、如レ此君臣上下善人にして慾薄く奢を止むる時は、國に寶滿ちて民も豐かに治り、子の親をしたしみ、手足の上を救ふが如くならば、國は自ら平に成るべし、是れ忠の初なり、この金鐵の二心なき兵を、以上様々の御時御用に立てたらば、千萬人を遣ふとも心のまゝなるべし、即ち先きに云ふ所の千手觀音の一心正しければ千の手皆用に立つが如し、貴殿の兵術の心正しければ一心の働自在にして數千人の敵をも一劔に隨ふるが如し、是れ大忠にあらずや、其心正しきは、外より人の知る事もあらず、一念發る所に善と惡との二つあり、其の善惡二つの本を考へて、善をなし惡をせざれば、心自ら正直なり、惡と知り止めざるは我が好所の痛あるゆゑなり、或は色を好むか、奢氣隨にするか、いかさま心に好所の働きある故に、善人ありとも我が氣に合はざれば善事を用ひず、無智なれども一旦我が氣に合へば登し用ひ好むゆゑに、善人はありても用ゐざれば無きが如し、然れば幾千人ありても、自然の時主人の用に立つ物は一人も不ㇾ可ㇾ有ㇾ之、彼の一旦氣に入たる無智若輩の惡人は、元より心正しからざる者故、事に臨んで一命を捨てんと思ふ事努々不ㇾ可ㇾ有、心正しからざるものの主の用に立たる事は、往昔より不二亦及一ところなり、貴殿の弟子を御取立被ㇾ成にもかやうの事有ㇾ之由、苦々敷存候、是れ皆一片の數奇好所より、其病にひかれ惡に落入るを知らざるなり、人の知らぬと思へども、微より明かなるなしとて、我が心に知れば、天地鬼神萬民知るなり、如ㇾ是して國を保つ。誠に危き事にあらずや、然らば大不忠なりとこそ存候へ、たとへば我一人いかに矢猛に主人に忠を盡さんと思ふとも、一家の人和せず、柳生谷一鄕の民背きなば、何事も皆相違仕るべし、總て人の善し惡しきを知らんと思はゞ、其の愛し用ゐらるゝ臣下、又は親み交る友達を以て知ると云へり、主人善なれば其近臣皆善人なり、主人正しからざれば臣下友達皆正しからず、然らば諸人みな無みし、隣國是れを侮るなり、善なるときは諸人親むはとは此等の事なり、國は善人を以て寶とすと云へり、よく〳〵御體認なされ、人の知る所に於て私の不義を去り、小人を遠け賢を好む事を怠に成され候はゞ、彌々國の政正しく、御忠臣第一たるべく候、就ㇾ中御賢息御行狀の事、親の身正しからずして子の惡しきを責むること逆なり、先づ貴殿の御身を正しく成され、其の上に御異見も成され候はゞ、自ら正しく、御舍弟内膳殿も兄の行跡にならひ正しかるべければ、父子ともに善人となり、目出度かるべし。

取と捨とは義を以てすると云へり、唯今寵臣たるにより諸大名より賄を厚くし、慾に義を忘れ候事努々不ㇾ可ㇾ有候。

貴殿亂舞を好み自身の能に奢り、諸大名衆へ押て參られ、能を勸められ候事、偏に病と存じ候なり、上の唱は猿樂の樣に申し候由、また挨拶のよき大名衆をば、御前に於てもつよく御取なし成さるゝ由、重ねて能く〳〵御思案

可レ然歟、歌に

心こそ心迷はす心なれ
　心に心々ゆるすな

第七十三章　兵法三十五箇條

兵法二刀の一流、數年鍛錬仕處、今初て筆紙にのせ申事、前後不足の言のみ難二申分一候へ共、常々仕覺候兵法之太刀筋、心得以下任二存出一大形書顯候者也。

一、此道二刀と名付事

此道二刀として太刀を二つ持つ儀、左の手にさして心なし、太刀を片手にて取ならはせん爲なり、片手にて持得、軍陣、馬上、川沿、細道、石原、人籠、かけはしり、若左に武道具持たる時、不如意に候へば、片手にて取なり、太刀を取候事、初はおもく覺れ共、後は自由に成候也、たとへば弓を射ならひて其力つよく、馬に乘得ては其力有、凡下之わざ、水主はろかいを取て其力有、土民はすきくはを取、其力强し、太刀も取習へば力出來物也、但人々の强弱は身に應じたる太刀を持べき物也。

一、兵法の道見立處之事

此道、大分之兵法、一身之兵法に至る迄、皆以て同意なるべし、今書付一身の兵法、たとへば心を大將とし手足を臣下郎等と思ひ胴體を歩卒士民となし、國を治め身を修むる事、大小共に兵法の道におなじ、兵法之仕立様、總體一同にして餘る所なく、不レ強不レ弱、頭より足のうら迄ひとしく心をくばり、片づりなき様に仕立る事也。

一、太刀取様之事

太刀の取様は、大指人さし指を浮けて、たけたか、中くすしゆびと小指をしめて持ち候也、太刀にも手に生死と云事有り、構ふる時請くる時留る時などに、切る事を忘れて居付手、是れ死ぬると云也、生と云ふは、いつとなく太刀も手も出合やすく、かたまらずして切り能き様にやすらかなるを、是れ生く手と云ふ也、手くびはからむ事なく、ひぢはのびすぎず、かじみすぎず、うでの上筋弱く、下すぢ強く持つ也、能々吟味あるべし。

一、身のかゝりの事

身のなり、顔はうつむかず、餘りあをのかず、かたはさゝず、ひづまず、胸を出さずして腹を出し、こしをかゞめずひざをかためず、身をまむきにしてはたばり廣く見する物也、常住兵法の身、兵法常の身と云ふ事、能々吟味在るべし。

一、足ぶみの事

足づかひ、時々により大小遲速は有れ共、常にあゆむがごとし、足に嫌ふ事、飛足、うき足、ふみすゆる足、ぬく足、おくれ先だつ足、是皆嫌ふ足也、足場いか成る難所なりとも、構ひなき様に慥にふむべし、猶奥の書付にて能くしるゝ事也。

一、目付之事

目を付くると云所、昔は色々在るなれ共、今傳ふる處の目付は、大體顏に付くるなり、目のおさめ樣は、常の目よりもすこし細きやうにしてうらやかに見る也、目の玉を動かさず、敵合近く共、いか程も遠く見る目也、其目にて見れば、敵のわざは不レ及レ申、兩脇迄も見ゆる也、觀見二つの見樣、觀の目つよく、見の目よはく見るべし、若し又敵に知らすると云目在り、意は目に付き心は付かざる物也、能々吟味有べし。

一、間積りの事

間を積る樣、他には色々在れ共、兵法に居付く心あるによつて、今傳る處心あるべからず、何れの道なりとも其事になるれば能く知る物なり、大形は我太刀人にあたる程の時は、人の太刀も我にあたらんと思ふべし、人を討たんとすれば我身は忘るゝ物也、能能工夫あるべし。

一、心持之事

心の持ち樣は、めらず、かゝらず、たくます、おそれず、すぐに廣くして意のこゝろかろく、心のこゝろおもく、心を水にして折にふれ事に應ずる心也、水にへきたんの色あり、一滴もあり滄海も在り、能々吟味あるべし。

一、兵法上中下の位を知る事

兵法に身構有り、太刀にも色々構を見せ、遲く見え、早く見ゆる兵法、是下段と知るべし、又兵法こまかに見え術をてらひ拍子能き樣に見え、其品きゝ在りて見事に見ゆる兵法、是中段の位也、上段之位の兵法は、不レ强不レ弱、かどらしからず、はやからず、見事にもなく、惡敷も見えず、大に直にして靜に見ゆる兵法、是上段也、能々吟味有べし。

一、いとがねと云事

常に絲がねを心に持つべし、相手毎にいとを付けて見れば、强き處弱き處直き所ゆかむ所はる所たるむ所、我心をかねにして、いとを引きあて見れば、人の心能く知るゝ物也、其かねにて圓きにも角なるにも長きをも短きをも、ゆがみたるをも直なるをも能く知るべき也、工夫すべし。

一、太刀之道の事

太刀の道を能く知らざれば、太刀心の儘に振りがたし、其上つよからず、太刀のむねひらを不㆑辨、或は太刀を小刀に仕ひなし或はそくいべらなどの樣に仕付れば、かんじんの敵を切る時の心に出合がたし、常に太刀の道を辨へて、重き太刀の樣に、太刀を靜にして、敵に能くあたる樣に鍛錬有すべし。

一、打とあたると云事

打とあたると云事、何れの太刀にてもあれ、うち所を慥に覺へ、ためし物など切る樣に、おもふさま打つ事なり、又あたると云ふ事は、慥なる打ち見えざる時、いづれなりともあたる事有り、あたりにもつよきはあれども、うつにはあらず、敵の身にあたりても太刀にあたりても、あたりはづしても不㆑苦、眞のうちをせんとて、手足をおこしたつる心なり、能々工夫すべし。

一、三つの先と云事

三つの先と云ふは、一つはわれ敵の方へかゝりての先也、二つには敵我方へかゝる時の先也、又三つには我も懸り敵も懸かる時の先也、是三つの先なり、我かゝる時の先は、身は懸かる身にして、足と心を中に殘し、たるまず、はらず、敵の心を動かす、是懸の先也、又敵懸り來る時の先は、我身に心なくして、程近き時心をはなし、敵の動きに隨ひ、其儘先に成べし、又互に懸り合ふ時、我身をつよく、ろくにして、太刀にてなり共身にて成共、足にて成共心にて成共、先になるべし、先を取る事肝要也。

一、渡《と》をこすと云事

敵と我と互にあたる程の時、我太刀を打懸て、どの内こされんとおもはゞ、身も足もつれて、身際《みぎは》へ付くべき也、とをこして氣遣はなき物也、此類跡先の書付にて能々分別有るべし、

一、太刀に替はる身の事

太刀にかはる身と云ふは、太刀を打だす時は、身はづれぬ物也、又身を打と見する時は、太刀は迹より打つ心也、是空の心也、太刀と身と心と一度に打つ事はなし、中にある心、中にある身、能々吟味すべし。

一、二つの足と云事

二つの足とは、太刀一つ打つ內に、足は二つはこぶ物也、太刀乘りはづし、つぐもひくも足は二つの物也、足をつぐと云心是なり、太刀一つに足一つづつふむは、居付きはまる也、二つと思へば常にあゆむ足也、能々工夫あるべし、

一、劍をふむと云事

太刀の先を足にてふまゆると云ふ心也、敵の打懸る太刀の落ちつく處を、我左の足にてふまゆる心也、ふまゆる時、太刀にても身にても心にても先を懸くれば、いかやうにも勝つ位なり、此心なければ、とたんとなりて惡敷事

也、足はくつろぐる事もあり、劔をふむ事度々にはあらず、能々吟味在るべし。

一、陰をおさゆると云事

陰のかげをおさゆると云ふ事、敵の身の内を見るに、心の餘りたる處もあり。不足の處も在り、我太刀も心の餘る處へ氣を付くる樣にして、たらぬ所のかげに其儘つけば、敵拍子まがひて勝能き物也、されども我心を殘し、打つ處を不レ忘所肝要なり、工夫あるべし、

一、影を動かす事

影は陽のかげ也、敵太刀をひかへ身を出して構ふる時、心は敵の太刀をおさへ、身を空にして敵の出たる處を太刀にてうてば、かならず敵の身動き出づるなり、動き出づれば勝つ事やすし、昔はなき事也、今は居付く心を嫌ひて出たる所を打つ也、能々工夫有るべし。

一、弦をはづすと云事

弦をはづすとは、敵も我も心ひつぱる事有り、身にても太刀にても足にても心にても、はやくはづす物也、敵おもひよらざる處にて能くはづるゝ物也、工夫在るべし。

一、小櫛のおしへの事

おぐしの心は、むすぼふるをとくと云ふ義也、我心に櫛を持て、敵のむすぼふらかす處を、それぞれにしたがひ解く心也、むすぼふるとひきはると似たる事なれども、引ぱるは強き心、むすぼふるは弱き心、能能吟味有るべし。

一、拍子の間を知ると云事

拍子の間を知るは、敵によりはやきも在り遲きもあり、敵にしたがふ拍子也、心おそき敵には、太刀あひに成と、我身を動さず、太刀のおこりを知らせず、はやく空にあたる、是一拍子也、敵の氣のはやきには、我身と心をうち、敵動きの迹を打つ事、是二のこしと云也、又無念無想と云ふは、身を打つ様になし、心と太刀は殘し、敵の氣のあひを空よりつよくうつ、是無念無想也、又おくれ拍子と云ふは、敵太刀にてはらんとし、受けんとする時、いかにも遲く、中にてよどむ心にして間を打事、おくれ拍子也、能々工夫あるべし。

一、枕のおさへと云事

枕のおさへとは、敵太刀打ちださんとする氣さしを請け、うたんとおもふその處のかしらを、空よりおさゆる也、おさへやう、心にてもおさへ、身にてもおさへ、太刀にてもおさゆる物也、此氣ざしを知れば、敵を打つによし、入るによし、はづすによし、先を懸くるによし、いづれにも出合ふ心在り、鍛錬肝要也。

一、景氣を知ると云事

景氣を知ると云ふは、其場の景氣、其敵の景氣、浮沈淺深强弱の景氣、能々見知べき者也、絲がねと云ふは常々の儀、景氣は卽座の事なり、時の景氣に見請けては、前向きてもかち、後向きてもかつ、能々吟味有べし。

一、敵に成ると云事

我身敵にしておもふべし、或は一人取籠か又は大敵か、其道達者なる者に會ふか、敵の心の難堪をおもひ取るべし、敵の心の迷ふをば知らず、弱きをも强しとおもひ、道不達者なる者も達者と見なし、小敵も大敵と見ゆる敵は、利なきに利を取付くる事在り、敵に成て能く分別すべき事也。

一、殘心放心の事

殘心放心は事により時にしたがふ物也、我太刀を取て、常は意のこゝろをはなち、心のこゝろをのこす物也、又敵を慥に打つ時は、心のこゝろをはなち、意のこゝろを殘す、殘心放心の見立色々ある物也、能々吟味すべし。

一、緣のあたりと云事

緣のあたりと云は、敵太刀切懸くるあひ近き時は、我太刀にてはる事も在り、請くる事も在り、あたる事も在り、請くるもはるもあたるも、敵を打つ太刀の緣とおもふべし、乘るも、はづすも、つくも、皆うたんためなれば、我身も心も太刀も、常に打ちたる心也、能々吟味すべし。

一、漆膠のつきと云事

しつかうのつきとは、敵のみぎはへよりての事也、足腰顏迄も、透なく能つきて、漆膠にて物を付くるにたとへたり、身につかぬ所あれば、敵色々わざをする事在り、敵に付く拍子、枕のおさへにして、靜なる心なるべし。

一、しうこうの身と云事

しうこうの身、敵に付く時、左右の手なき心にして、敵の身に付くべし、惡しくすれば身はのき、手を出す物也、手を出せば身はのく者也、若し左の肩かひな迄は役に立つべし、手先にあるべからず、敵に付く拍子は前におなじ。

一、たけくらべと云事

たけをくらぶると云事、敵のみぎはに付く時、敵とたけをくらぶる樣にして、我身をのばして、敵のたけよりは我たけ高く成る心、身ぎはへ付く拍子は何れも前に同じ。

一、扉のおしへと云事

とぼその身と云ふは、敵の身に付く時、我身のはゞを廣くすぐにして、敵の太刀も身もたちかくすやうに成て、敵と我身の間の透のなき樣に付くべし、又身をそばめる時は、いかにもうすくすぐに成て、敵の胸へ我肩をつよくあつべし、敵を突き倒す身也、工夫有べし。

一、將卒のおしへの事

將卒と云ふは、兵法の理を身に請けては、敵を卒に見なし、我身將に成て、敵にすこしも自由をさせず、太刀をふらせんも、すくませんも、皆我心の下知につけて、敵の心にたくみをさせざる樣にあるべし、此事肝要なり。

一、うかうむかうと云事

有構無構と云ふは、太刀を取る身の間に有る事、いづれもかまへなれども、かまゆるこゝろ有るによりて、太刀も身も居付く者なり、所によりことにしたがひ、いづれに太刀は有るとも、かまゆると思ふ心なく、敵に相應の太刀なれば、上段のうちにも三色あり、中段にも下段にも三つの心有り、左右の脇までも同事なり、爰を以つて見れば、かまへはなき心也、能々吟味有べし。

一、いはほの身と云事

岩尾の身と云は、うごく事なくして、つよく大なる心なり、身におのづから萬理を得てつきせぬ處なれば、生有る者は、皆よくる心有る也、無心の草木迄も根ざしかたし、ふる雨吹風もおなじこゝろなれば、此身能々吟味あるべし。

一、期をしる事

期をしると云ふ事は、早き期を知り、遲き期を知り、のがるゝ期を知り、のがれざる期を知る、一流直通と云極意あり、此事品々口傳なり。

一、萬理一空事

萬理一空の所、書きあらはしがたく候へば、おのづから御工夫なさるべきものなり。

右三十五箇條は兵法之見立心持に至るまで大概書記申候、若端々申殘す處も、皆前に似たる事どもなり、又一流に一身仕得候太刀筋のしな〴〵口傳等は、書付におよばず、猶御不審之處は口上にて申あぐべき也。

寛永十八年二月吉日

新免武藏玄信判

第七十四章　五輪の書

序

兵法の道、二天一流と號し、數年の鍛錬の事初て書物に著さんと思ふ、時に寛永二十年十月上旬之比、九州肥後の地岩戸山に登り、天を拜し觀世音を禮し、佛前に向ひ、生國播磨の武士新免武藏藤原玄信年積て六十歳、我若年の昔より、兵法の道に心をかけ、十三にして初めて勝負をす、其相手新當流の有馬喜兵衞といふ兵法者に打勝ち、十六歳にして但馬の國秋山といふ强力の兵法者に打勝ち、二十一歳にして都へ上り、天下の兵法者に逢ひ、數度の勝負を決すといへども勝利得ざると云事なし、其後國々所々に至り、諸流の兵法者に行逢ひ、六十餘度迄勝負をするといへども、一度も其利を失はず、其程年十三より二十八九までの事也、我三十を越えて跡を思ひ見るに、兵法至極して勝つにはあらず、おのづから道の器用有りて天理をはなれざる故か、又は他流の兵法不足なる所にや、其後猶も深き道理を得んと朝夕鍛錬して見れば、おのづから兵法の道にあふ事、我五十歳の比なり、夫より以來は尋ね入るべき道なくして光陰を送り、兵法の理に任せて諸藝諸能の道となせば、萬事師道なし、今此書を作るといへども、佛法儒法の古語をも借らず、軍談軍法の古き事をも不ㇾ用、此一流の見立實の心顯す事、天道と觀世音を鏡として、十月十日の夜、寅の一天に筆を取て書始むるものなり、

地の巻

夫兵法といふ事武家の法也、將たる者は取分け此方を行き、卒たる者も此道を可ㇾ知事也、今世の中に兵法の道慥に辨へたる武士なし、先道を顯して有るは、佛法として人を介くる道、又儒道として文の道を糺し、醫師というて諸病を治するみち、或は歌道者として和歌の道をおしへ、或は數奇者弓法者其外諸藝諸能迄も思ひ〳〵稽古し、心々にすく者なり、兵法の道すく人稀也、先武士は文武二道と云て、二つの道を嗜む事これ道なり、たとひ此道不器用なりとも、武士たる者はおのれ〳〵が分際程は、兵の道をば可ㇾ勤事なり、おほかた武士の思ふ心を計るに、武士はたゞ死ぬると云道を嗜む事と覺ゆるほどの義なり、死する道に於ては、武士ばかりに限らず、出家にても女にて

も百姓以下に至るまで、義理を知り恥を思ひ死するべき思ひ切る事は、其差別なき者なり、武士の兵法を行ふ道は、何事に於ても人に勝る所を本とし、或は一身の切合に勝ち、或は數人の戰に勝ち、或は主君のため我身のため、名を揚げ身をも立てんと思ふ、是兵法の德を以てなり、又世の中に兵法の道を習ひても、實の時の役に立つまじきと思ふ心有るべし、其儀に於ては何時にても役に立つやうに稽古し、萬事に至り役に立つやうに敎ふる事、兵法の實の道なり。

一、兵法の道と云事　漢土和朝までも此道を行ふ者兵法の達者と云ひ傳へたり、武士として此兵法を不ㇾ學と云事有るべからず、近代兵法者と云て世を渡る者、是は劍術一通の事也、常陸國鹿島香取の社人ども、明神の傳として流々を立て、國々を廻り人に傳ふる事近頃の儀也、古より十能七藝と有る內に、利方と云て、藝に渡ると云へども、利方と云出すより、劍術一通に限るべからず、劍術一篇の利にては、劍術も知がたし、勿論兵の法には不ㇾ可ㇾ叶、世の中を見るに、諸藝を賣物に仕立、我身をうり物に思ひ、諸道具に付けても賣物にこしらゆる心、花實の二つにして、花より實のすくなき所也、取りわけ此兵法の道に、色をかざり花をさかせて術をてらひ、或は一道場或は二道場など云て、此道をおしへ此道を習て利を得んと思ふ事、誰か云ふ生兵法大疵の本、誠なるべし、凡人の世を渡る事、士農工商とて四つの道也、一つには農の道、農人は色々の農具を設け、四季轉變の心得いとまなくして春秋を送くる事、是農の道なり、二つにはあきなひの道、酒を作る者は、それ〴〵の道具を求め、其善惡の利を得て渡世を送る、いづれも商の道、其身々々のかせぎ、其利を以て世を渡る事、是商の道なり、三つには士の道、武士に於ては樣々の兵具を拵へ、兵具の品々の德を辨へたゞさんこそ、武士の道なるべけれ、兵具をも不ㇾ嗜、其具々々の利をも覺ざる事、武士には少々嗜の淺きものか、四つには工の道、大工の道に於いては、種々樣々の道をたくみ拵へ、其具々を能くつかひ覺え、すみがねを以て其差圖をたゞし、いとまなく其業をして世を渡る事、是士農工商四つの道也、兵法を大工の道にたとへて云ひあらはすなり、大工にたとゆる事、家と云事に付けての儀也、公家武家四家其家の破家のつゞくと云事、其流其風其家などゝいへば、家と云より大工の道にたとへたり、大工は大にたくむと云なれば、兵法の道大きなるたくみによりて、大工に云なぞらへて書き顯すなり、兵の法を學ばんと思はゞ、此書を思案して、師ははり弟子は絲と成て、絶えず稽古有るべき事也。

一、兵法の道大工にたとへたる事　大將は大工の棟梁として天下のかねを辨へ、其國のかねを糺し、其家のかねを知る事棟梁の道也、大工の棟梁は堂塔伽藍の墨がねを覺え、宮殿樓閣の差別を知り、人々をつかひ家々を取立る事、大工の棟梁と武士の棟梁と同じ事也、家を建るに木配をする事、直にして節のなく見つきのよきを表の柱とし、少し節有りとも直にして强を裏の柱とし、たとひかよわくとも節なき木の見ざまよきをば、敷居鴨居戸障子と、それ〴〵につかひ、節有りともゆがみたりとも强き木をば、其家の强み强みを見分けて、能く吟味してつかふに於ては、其家久しく崩れがたし、又材木の內にしても、節多くゆがみてはよはきをば足代ともなし、後には薪ともなすべきなり、棟梁に於て大工をつかふ事、其上中下を知り、或は床廻り或は戸障子或は敷居鴨居天井以下それ〴〵につかひて、惡しきにはねだをはらせ、猶惡しきにはくさびをけづらせ、人を見わけつかへば、其はかのゆきて手際能きものなり、はかのゆき手際能しと云ふ所、物毎をゆるさるゝ事、（◎顯本ゆるさゞる事）たいゆふを知ると云ふ事、氣の上中下を知る事、いさみを付ると云ふ事、むたいを知ると云ふ事、斯樣の事ども棟梁の心持に有る事也、兵法の利如ㇾ此、

一、兵法の道　士卒たる者は大工にして手づから其道具をとぎ、色々のせめ道具を拵へ、大工の箱に入て持、棟梁の云付る所をうけ、柱からりやうをもてうなにてけづり、とこたなをもかんなにてけづり、すかしほり物をもして、

能くかねを糺し、角々めんどふまでも、手際よく仕立る所大工の業也、手に掛て能く仕覺え、墨がねをよく知れば、後には棟梁と成る者なり、大工の嗜能く切るゝ道具を持ち、透々にとぐ事肝要なり、其道具を取て御厨子書棚卓机又はあんどんまな板鍋のふたまでも達者にする所、大工の專なり、士卒たる者如レ此也、能々吟味有るべし、大工の嗜ひずまざる事、留を合する事、かんなにて能くけづる事、すりみがかざる事、後にひすかざる事肝要なり、此道を學ばんと思はゞ、書に顯す所々一事々々に心を入れて能々吟味有るべきものなり。

一、此兵法の書五卷に仕立る事　五つの道を分ち、一卷々々にして其別を知せんがために、地水火風空として五卷に書顯すなり、地の卷に於ては兵法の大體、我一流の見立、劔術一通にしては誠の道を得がたし、大なる所より小き所を知り、淺より深きにいたり、直なる道の地形を引ならすによりて、初を地の卷と名付るなる、第二水の卷、水を本として心を水になすなり、水は方圓の器にしたがひ、一滴と成り蒼海と成る、水に碧潭の色あり、清き所を用ひて一流の事を此卷に書顯すものなり、劔術一通の利さだかに見分け、一人の敵に自由に勝つ時は、世界の人に皆勝つ所なり、人に勝といふ心は、千萬の敵にも同前也、將たる者の兵法、小きを大になす事尺の形を以て大佛を作るに同じ、かやうの儀細に書分けがたし、一を以て萬を知る事兵法の利方也、一流の事此水の卷に書顯すなり、第三火の卷、此卷に戰の事を書きしるすなり、火は大小に成、けやけき心なるに依て合戰の事を書くなり、合戰の道、一人と一人との戰も萬と萬との戰も同じ道也、心を大なる事になし、心を小くなくして能く吟味して見るべし、大きなる所を見易し、小さき所は見えがたし、其仔細は大人數の事は卽座にもとをり難し、一人の事は心一つにして、かわる事はやきに依て、小さき所知る事得がたし、吟味有べし、此火の卷の事は、はやき間の事成るに依て、日々に手なれ常の事と思ひ、心の替らぬ所兵法の肝要なり、然によつて、戰勝負の所を火の卷に書顯すなり、第四風の卷、此卷を風の卷としるす事、我一流の事にあらず、世の中の兵法其流々々の事を書載する所なり、風と云に於ては、昔の風今の風其家々の風抔とあれば、世間の兵法其流々のしわざをさだかに書顯すなり、是風の卷也、他の事をよく知らずしては自の辨へ成がたし、道々事々を行ふに外道と云ふ心あり、日日に其道を勤むると云ふとも、心のそむけば、其身は能き道と思ふとも、直なる所より見れば、實の道にはあらず、實の道を極めざれば、少し心のゆがみに付いて、後には大にゆがむものなり、物毎にあまりたるはたらざるに同じ、◎已上十六字顯本ナシ能々吟味すべし、他の兵法劍術ばかりと世に思ふ事尤なり、我兵法の利わざに於ては各別の儀也、世間の兵法を知らしめんとのために、風の卷として他流の事を書顯すなり、第五空の卷と書顯す事、空と云出すよりしては、何をか奧と云ひ何をか口と云はん、道理を得ては道理をはなれ、兵法の道のおのれと自由有りておのれと奇特を得、時に合ては拍子を知り、おのづから打ち、おのづからあたる、是皆空の道なり、おのれと實の道に入る事を、空の卷にして書留むるものなり。

一、此一流二刀と名付事　二刀と云出す所、武士は將卒共直に二刀を腰に付る役なり、昔は太刀刀といふ、今は刀脇指と云ふ、武士たる者此兩腰持つ事、細に書顯すに不ㇾ及、我朝に於て知るも知らぬも腰におぶる事武士の道なり、此二つの利を知らしめんために、二刀一流と云也、鑓長刀よりしては、外の物に云て武道具の內也、一流の道初心の者に於て、太刀刀兩手に持て道を仕習ふ事、實の所也、一命を捨つる時は、道具を不ㇾ殘用に立て度きものなり、道具を役にたてず腰に納めて死する事本意に有るべからず、然ども兩手に物を持つ事、左右共に自由には叶ひがたし、太刀を片手にて取習はせんため也、鑓長刀大道具は不ㇾ及ㇾ力、刀脇指に於てはいづれも片手にて持つ道具なり、太刀を兩手にて持てあしき事、馬上にて惡し、かけはしる時惡し、沼池石原、さがしき道、人込に惡し、左に弓鑓を持ち、其外何れの道具を持ちても、皆片手にて太刀をつかふものなれば、兩手にて太刀を構ふること實の道にあらず、若し片手にて打殺しがたき時は、兩手にても打留むべし、手間の入る事にて有るべからず、先づ片手にて太刀を振習はんために二刀として、太刀を片手にふり覺ゆる道也、人毎に初て取る時は、太刀重くして振廻しがたきものなれども、萬初め取付く時は、弓も力引きがたし、長刀も振りがたし、何れも其道具々々になれては、弓も力強くなり、太刀も振付くれば道の力を得て振能く成るなり、太刀の道と云事、はやく振るにあらず、第二水の卷にて知るべし、太刀は廣き所にて振り、脇指は狭き所にて振事、先づ道の本意なり、此一流に於ては長きにても勝ち、短きにても勝つ、故に依て太刀の寸を不レ定、何にても勝つ事を得る心一流の道也、太刀一つ持たるよりも二つ持て能き所、大勢を一人して戰ふ時、取籠者抔の時に能き事有り、箇樣の儀今委しく書記するに不レ及、一を以て萬を知るべし、兵法の道行ひ得ては一つも見えずといふ事なし、能々吟味有べき也。

一、兵法二つの利を知事　此道に於ては太刀を振得たる者を兵法者と世に傳たり、武藝の道に至て、弓を能く射れば射手と云、鐵砲を得たる者は鐵砲打と云、鑓をつかひ得ては鑓つかひと云、長刀を覺えては長刀つかひと云、然るに於ては太刀の道を覺えたる者を太刀つかひ、脇指つかひといはん事也、弓鐵砲長刀槍皆是武家の道具なれば、何れも兵法の道也、然共太刀の道よりして兵法と云事道理也、太刀の德よりして世を治め身を治むる事あれば、太刀は兵法のおこる所也、太刀の德を得ては一人して十人に必勝つ事也、一人して十人に勝なれば、百人して千人に勝ち、千人して萬人に勝つ、然に依て我一流の兵法に、一人も萬人も同じ事にして、武士の法を殘らず兵法と云所也、道に於て儒者佛者數奇者躾者亂舞者、是等の事は武士の道にはなし、其道にあらざると云とも、道を廣く知れば物事に出合ふ事也、何も人間に於て我道々をよくみがく事肝要なり。

一、兵法に武具の利を知と云事　武道具の利を辨ふるに、何れの道具にても、折にふれ時に隨ひ出合ふものなり、脇指は座のせばき所敵の身ぎはへ寄りて其利多し、太刀は何れの所にても大形出合ふ利あり、長刀は戰場にては鑓にをとる心あり、鑓は先手なり長刀は後手なり、同じ位のまなびにしては鑓は少し强く、鑓長刀も事によりつまりたる所にては其利少し、取籠者などにも不ㇾ可ㇾ然、只戰場の道具成べし、合戰の場にしては肝要の道具なれども、座敷にての利を覺えこまやかに思ひ、實の道を忘るゝに於ては出合ひがたし、弓は戰場にて懸引にも出合、鑓脇其外ものぎは〳〵にて早く取合す物なれば、野合の合戰などに取分け能きものなり、城責など又敵合廿間も越えては不足成る物也、當世に於ては弓は不ㇾ及ㇾ申、諸藝花多くして實すくなし、左樣の藝術は肝要の時役に立ちがたき事其《ママ》利多し、城郭內にしては鐵砲にしく事なし、野合などにも合戰の始らぬうちには其利多し、戰始まりては不足成るべし、弓の一つ德は放つ矢人の目に見えてよし、鐵砲の玉は目に見えぬ所不足なり、此儀よく〳〵吟味有るべし、馬の事つよくこたへて癖なき事肝要也、總て武道具に付けて、馬も大形にありき、刀脇指も大形にきれ、鑓長刀も大形にとほり、弓鐵砲も强くそこねざるやうに有るべし、道具以下にも、片わけてすく事有べからず、あまりたるはたらぬと同じ事也、人まねをせずとも、我身に隨ひ武具は手にあふ樣に有るべし、將卒共物にすき、物を嫌ふ事惡し、工夫肝要なり。

一、兵法の拍子の事　物每につき拍子はある物なれども、取分け兵法の拍子鍛錬なくては難ㇾ及所なり、世中の拍子あらはれて有る事、亂舞の道伶人管絃の拍子など、是皆能く合ふ所のろく成る拍子也、武藝の道に渡て、弓を射鐵砲を放ち馬に乘る事迄も、拍子調子は有り、諸藝諸能に至ても拍子をそむく事は有るべからず、又空成る事に於ても拍子は有り、武士の身の上にしても奉公に身を仕上る拍子、仕下ぐる拍子、筈の合ふ拍子、筈の違ふ拍子有り、或は商の道、分限になる拍子、分限にても其絕ゆる拍子、道々に付けて拍子の相違有る事也、物每に榮ゆる拍子、衰ふる拍子、よく〳〵分別有るべし、兵法の拍子に於てさま〳〵有る事なり。

先あふ拍子を知り、違ふ拍子をわきまへ、大小遲速の拍子の中にも、あたる拍子を知り、間の拍子を知り、そむく拍子を知る事兵法の專也、此背く拍子辨へ得ずしては、兵法たしかならざる事也、兵法の戰に其敵其敵の拍子を知り、敵の思ひよざる拍子を以て、實の拍子◎顯本、をアリ智惠の拍子より發して勝所也、何の卷にも拍子の事を專ら書記す也、其書付の吟味をして能々可レ有二鍛錬一者也。

右一流の兵法、朝な〳〵夕な〳〵勤行に依て、おのづから廣き心に成り、多分一分の兵法として世に傳ふる所、初めて書顯事地水火風空五卷也、我兵法を學ばんと思ふ人は、道を行ふ法有り、第一に邪なき事を思ふ所。第二に道を鍛錬する所．第三に諸藝にさはる所、第四に諸職の道を知る事、第五に物每の損德を辨ふる事、第六に諸事目利に仕覺ゆる事、第七目に見えぬ所をさとつて知る事、第八にわづかなる事にも氣を付くる事、第九に役に立たぬ事をばせざる事、大形如レ此、此理を心に懸けて兵法の道鍛錬すべきなり、此道に限て直成る所を廣見立ざれば、兵法の達者とは成りがたし、此法を學得ては、一身にして二十三十の敵にも負くべき道にあらず、先づ氣に兵法を絕やさず、直なる道を勤ては手にて打勝ち、目に見る事も人に勝ち、又鍛錬を以て總體自由なれば、身にても人に勝ち、又此道になれたる心なれば心を以ても人に勝つ、此所に至てはいかにとして人に負くる道あらんや、また大きなる兵法にしては、善人を持つ事に勝ち、人數をつかふ事に勝ち、身を正しく行ふ道に勝ち、國を治る事に勝ち、民を養ふ事に勝ち、世の例法を行ふに勝ち、何れの道に於ても人に負けざる所を知て、身を助け名を上ぐる所、是兵法の利道也。

正保二年五月十二日

新免武藏◎顯本以下ナシ守玄信在判

寺尾夢世勝延（花押）

寺尾孫之丞殿

古橋惡左衛門殿

◎顯本此姓名ナクシテ左ノ月日姓名アリ、

寛文七年二月五日

山本源介殿

水の巻

一、兵法二天一流の心　水を本として利方の法を行ふによつて水の巻として、一流の太刀筋此書に書顯すものなり、此道何れもこまやかに心のまゝに書分けがたし、たとひ言葉は不ㇾ續とも、利はおのづから聞ゆべし、此書に書付たる所、一こと〳〵一字々々にて思案すべし、大形に思ひては道の違ふ事多かるべし、兵法の利に於て一人と一人との勝負のやうに書付たる所成りとも、萬人と萬人との合戰の利に心得、大に見立つる所肝要也、此道に限つて少し成りとも道を見違へ道のまよひ有りては、惡道に落つる者なり、此書付ばかりを見て兵法の道に及ぶことあらず、此書に書付たる我身に取て書付を見ると思はず習ふと思はず、似せものにせずして、則ち我心より見出したる利にして、常に其身に成つて能々工夫すべし。

一、兵法心持の事　兵法の道に於て心の持やうは、常の心に替る事なかれ、常にも兵法の時にも少しも替らずして、心を廣く直にして、きつくひつぱらず、少しもたるまず、心の片寄らぬやうに兵を眞中に置いて、兵を靜にゆるがせて、其ゆるぎの刹那をゆるぎやまぬやうに、能々吟味すべし、靜なる時も心はしづかならず、何とはやき時も心は少しもはやからず、心は體につれず體は心につれず、心に用心して身には用心せず、心のたらぬ事なくして心を少しもあまらせず、上の心はよわくとも底の心をつよく、心を人に見分られざるやうにして、小身成るものは心に大なる事を不レ殘知り、大身成る者は心に小さき事を能く知りて、心を大身も小身も直にして、我身のひいきをせざるやうに心を持つ事肝要也、心の內にごらず廣くして、廣き所へ知惠を置くべきなり、知惠も心もひたとみがく事專也、知惠をとぎ天下の理非を辨へ、物毎の善惡を知り萬の藝能其道々々を渡り、世間の人に少しもだまされざる樣にして後、兵法の知惠と成心也、兵法の知惠に於てとりわけちがふ事有るもの也、たゝかひの場、萬事せはしき時成りとも、兵法の道理を究め、動きなき心よく吟味すべし。

一、兵法の身なりの事　身のかゝり、顏はうつむかず、あふのかず、かたむかず、ひづまず、目を見出さず、ひたいに皺をよせず、まゆあいにしわを寄せて目の玉うごかざるやうにして、またゝきをせぬやうに思ひて、目を少しすくめるやうにして、うき◎顯本らやかにみゆる顏、はな筋直にして少しおとがいを出す心也、首はうしろの筋をろくに、うなじに力を入れて、肩より總身はひとしく覺え、兩の肩を下げ、背筋をろくに尻を出さず、ひざより足先まで力を入れて腰のかがまざるやうに腹を張り、くさびをしむると云ひて、脇指の鞘に腹をもたせて、帶のくつろがざるやうにくさびをしむるといふおしへ有り、總て兵法の身に於ては、常の身を兵法の身として、兵法の身を常の身とする事肝要也、よく〳〵吟味すべし

一、兵法の目付と云事　目の付樣は大にひろく付る目也、觀見二つの事、觀の目つよく、見の目よわし、遠き所を近く見、近き所を遠く見る事、兵法の專也、敵の太刀を知り、いさゝか敵の太刀を見ずといふ事兵法の大事也、

工夫有べし、此目付小さき兵法にも大なる兵法にも同事也、目の玉うごかずして兩脇を見る事肝要也、箇樣の事いそがしき時、俄に辨へがたし、此書付を覺え、常住此目付になりて、何事にも目付の替らざる所、よく〳〵吟味すべし、

一、太刀の持樣の事　太刀の取樣は、大指人指ゆびを浮べる心に持ち、たけ高ゆびしめずゆるさず、くすしゆび、小指をしむる心にして持つ也、手の內にくつろぎの有る事あしゝ、太刀を持つと云て持ちたる心ばかりにては惡し、敵を切るものと思ひて太刀を取るべし、敵を切る時も、手の內に替りなく、手のすゝまざるやうに持つべし、若敵の太刀をはる事、うくる事、あたる事、おさゆる事有り共、大ゆび人さしゆび計を少しゆる心にして、兎にも角にも切るとおもひて太刀を取るべし、ためし者など切る時の手の內にも、兵法にしても切る時の手內にも、人を切ると云ふ手の內に替る事なし、總て太刀にても手にても、居付と云事を嫌ふ、ゐつくは死ぬる手也、ゐつかざるは生る手也、よく〳〵可ニ心得一者也、

一、足づかひの事　足のはこびやうの事、つま先を少しうけて、きびすをつよくふむべし、足づかひは事により て大小遲速は有ども、常にあゆむがごとし、足に飛足浮足ふみすゆる足とて、是三つ嫌ふ足也、此道の大事にいはく、陰陽の足と云、是肝要也、陰陽の足とは片足計うごかさぬものなり、きる時引く時うくる時迄も、陰陽とて右左々々とふむ足なり、返す〳〵片足ふむ事有るべからず、よく〳〵吟味すべき者也、

一、五方の構の事　五方の構は上段中段下段、右の脇に構へ、左の脇に構ゆる事、是五方也、構五つにわかつといへども、皆人を切らんため也、構五つの外はなし、何れの構成りとも、構ゆると思はず切る事成と思ふべし、構の大小は事により利にしたがふべし、上中下は體の構也、兩脇は用の構也、右左の構、うへのつまりて脇一方つま

りたる所などにての構也、左右は所によりて分別あり、此道の大事に云ふ、構のきはまりは中段と心得べし、中段の構本意也、兵法大にして見よ、中段は大將の座也、大將につき、あと四段の構也、能々吟味すべし。

一、太刀の道と云事　太刀の道を知ると云ふは、常に我指す刀をゆび二つにて振る時、道筋よく知りては自由に振るものなり、太刀をはやく振らんとするによつて、太刀の道さかひて振りがたし、太刀はふり能きほどに靜に振る心也、或は扇或は小刀などつかふやうにはやく振らんと思ふによつて、太刀の道さかひてふりがたし、夫は小刀きざみと云て、太刀にては人は切れざるものなり、太刀を打下げては上げ、能き道へもどし、よこへは（◎顯本ふ）りてはよこへもどり、よき道へもどし、いかにも大きにひぢをのべて强く振る事、是太刀の道也、我兵法の五つの表を遣ひ覺ゆれば、太刀の道さだまりて振り能き所也、よく〳〵鍛錬すべし。

一、五つの表の次第第一の事　第一の構、中段の太刀先を敵の顏へ付て敵に行逢ふ時、敵太刀を打掛くる時、右へ太刀をはづして乘り、又敵打懸くる時、切先がへしにて打、うちおとしたる太刀其儘置き、又敵の打懸くる時、下より敵の手をはる、是第一也、總別此五つの表の分は手にとらねばがてん成りがたし、五つの表の分は手にとつて太刀の道けいこする處也、此五つの太刀筋にてわが太刀の道をも知り、いかやうにも敵の打太刀知る處也、是二刀の太刀の構、五つより外にあらずと知らする處也、鍛錬すべし。

一、表第二の次第の事　第二の太刀、上段に構へ、敵打かくる所へ一度に敵を打つ也、敵を打ちはづしたる太刀其儘置きて、又敵の打つ處を下よりすくひ上げて打つ、今一つ打つも同じ事也、此表の內に於て樣樣の心持色々の拍子、此表の內を以て一流の鍛錬をすれば、五つの太刀の道を細やかに知り、如何樣にも勝つ所あり、稽古すべし。

一、表第三の次第　第三の構、下段に持ち、ひつさげたる心にして、敵の打掛かる所を下より手をはる也、手をはる所を又敵はる太刀を打おとさんとする所をこす拍子にて、敵打ちたるあとの二のうでを横に切る心也、下段にて敵の打所を一度にうち留る事也、下段の構、道をはこぶに早き時も遲き時も出合もの也、太刀を取て鍛錬有べし。

一、表第四の次第　第四の構、左の脇より横に構へて、敵の打懸くる手を下よりはるべし、下よりはるをてきうち落さんとするを、手をはる心にて、其まゝ太刀の道をうけ、我肩の上へすぢかひに切るべし、是太刀の道也、又敵の打懸くる時も、太刀の道を請けて勝事也、よく〱吟味すべし。

一、表第五の次第　第五の太刀の構、我右の脇に横に構へて、敵打懸くる所の位を請け、我太刀下の横よりすぢかへて、上段にふり上げて上より直に切るべし、是も太刀の道よく知らんため也、此表にて振りつけぬれば、おもき太刀自由に振らるゝ所也、此五つの表に於て、細かに書付くる事にあらず、我家の一通り太刀の道を知り、又大形拍子をも覺え、敵の太刀を見分くる事、先づ此五つにて不斷手をからす可なり、敵と戰の內にも、此太刀筋をからして敵の心を請け、色々の拍子にていかやうにも勝つ所也、能々分別すべし。

一、有構無構のおしへの事　有構無構と云ふは、太刀を構ふると云ふ事にあらず、されども五方に立事あれば構とも成べし、太刀は敵の緣により所によりけいきにしたがひ、いづれの方に置きたりとも、其の敵切り能きやうに持つ心也、上段も時にしたがひ少し下ぐる心なれば中段と成り、中段も利にしたがひ少し上ぐれば上段となり、下段も折にふれ少し上ぐれば中段と成る、兩構の構も位により少し中へいだせば中段下段とも成る心也、然るによつて構は有りて構なきと云ふ理也、太刀を執つては何れにしても成りとも、敵を切るといふ心なり、若し敵の切る太刀を、請る、はる、あたる、ねばる、さわるなど云事あれども、皆敵を切る緣なりと心得べし、請くると思ひ、はると思ひ、あたると思ひ、ねばると思ひ、さわると思ふに依て、切事不足成べし、何事も切る緣と思ふ事肝要也、能々吟味すべし、兵法大きにして人數立といふも構也、皆合戰に勝つ緣也、ゐつくと云事惡し、よくよく工夫有べし。

一、敵を打に一拍子の打の事　敵を打つ拍子に一拍子と云ひて、敵我當るほどの位を得て、敵の辨へぬうちを心に得て、我身もうごかさず心も付けず、いかにも早く直ぐに打つ拍子也、敵の太刀引かん打たんはづさんと思ふ心なき內を打つ拍子也、是一拍子也、此拍子を能く習ひ得て、間の拍子をはやく打つ事鍛錬すべし。

一、二のこしの拍子の事　二のこしの拍子我打出んとする時、敵早く引き早くはりのくるやう成る時は、我打つと見せて、敵のはりてたるむ所を打ち、引きたるむ所を打つ、是二のこしの打なり、此書付計にては中々打得がたし、おしへ請けて忽ち合點ゆく處也。

一、無念無想の打と云事　敵も打出さんとし我も打出さんと思ふ時、身も打つ身に成り心も打つ心に成て、手はいつとなく空より後ばやにつよく打事、是無念無想とて、一大事の打也、此打たび〳〵出合打也、能能習得て鍛錬有るべき儀なり。

一、流水の打と云事　流水の打と云て、敵相になりてせりあふ時、敵はやくひかん、はやくはづさん、早く太刀をはりのけんとする時、我身も心も大に成て、太刀を我身のあとより、いかほどもゆる〳〵とよどみの有るやうに、大につよく打事也、此打ならひ得ては慥に打能きもの也、敵の位を見分る事肝要也。

一、緣の當りと云事　我打出す時、敵打留めんはりのけんとする時、我打一つにしてあたまをも打ち、手をも打ち、足をも打ち、太刀の道一つを以ていづれなりとも打つ所、これ緣の打也、此打よく〳〵習ひ何時も出合ひ打つ也、さい〳〵打合ひて分別有るべきなり。

一、石火の當りと云事　石火のあたりは、敵の太刀と我太刀と打合ふほどにて、我太刀少しも上げずして、いかにもつよく打つ也、是は足も強く身もつよく手もつよく、三所を以て早く打也、度々打ならはずしては打ちがたし、能く鍛錬すれば強く當るもの也。

一、紅葉の打と云事　紅葉の打、敵の太刀を打落し太刀取はなす◎顯本取をなをす心也、敵前に太刀を構へ、うたんはらんうけんと思ふ時、我打つ心は無念無想の打、又石火のうちにても、敵の太刀を強く打ち、其儘あとをねばる心にて切先下りに打てば、敵の太刀必ず落るものなり、此打鍛錬すれば打落す事やすし、稽古有るべし。

一、太刀にかはる身と云事　身に替はる太刀とも云べし、總て敵を打つに、太刀も身も一度には打たざるもの也、敵の打つ緣により、身をば先へうつ身になり、太刀は身にかまはず打所也、若は身はゆるがず太刀にて打事はあれども、大形は身を先へ打ち太刀を後より打つもの也、能々吟味して打習ふべきなり。

一、あたると打と云事　打と云とあたると云と二つなり、打といふ事はいづれの打にても思ひ設けて慥に打つ也、あたるは行當る程の心にて、何と强う當り、忽ち敵の死る程にても、是は當るなり、打と云は心得て打と云はふ所なり、吟味すべし、敵の手にても足にても、當ると云は先當る也、當りて後を強く打たんためなり、當るはさわる程の心、能く習ひ得ては各別の事也、工夫すべし。

一、しうこうの身と云事　秋猴の身とは手を出さぬ心也、敵へ入身に少も手を出す心なく、敵打前に身をはやく入心也、手を出さんと思へば、必ず身は遠のくものなるに依て、總身をはやくうつり入るゝ心也、手にて請合はする程の間には、身も入易きもの也、よく〳〵吟味すべし。

一、しつこうの身と云事　漆膠とは入身に能く付いてはなれぬ心也、敵の身に付く時、◎顯本入る時かしらをも付け身をも付け足をも付け、强く付くる所也、人毎に顔足は早く入れども身はのくもの也、敵の身へ我身を能く付け、少しも身のあひのなき様に付くるもの也、能々吟味すべし。

一、たけくらべと云事　たけくらべと云ふは、何れにても敵へ入込む時、我身のちゞまざる様にして、足をのべ、腰をものべ、くびをものべて强く入り、敵の顔と顔とならべ、身のたけをくらぶるに、くらべ勝と思ふ程たけ高く成て、强く入る處肝要也、よく／＼工夫すべし。

一、ねばりを掛ると云事　敵も打懸我も太刀打掛くるに、敵うくる時、我太刀敵の太刀に付てねばる心にして入るなり、ねばるは太刀はなれがたき心、あまりつよくなき心に入るべし、敵の太刀に付てねばりを掛けて入る時は、いか程も靜に入てもくるしからず、ねばると云事と、もつるゝと云ふ事、ねばりはつよくもつるゝは弱し、此事分別有べし。

一、身の當りと云事　身の當りは、敵のきはへ入込て、身にて敵に當たる心也、少し我顔をそばめ、我左の肩を出し敵のむ手に當たる也、當たる事我身をいかほども强くなりあたる事、息合拍子にてはづむ心に入るべし、此入る事を習ひ得ては、敵二間も三間もはねのく程つよき者也、敵死入程も當たる也、能々鍛錬有べし。

一、三つのうけの事　三つのうけと云ふは、敵へ入込む時、敵打出す太刀をうくるに、我太刀にて敵の目を突くやうにして敵の打太刀を我が右の方へ引なしてうくる事、またつきうけと云て、敵打太刀を敵の右目をつくやうにして、くびをはさむ心につき懸てうくる所、又敵の打つ時、短き太刀にて入るに、請くる太刀はさのみかまはず、我左の手にて敵のつらをつくやうにして入込む、是三つのうけ也、左の手をにぎりて、こぶしにてつらをつくやうに思ふべし、よく／＼たんれん有るべきものなり。

一、おもてをさすと云事　面をさすと云ふは、敵太刀相に成て、敵の太刀の間我太刀の間に、敵の顏を我太刀先にてつく心に常に思ふ所肝要也、敵の顏をつく心あれば、敵の顏身ものるもの也、敵を乘らするやうにしては色々勝つ所の利あり、能々工夫すべし、戰の內に敵の身乘る心有りてははや勝つ所也、それによつて面をさすと云事忘るべからず、兵法けいこの內此利鍛錬有るべき者也。

一、心を指すといふ事　心を差すと云ふは、戰の內に上つまり脇よりつまりたる所などにて、切る事何も成りがたき時、敵をつく事、敵の打太刀をはづす心は、我が太刀のむねを直に敵に見せて、太刀先ゆがまざるやうに引取て、敵のむねをつく事也、若し我くたびれたる時か又は刀の切れざる時などに、此儀專ら用る心なり、よく〳〵分別すべし。

一、喝咄と云事　喝咄とは何れも我打懸け敵を追込む時、敵又打ちかへすやうなる所、下より敵をつくやうに上げて、かへしにて打つ事、いづれも早き拍子を以てかつと打、喝とつきあげ、咄と打つ心也、此拍子何時も打合の內に專ら出合ふ事也、喝咄のしやう、切先上ぐる心にして敵をつくと思ひ、上ぐると一度に打拍子、よく稽古して吟味有るべき事也、

一、はり請と云事　はりうくると云ふは、敵と打合ふ時、どたん〳〵と云拍子に成るに、敵の打所を我太刀にてはり合せ打つ也、はり合はする心は、さのみきつくはるにあらず、又請くるにあらず、敵の打太刀に應じて、打太刀を張りて、はるより早く敵を打つ事也、はりにて先をとり、打つにて先を取る所肝要也、張拍子能くあへば、敵何とつよく打ても、少しはる心あれば、太刀先おつる事にあらず、よく〳〵習得て吟味有べし。

一、多敵の位事　多敵の位と云は、一身にして多勢と戰ふ時の事也、我刀脇差をぬきて右々へ廣く太刀を横に直

に構ふる也、敵は四方より懸るとも、一方に追廻す心也、敵掛る位前後を見分て、先へ進むものに早く行逢ひ、大きに目を付けて、敵打出す位を得て、右の太刀も左の太刀も、一度に振違へて、行太刀にて其敵を切り、戻る太刀にて脇にすゝむ敵を切る心也、太刀を振違へて待つ事悪し、はやく兩脇の位に構へ、敵の出たる所を強く切込み追崩して、其儘又敵の出たる方へ掛り振崩す心也、いかにもして敵をひとへにうをつなぎに追廻す心に仕懸け、敵のかさなると見えば、其まゝ間をすかさず、つよくはらひ込むべし、敵あひこむ所ひたと追廻はしぬればはかゆきがたし、又敵の出る方〳〵と思へば、待つ心有りてはかゆきがたし、敵の拍子を請けて崩るゝ所を知り勝事也、折々相手を餘り多く寄せて追込つけて、其心を得れば、一人の敵も十二十の敵も心易き事也、能々稽古して吟味有るべきなり。

一、打あひの利の事　此打あひの利と云事、兵法太刀にての勝利をわきまふる處也、細に書記すにあらず、能々稽古して勝つ所を可レ知者也、大形兵法の實の道を顯はす太刀也、口傳、

一、一つの打と云事　此一つの打と云心を以て慥に勝つ所を得る事也、兵法よく學ばざれば心得がたし、此を能く鍛錬すれば、兵法心のまゝに成て思ふまゝに勝つ道也、よく稽古有べし。

一、直道のくらひと云事　直道の心、二刀一流の實の道を請けて傳ふる所也、能々鍛錬して此兵法に身をなす事肝要也、口傳、

右書付くる所、一流の劍術大形此卷に記し置く事也、兵法太刀を取て、人に勝所を覺ゆるは、先五つの表を以て五方の構を知り、太刀の道を覺えて總體やわらかに自由に成り、心のきゝ出でて道の拍子を知り、おのれと太刀も手さえて、身も足も心のまゝにほどけたる時に隨ひ、一人に勝ち二人に勝ち、兵法の善悪を知る程に成り、此一つ

書の内を一ケ條々々々と稽古して敵に戰ひ、次第々々に道の理を得て、不斷心に懸け、急ぐ心なくして折々手にふれては德を覺え、何れの人とも打合ひ、其心を知て千里の道も一足づつはこぶ也、ゆる〳〵と思ひ此法をおこなふ事、武士の役なりと心得て、今日は昨日の我に勝り明日は下手に勝ち、後は上手に勝つと思ひ、此書物の如くにして、少も脇の道へ心の行かざるやうに思ふべし、縦ひ何程の敵に打勝ちても、ならひに背くに於ては實の道に有るべからず、此利心にうかゞひては、一身を以て數十人にも勝つ心の辨へ有るべし、然る上は劍術の知力にて、大分一分の兵法をも得道すべし、千日の稽古を鍛とし萬日のけいこを錬とす、よく〳〵吟味有べき者、

正保二年五月十二日　新免武藏守玄信在判

寺尾孫之丞殿

古橋惣左衛門殿◎顯本の宛名奥書地の巻ニ同ジ

火の巻

二刀一流の兵法、戰の事を火に思ひ取て、戰勝負の事を火の巻として此巻に書顯はす也、先世間の人、毎に兵法の利を小さく思ひなして、或は指先にて手首五寸三寸の利を知り、或は扇を取て、ひぢより先の先後の勝を辨へ、又はしなへ抔にてわづかのはやき利を覺え、手をきかせ習ひ、足をきかせならひ、少の利の早き所を專とする也、我兵法に於て數度の勝負に一命をかけて打合、生死二つの利をわけ、刀の道を覺え、敵の打太刀の強弱を知り、刀のはむねの道を辨へ、敵のうちはたす所の鍛錬を得るに、ちひさき事弱き事思ひよらざる所也、殊に兵具かためてなどの利に小さき事思ひ出る事にあらず、されば命をばかりの打合に於て、一人して五人十人とも戰ひ、其勝つ道を

慥に知る事、我道の兵法也、然によつて一人して十人に勝ち、千人を以て萬人に勝つ道利、何の差別あらんや、能々吟味有べし、さりながら常この稽古の時、千人萬人をあつめ此道しならふ事、成る事にあらず、獨太刀を取ても、其敵々の智略を計り、敵の強弱手だてを知り、兵法の智徳を以て萬人に勝つ所を極め、此道の達者となり、我兵法の直道、世界に於て誰か得ん、又いづれか極めんと慥に思ひ取て、朝鍛夕錬してみがきおほせて後、獨自由を得、おのづから奇特を得、通力不思議有る所、是兵として法を行ふ道なり。

一、人場の次第の事　場の位を見分る所、場に於て日を負ふと云ふ事、日をうしろになして構ふるなり、若し所により日を後にする事ならざる時は、右の脇へ日をなすやうにすべし、座敷にてもあかりを後右脇となす事同前也、後の場つまらざるやうに左の場をくつろげ、右の脇の場を詰めて構ふべきなり、夜にても敵のみゆる所にては、火を後に負ひ、あかりを右脇にする事同前と心得てかまふべきもの也、敵を見おろすと云て、少しも高き所に構ふるやうに心得べし、座敷にても上座を高所と思ふべし、扨戰に成て敵を追廻す事、我左の方へ追廻す心、難所を敵の後にさせ、いづれにても難所へ追懸る事肝要也、難所にては、敵に場を見せずと云て、敵に顔をわらせず、ゆだんなくせりつむる心也、座敷にても敷居鴨居戸障子ゑんなど又柱などの方へ追詰るにも、場を見せずと云ふ事同前也、何れも敵を追懸くる方、足場の惡き所、又脇にかまへの有所、いづれも場の德を用て、場の勝を得ると云ふ心專にして、よく／＼吟味して鍛錬有るべき者也。

一、三つの先と云事　三つの先、一つは我方より敵へかゝる先、懸《けん》の先と云ひ、又一つは敵より我方へかゝる時の先、是は待《たい》の先と云ひ、又一つは我もかゝり敵もかゝりあふ時の先、體々の先といふ、是三つの先なり、いづれの戰はじめにも、此三つの先より外はなし、先の次第を以てはや勝事を得る物也、先と云事兵法第一也、此先の仔細樣々有りといへども、其時の理を先とし、敵の心を見、我兵法の智惠を以て勝つ事なれば、こまかに書きわけがたし、第一懸の先、我かゝらんと思ふ時、靜にして居、俄にはやくかゝる先、上をつよくはやくし底を殘す心の先、又我心をいかにもつよくして、足は常の足に少しはやく、敵のきわへ寄ると早くもみたつる先、又心をはなつて、初中後同じ事に敵をひしぐ心にて、底までつよき心に勝つ、是いづれもの懸先なり、第二待の先、敵我方へかゝりくる時、少しもかまはず、弱きやうに見せて、敵近くなつて、つんとつよくはなれて飛付くやうに見せて、敵のたるみを見て、直に强く勝つ事、是一つの先、又敵かゝりくる時、我も猶つよく成て出る時、敵のかゝる拍子のかはる間をうけ、其まゝ勝を得る事、是待の先の理なり、第三體々の先、敵はやくかゝるには、我靜につよくかゝり、敵ちかくなつて、つんと思ひきる身にして、敵のゆとりのみゆる時、直につよく勝ち、又敵靜にかゝる時、我身うきやかに少しはやくかゝりて、敵近く成りてひともみもみ、敵の色にしたがひてつよく勝つ事、是體々の先なり、此儀こまやかに事わけがたし、此書付を以て大形工夫有べし、此三つの先、時にしたがひ利にしたがひ、いづれにても我方よりかゝる事にはあらざるものなれども、同じくは我方よりかゝりて敵を廻したき事也、何れの先の事、兵法の智力を以て必勝つ事を得る心、よくよく鍛錬有べし。

一、枕をおさゆると云事　枕をおさゆるとは、かしらをあげさせぬと云ふ心也、兵法の勝負の道に限て、人に我身をまはされてあとにつく事惡し、いかにもして敵を自由に廻し度事也、然るによつて、敵もさやうに思ひ我も其心あれども、人のする事をうけかはずしては叶がたし、兵法に敵の打所を留め、つく所をおさへ、くむ所をもぎはなしなどする事也、枕をおさゆると云ふは、我實の道を得て、敵にかゝりあふ時、敵何事にても思ふきざしを、敵のせぬうちに見しりて、敵の打つと云ふうの字の頭をおさへて後をさせざる心、是枕をおさゆる也、たとへば敵のかゝると云ふかの字の頭をおさへ、とぶと云ふとの字の頭をおさへ、切といふきの字の頭ををさゆる、皆以て同じ心也、敵われにわざをなす事に付て、やくに立たざる事をば敵に任せ、役にたつほどの事をばおさへて敵にさせぬ様にする所、兵法の專也、是も敵のする事をおさへん／＼とする心得手也、先づ我は何事にても、道に任せてわざをなすうちに、敵もわざをせんとおもふ頭をおさへて、何事も役にたゝせず、敵をこなす處、是兵法の達者、鍛錬のゆへなり、枕をおさゆる事、能々吟味有べきなり。

一、渡《と》を越すと云事　渡を越と云は、たとへば海を渡るに瀬戸と云ふ所も有り、又四十里五十里とも長き海を越す所を渡と云也、人間の世を渡るにも、一代の内に渡を越と云ふ所多かるべし、舟路にして其渡の所を知り、舟の位を知り、日なみを能く知りて、友船は出さずとも、其時の位をうけ或はひらきの風にたより、或は追風をも請け、若し風替りても二里三里は櫓棹を以て湊に着くと心得て、舟を乘取り渡を越す所也、其心を得て人の世を渡るにも一大事に掛て渡を越すと思ふ心有べし、兵法戰の内にも渡を越事肝要也、敵の位をうけ我身の達者も覺え、其理を以て渡を越す事、能く船頭の海路を越すと同じ、渡を越てはまた心易き所也、渡を越すと云ふ事、敵によわみを付け、我身を先に成して大形はや勝所也、大小の兵法の上にも渡を越すと云心肝要也、能々吟味有べし。

一、けいきを知ると云事　形氣を知ると云ふは、大分の兵法にしては、敵のさかへおとろへを知り、相手の人數の心を知り、其場の位を請け、敵のけいきを能く見請けて、我人數何と仕懸け、此兵法の理に慥に勝つといふ所をのみこみて、先の位を知て戰所也、また一分の兵法も、敵のなかれを辨へ、相手の人柄を見うけ、人の强き弱き所を見付、敵の氣色に違ふ事を仕懸け、敵のめがかりを知り、其間の拍子を能く知て、先を仕懸くる所肝要也、物每のけいきといふ事は、我智力强ければ必ず見ゆる所也、兵法自由の身に成ては敵の心をよく計りて勝つ道多かるべき事也、工夫有べし。

一、劔をふむとの事　劔をふむといふ心は、兵法に專ら用ふる儀也、先大きなる兵法にしては、弓鐵砲に於ても、敵我方へ打ちかけ、何事にても仕懸くる時、敵の弓鐵砲にても放しかけて、其あとにかゝるに依て、また弓をつかひ又鐵砲にくすり込てかゝりこむ時、こみ入がたし、弓鐵砲にも敵の放つ內に早くかかる心也、はやくかゝれば矢もつがひがたし、鐵砲も打得ざる心也、物毎を敵の仕懸くるとそのまゝ、其理を請けて、敵がたのする事をふみつけて勝つ心也、又一分の兵法も、敵の打出す太刀のあとへうてば、とたん〳〵と成りて、はかゆかざる所也、敵の打出す太刀は、足にてふみ付くる心にして、打出す所を勝ち、二度目を敵の打得ざる樣にすべし、ふむと云は足には限るべからず、身にてもふみ、心にてもふみ、勿論太刀にてもふみ付けて、二の目をよく敵にさせざるやうに心得べし、是則物毎の先の心也、敵と一度にと云ひて行當る心にてはなし。そのまゝあとにつく心也、能々吟味すべし。

一、崩《くづれ》を知といふ事　崩と云ふ事は物毎有るもの也、其家の崩るゝ身の崩るゝ敵の崩るゝ事も、時に當て拍子違ひに成て崩るゝ所也、大分の兵法にても、敵の崩るゝ拍子を得て、其間をぬかさぬ樣に追立る事肝要也、崩るゝ所のいきをぬかしては、立て返す所有べし、又一分の兵法にも、戰內に敵の拍子違ひて崩目のつくものなり、其程を油斷すれば又立返りあたらしく成りて、はかゆかざる所也、其崩れめに付き、敵の顏立直さゞるやうに慥に追懸くる所肝要也、追懸くるは直に張る心也、敵立返さざるやうにうちはなすもの也、打ちはなすと云ふ事、よく分別有べし、はなれざればしたるき心あり、工夫すべきもの也。

一、敵になると云事　敵に成ると云は、我身を敵に成替て思へと云心也、世中を見るに、盜などして家の內へ取籠るやうなるものをも、敵を強く見なすもの也、敵に成りて思へば、世中の人を皆相手として逃込みてせんかたなき心也、取籠る者は雉子也、打果しに行く人は鷹也、能々工夫有べし、大き成る兵法にしても、敵といへば強く思ひて大事に懸かるもの也、能き人數を持ち、兵法の道理を能く知り、敵に勝つと云所を能く請ては、氣遣すべき道にあらず、一分の兵法も敵に成りて思ふべし、兵法能く心得て道理つよく其道達者成るものに逢ては、必ず負ると思ふ所也、よく〳〵吟味有るべきなり。

一、四手をはなつと云事　四手を放つと云ふは、敵も我も同じ心にはりあふ心に成ては、戰はかゆかざる物也、はりあふ心に成ると思はゞ、其まゝ心を捨てゝ、別の利に勝つ事を知るなり、大分の兵法にしても、四手の心にあれば、はかゆかざる所をひとのみにする事也、はやく心を捨てゝ敵のおもはざる利にて勝つ事專也、又一分の兵法にしても、四手に成ると思はば、其まゝ心を替へて敵の位を得て、各別替りたる利を以て勝を辨ふる事肝要也、よく〳〵分別すべし。

一、かげをうごかすと云事　隱を動かすと云ふは、敵の心の見えわかぬ時の事也、大分の兵法にしても、何共敵の位の見分かざる時は、我身より強く仕懸くるやうに見せて敵の手立を見るものなり、手段を見ては各別の利にて勝つ事やすき所や、又一分の兵法にしても、敵うしろに太刀を構へ脇に構へたる樣成る時は、ふつと打んとすれば、敵思ふ心を太刀に顯はすものなり、あらはれ知るに於ては、其まゝ利を請けて慥に勝つべき所知るゝ物也、油斷すれば拍子ぬくるものなり、よく〳〵吟味有べし。

一、かげをおさゆると云事　影をおさゆると云は、敵の方より仕懸くる心の見えたる時の事也、大分の兵法にしては、敵のわざをせんとする所をおさゆると云ひて、我方より其利をおさゆる所を敵に強く見すれば、强きにおされて敵の心替ふる事也、我も心を違へて空成る心より先を仕懸けて勝つ所也、一分の兵法にしても、敵のおこる強き氣ざしを利の拍子を以てやめさせ、止みたる拍子に我勝利をうけて先を仕懸くるものなり、能々工夫有べし。

一、うつらかすと云事　移らかすと云ふは、物毎に有る事也、或はねむりなども移り或はあくびなどもうつる物なり、時のうつるもあり、大分の兵法にしては、敵うはきにして事を急ぐ心の見ゆる時は、少しもそれにかまはざるやうにして、いかにもゆるりと成りて見すれば、敵も我事になして氣ざしたるむもの也、そのうつりたると思ふ時、わが方より空の心にして早く強く仕懸けて、勝利を得る者也、一分の兵法にしても、我身も心もゆるりとして、敵のたるみの間を請けて、強く早く先に仕懸けて勝つ所専也、又よわすると云うて是に似たる事有り、一つはたいくつの心、一つはうかつく心、一つは弱く成る心、能々工夫有べし。

一、むかつかすると云事　むかつかすると云ふは物毎あり、一にはきわどき心、二には無理成る心、三には思はざる心、よく吟味有べし、大分の兵法にしては、むかつかする事肝要也、敵の不レ思所へ息どをしく仕懸けて、敵の心の極まらざる内に、我利を以て先を仕懸けて勝つ事肝要也、又一分の兵法にしても、初めゆるりと見せて俄に強く懸り、敵の心のめがかりはたらきにしたがひ、息をぬかさず、其まゝ利を請けて勝を辨ふる事肝要なり、よくよく吟味有べし。

一、おびやかすと云事　おびゆると云ふ事、物毎に有事也、思ひよらぬことにおびゆる心也、大分の兵法にしても、敵をおびやかす事、眼前の事にあらず、或は物の聲にてもおびやかし、或は小を大にしておびやかし、又片脇よりふつとおびやかす事、是おびゆる所也、そのおびゆる拍子を得て、其利を以て勝つべし、一分の兵法にしても、身を以ておびやかし、太刀を以ておびやかし、聲を以ておびやかし、敵の心になき事をふと仕懸けて、おびゆる所の利を請けて其まゝ勝を得る事肝要也、能々吟味有べし。

一、まぶるゝと云ふ事　敵我手近く成て、互に強くはり合ひて、はかゆかざると見れば、其まゝ敵と一つにまぶれあひて、まぶれあひたる其内の利を以て勝つ事肝要也、大分小分の兵法にも、敵我方わけては互にはり合ひて勝のつかざる時は、其まゝ敵にまぶれて、互に分なく成る樣にして、其内の德を得、其内の勝を知て、強く勝つ事專也、能々吟味有べし。

一、角にさはると云ふ事　かどにさはると云ふは物每強きものをおすに、其まゝ直におし込みがたき物也、大分の兵法にしても、敵の人數を見て、はり出し强き所の角に當りて、其利を得べし、角のめるにしたがひ、想も皆める心有り、其める內にも角々にと心得て、勝利をうくる事肝要也、一分の兵法にしても、敵の體のかどに痛を付け、其體少しも弱くなり崩る體に成りては、勝つ事安き物也、此事よく〳〵吟味して勝つ處を辨ふる事專なり。

一、うろめかすると云事　うろめかすると云ふは、敵に慥成る心持せざる樣にする所也、大分の兵法にしても、戰の場に於て敵の心を計り、我兵法の智力を以て敵の心をそこゝとなし、とのかうのとおもはせ、遲し速しと思はせ、敵うろめく心に成る拍子を得て、慥に勝つ所を辨ふる事也、又一分の兵法にして、我時に當りて色々のわざを仕懸け、或は打つと見せ或はつくと見せ、又は入込みとおもはせ、敵のうろめく氣ざしを得て、自由に勝つ所是戰の專也、能々吟味有べし。

一、三つの聲と云事　三つの聲と云は、初中後の聲と云て三つにかけわくる聲也、所により聲を掛くるといふ事專也、聲はいきおひなるによつて、火事抔にも掛け風波にも懸け、聲は勢力を見せるものなり、大分の兵法にしても、戰より初にかくる聲は、いかほどもかさを懸けて聲をかけ、又戰ふ間の聲は、調子をひき〳〵底より出づる聲にてかゝり、勝つて後あとに大きにつよくかくる聲、是三つの聲也、又一分の兵法にしても、敵をうごかさんため、打つと見せてかしらよりゑいと聲をかけ、聲のあとより太刀を打出す物也、又敵を打ちてあとに聲を懸くる事、勝をしらする聲也、是を前後の聲といふ、太刀と一度に大きに聲を懸くる事なし、若し戰の內に懸くるは拍子にのる聲、ひきく掛くるなり、よく〳〵吟味有べし。

一、まぎるゝと云事　まぎるゝと云は、大分のたゝかひにしては、人數を互に立合、敵の强き時、まぎるゝと云て敵の一方へ懸り、敵崩るゝと見ば捨てゝ又强き方へかゝる、大形つゞら折りに懸る心也、一分の兵法にしても、敵を大勢寄するも此心専也、方々をかたす方々へ逃げば又强き方へ懸り、敵の拍子を得て能き拍子に左右もつゞら折りの心に思ひて、敵の色を見合て懸るものなり、その敵の位を得、打通るに於ては少しも引く心なく、强く勝つ利なり、又一分入身の時も、敵の强きにも、其心有り、まぎるゝと云事、一足も引く事をしらずまぎれ行くと云ふ心、よく〳〵分別すべし。

一、ひしぐと云事　ひしぐと云ふは、縱ば敵をよわく見なして、我つよめになりて、ひしぐといふ心専なり、大分の兵法にしても、敵小人數の位を見こなし、又は大勢成りとも敵うろめきてよわみつく所なれば、ひしぐと云てかしらよりかさをかけておつぴしぐ心也、ひしぐ事よわければ、もてかやす事有り、手の內にぎつてひしぐ心能々分別すべし、又一分の兵法の時も、我手に不足の者、又は敵の拍子違ひしざりめに成る時、少しも息をくれず目を見合ざるやうになし、眞正にひしぎ付くる事肝要也、少しもおきたてさせぬ所第一也、よく〳〵吟味有べし。

一、山海の替りと云事　山海の替といふは、敵我戰のうちに同じ事を度々する事惡しき所也、同じ事二度は不ㇾ及ニ是非一、三度とするにあらず、敵に業を仕懸くるに、一度にて用ひずば今一つもせきかけて其利に不ㇾ及ば、各別替りたる事をほつと仕懸け、それにもはかゆかずば又各別の事を仕懸くべし、然るに敵山とおもはゞ海と仕懸け、海と思はゞ山としかける心兵法の道也、よく〳〵吟味有べき事也。

一、底をぬくと云事　底を抜と云は、敵と戰ふに其道の利を以て上は勝と見ゆれども、心をたやさゞるによつて、上にてはまけ、下の心はまけぬ事あり、其儀に於ては我俄に替りたる心になりて敵の心をたやし、底より負くる心に敵のなる所を見る事專也、此底をぬくと云事、太刀にても拔き又身にても拔き、心にても拔く所有り、一通には辨ふべからず、底より崩れたるは我心のこすにおよばず、さなき時は殘す心也、殘心あれば敵くづれがたき事也、大分小分の兵法にしても、底をぬく處よく〳〵たんれん有べし。

一、あらたに成と云事　新に成と云ふは、敵我戰ふ時、もつるゝ心に成りてはかゆかざる時、我氣をふり捨て、物每を新しく初むる心に思ひて、其拍子を請けて勝を辨ふ所也、あらたに成る事は、何時も敵と我ときしむ心に成ると思はゞ、其儘心を替へて、各別の利を以て勝つべきなり、大分の兵法に於ても、あらたに成ると云ふ事を辨ふ事肝要也、兵法の智力にては忽ち見ゆる處也、能々吟味有べし。

一、鼠頭午首と云事　鼠頭午首と云ふは、敵と戰ひの内に、互にこまか成る所を思ひ合て、もつるゝ心に成る時、兵法の道を常に鼠頭午首々々々々思ひて、いかにもこまか成る内に、俄に大に成る心にして、大小替る事兵法一の心だてなり、平生の人の心もそとふごしゆと思ふべき所武士の肝心也、兵法の大分小分にしても此心をはなるべからず、此事能々吟味有べきものなり。

一、將卒を知ると云事　將卒を知るとは、何れも戰に及ぶ時、戰思ふ道に至りてはたえず兵法を行ひ、兵法の智力を得て我敵たる者をば皆我卒なりと思ひ取て、なし度きやうになすべしと心得、敵を自由に廻さんと思ふ處、我は將也敵は卒なり、工夫有べし。

一、つかをはなつと云事　束をはなつと云ふ事には、色々心有る事也、無力にて勝心有り、又太刀にて不レ勝心あり、さまぐ\の心のゆく所書付にあらず、よくく\鍛錬すべし。

一、いはをの身と云事　磐の身と云事、兵法を得道して忽ち磐石のごとくに成て、萬事あたらざる所うごかざる所口傳。

右書付くる所、一流劔術の場にして、不レ絶思寄事而已書顯置者也、今初て此利を書記す物成れば、後先と書紛るゝ心有りて細には云分がたし、乍レ去此道を學べき人の爲には、心しるしに成るべき也、我若年より以來、兵法の道に心を懸けて、劔術一通の事にも身をからし手をからし、色々樣々の心になり、他の流々をも尋ね見るに、或口にて云ひかこつけ、或は手にて細なる業をし、人目に能き樣に見すると云ても、一つも實の道にあらず、勿論箇樣の事仕習ひても、身をきかせ習ひ心をきかせつくる事と思へども、皆是道のやまひと成りて後々までも失難して、兵法の直道世にくちて道のすたるもとゐなり、劔術實の道に成て敵と戰ひ勝つ事、此法聊替ふる事不レ可レ有、我が兵法の智力を得て直なる所を行ふに於ては、勝つ事うたがひ有るべからざるものなり。

正保二年五月十二日　新免武藏守玄信在判

寺尾孫之丞殿

古橋惣左衞門殿◎顯本宛名奥書前同斷

風の卷

夫兵法他流の道を知る事、他の兵法の流々を書付け、風の卷として此卷に顯す所也、他流の道を不ㇾ知しては、我一流の道理慥に辨へがたし、他の兵法を尋ね見るに、大き成る太刀を取て强き事を專にして其業をなす流有り、或は小太刀と云て短き太刀を以て道を勤むる流も有り、或は太刀數多たくみ、太刀の構を以て表と云ひ奥として道を傳ふ流も有り、是皆實の道にあらざる事、此卷の奥に慥に書顯し、善惡理非を知する也、我一流の道理各別の儀也、他の流、藝に渡て、身すぎのためにして色をかざり花をさかせ、うり物に拵へたるによつて、實の道にあらざる事歟、又世の中の兵法、劍術ばかり小さく見立て、太刀を振習ひ、身をきかせ手のかるゝ所を以て勝つ事を辨へたるもの歟、何れも慥成る道にあらず、他流の不足成る所一々此書に書顯す也、能々吟味して二刀一流の理を辨ふべきものなり。

一、他流に大き成る太刀を持事　又大き成る太刀を好む流有り、戰兵法よりしては是を弱き流と見立つる也、其故は、他の兵法如何樣にも人に勝つと云ふ理をば不ㇾ知して、太刀の長きを賴にして、敵相遠き所より勝度と思ふに依て、長き太刀を好む心有べし、世中に云ふ、一寸手まさりとて、兵法しらぬ者の沙汰する事也、然るに依て兵法の利なくして、長を以て遠くかたんとする、それは心の弱きゆへ成るに依て、弱き兵法と見つる也、若し敵相近く組逢ふ程の時は、太刀の長き程打つ事もきかず、太刀のもとを少く、太刀を荷にして小脇指手ぶりの人におとる者也、長き太刀を好む身にしては、其云分も有るもの成共、それは其身の一人の利也、世中の實の道より見る時は道理なき事也、長き太刀不ㇾ持して、短き太刀にては必ず負くべき事は、或其場により上下脇抔の詰りたる所、或は脇差ばかりの座にても長きを好む心、兵法の疑とて惡しき心也、人により小刀成る者もあり、其身により長き刀指す事ならざる身も有り、昔より大は小を叶ゆるといへば、むざと長を嫌ふにもあらず、長と片寄る心を嫌ふ儀也、大分の兵法にして、長き太刀は大人數なり、短きは小人數也、小人數と大人數と合戰は成るまじきものか、小人數にて勝つこそ兵法の德なれ、昔も小人數にて大人數に勝ちたる例多し、我が一流に於て左樣の片付たる狹き心を嫌ふなり、よく〳〵吟味有べし。

一、他流に於て强みの太刀と云事　太刀に强き太刀弱き太刀といふ事は有べからず、强き心にて振る太刀はあらきもの也、あらきばかりにても勝ちがたし、又强き太刀と云て人を切る時にして無理に强く切らんとすれば、きれざる心也、ためしものなど切る心にも、弱く切らんとする事惡し、誰に於ても、敵と切合に弱く切らん强く切らんと思ふものなし、只人を切殺さんと思ふ時は、强き心もあらず勿論弱き心にもあらず、敵の死ぬる程と思ふ儀也、若しは强みの太刀にて人の太刀强くはれば、はりあまりて必ずあしき心也、人の太刀に强く當れば、我太刀おれくだける所也、然るに依て强みの太刀などといふ事なき事也、大分の兵法にしても、强き人數を持ち、合戰に於て强く勝たんと思へば、敵も强き人數を持ち、戰も强くせんと思ふ、それはいづれも同じ事也、物毎に勝つと云事道理なくしては勝つ事あたはず、我道に於ては少しも無理成る事を不ㇾ思、兵法の智力を以て、如何樣にも勝つ所を得る心也、よく〳〵工夫有べし。

一、他流に短き太刀を用ふる事　短き太刀ばかりにて勝たんと思ふ所實の道にあらず、昔より太刀刀と云て、長と短と云事をあらはしく置く也、世中に强力成る者は大き成る太刀をも輕く振るなれば、無理に短を好むべきにあらず、其故は長を用ひて鑓長刀をも持つ者也、短き太刀を以て、人の振る太刀の透間を切らん飛入んつかまん抔と思ふ心片付て惡し、又透間をねらふ所萬事後手に見え、もつるゝと云心有りて嫌ふ事也、若くは短き物にて敵へ入組まん取らんとする事、大敵の中にて役に不ㇾ立心也、短にて仕得たる者は、大勢をも切拂はん自由に飛ばん組まんと思ふとも、皆請太刀と云ものに成りて、取紛るゝ心有りて、慥なる道にてはなき事也、同じくば我身は強く直にして、人を追廻し人に飛びはねをさせ、人のうろめくやうに仕懸けて、慥に勝つ所を専とする道也、大分の兵法に於ても其理有り、同じくば人數かさを以て敵を矢庭にしほし、即時に責めつぶす心、兵法の専也、世中の人、物を仕習ふ事、平生も請けつかはしつぬけつくゞりつ仕習へば、心道にひかされて人に廻さるゝ心有り、兵法の道直に正しき所なれば、正理を以て人を追廻し、人をしたがゆる心肝要也、よくよく吟味すべし。

一、他流に太刀數多き事　太刀數餘多にして人に傳ふる事、道をうり物に仕立てゝ、太刀數多しりたるを初心の者に深くおもはせんため成るべし、兵法に嫌ふ心也、其故は、人を切る事色々有ると思ふ所まよふ心也、世の中に於て人を切る事替はる道なし、知る者も不ㇾ知者も女童も、打たゝき切ると云道は多くなき所也、若しかはりてはつくぞなぐぞと云外はなし、先づ切る所の道なれば、數の多かるべき仔細にあらず、されども場により事に隨ひ、上脇抔のつまりたる所にては、太刀のつかへざるやうに持つなれば、五方とて五つの數は可ㇾ有ものなり、夫より外に、取付けて手をねぢ身をひねりてとびひらき人を切る事實の道にあらず、人を切るにねぢて切れず、ひねりてきられず、飛て切られず、ひらきて切れず、かつて役に立たざる事也、我兵法に於ては、身なりも心も直にして敵をひづませゆがませて、敵の心のねぢひねる所を勝つ事肝要也、よくよく吟味有べし。

一、他流に太刀の構を用ふる事　太刀の構を専にする所ひが事也、世中に構のあらん事は敵のなき時の事成べし、其仔細は昔よりの例、今の世の法などとして例を立つる事は、勝負の道には有べからず、相手の悪きやうにたくむ事也、物毎に構といふ事はゆるがぬ處を用ふる心也、或は城を構へ、或は陣を構ふるなどは人に仕懸けられても強くうごかぬ心是常の儀也、兵法勝負の道に於ては、何事も先手々々と心懸くる事也、構ゆると云心は、先手を待つ心也、能々吟味工夫有べし、兵法勝負の道、人の構をうごかせ、敵の心になき事を仕懸け、或はむかつかせ、又はおびやかし、敵のまぎるゝ所の拍子の理を請けて勝つ事成れば、構と云後手の心を嫌ふなり、然る故に我道に有構無構と云ひて、構は有りて構はなきといふ所也、大分の兵法にも、敵の人數の多少を覺え、其戰場の所を請け、我人數の位を知り、其位を得て人數を立て戰を初むる事、是合戰の專也、人に先を仕懸けられたる事と、我人に懸くる時は、一倍も替る心也、太刀を能く構へ敵の太刀を能うけ、能くはると覺ゆるは、鑓長刀を持ちて柵にふりたると同じ、敵の打時は又柵の木をぬきて鑓長刀につかふほどの心なり、よく〱吟味有べきものなり。

一、他流に目付と云事　目付と云て、其流により敵の太刀に目を付くるも有り、又手に目を付くるもあり、又は顏に目を付け、足抔に目を付くるもあり、其如く取分けて目を付けんとしては紛るゝ心有りて、兵法の病といふものに成るなり、其仔細は、鞠をける人は、鞠に能く目を付けねども、ひむすりおけ追鞠をしなかしても蹴廻りてもける事、物になるゝといふ所あれば、慥に目に見るに不ㇾ及、又はうかなどする者の業にも、其道になれては、戶びらをはなに立て、刀を幾腰も玉などに取る事、是皆慥に目付とはなけれども、不斷手にふれぬればおのづから見ゆるもの也、兵法の道に於ても、其敵々々と仕馴れ、人の心の輕重を覺え、道を行得ては、太刀の遠近遲速までも皆見ゆる儀也、兵法の目付は大方其人の心に付けたる眼也、大分の兵法に至りても、其敵の人數の位に付けたる眼なり、觀見二つの見樣、觀の目強くして敵の心を見、其場の位を見、大きに目を付けて其戰のけいきを見て、折節の强弱を見て正しく勝つ事を得る事專也、大小の兵法に於て小さく目を付くる事なし、前にも記す如く、細に小く目を付くるに依て、大き成る事を取忘れまよふ心出來て、慥成る勝をぬかすものなり、此利よく〱吟味して鍛錬有べきなり。

一、他流に足づかひ有る事　足のふみやうに、浮足飛足はぬる足ふみとむる足からす足抔といふて、色々さそくをふむ事、是皆我兵法より見ては不足に思ふ所也、浮足を嫌ふ事、其故は戰に成りては足の浮たがるものなれば、いかにもたしかにふむ道也、飛足を好まざる事、飛足はとぶおこり有りて飛びて居付く心有り、幾飛びもとぶと云ふ理のなきに依て、飛足惡し、又はぬる足、はぬると云ふ心にて、はかゆきかぬる者也、ふみつむる足待の足とて誠に嫌ふ事也、其外からす足、色々のさそく有り、或は沼ふけ或は山川石原細道にても敵と切合ふ物なれば、所により飛びはぬる事もならず、さそくのふまれざる所有るもの也、我兵法に於ては足に替る事なし、常に道をあゆむがごとく、敵の拍子に隨ひ、急ぐ時靜なる時の身の位を得て、足らずあまらず足のしどろになきやうに有るべきなり、大分の兵法にしても、足をはこぶ事肝要也、其故は、敵の心をしらずむざとはやく懸れば、拍子違ひ勝ち難き者也、又足ふみ靜にては、敵うろめき有りてくづるゝといふ所を不二見付一して勝つ事をぬかして、はやく勝負付け得ざるものなり、うろめきくづるゝ場を見分けて、少しも敵をくつろがせざるやうに勝つ事肝要也、よく／＼たんれん有べし。

一、他流の兵法にはやきを用ふる事　兵法はやきといふ所實の道にあらず、はやきと云事は、物の拍子の間に合はざるに依て、はやき遲きと云ふ心なり、其道上手に成りてはやく見えざるものなり、縱ば人にはや道と云うて四十里五十里行く者も有り、是も朝より晩まではやくはしるにてはなし、道のふかん成る者は、終日はしる樣なれどもはかゆかざる者也、亂舞の道上手のうたふ謠に下手の付てうたへば、おくるゝ心有りていそがしきものなり、又鼓太鼓も老松をうつに、靜なる位なれども、下手はこれにも遲れ先立つ心あり、高砂は急なる位なれども、はやきといふ事惡し、はやきはこけると云うて間に不レ合、勿論遲きも惡し、是も上手のする事はゆる／＼と見えて間のぬけざる所也、諸事仕付けたる者のする事はいそがしく見えざるものなり、このたとへを以て道の理を知べし、殊に兵法の道に於てはやき事悪し、その仔細、は是も所によりて、沼ふけなどにて身足ともにはやく行きがたし、太刀は彌々早く切る事なし、はやく切らんとすれば、扇小刀のやうにはあらで、ちやくと切れば少しも切れざる者也、能々分別すべし、大分の兵法にしても、はやく急ぐ心わろし、枕をおゆると云心にては、少しも遲き事はなきものなり、又人のむざとはやき事などには、そむくと云て靜に成て人に付ざる所肝要也、此心の工夫鍛錬有べき事なり。

一、他流に奧表と云事　兵法の事に於て、いづれを表と云いづれを奧といはん、藝により事にふれて極意祕事などと云て奧口あれども、敵と打合ふ時の理に於ては、表に戰ひ奧を以て切るといふ事にあらず、我兵法の教やうは、初めて道を學ぶ人には、其わざの成り能き所をさせならはせ、合點はやく行く理を先に敎へ、心の及びがたき事をば、其人の心ほどくる所を見分けて、次第々々に深き所の理を後に敎ゆる心也、されども大形は其事に對したる事などを覺えさするに依て、奧口といふ所なき事也、されば世中に山の奧を尋ぬるに、猶奧へ行んと思へば又口へ出づるものなり、何事の道に於ても奧の出合ふ所もあり、口を出して能き事も有り、此戰の理に於て何をか隱し何をか顯さん、然るによつて我道を傳ふる誓紙罰文などといふ事を好まず、此道を學ぶ人の知力をうかがひ、直成る道をおしへ、兵法の五道六道の悪しき所を捨させ、おのづから武士の法の實の道に入り、うたがひなき心になす事、我兵法の道なり、よく〳〵たんれん有べし。

右他流の兵法を九ケ條として、風の卷にあらまし書付る所、一々流々口より奧に至までさだかに書顯はすべき事なれども、態と河流の何の大事とも名を書きしるさず、其故は一流々々の見立、其道々の云分、人により心にまかせて、それ〳〵の存分有るものなれば、同じ流にも少々心のかはるものなれば、後々までのために流筋ども書のせず、他流の大體九つに云分て、世の中の道、人の直なる道理より見せば、長に片付短を理にし、强き弱を片付、あらきこまか成るといふ事も皆へんなる道なれば、他流の口奥と顯さずとも皆人の可レ知儀也、我一流に於て太刀に奥口なし構に極なし、たゞ心を以て其德を辨ゆる事、是兵法の肝要也。

正保二年五月十二日新免武藏守玄信在判

寺尾孫之丞殿

古橋惣左衞門殿◎題本奥書前同斷

空の卷

一、二刀一流の兵法の道、空の卷として書顯す事、空といふ心は、物每のなき所知れざる事を空と見立つる也、勿論空はなき也、有る所を知りてなき所を知る、是則空也、世の中に於て惡しく見れば、物を辨へざる所を空と見る所、實の空にはあらず、皆まよふ心なり、此兵法の道に於ても、武士として行ふに、士の法を知らざる所空にはあらずして、いろ〳〵まよひ有りてせんかたなき所を空といふなれども、是實の空にはあらざるなり、武士は兵法の道をたしかに覺え、其外武藝を能く勤め、武士の行ふ道少しもくらからず、心のまよふ處なく、朝々時々に怠らず心意二つの心をみがき、觀見二つの眼をとぎ、少しもくもりなくまよひの雲の晴れたる所こそ實の空を知るべきり、な實の道を不レ知間は、佛法によらず世法によらず、おのれ〳〵は慥か成る道と思ひ能き事と思へども、心の直道よりして世の大がねに合て見れば、その身〳〵の心ひいき、其目々のひずみに依て、實の道には背くものなり、其心を知て直成る處を本として實の心を道とし、兵法を廣くおこなひ正しくあきらかに、大き成る所を思ひ取て、空を道として道を理と見るべきなり。

空有レ善無レ惡

知有也利有也

道有也心空也

正保二年五月十二日　新免武藏守玄信在判

寺尾孫之丞殿

古橋惣左衞門殿◎顯本奥書前同斷

私云◎以下顯本ニナシ

此書物我等惡筆にて難レ叶候へ共、形見と存書寫進送申候、能々御見分御工夫可レ被レ成候、我等は別而難レ有存如レ此候、我等は此書物拜見致候てより、少く道のまよひを晴明申候、生死二つに極り候、努々他見に成間敷候、

一、武州殿、肥州に於て老後に及ひ、兵法熟いたし候ゆへ、弟子を漸三人取立、如レ此免を給ひ、其身若き時分は短氣にて一圓弟子を取立めされ候事不二罷成一候が、老後に至て如レ此と被二申置一候、

一、右三人の弟子取は、寺尾孫之丞、同弟同名求馬、古橋惣左衞門、是三人より外は無レ之候由候、總別誓紙罰文といふ事させめされず、祕所祕傳といふ事もなし、眞實の者は何とて疎にすべきとの事にて候、

右之三人の内にても、古橋惣左衞門は兵法少しをとりにて有レ之候、我等は此古橋のながれにて御座候、

三人の弟子衆に相傳する所也

右三人の弟子衆にゆひ言には、總別我流ゆるし候者に於ては、他流と仕合をして、負て生て居まじきとの誓紙を

かけとて、留せいし計書せ被レ申候由、のつぴきならぬ仕懸にて候、それゆへ何事も祕所なく候、强思ひ切死に成て打合との事也、

一、初ケ條に本來無生の身と書出し被レ申候事、此心根なり。

一、五月十九日に死去有りしが、前日十二日に三人を呼寄せ、日頃雜談したる事は究而覺可レ有レ書候判、我書物と云は事なし、此書物一見の後燒可レ捨由被二申渡一候由、

一、寺尾孫之丞、一弟子、劍術者、知行二百石、

一、同求馬之助、二弟子、表遣、萬器用有、知行五百石、是は島原覺有、

一、古橋惣左衞門、三弟子、右の兩人より劍術少をとり申候由、執行すくなく、後弟子也、知行二百石、能筆なり、是は古越中守様の右筆也、後は御暇申請、江戸へ參死去也、我等は此手筋なり。

早春閑居　　綱堂　谷田左一

莫復客來相與親。繙經擊劍費精神。
梅花圍屋橫斜好。特地清香萬斛春。

癸酉除夜

四十年來何所爲。寸心唯有一燈知。
稜々風骨枉相匹。帶雪寒梅清且奇。

題小著

韜晦屛居近十年。敢言書劍極精研。
希教日本精神王。薈蕞纔成一簡編。

昭和十年十月十八日印刷
昭和十年十月廿二日發行
昭和十六年五月二十八日改訂増補二十六版

〔改訂増補版〕
〔改正〕定價 金四圓五拾錢也

―劍道神髓と指導法詳說―

著者 谷田左一

發行者 渡邊秋三
東京市小石川區新諏訪町八

印刷者 山本三郎
東京市牛込區西五軒町一四

發行所 秋文堂書店
東京市小石川區新諏訪町八
振替東京三四三番

剣道神髄と指導法詳説（オンデマンド版）

二〇〇二年十月十日発行

著　者　谷田左一

発行者　橋本雄一

発行所　㈱体育とスポーツ出版社
東京都千代田区神田錦町二－九
電話　（〇三）三二九一－〇九一一
FAX　（〇三）三二九三－七七五〇

印刷所　㈱デジタルパブリッシングサービス
東京都新宿区西五軒町一一－一三
電話　（〇三）五二二五－六〇六一

ISBN4-88458-007-9　Printed in Japan　AB032